汽车类工学结合教学改革系列教材

汽车售后服务与管理

吴敬静　编著

机械工业出版社

本书依托汽车类高职院校基于服务能力培养的目标,以"汽车售后服务与管理"及配套实训课程开发为主线,以汽车售后服务顾问、索赔员、保险协赔等售后服务岗位典型工作任务为核心,设定若干模拟企业氛围的职业学习情境,采用单元式的教学模式和让学生做主的探究式教学方法,通过五个单元,研究如何为学生未来的汽车售后服务职业生存与发展搭建综合的模拟职业的工作过程项目平台,并利用和开发一体化课程使学生具有扩展基础功能的职业关键能力。

本书可作为高职高专院校汽车技术服务与营销专业的教材,也可作为相关专业及技术人员的参考书。

本书配有电子课件,凡使用本书作为教材的教师可登录机械工业出版社教材服务网 www.cmpedu.com 下载。咨询邮箱: cmpgaozhi@sina.com。咨询电话: 010-88379375。

图书在版编目（CIP）数据

汽车售后服务与管理/吴敬静编著. —北京: 机械工业出版社, 2015.2 (2025.1重印)
汽车类工学结合教学改革系列教材
ISBN 978-7-111-48980-1

Ⅰ. ①汽⋯ Ⅱ. ①吴⋯ Ⅲ. ①汽车-售后服务-高等职业教育-教材 Ⅳ. ①F724.76

中国版本图书馆 CIP 数据核字（2015）第 028816 号

机械工业出版社（北京市百万庄大街22号　邮政编码100037）
策划编辑: 葛晓慧　责任编辑: 葛晓慧
版式设计: 霍永明　责任校对: 胡艳萍　陈秀丽
封面设计: 赵颖喆　责任印制: 常天培
三河市骏杰印刷有限公司印刷
2025年1月第1版第16次印刷
184mm×260mm · 17.25 印张 · 383 千字
标准书号: ISBN 978-7-111-48980-1
定价: 48.00 元

电话服务　　　　　　　　　网络服务
客服电话: 010-88361066　　机　工　官　网: www.cmpbook.com
　　　　　010-88379833　　机　工　官　博: weibo.com/cmp1952
　　　　　010-68326294　　金　书　网: www.golden-book.com
封底无防伪标均为盗版　　　机工教育服务网: www.cmpedu.com

前　言

本书以开发"汽车售后服务人员"职业培训课程为立足点，结合我国汽车售后服务企业的实际需要，汲取欧、美、日系等汽车企业品牌服务标准中的可取元素，系统地讲述汽车售后服务企业维护车辆的接待服务、故障车辆的维修服务、事故车辆的保险协赔服务、汽车美容与装饰服务与顾客投诉及补救服务这五个服务任务的实施与管理核心。本书从汽车售后服务企业所反映的服务薄弱点和客户需求，以及销售服务中心和部分企业经理人的意见反馈，对汽车售后服务核心过程进行了细化和完善，并增加了"管理视角"及"案例互动"的篇章，在明确售后服务人员的工作要点的同时，拓展售后服务人员的营销理念及管理知识，以提升售后服务基层管理人员的素养，使得整个售后服务流程操作及管理有"法"可依。与此同时，本书明确了各个执行环节的服务细节、服务语言和服务考核管理要点，确保汽车售后服务企业能够依据本书提供满足客户不同需要的卓越服务。

本书依托汽车类高职院校基于服务能力培养的目标，以"汽车售后服务与管理"及配套实训课程开发为主线，以汽车售后服务顾问、索赔员、保险协赔等售后服务岗位典型工作任务为核心，设定若干模拟企业氛围的职业学习情境，采用单元式一体化的教学模式和让学生做主的探究式教学方法，研究如何为学生未来的汽车售后服务职业生存与发展搭建综合的模拟职业的工作过程项目平台，并利用和开发一体化课程使学生具有扩展基础功能的职业关键能力。

在本书编写的过程中，参阅了大量的文献资料与专著，得到了众多汽车行业同仁们的大力支持，在此对东风日产乘用车公司的林诚，湖南顺意通汽车贸易有限公司的杨子孝，湖南永通华众汽车销售服务有限公司的胡海、汪平、柳海伟等，湖南煜峤投资（集团）有限公司的黄军民，湖南瑞特汽车销售服务有限公司的余劲柳，湖南中拓瑞众汽车销售服务有限公司的李岳军，兰天集团的胡新辉，长沙和信丰田汽车销售服务有限公司的张庆，湖南永通华腾汽车销售服务有限公司的罗孝亮等专家提出的宝贵意见和建议表示衷心的感谢！同时感谢湖南交通职业技术学院的张葵葵教授、谢忠辉教授、威叔林副教授等对本书的指点及引荐。特别感谢高级工程师唐述对本书的校对及整理，感谢我的学生吴韩金与黄景增。

本书作为"汽车售后服务人员"的职业培训教材，内容丰富，涵盖面广，简明易懂，附有大量案例，更具启发性和实用性，是汽车售后服务企业经理及各部门管理人员的实用工具书，也可作为汽车技术服务与营销专业的专业核心课教程，以及汽车制造、汽车维修、汽车保险专业的选修课教材。

鉴于编著者的水平有限，书中难免有不妥之处，敬请广大读者批评指正。

编　者

如何学习与使用这本书

◇ 空杯心态

知道不如做到,从知识到行为,从行为到结果。行业的飞速发展,新的知识与技能不断更新,希望学习本书时能保持空杯心态,随时对自己拥有的知识进行重整,清空过时的知识,为新知识的进入留出空间,保证自己的知识总是最新的。

◇ 模拟演练

为便于大家理解与记忆,本书采用文字、图片、表格加案例互动、实操考核等多种方式,使重要的知识点转化成可操作的工具。建议成立学习小组进行模拟训练,遵循"PDCA"循环进行计划、训练、分析、改善,从而提升学习效果。

1) P (Plan)——计划目标,确定方针和目标,确定活动计划。

2) D (Do)——设计方案,实地去做,落实计划和方案中的内容。

3) C (Check)——检查,总结执行计划的结果,注意效果,找出问题。

4) A (Act)——行动改进,对总结检查的结果进行处理,对成功的经验加以肯定并适当推广、标准化;对失败的教训加以总结,以免重现,未解决的问题放到下一个"PDCA"循环。

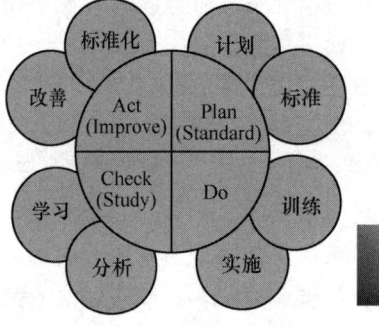

"PDCA"循环

目　　录

前言
如何学习与使用这本书
概述 ·· 1
　课题一　汽车售后服务概念的界定 ········· 1
　　一、现代汽车售后服务的定义 ············· 1
　　二、汽车售后服务部门的业务内容 ······ 3
　　三、现代汽车售后服务发展的新
　　　　理念 ··· 4
　课题二　汽车售后服务企业 CIS 战略 ······ 7
　　一、企业的理念识别 ·························· 8
　　二、企业的行为识别 ·························· 9
　　三、企业的视觉识别 ·························· 9
　课题三　汽车售后服务礼仪 ···················· 10
　　一、个人仪容仪表 ····························· 11
　　二、仪态礼仪 ···································· 11
　　三、服务接待礼仪 ····························· 12
　　四、电话礼仪 ···································· 14
　管理视角　J. D. Power 公司 CSI 调研
　　　　介绍 ··· 17
　互动案例　关于丰田喜一郎的两段小
　　　　故事 ··· 19
　实操考核　服务礼仪 ····························· 20
单元一　维护车辆的接待服务 ············· 22
　课题一　定期维护车辆的服务内容 ········· 22
　　一、定期维护的意义 ·························· 22
　　二、定期维护项目 ····························· 23
　　三、汽车售后服务核心过程 ··············· 26
　课题二　车辆定期维护的服务核心
　　　　过程 ··· 28
　　一、预约管理 ···································· 28
　　二、店面接待 ···································· 34
　　三、估价制单 ···································· 40
　　四、休息引导 ···································· 43
　　五、质量控制 ···································· 46
　　六、交车结算 ···································· 50
　　七、服务跟踪 ···································· 54
　课题三　汽车维护维修常识 ···················· 58

　　一、汽车外观的维护 ·························· 59
　　二、轮胎的维护及正确使用 ··············· 59
　　三、制动系统的维护 ·························· 60
　　四、自动变速器的维护 ······················ 61
　　五、润滑油的选择 ····························· 61
　　六、汽车空调的维护 ·························· 61
　　七、汽车磨合期的用车常识 ··············· 62
　　八、汽车节油小常识 ·························· 62
　课题四　汽车售后服务管理软件操作 ······ 63
　　一、预约管理功能操作简介 ··············· 65
　　二、前台接待功能操作简介 ··············· 66
　　三、车间作业功能操作简介 ··············· 66
　　四、结算功能操作简介 ······················ 70
　　五、出厂功能操作简介 ······················ 71
　管理视角　"5S"生产现场管理与可视
　　　　化管理 ······································· 72
　互动案例　孙小武与 B 车型的故事 ······· 76
　实操考核　定期维护服务核心过程 ········ 79
单元二　故障车辆的维修服务 ············· 81
　课题一　故障车辆的维修服务核心
　　　　过程 ··· 81
　　一、故障车辆预诊断技巧 ··················· 82
　　二、一次修复率管理 ·························· 87
　　三、汽车维修设备简介 ······················ 92
　　四、汽车维修服务应对话术 ··············· 96
　课题二　故障车辆的质保索赔服务 ········· 100
　　一、质量承诺与索赔服务 ··················· 100
　　二、品牌汽车质量担保分析 ··············· 102
　　三、缺陷汽车产品召回管理 ··············· 110
　课题三　汽车维修配件管理 ···················· 112
　　一、汽车配件基础知识 ······················ 113
　　二、配件采购管理 ····························· 122
　　三、配件库存管理 ····························· 126
　　四、配件管理系统 ····························· 131
　管理视角　准时生产方式 ······················· 137
　互动案例　丰田"召回门"事件 ············· 140
　实操考核　故障车辆预诊断沟通技巧

考核……………………………… 142

单元三　事故车保险协赔服务……… 145
　课题一　汽车保险产品介绍……… 145
　　一、汽车保险险种分析…………… 146
　　二、汽车投保方案选择…………… 151
　　三、汽车续保业务与销售技巧…… 155
　课题二　事故车保险理赔服务流程… 163
　　一、事故车保险理赔服务概述…… 163
　　二、事故车出险索赔流程………… 167
　　三、事故车保险协赔服务流程…… 173
　　四、事故车远程定损操作要点…… 177
　课题三　汽车维修合同与财务结算… 179
　　一、汽车维修合同介绍…………… 179
　　二、一般财务知识………………… 182
　　三、汽车维修价格………………… 185
　管理视角　绩效目标管理…………… 188
　互动案例　案例解读汽车保险理赔
　　　　　　原则…………………… 191
　实操考核　保险协赔服务流程操作
　　　　　　要点…………………… 192

单元四　汽车美容与装饰服务……… 195
　课题一　汽车美容装饰产品概述…… 195
　　一、汽车美容的功效及类型……… 196
　　二、汽车美化装饰型产品………… 198
　　三、功能型汽车加装产品………… 202
　　四、汽车养护产品………………… 207
　课题二　汽车美容装饰销售技巧…… 208
　　一、汽车美容装饰产品销售技巧… 208
　　二、汽车附件陈列展示技巧……… 211
　　三、汽车美容装饰项目销售话术… 214
　课题三　汽车改装项目……………… 217

　　一、汽车改装的定义及分类……… 217
　　二、国内汽车改装现状…………… 218
　　三、常见汽车改装项目介绍……… 220
　管理视角　服务营销理念…………… 222
　互动案例　RAV4"尽情尽兴"改装大赛
　　　　　　案例…………………… 224
　实操考核　汽车美容装饰项目推荐
　　　　　　技巧…………………… 225

单元五　客户投诉及补救服务……… 227
　课题一　客户满意及客户满意度…… 227
　　一、服务质量要素与服务质量测定… 227
　　二、客户满意与客户忠诚………… 231
　　三、客户满意服务理念…………… 235
　课题二　客户投诉及服务补救……… 236
　　一、客户投诉及服务补救的含义… 236
　　二、客户投诉处理………………… 241
　　三、危机处理及媒体应对技巧…… 249
　课题三　客户关系管理……………… 251
　　一、客户关系管理概述…………… 251
　　二、客户关系管理实施内容……… 252
　　三、客户信息管理工作要点……… 253
　　四、客户俱乐部建立与服务……… 255
　课题四　客户满意度调查与分析…… 256
　　一、客户满意级度及满意度衡量… 256
　　二、客户满意度调查方法………… 259
　　三、客户满意度调查注意事项…… 260
　管理视角　员工满意度与员工激励… 261
　互动案例　客户关系管理的成功典范… 263
　实操考核　客户投诉处理技巧……… 265

参考文献……………………………… 267

Description 课程描述	当顾客购买新车后,作为汽车售后服务人员,你了解汽车售后服务业务涉及哪些方面吗?你知道售后服务人员应遵守的礼仪规范吗?
Objects 学习目标	1. 理解广义的汽车售后服务概念及狭义的汽车售后服务概念。 2. 了解汽车售后服务组织构架及岗位设置。 3. 了解汽车售后服务部门的业务内容。 4. 理解现代汽车售后服务发展的新理念。 5. 理解汽车售后服务企业 CIS 战略的目的及内容。 6. 掌握汽车售后服务礼仪规范。
Tasks 学习任务	汽车售后服务概念认知及服务礼仪演练。
Implementation 任务实施	1. 构建某品牌汽车专营店售后服务部门组织架构框架图。 2. 运用一般接待礼仪模拟演练汽车售后服务接待任务。

课题一　汽车售后服务概念的界定

一、现代汽车售后服务的定义

在现代汽车服务理念指导之下,汽车售后服务概念的界定不仅仅局限于传统的维修维护等服务,其所包含的内容在不断更新,牵涉面将更为广泛。广义的汽车售后服务是指汽车商品销售出去以后,由制造商、销售商、维修商、配件供应商、以汽车为服务对象的各类服务商以及为客户所拥有的汽车提供的全过程、全方位服务。汽车售后服务涉及各个领域,包括汽车金融服务、汽车保险服务、汽车维修服务、汽车配件服务、汽车美容装饰服务、旧车交易服务、汽车租赁、汽车停靠及汽车信息等。

汽车售后服务通常分为两种经营方式:一种是汽车销售与服务相分离的方式,提供服务的制造商、经销商、维修商、配件商等各服务商分别在自己的经营范围提供相应的服务。另一种是汽车销售与服务一体化的方式,以汽车特约销售服务店为主体,通过汽车品牌专营店(或称特许经营店、品牌专营店),各类服务商与客户的利益紧密连接在一起,形成一个有机的服务链。由于有汽车品牌的强大优势和汽车制造厂强有力的技术、培训和配件供应的支持,汽车特约销售服务店在我国汽车售后服务业中处于主导地位。

目前,在以整车销售(Sale)、零配件(Spare part)供应、售后服务(Service)、信息反馈(Survey)等"四位一体"为核心的汽车品牌专营店中,当一辆新车销售协议签订之后，在新车交接处（图 0-1）汽车销售顾问必须将售后服务部的经理及服务顾问介绍给新车车主，这同时也意味着服务的转接。在车辆的使用过程中，所有的维护及修理工作由售后服务部门来完成。由于售后服务部门的服务内容的多样化，以及不同品牌、不同店面的业务范围也不同，售后服务部门的岗位划分目前并没有统一的标准。如图 0-2 所示，某汽车服务企业售后服务部门的岗位设置划分如下：售后经理是售后服务部门的直接领导者，他管理和控制着整个售后服务部门的有效运营；根据工作性质的不同一般又设有前台主管、车间主管、零部件主管等管理职位。其中，前台主管负责的业务前台是整个专营店服务部门的窗口，是业务龙头，是联系各个部门业务的枢纽。根据服务需求的细分，不同的服务需求由专门的服务岗位提供，设有服务顾问、索赔员、信息员、保险顾问等具体岗位，各部门人员各司其职。

图 0-1　新车交接处

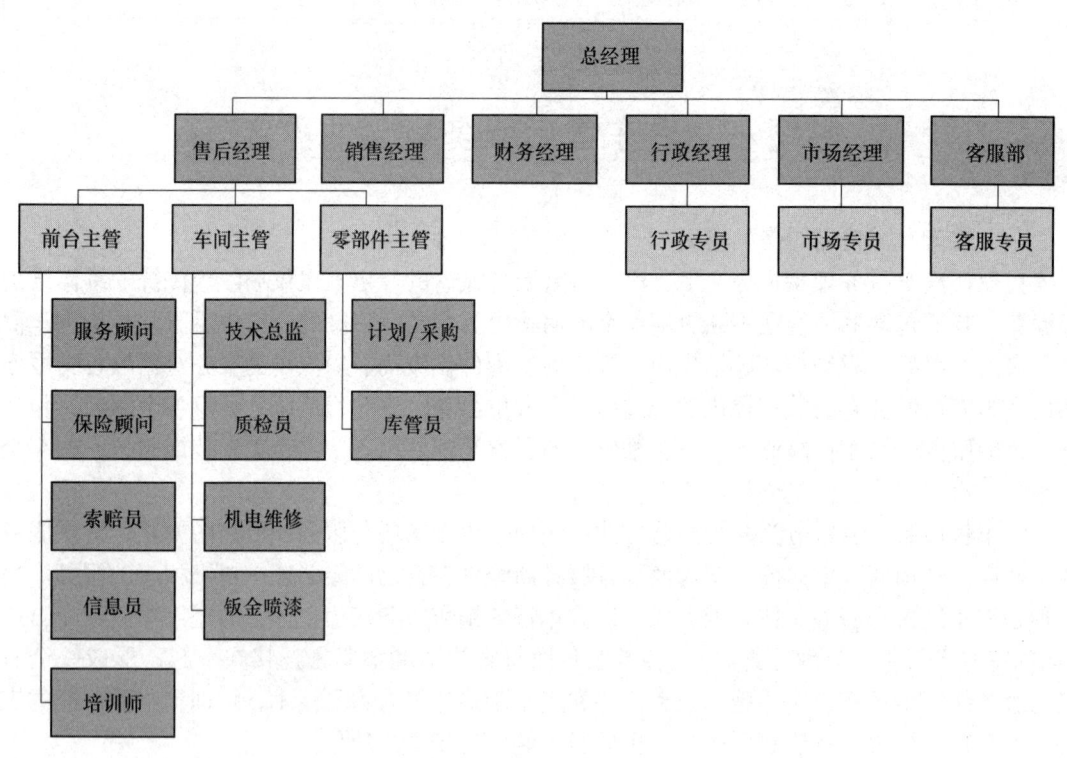

图 0-2　某汽车服务企业组织架构示意图

> **▶汽车售后服务顾问的定义**
>
> 服务顾问（Service Advisor，SA）是站在汽车维修与维护的专业角度及顾客利益角度，向顾客提供专业意见、解决方案以及增值服务，使顾客能对汽车产品或服务做出正确的选择，实现自身价值。
>
> 服务顾问在"一对一"顾问式服务的同时，使顾客建立对汽车产品或服务的品牌提供者的感情及忠诚度，有利于进一步开展关系营销，达成较长期稳定的合作关系。

售后服务部门的岗位分工更加细致、具体，专营店应根据其服务客户群体的特点进行必要的分工及组织结构调整。售后服务目标已从以修车、养车为目的，转变为以提供满足客户不同需要的卓越服务为目的，这就要求售后服务人员向更加专业化的方向提升，必须具备独立作业能力、更高的技术诊断能力，能够提供更好的服务，能在各自的岗位上独当一面，为客户排忧解难。此外，服务人员应本着为客户负责的态度，引导客户体验享受式的服务，享受消费的过程，提升客户满意度。服务人员的业绩将与客户满意度直接挂钩，实现真正的管家式服务，"一对一"的贴心服务。

二、汽车售后服务部门的业务内容

汽车售后服务部门的业务根据不同的汽车厂商的协约、不同品牌、不同地域及面对不同的客户群体，其内容及范围各不相同，归纳起来大致包括汽车维护业务、质量保修业务、车辆维修业务、钣喷业务、零配件供应业务、技术培训与支持业务、客户关系维系业务以及美容装饰精品销售业务等八个主要业务板块。

1. **汽车维护业务**

汽车保养业务主要是防患于未然，使车辆能够保持良好的技术运行状况。汽车维护类型可分为定期维护、单项维护、维护套餐和标准快速维护四种类型。专营店为不同类型的客户有针对性地推广相应的维护服务，将会有效地提高客户的满意度和忠诚度，并能帮助专营店长期维系良好的客户关系，促进客户今后继续在专营店保养、维修或购买车辆。

2. **质量保修业务**

质量保修是指汽车制造商对自己生产的汽车在质量上有一定正常行驶里程或使用期限的承诺，在约定的里程或期限内，由于产品自身的质量问题而无法正常使用的，由汽车生产制造厂商负责免费给用户购买的汽车恢复使用性能。

当车辆出现质量问题时，将危害客户对品牌及专营店的信任与信心，因此在一定期限内，对于顾客的诉求，专营店应积极处理，对问题车辆实施免费的修理。通过提供适当的保修，能够恢复客户对品牌及专营店的信任度及满意度，并获得客户长期的信赖与支持。与此同时，索赔员需要对"保修申请数据"进行分析整理并反馈给汽车生产制造厂商，这对提高车辆品质是非常有帮助的。

3. **车辆维修业务**

车辆维修是恢复故障车辆的技术状况，使其正常运营并延长其使用寿命。车辆维修业务可分为机修、电气维修两种类型。维修业务是售后服务部门最基础的业务，大约占售后服务收入的60%~70%。高质量的维修可以吸引客户再一次到专营店维修、维护，增强专营店的竞争力，提高专营店信誉度，并获得稳定的回报。

4. 钣喷业务

钣喷业务是对车辆钣金和喷漆的维修，使受损车辆的性能得到恢复。优良的钣喷质量，不仅能对车身起到极大的保护作用，而且可以恢复汽车漂亮的外观。钣金和喷漆的维修可以使客户的受损车辆恢复原有的使用性能，满足客户需求。

5. 零配件供应业务

零配件供应业务可以最大限度地、及时地满足客户对零部件的需求，并且可以通过优化库存降低库存金额，从而获得良好的营业收益。零配件供应业务主要包括零件供应体制、订货规则与价格政策、零件供应部门与其他部门的协作、库存管理、订货管理、零件管理主要指标。零配件及时供应不仅可以支持维修工作的顺利进行，还是专营店利润的重要来源。

6. 技术培训与支持业务

汽车技术培训与支持内容主要有：为营销企划、汽车销售及售后服务部门提供汽车技术与汽车产品资料上的支持；与汽车研发部门和汽车生产车间进行技术方面的对接，实时掌握汽车产品与汽车技术的最新状况；翻译和整理汽车技术资料，协助部门负责人建立和维护汽车技术文档体系；负责编制公司内部汽车产品知识及汽车技术的培训资料，并实施培训。汽车技术培训与支持包括用户培训、服务网络的培训、技术培训的组织等。

7. 客户关系维系业务

客户关系维系是为达到专营店的经营目标，主动与客户建立起某种联系，维系客户对其品牌的忠诚度。通过提高客户忠诚度而创造推荐购买、增加再购的机会，从而增加车辆进厂台数并提高单车产值；降低客户投诉量与专营店应对客户投诉的成本，为专营店创造绵延不断的商机。

8. 美容装饰精品销售业务

美容装饰精品销售业务是指在确保安全和车辆正常行驶的前提下，对客户推荐适当的汽车美容项目、汽车装饰精品及汽车附件等，以提高其驾乘的乐趣，满足客户个性化需求。这种业务一方面可作为专营店的销售手段或促销手段，提高专营店收益；另一方面可推动补充量产车型的不足，增加配置，提供多元化服务，提升客户满意度并引导汽车文化。

本书通过汽车特约销售服务店中服务顾问、索赔员、保险接待等岗位的具体工作分析，把汽车品牌专营店的售后服务工作定义为"狭义的汽车售后服务"，并且从定期维护车辆的接待服务、故障车辆的维修服务、事故车保险协赔服务、汽车美容与装饰服务、顾客投诉及补救服务五个方面进行细致的讲解。

三、现代汽车售后服务发展的新理念

全新的售后服务理念，将售后服务从"被动式维修"带入了"主动式关怀"的新时代，没有顾客，企业就没有了效益，这是谁都明白的道理。随着人们汽车消费理念的成熟，顾客更加重视汽车的售后服务水平，汽车厂家也在不断提升售后服务水平。从上海通用汽车有限公司最早提出"别克关怀"，到克莱斯勒（中国）汽车销售有限公司的"关爱随行"、一汽大众的"严谨就是关爱"等，很多企业都提出了自己的服务品牌，在售后服务上大下功夫。结合目前我国汽车售后服务市场的发展趋势，提出如下现代汽车售后服务发展的新理念：

1. 售后服务将成为汽车专营店的业务龙头

随着专营店对服务重视度的提升，专营店的利润呈现向服务倾斜的形势，售后服务部门作为为客户提供服务的窗口，区别于"一次性服务"的汽车销售部门，有多次向客户提供

服务的机会，而服务机会的递增也意味着对专营店的利润贡献度的提升。部分客户保有量较多的汽车专营店，其售后服务部门已替代销售部门，成为汽车专营店的业务龙头。因此，售后服务部门如何提升服务的品质、维系忠诚客户、合理地进行服务营销成为专营店的生存命脉，具有"售后服务在，阵地在；售后服务失，阵地失"的重要地位。

售后服务部门的服务细分应更加精确，专业性应更加凸显，应给予客户精准的时间承诺、合理的价格预估，这样才可以超出客户的期望，满足客户更高的需求。除了为客户车辆提供专业快捷的服务外，对客户也理应关怀备至，如质保到期提醒、售后维修回访以及为客户提供爱车讲堂和透明的零部件价格体系等，简单说就是处处为客户着想，以最快、最令人满意的方式响应客人的一切需求，做客户的"贴心式管家"。

2．"主动式关怀"的售后服务新理念

售后服务部门应提供"主动式关怀"，要打破传统观念，树立主动寻找客户的意识，把服务提前。要主动寻找客户，业务要从店内延伸到店外，那么如何找、从哪里找、怎么找、怎么延伸便是售后服务部门面临的巨大挑战。所谓营销，首先要确定目标顾客在哪里。任何一个客户，他的消费行为都不是孤立的。因此可以通过日常的沟通维系去了解客户，通过分析目标顾客的关联消费行为，从中找出具有普遍性的行为特征。或者跳出行业思维局限，借"它山之石"找到目标顾客，并与之达成更有效的沟通。例如，部门品牌售后服务部主动为客户提供上门接送车的管家式服务，为客户节省时间；设立户外移动式服务站（图0-3），提供贴心关怀，为车辆减少隐患；提供定损理赔一条龙式服务，实现客户与专营店的共赢。

图 0-3　户外移动式服务站

案例分享　广汽丰田"心悦驿站"全面启动

2010年，广州丰田汽车有限公司（后称"广汽丰田"）"心悦服务"品牌成立；2011年8月初，广汽丰田又迎来了百万辆汽车的成功下线。为感谢一年来百万用户的青睐与信任，从8月中旬至10月，广汽丰田在全国范围内推出"心悦驿站"活动，在户外设置移动式服务站，为广大车主的出行保驾护航。

户外移动式服务站除了为客户提供包括轮胎胎压、刮水器、制动液、冷却液等的免费检测服务外，还开展了一系列别具特色的体验服务，如正品零部件识别、品牌LOGO拼图体验活动、逸致功能搜寻赛等。如果客户需要，还可对其进行特殊路段驾驶技巧、车辆维护的培训，使客户无论身处何地，都能体会到广汽丰田无处不在的尊贵、贴心服务。此活动从8月中旬正式启动，一直持续到10月中旬，历时2个月；活动范围包括北京、上海、广州、武汉等全国14个主要城市。另外，在内容设置上，与以往的车检养护和品牌体验相比较，增加了更为细致入微的客户用车关爱服务。

3. "员工也是上帝"——全新的人才理念

客户的满意，必须依靠满意的员工来实现。只有做到员工至上，才能做到把客户放到第一位。"员工也是上帝"的理念说明，满意的员工才能创造客户的满意。企业善待员工，员工才能理解客户第一的理念，才能善待企业和企业的客户。企业要想实现员工所服务的客户百分之百的满意，必须从满足员工的需要开始，满足他们求知的需要、发挥才能的需要、享受权利的需要，以及实现自我价值的需要，关心爱护员工，调动员工的积极性，激发员工的奉献精神，满足员工的自尊心，使员工真正成为创造客户满意的生力军。

"员工至上"和"客户第一"是统一的，相辅相成的。企业的发展离不开客户的满意度，没有优质的服务就没有客户，而优质的服务就必须有高素质的人才。企业必须有全新的人才理念，想办法培养人才，留住人才。当前维修人才流动性很大，这是不争的事实，但这是与企业管理理念有关的，很多企业不愿意花钱去培养人才，原因是一怕花钱，二怕留不住人才。"企业经常换换血是必需的，对企业和员工都有好处"等，这些急功近利的错误思想造成大量的汽车服务人才流失，对企业乃至整个行业而言都是巨大的损失。

4. 全新的信息管理理念

信息对任何企业来说都是至关重要的，全新的信息管理理念对汽车售后服务来说尤其重要，如何管理售后信息和收集信息是企业发展的关键，如维修维护信息管理、配件供求信息、客户满意度反馈信息、汽车维修技术信息、客户基本信息等。如何有效利用售后服务部门收集的信息？如何进行必要的数据分析及整理？如何通过数据反映问题并改善问题？合理的数据统计分析是售后服务日常管理的重中之重。通过良好的信息管理，服务部门主动联系客户，率先带来主动提醒或问候，开展一对一顾问式服务，利用信息的优势，提供最优质的服务，满足客户的需要，使企业获得最大的利润。

随着互联网和电信技术的快速发展，移动和互联网的融合是大势所趋，而且移动互联网已经快速成为当今社会最强势媒体之一，微信就是其中最好的代表。如图0-4所示，2013年4月20日，上海大众汽车大众品牌与腾讯公司进行战略合作，开通上海大众汽车大众品牌官方微信，树立了汽车市场移动服务新的里程碑。微信公众平台的出现，为企业开辟了一条与消费者简单、快捷沟通的新渠道，它针对移动用户，精准性高。随着微信用户的增多，企业与用户的沟通会更加直接。

企业要想有效益，企业的一切工作必须以顾客满意为中心。目前维修企业服务的对象层次与素养在不断提升，已从过去低文化、低素质、低层次的顾客，转变为高素质、高文化层次、自我保护意识逐步提高的顾客，服务这样的顾客需要优质的售后服务。因此，成功的售后服务不仅指优质的维修服务，也包括现代的经营理念、管理思想、服务理念和服务流程等，这一切都以顾客的满意为中心。

图 0-4　上海大众品牌微信公众平台开通

课题二　汽车售后服务企业 CIS 战略

　　企业识别系统（Corporate Identity System，CIS），意译为"企业形象统一战略"。CIS 一般由三大要素组成：理念识别（Mind Identity，MI）、活动识别（Behavior Identity，BI）、视觉识别（Visual Identity，VI），这三个要素是相互联系的统一整体。企业理念是企业的精神和灵魂，理念识别是指企业的经营管理观念，它也是 CIS 战略的核心。活动识别是企业动态的识别形式，企业的各种活动要充分体现出企业的理念，这样才能塑造出良好的企业形象。视觉识别是企业的静态识别形式，企业的标志、标准色是通过视觉系统传递给大众的。活动识别和视觉识别只有具备了正确的思想内容，充分反映了企业的精神和理念时才能发挥更大的作用。

　　企业形象对现代企业生产经营活动的作用越来越大，良好的企业形象是企业重要的无形财富。售后服务和销售一样，它是汽车厂商生产经营活动与用户使用消费的联系纽带，售后服务工作属于"窗口"性工作，为企业的形象建设发挥着重要的作用。为推进企业形象建设，售后服务必须实行标准化，包括服务站建筑物设计、布置的标准化（如服务站大门、厂房外墙等按标准色彩、图案建设），厂徽、标牌、悬挂物及色彩搭配的标准化（如竖立灯光的或荧光的标准厂徽、标准路牌、标准图案，标准统一的字体、字样及颜色等），服务程序的标准化，工作人员着装的标准化及服务态度好、精神面貌佳、服务素质高等内容。总之，同一汽车厂商各服务站的外观形象必须标准化、统一化，这样做的好处在于能够提高顾客的总价值。我们知道，构成顾客总价值的四个因素分别是产品、服务、人员素质、企业形象，通过采取上述措施，至少可以使后三个因素在提高顾客总价值和顾客满意度方面发挥重要的作用。图 0-5 所示为某品牌特约服务站的售后业务前台，除了宽敞明亮的环境外，人性化的洽谈室和受过良好训练的服务顾问都给客户留下了良好的品牌印象。

一、企业的理念识别

企业理念是企业在开展的生产经营活动中的指导思想和行为准则。它包括企业的经营方向、经营思想、经营道德、经营作风和经营风格等具体内容。企业理念识别的主要内容有三个:一是企业使命,二是企业经营思想,三是行为准则。以下列举知名汽车品牌企业的服务理念。

1. 一汽奥迪公司的服务理念与价值

一汽奥迪公司"卓悦"服务(Audi Top Service),是一汽奥迪公司着眼未来的全球化服务新战略,这一战略秉承"以心悦心",即以全心全意的卓越服务,带给用户发自内心的愉悦的服务理念,将"专业、尊贵、愉悦"的核心价值贯穿到服务的全过程。

图0-5 某品牌特约服务站的售后业务前台

➢ "专业"体现在一汽奥迪公司的全球一体化专业服务体系中,为用户提供安心、放心、最佳的服务解决方案,具体展示其专业价值。

➢ "尊贵"体现在一汽奥迪公司的高档服务设施与服务内容中,带给用户超乎期待的尊贵体验和个性享受,充分传递了尊贵价值。

➢ "愉悦"则是透过一汽奥迪公司用心呵护用户与爱车的每一个服务细节和服务设计,不断带给用户更大的愉悦感受,从而体现出愉悦价值。

2. 华晨宝马公司的服务理念

懂你,源自十年的维护经验;懂你,凭借完善的管理体系;懂你,依靠高效的服务机制,用更为切实的互动式服务,将客户需求把握更准确,了解更透彻。

关心,不仅仅是将你放在心上,而是每时每刻为你着想,为你营造更加便捷周到的服务体验!因为专业,所以更懂你;因为关心,所以更贴心——华晨之家,懂你,更会关心你!

3. 上海大众公司的服务理念

上海大众公司推出了全新的服务品牌"Techcare 大众关爱",为用户提供购车、用车、换车、装饰等全方位的服务,让用户真正体会到360°的全程关爱。系统化的销售服务、透明诚信的二手车置换、便利化的汽车金融服务、个性化的汽车附件,以及维系客户忠诚度的车主俱乐部等与标准化专业服务有机融合,是上海大众公司服务品牌的六大支柱。

汽车厂家为了使售后服务建设有纲可循,实现服务差异化,并便于宣传及使消费者感知,纷纷推出服务品牌,在售后领域深耕细作,例如:一汽丰田公司推出的诚信服务、东风日产公司的感心服务、上海大众公司的大众关爱;BMW 公司则执行"悦常在,驾无忧"售后服务战略,致力于向客户提供"高效、透明、关爱"三大客户价值;广汽本田公司以"亲、速、确、安"为服务口号,为用户提供热情、及时、专业到位的优质售后服务。如何有效提高服务品牌认知度,是一个亟待研究的课题。汽车厂家应在深入研究消费者的维修维护习惯、需求、关注点及抱怨投诉后,提供专业、快捷、高效的方案,解决客户用车过程中遇到的问题,向消费者提供专业、规范、周到的服务。服务品牌是企业售后服务领域的灵魂,是售后工作的风向标。而树立服务品牌,提高品牌知名度,提升品牌价值,则是一个艰辛漫长且系统的过程；更为重要的是，要坚持精心维护品牌形象。

二、企业的行为识别

企业的行为识别几乎涵盖了整个企业的经营管理活动。不同的企业，其行为识别在内涵上又有所不同。例如银行业重视外观形象和社会形象，销售企业重视外观形象和市场形象等。在企业行为中，能直接作用于公众、影响企业的公众形象与评价的因素，主要可分为如下7种：

（1）技术形象　技术优良，研究开发能力旺盛，对新产品的开发热心。

（2）市场形象　认真考虑消费者问题，对顾客服务周到，善于宣传广告，消费网络完善，具备很强的国际竞争力。

（3）公司风气形象　清洁，现代感，良好的风气，和蔼可亲。

（4）未来性形象　未来性，积极形象，合乎时代潮流。

（5）外观形象　信赖感稳定性高，企业规模大。

（6）经营者形象　经营者具有优秀的素质。

（7）综合形象　一流的企业，想购买此公司股票，希望自己或子女在其公司工作。

企业的行为识别偏重于行为活动的过程，消费者对它的认识也需要一定的时间。而且随着时代的变化，企业的行为识别内容也在不断地调整，以符合整体 CI 系统的变革。

> **案例分享**　一汽丰田公司经销商大会的故事
>
> "TOYOTA WAY"是丰田企业的核心价值观，是企业的"DNA"。"TOYOTA WAY"的两大支柱：智慧与改善（挑战、改善、现地现物）以及尊重人性（尊重、团队合作）。"TOYOTA WAY"必然是所有丰田人的共同价值观与行动指南。
>
> 尊重就是要坚持以人为本，实现"让客户满意，必须先让员工满意"的宗旨。一汽丰田汽车销售有限公司的宗旨是：客户第一、经销商第二、厂家第三。每次一汽丰田全国经销商大会，都会出现与全国所有企业不同的现象。大会开始前的入场，一汽丰田董事会、经销商管理会及参会的各部部长早已提前到达会场，站在大门两侧热情地欢迎每一位入场的经销商代表，第一次参加这样会议的经销商总是有些奇怪，有些不好意思，他们为这么多高层领导提前夹道欢迎他们而感动，而且每次大会不设主席台，厂家领导不仅都坐在台下，而且也不坐中间位置。正是这种做法，使得经销商有了家和被人尊重的感觉，每次的经销商大会都展示出"亲切、团结"的会议气氛。企业高层管理者夹道欢迎经销商，正是把经销商放在厂家前面的体现，观念不仅是口号，应体现在具体的、细致的工作中，只有这样才能让大家更理解，更信服，使经销商更愿意在这个团队里奋斗。

三、企业的视觉识别

在所有的企业形象活动中，效果最直接、在短期内表现出的作用也最明显、统一的 VI 设计可以在企业对外宣传和企业识别上获得最有效、最直接的具体效果。也正因为如此，很多人把企业视觉识别等同于企业形象识别，甚至把企业视觉识别等同于企业形象。在企业视觉识别中，视觉的设计是衡量视觉识别成功与否的关键。一个良好的视觉设计应该具有以下几个要素：

1）能反映企业的理念识别基本特征。

2）能反映企业的基本经营性质。
3）视觉设计必须容易辨认、记忆，具有系统性，并且应严格区别于其他同类企业。
4）视觉设计必须符合美感，赏心悦目，能被绝大多数人接受并能获得他们的好感。

汽车专营店具有统一的外观形象、统一的标识、统一的管理标准、只经营单一品牌的特点。它是一种个性突出的有形市场，具有渠道一致性和统一的文化理念，其在提升汽车品牌、汽车生产企业形象上的优势是显而易见的。汽车厂商对服务站具有业务规划、指导与管理职能。特别是大多数品牌轿车企业，对其特约维修站从外观建筑、布置，到室内设计、设备配置和经营管理等，都有非常具体的规定，有统一的要求。图0-6所示为大众汽车某特约服务站的售后维修车间，维修技师着统一色调、统一标识的服装，整齐规范，塑造了良好的品牌形象。

图0-6 大众汽车某特约维修站售后维修车间

汽车厂商售后服务站点是用户经常与之沟通交流的窗口，在汽车厂商的企业形象建设方面处于一个非常有利的位置。就售后服务网络而言，企业形象建设的手段主要有：售后服务、员工的专业能力、员工的职业修养、企业外观形象建设、公共关系、提高以质量保修为核心的全部售后服务内容的工作质量等。目前，国内外汽车销售与服务企业的外观形象建设已从仅悬挂汽车厂商的厂旗、厂徽，发展到厂容厂貌、员工着装的标准化和统一化、厂房和厂区建设的规范化以及设备配置的标准化等。汽车售后服务企业实施CIS战略的目的就是通过动态和静态的传播方式，提高企业知名度，塑造良好的企业形象，培养员工精神，明确企业主体，使广大消费者产生对企业及其产品的信赖和好感。CIS作为一种经营管理方法，其最终的目的也是实现企业的利润最大化。

课题三　汽车售后服务礼仪

服务礼仪是售后服务人员必备的素质和基本条件。出于对顾客的尊重与友好，售后服务人员在服务中要注重仪表、仪容、仪态和语言、操作的规范；要发自内心地、热忱地向客人提供主动、周到的服务，表现出良好的风度与素养。如图0-7所示，某汽车品牌专营店的服务人员具有良好的气质、风度和仪表，给人以较好的职业形象。

图 0-7　某汽车品牌专营店服务人员职业形象展示

一、个人仪容仪表

仪容，通常是指人的外观、外貌，重点是指人的容貌。在人际交往中，每个人的仪容都会引起交往对象的特别关注，并将影响到对方对自己的整体评价。在个人的仪表问题中，仪容是重中之重。注重仪表应适度、恰到好处，不能过分追求外在美，而忽略了内在美的修养。汽车售后服务人员日常仪表检查要点见表0-1。

表 0-1　日常仪表检查要点

检查要点	男性员工	女性员工
发型	短发，保持头发的清洁、整齐；不宜染发	发型文雅、大方，梳理整齐；长发可用发卡束住，造型简洁；不宜染过于炫目的发色
面妆	面容清洁，口气清新，胡须剃干净，精神饱满，面带微笑	面容洁净，宜施淡妆；端庄大方，面带微笑
衣着	西装：平整、清洁；西装口袋不放过多物品；西裤平整，有裤线 衬衫：白色或单色衬衫，领口、袖口无污迹 领带：领带紧贴领口，系得美观大方	西装：平整、清洁；西装口袋不放物品；西裤平整，有裤线 丝巾：按品牌要求佩戴丝巾，美观大方 裙装：长度适宜 饰品：不宜太花哨，为了保证工作安全，不鼓励佩戴饰品
指甲	短指甲，保持清洁	指甲不宜过长，保持整洁，涂指甲油时宜自然色
鞋袜	皮鞋光亮无灰尘，着黑色或深色袜子	鞋子光亮清洁，鞋跟在5cm以下为宜，尽量穿肤色丝袜，无破洞

二、仪态礼仪

1. 坐、立、行

仪态是指人在行为中表现出来的姿势，主要包括站姿，坐姿，步态等。"站如松，坐如钟，走如风，卧如弓"，是中国传统礼仪的要求，在当今社会中已被赋予了更丰富的含义。

（1）站姿　正确健美的站姿给人以挺拔笔直、舒展俊美、精力充沛、积极进取、充满自信的感觉，如图0-8所示。站姿规范：从正面观看，全身笔直，精神饱满，两眼正视，两肩平齐，两臂自然下垂，两脚跟并拢，两脚尖张开，身体重心落于两腿中；从侧面看，两眼平视，下颌微收，挺胸收腹，腰背挺直，整个身体庄重挺拔。

（2）坐姿　符合礼仪规范的坐姿能传达出自信练达、积极热情、尊重他人的信息和良好风范。坐姿规范：宜坐在椅子的三分之二处，上身保持正直，两腿平行，与肩同宽；与人交谈时，身体应该与对方平视的角度保持一致。

（3）行姿　协调稳健、轻松敏捷的走姿，会给人动态之美，表现朝气蓬勃、积极向上的精神状态。规范行姿：走的时候，头要抬起，目光平视前方，双臂自然下垂，手掌心向内，并以身体为中心前后摆动。上身挺拔，腿部伸直，腰部放松，脚步要轻并且富有弹性和节奏感。

（4）蹲姿　下蹲拾物时，应自然、得体、大方，不遮遮掩掩。蹲姿规范：下蹲时两腿合力支撑身体，避免滑倒。下蹲时应使头、胸、膝关节在一个角度上，使蹲姿更加优美。女士无论采用哪种蹲姿，都要将腿靠紧，臀部向下，脊背保持挺直。臀部一定要蹲下来，避免弯腰翘臀的姿势。男士两腿间可留有适当的缝隙，女士则要两腿并紧，穿短裙时需更加留意。

2. 面部表情

良好的第一印象来源于人的仪表谈吐，但更重要的是取决于表情。微笑则是表情中最能赋予人好感，增加友善和沟通，愉悦心情的表现方式，如图0-9所示。售后服务人员应保持目光和蔼，面带微笑。

3. 谈吐和举止

声音大小传情达意的意义不同，应该根据听者距离的远近做适当调整；手势要自然优雅，尊重民俗，符合礼仪。谈话的姿势往往能反映出一个人的性格、修养和文明素质。所以，交谈时，首先双方要互相正视、互相倾听，不能东张西望等，否则，会给人心不在焉、傲慢无理等不礼貌的印象。

三、服务接待礼仪

1. 问候礼仪

当客户走进服务大厅时，服务人员需起立并放下手中正进行的工作，眼光接触，点头示意，并用响亮的声音热情问候"您好！"或"欢迎光临"。寒暄时一定要让客户感受到你的敬意，而要做到这一点，需要坚持积极主动、常带微笑、声音明快、注视并关注对方的原则。

鞠躬也是表达敬意、尊重、感谢的常用礼节。鞠躬时应从心底发出对对方表示感谢、尊重的意念，从而体现于行动，给对方留下诚意、真实的印象。

图0-8　正确的站姿

图0-9　微笑服务

2. 握手礼仪

握手是人们日常工作中最常使用的礼节之一。握手规范：握手时，伸手的先后顺序是上级在先、主人在先、长者在先、女性在先。握手时间一般在 2~3s 或 4~5s 之间为宜。握手力度不宜过猛或毫无力度，如图 0-10 所示。要注视对方并面带微笑。

3. 递接名片的礼仪

名片是一种经过精心设计、能表示自己身份、便于交往和开展工作的卡片。名片的正确使用也能在客户心中留下良好的印象。使用名片应注意以下几点：

1）事先把名片准备好，放在容易拿出的地方，如上衣口袋里或专用名片夹里。

2）单方递名片时，要用双手的大拇指和食指握住名片恭敬地递给对方，如图 0-11 所示。双方递名片时，要用右手递。递名片时正面要面向接受名片的人，并轻微鞠躬。

图 0-10 握手礼仪示意图

图 0-11 递接名片的礼仪

3）接受名片时必须点头表示感谢，同时要以同样的方式递出名片，接着要花一些时间仔细阅读名片上的内容，有意识地重复名片上所列对方的职务、学位以及尊贵的头衔，以示尊敬。

4）收到名片后应妥善保管。

4. 自我介绍

自我介绍是交际场合中常用的一种介绍方式。在服务过程中，为了主动迎接客户的光临，需要先把自己介绍给对方。要想使自我介绍取得成功，并给对方留下深刻的印象，需掌握好自我介绍的艺术，注意以下几点：

1）把握时间。自我介绍时要简洁，言简意赅，尽可能地节省时间，以半分钟为宜。

2）注意内容。自我介绍的内容包括三要素，即姓名、供职单位及具体部门、担任职务和所从事的具体工作。在自我介绍时，应将这三要素一气连续报出，给人以完整的信息。

3）注意方法。进行自我介绍应先向对方点头致意，得到回应后再向对方介绍自己。应善于用眼神表达自己的友善，表达关心以及沟通的渴望。在获得对方的姓名之后，不妨口头加重语气重复一次，以示尊重。

5. 引领客户

引领客户时，走在客人左边，右手向前指向目标方向，要注视对方并面带微笑。手势语的礼仪规范：手势是一种动态语言，要求人们运用恰当。例如在给客人指引方向时，要把手臂伸直，手指自然并拢，手掌向上，以肘关节为轴，指向目标，如图0-12所示。

6. 入座礼仪

服务顾问应先引导客户入座，第一时间帮客户移动座椅，方便客户入座；待客户入座后将座椅轻微移到适当的位置，等客户入座后服务顾问再回到自己的位置。在与客户交谈中身体应保持正直，注意不要左右晃动。需要站起来时，先告知客户下一个动作，如"王先生我们一起看车吧"，然后再引导客户起立。如果不需要客户起立时，则必须告知客户，如"王先生您稍等，我去帮您倒杯饮料"。

7. 送茶点礼仪

1）首先询问客户所需要的饮料种类，在听到对方提出的要求后，重复饮料名称进行确认。

2）送茶点时托盘高度靠近胸部一侧，以免自己的呼吸接触到饮品。

图0-12　引领客户的礼仪

3）说"打扰一下"后，按逆时针方向将饮料放在顾客的右手边。若同一桌上有不同的饮料品种，在分发前需要先行确认。

4）使托盘的正面朝向外侧，用左手夹住，右手扶在托盘上，说"请慢用"后点头示意退下（如果桌面有易潮物品，请将茶水尽量远置）。

8. 递送资料的礼仪

1）资料正面面对接受人，用双手递送，并对资料内容进行简单的说明。

2）如果是在桌上，切忌将资料推到客户面前。

3）如果有必要，帮助客户找到其关心的页面，并做指引。

4）如赠送礼物给客户，需双手递送，点头示意，真诚地看着对方的眼睛，说出致谢的话语，微笑着递给客户礼物。

9. 送别礼仪

客户离店时，应先起身，主动和对方握手道别，送别时要感谢对方来店，表明希望能够再一次见面。向远去的客户微笑挥手（向客户致谢），并行注目礼，目送对方离开直至其在视线中消失。

四、电话礼仪

电话被现代人公认为便利的通信工具。在日常工作中，使用电话的语言很关键，它直接影响着一个公司的声誉；"未见其人，先闻其声"，人们通过电话也能粗略判断对方的人品、性格。因此，应掌握正确的、礼貌的电话礼仪。接听电话不可太随便，应讲究必要的礼仪和一定的技巧，以免横生误会。如图0-13所示，无论是打电话还是接电话，都应做到语调热情、大方自然、音量适中、表达清楚、简明扼要、文明礼貌。

图0-13　电话礼仪

1. 接听电话规范

1）及时接听。一般来说，电话铃响 3 声之前就应接听，6 声后再接听就应道歉"对不起，让您久等了。"如果受话人正在做一件要紧的事情不能及时接听，代为接听的人应妥为解释。尽快接听电话会给对方留下好印象，让对方觉得自己被重视。

2）讲究艺术。接听电话时，应注意使嘴和话筒保持 4cm 左右的距离；要把耳朵贴近话筒，仔细倾听对方的讲话。最后，应让对方自己结束电话，然后轻轻把话筒放好，最好是在对方之后挂电话。

3）面带微笑。当拿起电话听筒的时候，一定要面带笑容。不要以为笑容只能表现在脸上，它也会藏在声音里。亲切、温情的声音会使对方立刻形成良好的印象。打、接电话的时候不能叼着香烟、嚼着口香糖；说话时，声音不宜过大或过小，吐字清晰，保证对方能听明白。

4）左手接听。便于随时记录有用信息。接听电话的礼仪规范见表 0-2。

表 0-2　接听电话的礼仪规范

顺　序	基本用语	注意事项
1. 拿起电话听筒，并告知对方自己的姓名	➢ "您好，××公司 ××部×××"（外线） ➢ "您好××部×××"（内线）。如上午 10 点以前，可使用"早上好！" ➢ 电话铃响 6 声以上时，"让您久等了，我是××部×××。"	➢ 电话铃响 3 声之内接起 ➢ 在电话机旁准备好记录用的纸笔 ➢ 接电话时，不使用"喂"回答 ➢ 音量适度，不要过高 ➢ 告知对方自己的姓名
2. 确认对方	➢ "×先生，您好！" ➢ "感谢您的关照！"等	➢ 必须对对方进行确认 ➢ 如是客户要表达感谢之意
3. 听取对方来电用意	"是！""好的。""清楚。""明白。"等回答	➢ 必要时应进行记录 ➢ 谈话时不要离题
4. 进行确认	"请您再重复一遍"、"那么明天在××，9 点钟见。"等	➢ 确认时间、地点、对象和事由 ➢ 如是转达，必须记录下电话时间和留言人
5. 结束语	"清楚了。""请放心""我一定转达。""谢谢！""再见！"等	感谢客户的来电
6. 放回电话听筒		等对方放下电话后再将话筒轻轻放回至电话机上

2. 拨打电话规范

1）选择适当的时间。拨打电话时，如非重要事情，尽量避开受话人休息、用餐的时间，而且最好不要在节假日打扰对方。电话回访前应与客户邀约方便的通话时间。

2）控制通话时长。拨打电话前，最好先想好要讲的内容，以便节约通话时间，通常一次通话不应长于 3min，即"3 分钟原则"。

3）态度应亲切友好。通话应考虑声音的魅力，展现友好的态度。

4）规范礼貌用语。通话之初，应先做自我介绍，请受话人找人或代转时，应说"劳驾"或"麻烦您"等礼貌用语。拨打电话礼仪规范见表0-3。

表0-3　拨打电话礼仪规范

顺　　序	基本用语	注意事项
1. 准备		➢ 确认对方的姓名、电话号码 ➢ 准备好要讲的内容、说话的顺序和所需要的资料、文件等 ➢ 明确通话所要达到的目的
2. 问候、告知自己的姓名	"您好！我是××公司××部的×××。"	➢ 一定要报出自己的姓名 ➢ 讲话时应有礼貌
3. 确认电话对象	➢ "请问××部的×××先生在吗?" ➢ "麻烦您，我要找×××先生。" ➢ "您好！我是××公司××部的×××。"	➢ 必须要确认通话的对象 ➢ 如与要找的人接通电话后，应重新问候
4. 电话内容	"今天打电话是想向您咨询一下关于××事。"	➢ 应先将想要说的结果告诉对方 ➢ 如是比较复杂的事情，请对方做记录 ➢ 对时间、地点、数字等进行准确的传达 ➢ 说完后可总结所说内容的要点
5. 结束语	"谢谢!""麻烦您了。""那就拜托您了。"等	语气诚恳、态度和蔼
6. 放回电话听筒		等对方放下电话后再将话筒轻轻放回电话机上

3. 手机礼仪

1）铃声不能有不文明的内容。铃声要与服务顾问形象匹配，个性过于鲜明的铃声，往往并不太符合服务顾问应有的成熟稳重的形象，容易使客户产生不信任感。

2）上班时间或与客户交谈时，建议将铃声调至振动。

3）如与客户在交谈时遇到电话呼入，需先向客户致歉，同时接听手机应尽量简短。礼貌用语如"对不起，我先接一个电话。"或者"您好！现在我这里还有些事情，真是对不起，您看，一会儿我给您打过去可以吗?"。

作为售后服务人员，应充分了解服务礼仪的重要性，如图0-14所示，平时多一个温馨的微笑、一句热情的问候、一个友善的举动、一副真诚的态度……不但能使生活、工作增添更多的乐趣，还可以拉近与客户之间的距离，与客户更容易沟通与交流。

图0-14　手机礼仪

"客户至上、服务至上"是服务企业的宗旨，它充分反映了公司对每位员工的期望。一名售后服务人员的一言一行都代表着企业形象，对客户能否进行优质服务直接影响到企业声誉，即使有再好的商品，如果没有高品质的服务，恐怕也会导致公司的信誉下降，业绩不振。总之，讲求礼仪是企业对每位售后服务人员的基本要求，也是企业服务宗旨的具体表现。

管理视角 J. D. Power公司CSI调研介绍

J. D. Power 公司介绍

☐J. D. Power 公司创建于1968年，专业从事满意度研究

☐J. D. Power 不对产品或服务进行任何测试，研究结果完全来自于用户和企业的反馈

☐在用户调查反馈的基础上进行产品质量和用户满意度行业标杆研究

☐将用户调查反馈转化为有助于组织机构提高用户满意度的研究和报告

☐行业标杆联合研究包括行业范围的产品和服务评估以及反映用户意见的排名

J. D. Power 亚太公司（中国）

☐J. D. Power 亚太公司于1990年成立于日本

☐2008年1月1日，J. D. Power 亚太公司（中国）在上海正式成立了自己的全资公司，同时在北京拥有一家分公司

☐J. D. Power 亚太公司（中国）为中国汽车行业提供服务

J. D. Power 亚太公司（中国）提供以下独立行业标杆研究

☐中国新车质量研究（IQS）。中国新车质量研究调查新车车主购车后2~6个月内遇到的问题

☐中国汽车性能、运行和设计研究（APEAL）。评测新车在销售后2~6个月内其性能和设计在哪些方面最令车主满意和欣赏

☐中国售后服务用户满意度指数研究（CSI）。针对拥有车12~24个月内的用户，考察他们在经销商处接受服务的经历和车辆维修时的用户满意度

☐中国销售满意度指数研究（SSI）。衡量中国消费者在新车购买过程中的满意程度

J. D. Power 公司 CSI 调研满意度指数模型说明

☐J. D. Power 亚太公司满意度指数模型是通过受访者对一系列能够反映客户对产品或服务问题的回答，来推导总体客户满意度

☐售后服务用户满意度指数（CSI）调研主要包括服务启动、服务顾问、经销商设施、服务后交车以及服务质量五项内容

☐CSI 指数的总分是1000分。CSI 分数越高，表明用户对服务中心的保养和维修服务越满意。

图 0-15 所示为2012年中国 CSI 因子权重与因素。

图 0-16 所示为 J. D. Power 公司于2012年的中国 CSI 调查过程。

图 0-17 所示为 J. D. Power 公司于2012年获得的中国售后服务满意度调研（CSI）排行榜。

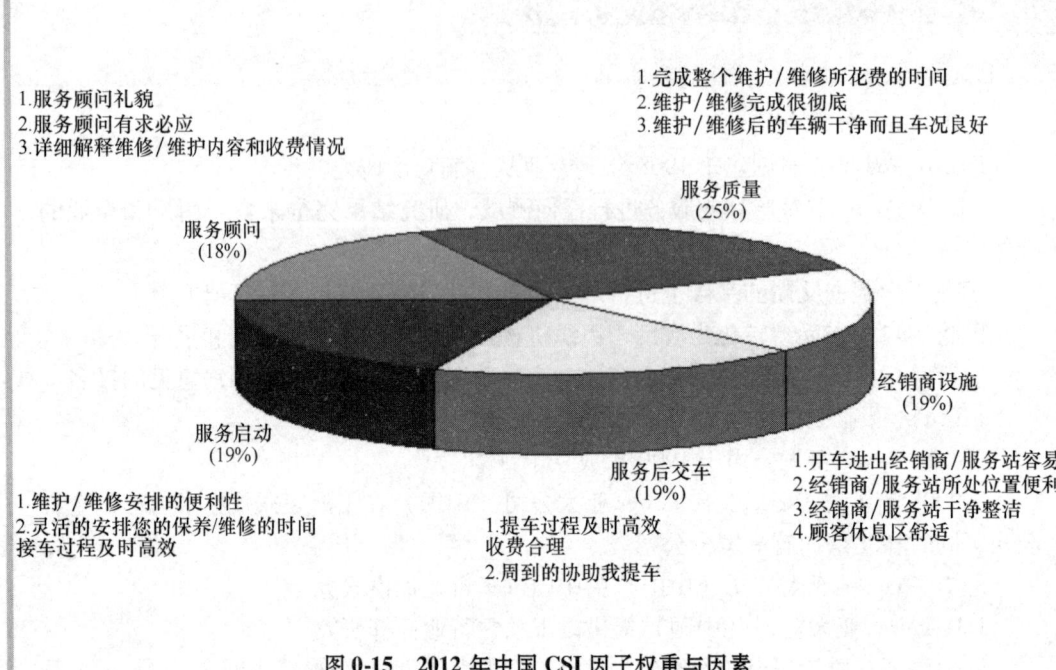

图 0-15　2012 年中国 CSI 因子权重与因素

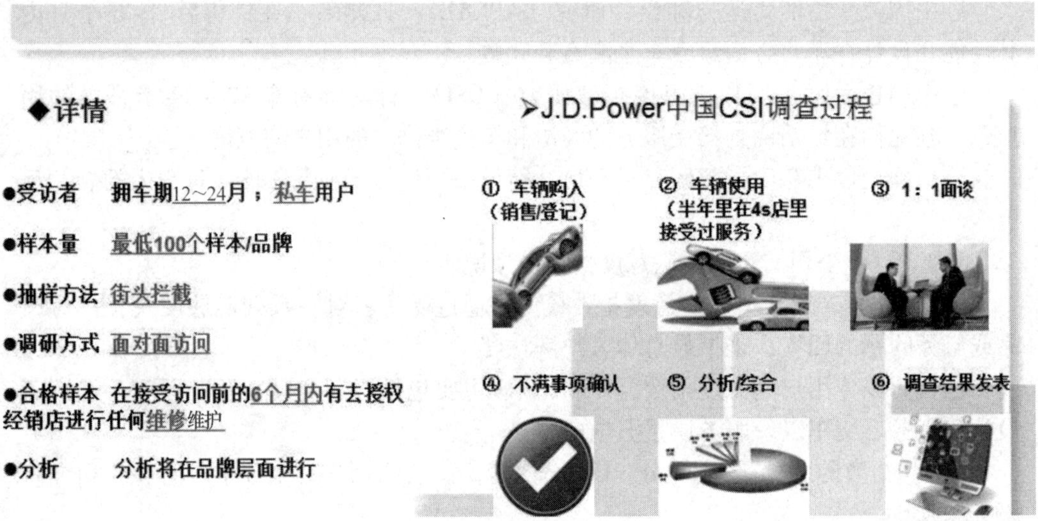

◆详情　　　　　　　　　　➤J.D.Power中国CSI调查过程

● 受访者　　拥车期12~24月；私车用户

● 样本量　　最低100个样本/品牌

● 抽样方法　街头拦截

● 调研方式　面对面访问

● 合格样本　在接受访问前的6个月内有去授权经销店进行任何维修维护

● 分析　　　分析将在品牌层面进行

① 车辆购入（销售/登记）　② 车辆使用（半年里在4s店里接受过服务）　③ 1:1面谈

④ 不满事项确认　⑤ 分析/综合　⑥ 调查结果发表

图 0-16　J. D. Power 公司 2012 年中国 CSI 调查过程

概 述

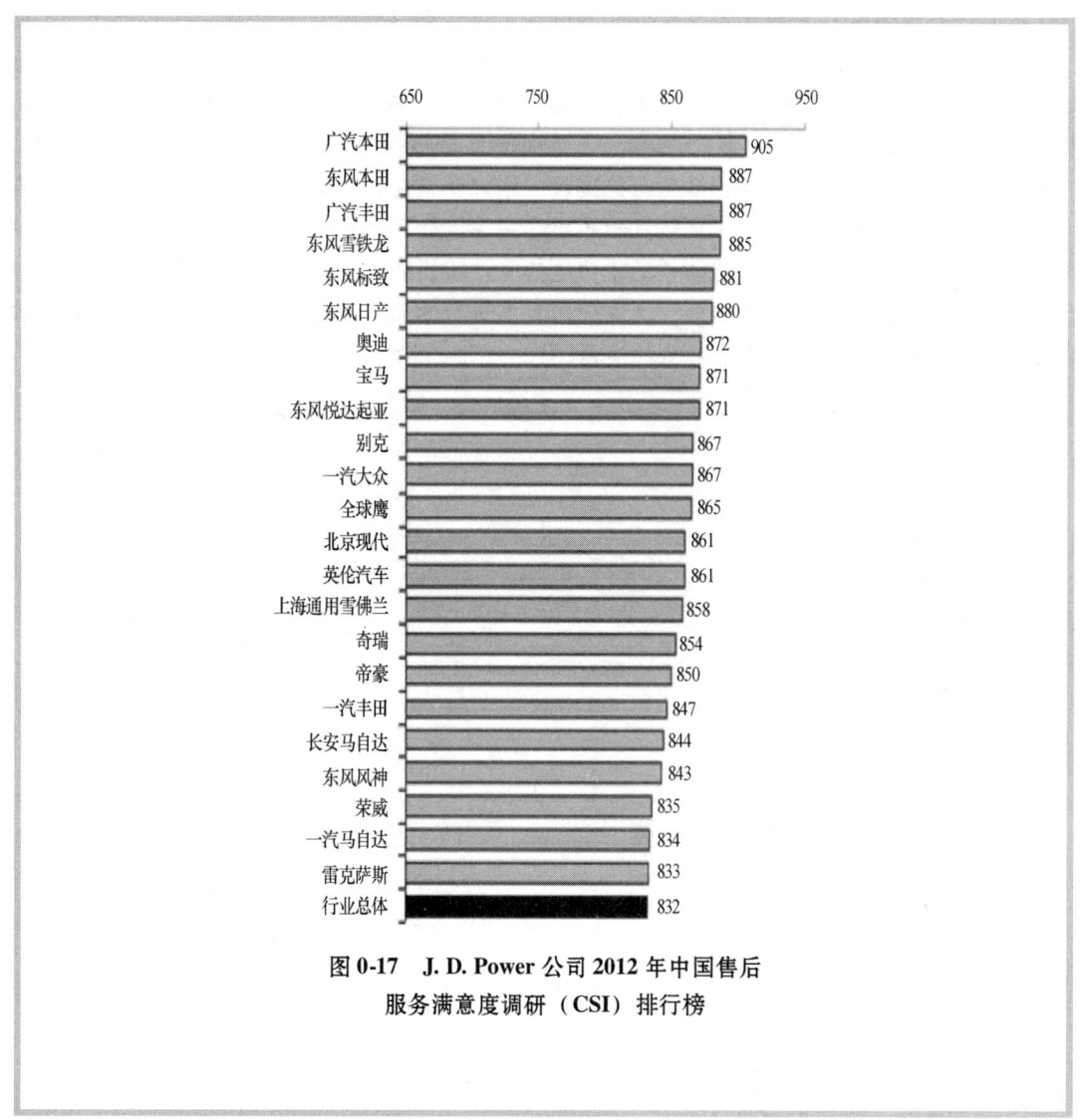

图 0-17　J. D. Power 公司 2012 年中国售后服务满意度调研（CSI）排行榜

互动案例　关于丰田喜一郎的两段小故事

丰田喜一郎是丰田汽车公司的创始人，日本汽车工业的先驱者。他缔造了丰田汽车工业股份有限公司，实现了他父亲丰田佐吉的遗愿"生产日本制造的汽车"。丰田喜一郎亲身实践"TOYOTA WAY—现地现物"。历代丰田人不断总结、提炼形成"TOYOTA WAY"：挑战、改善、现地现物、尊重、团队合作是丰田企业的核心价值观。

第一段：发生在日本丰田工厂

有一天，丰田喜一郎巡视工厂时看到一名员工搔着头、喃喃自语地抱怨他的研磨机不运转了，丰田喜一郎看了那位员工一眼，然后卷起自己的衣袖，把手伸进油底壳，捞出满满一捧油污，把油污往地板上一丢，说道："不把手弄脏，如何能把工作做好？"

第二段：发生在美国丰田的专营店

汽车售后服务与管理

美国记者杰弗瑞·莱克当年造访美国丰田汽车销售公司营运总长吉姆·普瑞斯时，他提到以下这则故事："我们的经销商见到来自日本高层主管的机会比美国汽车公司经销商见到来自底特律总部高层主管的机会还要多。我记得自己在上世纪70年代中期陪同来访美国的丰田喜一郎博士视察，当时，我们刚推出一款四速自动排档车型，这种车极少有故障发生，几乎可说是不败的无敌铁金刚。但是我们造访一家经销商时，这家经销商抱怨刚刚有一辆车的自动排挡故障，送了进来。西装笔挺的丰田喜一郎走向技术师，和他交谈，然后走向这位技术师刚排掉油的油底壳，卷起袖子把手伸进油里，捞出一些油屑，把油屑放在一块布上擦干，再把它们放进自己衣服口袋里，准备带回日本进行测试。他想查出这些油屑是否来自故障的零件，抑或机器运转过程中产生的渣屑。"

案例启示：_____
_____
_____
_____
_____
_____

实操考核　服务礼仪

考核任务	汽车售后服务接待礼仪	序号		日期	
学生姓名		学号		班级	
任务要求	能遵循服务礼仪规范，接待客户				
任务资讯： 经销商：＊＊品牌专营店　服务热线电话： 客户：黄先生　　　　联系方式： 作业项目：75000km 维护（制动异响，更换轮胎） 预约进店时间：2013年12月10日（周二）15：00 工时费：300元（打折后）；预约可享受工时8折，配件9折优惠 材料费：机滤121元；高端机油448元；空滤126元；制动片340元；轮胎2000元 车型：××××　车牌号码：××××　行驶里程：74500km　油表存量：1/2					

一、计划

制订人员分工		制订接待计划
组号		
组长		
组员		

(续)

二、实施考核				
	检查项目	能够做到	有待改进	不能做到
电话礼仪	1. 电话机旁有无准备记录用的纸和笔			
	2. 是否在电话铃响 3 声之内接起电话			
	3. 是否在接听电话时做好详细记录			
	4. 接起电话有无问候"您好!"或"您好，＊＊。"			
	5. 是否正确听取了对方打电话的意图			
	6. 是否重复了电话中的重要事项			
	7. 是否声音甜美、面带微笑			
	8. 是否感谢客户的来电，并等客户挂上电话再挂电话			
个人仪容仪表	1. 头发是否清洁？发型与工作环境是否相符			
	2. 着装是否端正得体？按规范系领带或丝巾			
	3. 面容是否清洁？男士胡须剃干净，女士着淡妆			
	4. 指甲是否修剪整齐？女士指甲油宜涂透明色			
	5. 鞋袜是否整洁？男士着深色袜子，女士着肤色丝袜，无破洞			
	6. 是否精神饱满、面带微笑、亲切自然、值得信赖			
服务接待礼仪	1. 接待客户时是否快速迎接、目视对方，面带微笑，握手或行鞠躬礼			
	2. 确认客户的姓名及来访目的，是否正确递接名片，并重复尊称客户姓名			
	3. 自我介绍时是否言简意赅，一气呵成			
	4. 引领客户时，是否走在客人左边，右手向前指向目标方向，并注视对方，面带微笑			
	5. 引导客户入座时，是否为客户移动座椅，方便客户入座			
	6. 送茶点时，是否询问客户所需要的饮料种类，是否重复饮料名称并进行确认			
	7. 双手递送资料时，资料是否正面面对客户，是否对资料内容进行简单说明			
	8. 客户离店时，是否主动握手道别、感谢对方来店并目送对方离开直至其在视线里消失			
仪态规范	1. 是否保持挺拔笔直、舒展的站姿，精力充沛、充满自信			
	2. 是否保持规范坐姿、蹲姿			
	3. 是否保持协调稳健、轻松敏捷的走姿，表现朝气蓬勃、积极向上的精神状态			

三、任务评估

非常出色（90～100 分）	有待改进（75～89 分）	比较欠缺（60～74 分）	不能做到（60 分以下）

四、改进之处

教师签字：

维护车辆的接待服务

Description 课程描述	客户张先生三个月前在本公司购买汽车一辆，按照《维护手册》的要求，对该车辆应进行首次5000km的维护；作为汽车售后服务人员，应该如何完成本次接待任务？
Objects 学习目标	1. 顺利完成客户车辆的维护预约服务。 2. 按照服务人员的接待流程完成定期维护的接待工作。 3. 掌握服务过程中的服务礼仪，体现客户关怀，提升客户满意度。 4. 能够运用常用的汽车维修维护术语与客户进行沟通与交流。
Tasks 学习任务	定期维护顾客车辆的接待。
Implementation 任务实施	运用售后服务核心过程模拟定期维护车辆的接待任务。

课题一　定期维护车辆的服务内容

一、定期维护的意义

一部车是由上万种的零件组成的。随着车辆的使用，其功能性组件（包括润滑油）的性能由于磨损、老化、腐蚀等因素而逐渐降低。在车辆正常行驶下，此种变化逐渐发生在许多零件上。因为没有一部车的使用情况完全相同，因此每个零件不可能有相同的磨损与老化。因此，工厂规定了一定的检查周期，针对那些可以预料到随着时间或使用会产生变化的零部件进行调整与更换，这就是定期维护。定期维护的目的就是使车辆的性能恢复到最佳状况，防止小问题变成大问题，确保车辆的安全性以及较佳的经济性与较长的使用寿命。

1. 定期维护对客户车辆的意义

定期对车辆进行维护能够及时发现并消除运行车辆的故障和隐患，减少机件磨损，防止车辆的早期损坏，保持车辆技术状况完好。

2. 定期维护对客户的意义

定期维护能够帮助缺乏维护知识和技能的新车客户防患于未然，使客户车辆保持良好的技术状况运行，提高客户对使用车辆的满意度与忠诚度。

3. 定期维护对专营店的意义

定期维护可以帮助专营店长期维系良好的客户关系，促使客户今后继续在专营店维护、维修或购买车辆。并且服务人员可以引导客户，增加汽车精品销售，从而使专营店获利。

定期维护以检查、清洁、紧固、调整、润滑为主，同时对制动、转向、传动、悬架等系统进行定期检查，使用户拥有安全的驾驶环境。通过定期的检查和维护，还可以及时发现和解决存在的隐患及故障，避免更大故障的发生。此外，汽车维护的范畴很广泛，有内、外维护之分。其中，外部维护是指车表面、车身漆面、车底漆防老化维护，如做汽车镀膜、汽车打蜡、轮胎测压、汽车清洁洗车；内部维护是指车内维护，如内饰清洁、车内桑拿消毒、发动机清洗、空调清洗、机油更换、玻璃水补充、汽车底盘装甲等。本课题仅对汽车厂商规定的车辆定期维护的常规内容作简单的介绍。

二、定期维护的项目

汽车品牌专营店为不同类型的客户有针对性地推广相应的维护服务，将会有效地提高客户的满意度和忠诚度。例如，一汽丰田公司的常规维护业务可分为四种类型：定期维护、单项维护、维护套餐和标准快速维护 QM60′。定期维护就是按照《用户手册》中规定的维护周期和项目进行维护；单项维护是根据客户需求或车辆状态，进行单项维护项目，如换油、充气、发动机调整等；维护套餐是针对不同行驶里程提供的专业、规范、有针对性、检查内容更加丰富的服务产品；标准快速维护是根据推行标准的快速维护作业模式，通过改善整体接待水平，推行车间双人作业，将维护车辆从入厂到交车的时间控制在60min以内。对于不同品牌的不同车型，可根据车辆的使用条件设定必要的维护内容及周期。

1. 维护周期及内容

车辆维护周期应以里程表上的读数或距上次维护的时间与使用条件来决定。通常车辆的《维护手册》上对不同的车型设定了不同的维护周期。例如，对于一汽大众速腾2012款1.6L车型，车辆首次免费维护（项目见表1-1）要在自购车之日起一年内，行驶至7500km（最长不超过10000km）时到店进行。第二次维护应在行驶至15000km时到店进行，此后只需每隔15000km或1年到店定期维护即可，并且不同的周期维护内容各不相同的。

表1-1 一汽-大众速腾1.6L车型厂家维护项目表

配件名称 行驶里程 /km	机油滤清器	汽油滤芯	空调滤芯	空气滤芯	制动液	变速器油	转向助力油	火花塞
7500	●	○	○	○	每隔2年更换一次	○	--	○
15000	●	○	○	○		○	--	○
30000	●	●	●	●		○	--	●
45000	●	○	○	○		○	--	○
60000	●	●	●	●		○	--	●

质保期为两年或60000km（以先到者为准）

注：1. 一汽-大众官方规定首次60000km或4年需对变速器油进行检查，如有需要，进行添加。

2. ●表示需要更换　○表示需要检测　--表示无需更换。

通常情况下，为使车辆保持良好的运行状况，防患于未然，车主应严格按照《维护手册》规定的周期进行维护，尤其是符合下列一种或几种运行情况的，更应严格遵守维护周期。

1）拖有尾车或经常从事户外活动。

2）在灰尘路、崎岖不平路、泥泞或含盐分的路面上行驶。

3）重复32km内短程行驶。

4）经常长时间怠速运转或低速长距离行驶。

2. 定期维护的项目

汽车定期进行常规维护的项目主要包括：更换润滑油、机油滤芯、空气滤芯和花粉滤芯，维护与更换火花塞；此外，根据车辆累积行驶里程数不同，还要进行其他项目的检查与更换，如变速器油、制动片等。在常规情况下，汽车每行驶5000km就需维护一次。随着车辆生产技术的提升，维护周期也呈延长趋势，各汽车生产厂家车辆使用说明书上都规定了按不同累积里程数需要进行维护的项目。

润滑油及机油滤芯的更换主要是针对润滑系统进行的维护。润滑系统的主要作用是对汽车发动机的各个部件进行有效的润滑，以防过度磨损。而机油滤清器的功能就是去除润滑油中各种杂质，保证润滑系统的正常工作，因此机油滤清器应在更换润滑油时一并更换。

空气滤芯的作用是在空气进入气缸前对其加以过滤，去除其中夹带的杂质、灰尘、砂粒等异物。空气滤芯的清洁维护视其使用环境而定。空气滤芯一般在汽车行驶到20000～25000km时进行更换。火花塞也属易消耗件，但一般都是汽车行驶25000km以上时才更换。此外，制动液、变速器油、蓄电池、节气门、喷油器、制动片等部件，在常规维护时都属于检测项目，视车辆使用情况进行维护。参考表1-2可了解一汽-大众特许经销商对速腾轿车的定期维护项目。

表1-2　一汽-大众特许经销商对速腾轿车的定期维护项目

定期维护项目-按月份（每隔月）		12	24	48
定期维护项目-按里程（每隔千km）	7.5	15	30	60
1. 查询自诊断系统故障存储器	✓	✓	✓	✓
2. 检查安全气囊和安全带状态及安全气囊罩壳是否损坏		✓	✓	✓
3. 检查车内所有开关、用电器、显示器和仪表各警报指示灯的工作状况		✓	✓	✓
4. 检查车外所有灯光工作状态		✓	✓	✓
5. 检查前照灯光束，如有必要，调整前照灯光束		✓	✓	✓
6. 检查风窗刮水器、清洗器功能及刮水器的停止位置，如有必要，调整喷嘴和添加清洗液		✓	✓	✓
7. 粉尘及花粉过滤器：清洗外壳，更换滤芯			✓	✓
8. 润滑车门止动器	✓	✓	✓	✓
9. 检查滑动天窗功能，清洗导轨并用专用润滑脂润滑			✓	✓
10. 目测检查发动机及机舱内的其他部件是否有泄漏或损坏		✓	✓	✓
11. 检查制动液液位		✓	✓	✓
12. 检查冷却液液面高度及浓度，如有必要，添加冷却液或调整浓度		✓	✓	✓
13. 检查风窗清洗液液面高度，必要时添加清洗液		✓	✓	✓
14. 检查蓄电池固定情况，电眼颜色（免维护蓄电池无电眼，检查蓄电池电压）		✓	✓	✓
15. 清洗空气滤清器壳体，必要时更换滤芯		✓		
16. 更换空气滤清器滤芯，清洗壳体			✓	✓

（续）

定期维护项目-按月份（每隔月）		12	24	48
定期维护项目-按里程（每隔千km）	7.5	15	30	60
17. 检查火花塞状态，如有必要，更换火花塞		√		
18. 更换火花塞			√	√
19. 检查正时带状态及张紧度		√	√	√
20. 检查多楔传动带的状态，必要时更换传动带			√	√
21. 更换发动机润滑油及机油滤清器	√	√	√	√
22. 目测检查变速器、主减速器及等速万向节防护套有无泄漏或损坏	√	√	√	√
23. 检查转向横拉杆球头的间隙、紧固程度及防尘套状况	√	√	√	√
24. 检查手动变速器内的齿轮油油位，如有必要，添加齿轮油	√	√	√	√
25. 检查自动变速器润滑油（ATF）油位，如有必要，添加润滑油			√	√
26. 检查自动变速器润滑油（ATF）油位及油质，如有必要，添加或更换润滑油				√
27. 更换燃油滤清器			√	√
28. 目测检查制动系统是否有泄漏和损坏	√	√	√	√
29. 检查排气系统是否有泄漏或损坏			√	√
30. 目测检查车身底部防护层和底饰板是否破损			√	√
31. 检查制动摩擦衬块厚度			√	√
32. 检查所有轮胎（包括备胎）的花纹深度及磨损形态，清除轮胎上的异物	√	√	√	√
33. 进行轮胎换位，按要求检查轮胎气压，必要时校正，检查车轮螺栓拧紧力矩		√	√	√
34. 维护周期指示器复位	√	√	√	√
35. 试车：检查行车、驻车制动器，变速器，离合器，转向及空调等功能，查询故障存储器，终检	√	√	√	√

注：1. 每80000km更换正时齿带及张紧器。

2. 每4年更换空气滤清器滤芯，清洗壳体（包括四年内行驶里程未达30000km的轿车）。

3. 每2年更换制动液。

3. 养护产品

汽车维护避免不了使用相应的维护产品（亦称汽车养护品、汽车养护用品），正确选择好的汽车维护品就能实现"以保代养，以养代修"，既能节约大笔维修费用，又能延长车辆的使用寿命，这也是汽车养护用品存在的意义。常见的汽车养护品有燃油系统免拆清洗剂、进气系统免拆清洗剂、空调系统净化清洗剂、三元清洗剂、动力转向系统清洗剂、动力转向系统全效保护剂、变速器清洗剂、变速器保护剂等系列。

俗语道"七分养，三分修"，精心养护能让汽车时刻保持最佳工况或恢复汽车应有的性能，最大限度确保汽车的安全性，降低养车费用。从汽车养护的角度来说，汽车主要有16大系统的养护，分别是润滑系统、冷却系统、发动机舱系统、燃油系统、排进气系统、传动带维护、转向系统、变速器系统、行驶系统、制动系统、空调系统、车身精细维护、全车防锈、发动机系统、防盗系统、车窗系统。汽车服务人员可根据顾客车辆使用情况提供必要的养护用品。

三、汽车售后服务核心过程

汽车售后服务的核心过程实际上就是维修企业的业务管理流程，不论是车辆维护还是修理，都应遵循此服务核心过程。目前国内汽车维修企业在流程处理上有诸多相同之处，但还是存在一定的差别，各具其品牌特色。例如，上海大众的服务核心过程如图1-1所示。

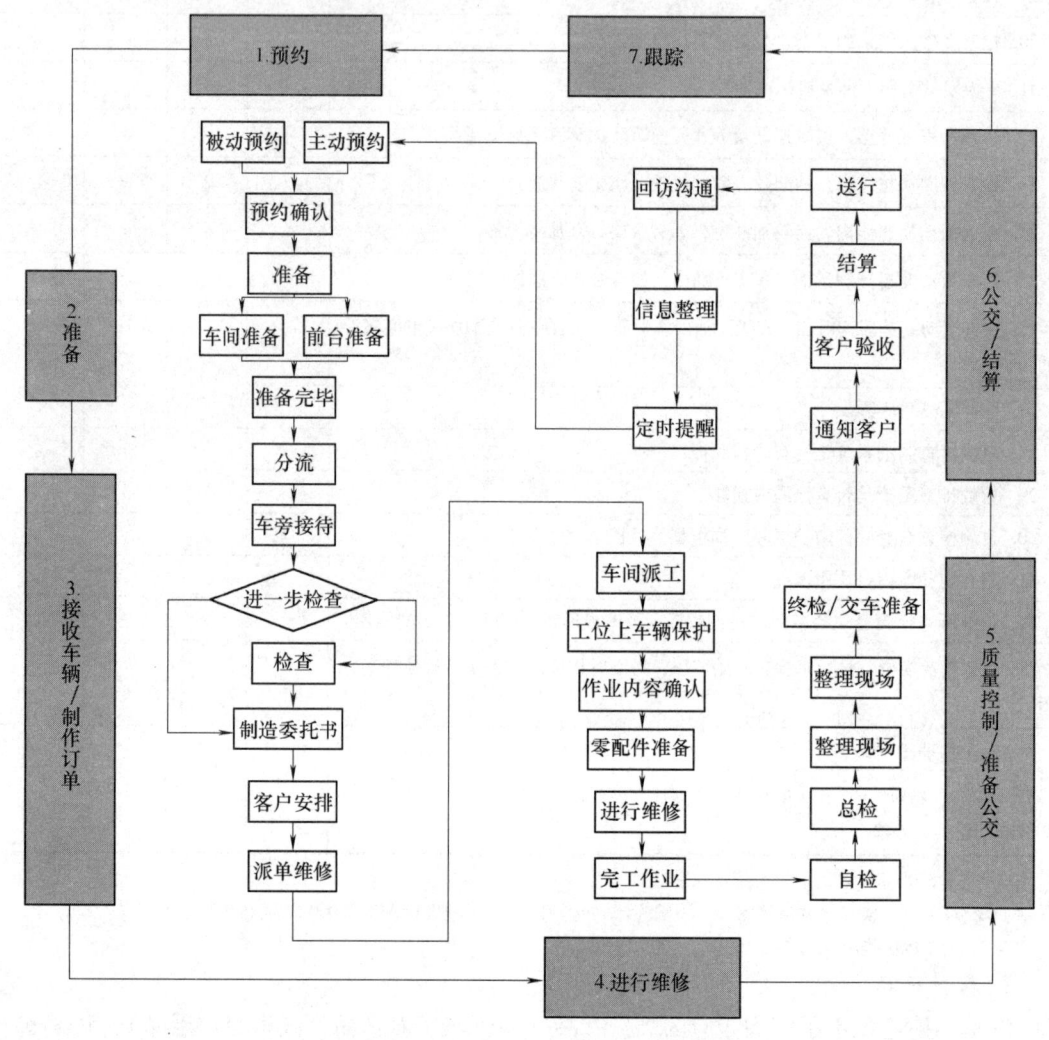

图1-1　上海大众公司的服务核心过程

现代汽车售后服务的核心过程是对传统服务程序的优化与改进。例如，流程中增加的主动预约客户，是指在企业的客户服务中心设立一个预约系统，方便客户提前预约维修；在维修的整个过程中进行质量跟踪；维修完毕，再对客户进行跟踪服务等。一个汽车维修企业是否具有一套科学、完整的维修服务核心过程，以及流程的执行是否全面和细致，直接体现了企业的经营管理水平。本书中现代汽车售后服务核心过程可归纳为：预约管理、店面接待、估价制单、休息引导、质量控制、交车结算、跟踪服务七个步骤，如图1-2所示。

单元一　维护车辆的接待服务

(一) 预约管理
- 根据客户的要求及车间负荷，运行维修预约系统
- 主动预约招揽客户，并向客户宣传预约服务的好处

(二) 店面接待
- 专业而热情地对客户车辆进行接待、预诊断、环车检查，并填写《车辆预检单》，请客户签字确认

(三) 估价制单
- 确定客户的车辆所要进行的项目，估计维修费用及所需时间并进行详细说明，获取客户同意后制作估价单、派工单，保证估计金额与实际费用差额小于10%

(四) 休息引导
- 根据客户需求进行必要的休息引导，介绍相关服务设施，满足客户需求

(五) 质量控制
- 将确定的维修项目单据交至车间主管，进行工作分配
- 监控维修进程，确保在承诺的时间内交车
- 如有附加的维修项目/费用，及时取得客户同意后填写追加作业单，双方签字确认

(六) 交车结算
- 交车前对车辆进行内部检查(是否完工/车上物品归位/有无遗漏工具或其他)
- 检查完毕后通知客户提车、交车并结算

(七) 跟踪服务
- 电话回访问客户对本次服务是否满意

图 1-2　现代汽车售后服务的核心过程

汽车服务企业制订并执行服务核心过程的重要意义如下所述。

1. 使维修业务作业标准化

服务核心过程中的每一个环节，都有一套服务标准，明确了服务人员的服务规范及职责，使维修业务作业趋于标准化，预防服务差距的产生和扩大，有利于企业在市场中树立专业化的形象。

2. 促使维修作业流畅，人力、设备发挥最佳效率

有效执行服务核心过程有助于服务人员均化每天的工作量，增加维修业务量，减少返工率，提高劳动生产率和工作效率，从而增加企业利润。

3. 最大限度地实现客户满意

服务核心过程是以客户为中心的服务系统，如果服务人员能够遵循每一个环节的服务标准，就能够超越客户最低限度的期望，满足顾客要求，实现客户满意和忠诚。客户打电话来要求预约服务时，维修中心应尽量满足客户的需求。

总之，汽车维修企业遵循服务核心过程的意义是取之即用、有章可循、提高效率、降低成本。下面将对服务核心过程的操作细节做详细的介绍。无论是定期维护业务，还是维修、索赔、保险协赔等业务，售后服务人员均需要遵循服务核心过程，但在部分环节的操作点有所区别也是允许的。

课题二　车辆定期维护的服务核心过程

定期维护不但能恢复并保持车辆性能，使其在尽可能好的状态下运行，而且可以防止小问题变成大问题，延长车辆的使用寿命，提高行车经济性、操控性，确保行车安全，并且符合我国法律法规的要求。汽车品牌专营店或汽车维修服务企业需要通过提供优质、快速、价廉的定期维护服务以满足客户需求。目前许多品牌的专营店以一站式服务、互动式维护流程，即前后台融合，接单、施工、结算一体化服务，极大缩短了服务时间，从而保证提供真正优质专业的服务。图1-3所示为北京现代汽车的一般维修维护流程。快捷高效的维护服务将成为客户车辆服务的主流业务。

一、预约管理

许多客户因时间、工作等各种原因不可能对自己的车辆时时关注，而且客户的汽车专业知识也不一定十分丰富，许多客户不了解车辆何时需要何种维护或修理，平时需要对汽车采取何种维护等，这就需要维修企业定期对客户进行电话访问，及时了解车辆的使用状况，提出合理的维修建议，根据客户的时间和维修企业的生产情况进行积极主动的合理安排。这种预约方式通常称为主动预约。

主动预约不但能够体现维修企业对顾客的关怀、增进与顾客之间的感情交流，而且可以向顾客展示维修企业的服务形象、介绍和推销维修企业的服务，从而能够增加维修企业的业务量，提高营业收入。有些客户感觉到自己的车辆需要维护或车辆发生故障需要修理时，也会给维修企业打电话进行预约，预订好时间、工位和配件，以便车辆进厂之后可很快获得维修服务，节约自己的时间。这种情况对维修企业而言是被动的，称为被动预约。对于汽车品牌专营店来说，预约服务的工作目的如下：

1）通过预约服务，做到优先接待与维修，缩短客户等待时间，提升客户满意度。

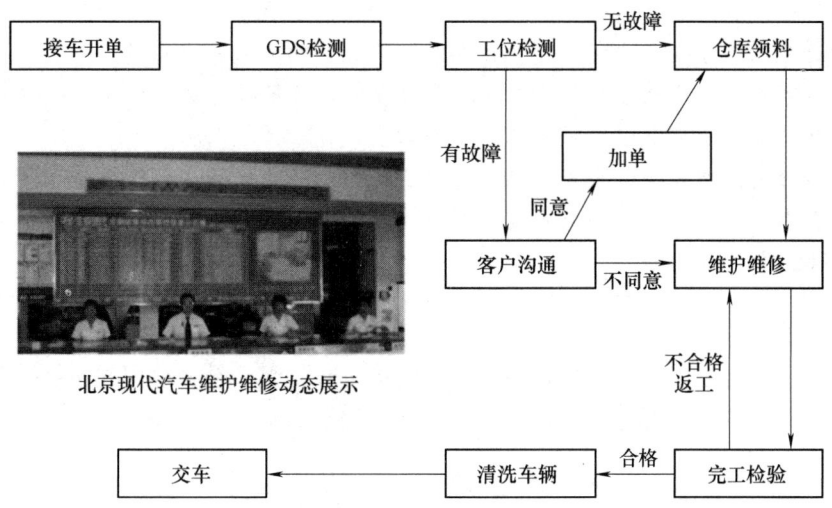

图 1-3　北京现代汽车一般维修维护流程

注：GDS 为结合服务信息（根据国际互联网）的全球诊断系统

2）合理安排、分配客户车辆回厂时间，使得服务顾问与技师在各个时段的工作量均匀化。

如图 1-4 所示，通过预约服务可以做到"削峰填谷"的效果，避免发生随到业务与预约业务在饱和时段的需求冲突，通过预约消化部分随到业务或混合业务，最大限度地均化每个工作时段的业务量，提升车间及前台的利用率。但是，决定客户下次是否再次预约的关键因素是预约客户享受到了预约的待遇。因此，维修企业要将预约客户与直接入厂维修客户严格区分开。

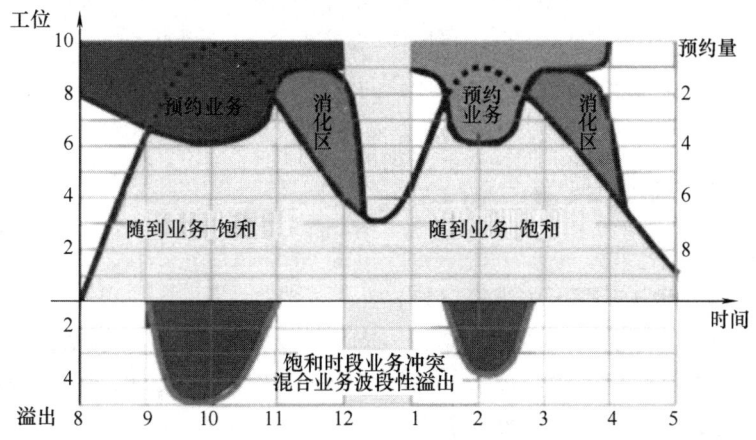

图 1-4　预约服务"削峰填谷"功效图

预约服务—客户之声：

☐ 能够告知我和我所需服务相关的优惠活动，或者直接告诉我折扣。

☐ 知道我的名字和兴趣爱好，在预约时以我喜欢的方式和我沟通。

☐ 电话预约时就令我感到很专业，简单但准确分析我所需要的服务，这样我也不用再去其他地方了，不然既浪费时间又浪费精力。

☐ 能提供更方便车主的服务套餐，包括上门接送，快修服务，服务折扣等。

☐ 在整个修车期间像顾问或朋友一样陪伴我，并把我当作老主顾，给我提供特别的关怀和优惠条件。

1. 标准流程

在服务核心过程中，预约管理是整个流程的第一步，无论是主动预约还是被动预约，均需要遵循电话礼仪的操作规范来进行。主动预约流程及话术举例见表1-3。

表1-3 主动预约流程及话术举例

步骤	话术及要求
预约前的准备	◇提取客户车辆档案，了解车辆信息 ◇掌握企业的维修能力及报价 ◇准备预约登记表、笔，做好记录
问候并确认客户	◇面带微笑、吐词清晰、声音明快地向客户自报店名及姓名并确认客户 ◇例如"您好！请问您是＊＊先生（女士）吗？我是＊＊的服务顾问＊＊。请问您现在方便接听电话吗？"
简要说明本次致电目的	◇"是这样，给您打电话主要是想确认一下目前您车辆的行驶状况，根据车辆档案显示，您的车子已经行驶了3个月了，您看什么时候有时间来我店做常规的维护。" ◇与客户进行沟通，必要时帮助客户解决车辆使用中可能出现的问题
确认顾客预约需求	◇若客户需要预约，进入预约处理程序，运行预约系统 ◇若客户不确定维修日期，需及时向客户宣传预约系统。例如"好的，如果您有预约的需要，请再与我联系，我们将提前为您做好维护的准备，能够减少您的等待时间。"
结束通话	◇向客户致谢，结束通话。例如"好的，＊＊先生/女士，我已经受理了您的预约，如果您有什么问题，请随时与我们联系。我是服务顾问＊＊，届时将恭候您的光临，再见！" ◇等客户挂断电话后再将电话轻轻放下 ◇准确填写《预约服务管理表》

什么是客户车辆档案（车辆历史维修记录）？

客户车辆档案（车辆历史维修记录）是维修部门满足客户要求的最重要的工具之一。这个档案是车辆的所有维修记录，应该保持其准确及最新，以便售后服务人员有效地利用这些信息，满足客户未来的需求。

如果接到来自客户的被动预约请求，售后服务人员的服务流程如图1-5所示。

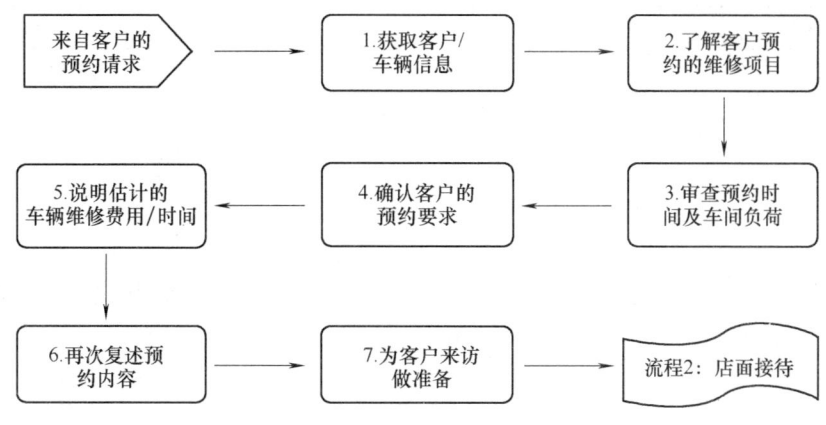

图 1-5 被动预约服务操作流程

2. 预约管理操作要点

服务人员应结合客户需求及维修车间负荷适当安排预约服务，主要遵循以下操作要点：

1）尽可能将预约放在空闲时间，避免太多预约集中在上午和傍晚。预约车辆数应占维修车辆数的80%左右。留20%的车间容量应付简易修理、紧急修理，以及前一天遗留下来的修理和不可预见的延误。

2）将预约隔开（如15min间隔），防止重叠。服务人员要为客户预约安排时间，通常以间隔15min来进行预约。例如，第一个客户如果预约在9点，那么需要给服务顾问15min的接待时间，持续到9点15分；第二个客户就应该安排在9点15分，以此类推。

3）售后服务人员应掌握自身企业的预约维修能力，优先安排返修、召回、保修、紧急维修车辆和特殊客户的车辆。

4）若经销商处没有该客户的档案，在客户进行主动预约时应及时为客户建立档案；若已有该客户档案，则需在其预约时确认各项内容是否发生变更。

5）提供提醒服务，客户进厂前3小时应进行追踪。若客户超过进厂时间半小时仍未到达，服务人员应及时与客户联系并确认到达的准确时间。若客户超过进厂时间1小时仍未到达，服务人员与客户联系后可建议其取消本次预约，并且将其优先列入下一预约计划中。

6）预约工作以预约服务登记表为依据，表中的内容应填写完整，见表1-4。

3. 工作附件

（1）预约通道　汽车品牌专营店应设置预约通道或预约接待车位（图1-6），针对预约客户给予绿色通道，以保证优先安排其维护作业，获得客户满意。

（2）预约欢迎看板　将图1-7所示预约欢迎看板置于汽车4S店维修接待区，显示当天客户预约信息及促销信息等。服务人员应保证预约欢迎看板所显示的客户信息与系统记录保持一致。有些较先进的汽车服务企业采用电子预约看板，当客户车辆入厂后，预约看板可以滚动显示车主的车牌信息。当车辆维修维护完工后，会滚动显示字幕信息，提示客户取车。电子预约看板按照车辆状态进行分列显示，各个车辆维修状态一目了然。

表1-4 预约服务登记表

预约服务登记表			
专营店（地址）：			服务热线：
客户信息			
客户姓名：	联系电话：		车牌号码：
车　型：	km数：		上次进站日期：
预约信息			
预约时间	年　月　日　时　分	预约交车时间	年　月　日　时　分
客户描述：			
故障初步诊断：			
估计所需配件（零件号）、工时：			
估计维修费用估价：			
客户其他需求：			
预约上门取车时间	年　月　日　时　分		
预约上门交车时间	年　月　日　时　分		
取车人/交车人签名：		客户或交接人签名：	
备注：			

服务顾问/回访员：＿＿＿＿＿＿　　年　月　日

图 1-6 预约接待车位

			**专营店欢迎您的预约!					
		以下预约客户优先入厂				*月 *日		
序号	接待SA	客户姓名	车牌号码	会员级别	预约时间	预约状态		
						1天前确认	1小时前确认	是否回厂
1	张三	李四	粤88888	金卡	8:30	√	√	√
2	王五	麻六	粤99999	银卡	10:30	√		
..								
..								
..								
6								

尊敬的预约客户,您好!
欢迎您预约回厂,为了保障您的权益和节省您的时间,我们将会为您保留专属工位30分钟,请您在预约时间前后15分钟内到达维修接待处.否则将无法享受预约服务带给您的各种专属服务,敬请谅解!

预约热线:88888888

图 1-7 预约欢迎看板

(3) 填写预约服务登记表并登陆经销商管理系统(DMS) 服务顾问应详细填写预约登记表(表1-4),笔迹清楚,客户姓名、车牌号码及预约状态清楚、准确。同时,登陆经销商管理系统(dealer management system,DMS),进行相应的预约登记,并对返修车辆与投诉客户要特别标出。

案例分享

　　场景回顾：车主王先生向服务顾问小李提出抱怨，说他在上周五接到预约电话，并被告知可以在周四下午进厂换制动片，但是当其15：40到厂后却被告知暂时没有工位，需要再等一段时间……

　　思考：在平时的实际工作中，会不会遇到这样的情况？我们是如何为顾客进行预约的？预约工作应该注意些什么呢？

4. 预约技巧的提升（图1-8）

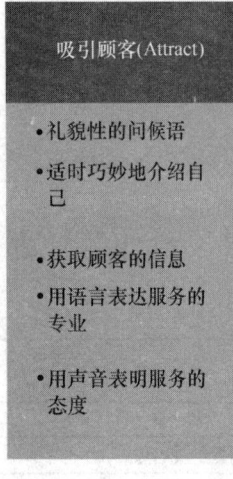 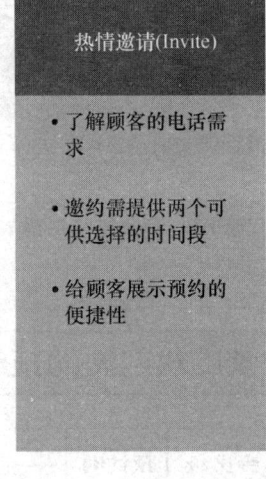 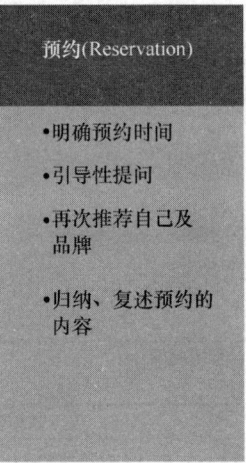

图1-8　预约技巧的提升

二、店面接待

店面接待—客户之声：

□一见面就问候我，并且问候时面带微笑，感谢我的光临，告诉我他的姓名。

□能够迅速告诉我汽车的服务从哪里开始，以及停放车辆的区域，并且容易找到，方便进出。

□在我到店前相关工作就准备好了，也知道我来店的原因，不会让我来了以后再等待太长的时间。

□即使我没有预约也会很热情地招待我，并迅速帮我安排我所需的服务项目，不会让我等待太久。

□对我的车辆进行检查并告知我可能会影响我驾车体验的一些可能发生的问题。

1. 标准流程

　　店面接待属于服务流程中与客户直接接触的第一个环节，在此环节中服务顾问应通过与客户的沟通交流，建立良好的互信平台。

　　客户依约来维护车辆，发现一切工作准备就绪，且服务顾问在等待着他的光临，肯定会有一个比较好的心情,而这些恰恰是客户又一次对维修企业建立信任的良好开端。因此,服务顾问应当具有良好的形象,并善于与客户进行有效的沟通,对客户表示关注与尊重,体现出高水平的业务素质。店面接待的流程规范见表1-5。

表1-5 店面接待的流程规范

接待流程	操作规范
日常项目检查	◇服务顾问检查仪容、仪表,保持良好的职业形象 ◇准备好必要的文件及材料(预约表、接车检查单、价目表、防护用品等)
迎接客户	◇客户到店,立即通过车型和车牌号确认客户姓名,快速出门迎接 ◇敬称客户名字,面带微笑问候客户。例如"＊＊先生/女士,您好,欢迎光临!您是来做15000km维护的吧,我是服务顾问＊＊,很高兴为您服务。" ◇如果是未预约的客户,出门迎接打过招呼后,需先询问客户的要求。例如"您好,欢迎光临!请问您今天来店是做维护还是维修呢?有什么可以帮到您?"
环车检查	◇当着客户的面,安装防护用品(座椅套、地板罩、转向盘罩等) "为了保障您的利益,车辆进厂前您方便和我共同确认一下车辆和贵重物品的情况吗?" ◇征求客户同意,进入车内检查车辆内饰、仪表功能,记录行驶里程数及油表存量 ◇与客户一起从主驾驶位置开始,沿顺时针方向对车辆外观进行检查 ◇发现额外的维修项目,应及时记录并询问客户是否需要维修
确认顾客需求	◇向客户复述维护及维修项目,确认无误后,让客户在接车检查单上签字确认

2. 操作要点

(1)接车检查单的使用说明

1)接车过程中填写车辆及客户信息。

2)详细记录客户的故障陈述及要求,引导客户讲述故障发生时的相关状况并作记录。

3)前台无法立即诊断时,填写需车间检测的内容,由车间帮助诊断。

4)车间根据客户陈述及检测建议进行诊断,将问题原因及故障零部件填写在接车检查单上。

5)接车时对外观进行确认,并做相应的记录及文字说明。

6)接车员在接车时确认各功能状况,如实记录确认结果。

7)接车时检查车内物品,提醒客户贵重物品保管及旧件处理情况,并如实记录。

8)对于需先进行诊断的故障,如果有检测费用,则在接车检查单上写明,并请客户确认。

9)诊断后,将接车检查单上的信息向客户作说明,请客户签字确认。

10)接车检查单一般是一式两份,其中一份由车主保管,另一份由企业保管,见表1-6。

(2)环车检查 环车检查是店面接待环节中的操作要点,要求服务顾问协同客户一起对车内外做详细的检查,以便确认车辆的性能及使用情况。环车检查的主要目的如下:

1)深入了解客户车辆的使用状况,便于进一步与客户沟通交流。

表1-6 接车检查单

接车检查单						
客户姓名/单位			车牌号		行驶里程	km
客户描述	保 养：首次维护□ 小维护□ 常规维护□ 验车维护□ 换润滑油机滤□ 换三滤润滑油□ 换润滑油□ 发动机：发不出　 抖或嗒□ 加速不良□ 动力不足□　 油耗高□　 易熄火□ 怠速不稳□ 异 响：发动机　□ 底盘　□ 行驶　□ 变速器□　 刹车　　 仪表台□ 座椅车门□ 灯 亮：润滑油黄灯□ 润滑油红灯□ 冷却液温度灯□ABS　　 气囊□　 转向灯□EPC 灯□ 空 调：不制冷□　 异响　□ 有异味□ 漏　水：冷却液□　 车身□　 天窗□ 漏 油：发动机□变速器□ 制动□汽油□ 事 故：保险事故整形油漆□　 局部整形补漆□ 其他：					
随车物品	1		备胎检查	是□否□	燃油存量检查	0 ─ 1/2 ─ 1/1
	2					
	3		是否洗车	是□否□		
	4	（提醒用户妥善保管好车上的贵重物品）				
是否需要送车	是□否□	送车地址：				
是否需要带走旧件	是□否□	放置地址：				

车辆外观检查　　　　　　　　　　　　　　　　车辆内饰检查

▼凹凸□		▽污渍□	
▲划痕□		△破损□	
◆石击□		◇色斑□	
●油漆□		○变形□	

进一步检查□　　　　　　　　　　　　　　　　预检□

检查结果	
维修方案	

日期：　　　服务顾问签字：　　　客户签字：　　　　　打印经销商/维修站名称

单元一 维护车辆的接待服务

2）确定客户没有察觉的维修需要，如车身划伤或压痕、轮胎异常磨损、刮水器刮片磨损。

3）使维修服务企业免受不应有的赔偿，如已存在的划伤以及丢失的个人财产。环车检查部位如图 1-9 所示。车辆外观检查项目见表 1-7。

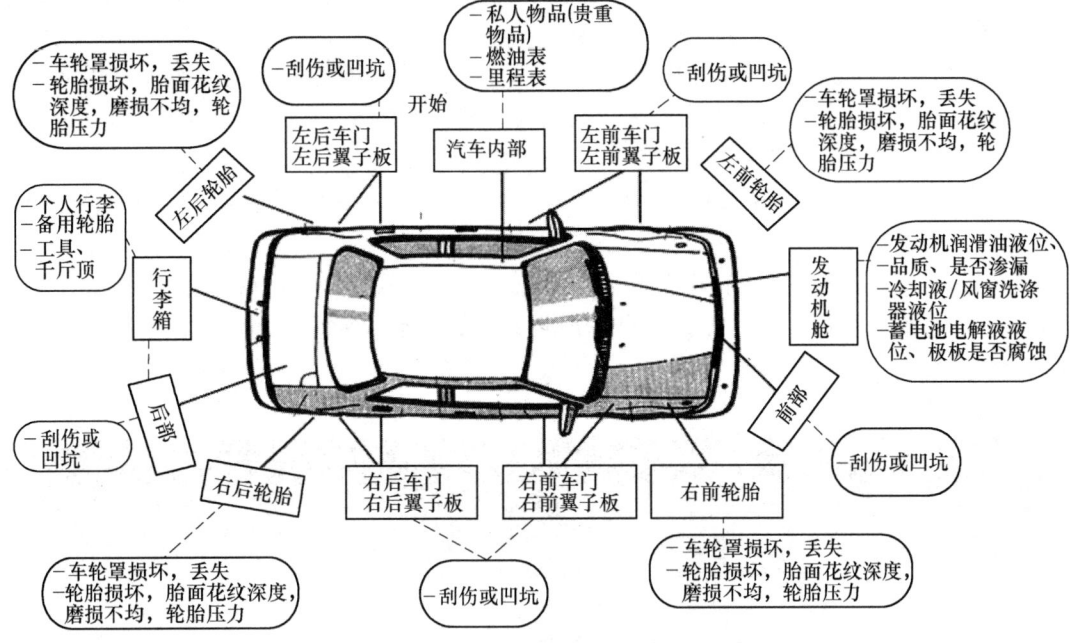

图 1-9　环车检查示意图

表 1-7　车辆外观检查项目

序号	车辆部位	检查项目	问题点		
1	车内	驾驶人座椅/内饰	坏	脏污	
2		喇叭/警告/指示灯	故障		
3		电动车窗/座椅/天窗/后视镜	故障		
4	车辆左前部	刮水器胶条	老化	变形	
5		风窗玻璃	划伤	裂纹	
6		轮胎/车轮	磨损	损坏	压力低
7		车门/叶子板	划伤	凹坑	
8	车辆前部	发动机罩/保险杠	划伤	凹坑	
9	车顶	车顶	划伤	凹坑	
10	后视镜	后视镜	划伤	凹坑	
11	车辆右前部	车门/叶子板	划伤	凹坑	
12		刮水器胶条	老化	变形	
13		风窗玻璃	划伤	裂纹	
14		轮胎/车轮	磨损	损坏	压力低
15	车辆右后部	轮胎/车轮	磨损	损坏	压力低
16		车门/叶子板	划伤	凹坑	
17	车辆后部	工具，备胎			
18		行李箱/保险杠	划伤	凹坑	
19		排气消声器	损坏		
20		油箱注油口盖	损坏		
21	车辆左后部	车门/叶子板	划伤	凹坑	
22		轮胎/车轮	磨损	损坏	压力低

(3) 服务技巧

1) 遇到雨、雪天气,若停车区与营业厅之间的通道没有雨棚,当客户驾驶车辆进入停车区时,任何一位工作人员在不影响正常业务流程的情况下都有义务主动打伞出迎并引领客户至相关业务部门。

2) 若服务顾问无法出迎,应在客户进入接待大厅时主动向客户致意;若服务顾问正在接待其他客户,也应及时对新到来的客户问候并请其稍等。服务顾问能够做到服务前一位顾客,接待第二位顾客,招呼后一位顾客。

3) 服务顾问从客户手中接过车钥匙后,应将标有客户车牌号及停车位号码的钥匙牌连在钥匙上,方便找到车辆。

4) 服务顾问应善于利用车间进度看板、维修维护时间看板等辅助工具。图1-10所示为上海大众车系维修维护时间看板,客户通过此看板随时掌握车间工作进度,便于与客户沟通。

维修保养时间看板				
			不含等待修理及检验时间	
序号	类型	车型	维修维护项目	一人操作	二人及以上人员操作
1	保养	SVW全系	7500公里首次维护	60分钟	40分钟
2		SVW全系	常规维护	90分钟	60分钟
3	快速维修	SVW全系	更换空滤	10分钟	\
4		SVW全系	更换润滑油及机滤	30分钟	20分钟
5		SVW全系	更换制动液	40分钟	30分钟
6		SVW全系	清洗节气门喷油嘴	40分钟	\
7	一般维修		更换立柱上、下连杆	60分钟	40分钟
8			更换后减弹簧胶垫×2	30分钟	20分钟
9			更换前减隔离圈×1	40分钟	30分钟
10			更换外球笼防尘套×1	40分钟	30分钟
11			更换气门室盖垫	30分钟	20分钟

图1-10 上海大众维修保养时间看板

3. 工作附件

(1) 汽车防护用品 在环车检查之前应安装汽车防护用品,以体现对顾客车辆的呵护备至。根据品牌要求不同,可安装汽车防护三件套,即座椅套、转向盘罩、脚垫,如图1-11所示,或者安装五件套,即在三件套的基础上加上变速杆套和驻车制动杆套,避免维修维护过程中破坏车辆卫生。

(2) 接车检查单(表1-6)

图1-11 车辆防护三件套

案例分享

场景回顾：顾客刘先生在车辆维修完毕交车时，投诉服务顾问小王，说自己放在储物盒里的导航仪不见了，后保险杠还有几道不太明显的划痕，怀疑是维修时候造成的。小王百口莫辩，因为他认为刘先生是老顾客，所以在接待时就没有仔细做环检。

思考：这样的问题反映了客服人员在实际工作中哪些地方做的不到位？如何在欢迎和接待中解决这样的问题呢？

4. 接待技巧的提升（图1-12）

图1-12　接待技巧的提升

三、估价制单

> **估价制单—客户之声：**
> □根据我的车辆状况，提供合理的维护作业内容，尽快做好保养单据。
> □希望有人向我解释费用明细以及介绍合理的费用支出。
> □我希望所用费用与预期相比，不比预期的高很多。
> □尽量介绍优惠套餐或会员活动，可享用会员折扣或进行会员积分，享受更多折扣。
> □最好明确告诉我维护的时间，以及如何取车。

1. 标准流程

在定期维护服务核心过程的估价制单环节，服务人员可根据每个品牌的要求不同，对维护检测服务的项目向顾客详细说明，在其对维护费用已知的情况下，对费用支出明细做详细讲解。应告知客户大致的交车时间，解释维修所需时间、洗车时间和总的等待时间。对于首次维护或质保期内项目维护，必须告知客户项目为免费内容，并解释相关的质量担保条例。

表1-8是估价制单的流程规范及操作规范。

表1-8 估价制单的流程及操作规范

服务流程	操作规范
引导客户到业务前台	◇车辆检查结束后，带领客户到维修接待台。例如"＊＊先生/女士，请您随我一起到业务前台制单，好吗？" ◇引导客户，在拐弯或有楼梯台阶的地方应使用手势，并提醒客户"这边请"或"注意楼梯"等
制作估价/派工单	◇将客户维修维护项目输入计算机中，并打印估价/派工单
核对维护项目	◇根据预约记录和接车单填写维修/维护项目，向客户确认预约的作业内容。例如"＊＊先生/女士，再一次确认一下今天预约的内容。是作15000km的车辆维护，对吗？" ◇对于未预约客户，立即从计算机中调出客户的档案资料。如没有客户档案需及时建立，并询问客户的联系方式。例如"维修过程中可能会与您再次联系，可以给我您的联系方式吗？谢谢！"
说明维护费用	◇向客户说明收费情况。例如"那么本次维护的费用包括15000km维护的工时费＊＊元，润滑油和滤清器的零件费＊＊元，合计是＊＊。""以上报价还需要说明吗？""维修所用配件都是品牌原装配件，质量绝对可靠，请您放心。" ◇顾客确认报价后服务顾问进行追加作业的说明。例如"另外，如果在维护过程中有需要追加的作业内容，我们会及时与您联系。"
预估维护时间	◇说明维修维护所需的时间，并询问客户是否等待 ◇如果是高峰时段，应向客户说明。例如"现在是我们站的维修高峰时段，您的车大概需要等待30min才能开始作业，车间作业需要90min，加上洗车需要20min，您的车大概在5点左右可以完工，在5点半左右交付给您。"
请客户在修理单上签字确认	◇将估价/派工单双手呈给顾客，递送时应将修理单的正面朝向顾客。例如"请确认一下上面的项目和价格，如果没有疑义的话，请在这里签字，谢谢！" ◇待客户签字后将一份修理单副本交给顾客，作为取车凭证。例如"这张给您，是您的取车凭证。请保管好。"

2. 操作要点

(1) 订制服务优惠套餐　汽车维修企业或品牌专营店可以根据不同车型的维护作业要求，订制服务优惠套餐。例如，将系列车型固定维修里程、维护检查、更换配件及服务内容编制成客户容易接受的服务套餐方式，把烦琐的服务项目变成简单明了的服务套餐，由服务顾问进行提醒后，使客户清晰明确并且执行优惠套餐价格，以满足维修维护客户的需求，整体提高客户满意度。

(2) 合理的费用说明　服务顾问应能熟记维护件价格和工时费用，能熟记常见维修件价格和常见维修项目工时费用；制作委托维修估价单时，向客户详细地说明每个维修项目的内容及费用的明细；解释维修委托书价格时，使用常用配件价格公示表和常规项目工时价格公示表，使顾客感受明白消费。表1-9 为上海大众汽车常规项目工时价格公示表。

表1-9　上海大众汽车常规项目工时价格公示表

	上海大众常规项目	工时单价	工时					工时总价				
			帕萨特	POLO	朗逸	途安	途观	帕萨特	POLO	朗逸	途安	途观
1	7600公里首次维护											
2	常规维护											
3	更换空滤											
4	更换润滑油及机滤											
5	更换制动液											
6	清洗节气门喷油嘴											
7	更换立柱上、下连杆											
8	更换后减振弹簧胶垫*2											
9	更换前减振隔离圈*1											
10	更换外球笼防尘套*1											
11	更换气门室盖垫											
12	……											
13	……											
14	……											
15	……											
16	……											
17	……											
18	……											
19	……											

3. 工作附件（维修施工单）

维修施工单又称任务委托书或维修委托任务书，是客户委托维修企业进行车辆维修的合同文本。表1-10 为委托维修（估价）派工单，其中的主要内容有车辆信息、维修企业信息、维修作业任务信息和客户签字。其中需记录的附加信息是指客户是否自带配件（某些品牌的专营店不准自带配件）、客户是否委托企业处理换下的旧件等，上述内容都需要同客户作一个准确的约定，并得到客户的确认。客户签字意味着对维修项目、有关费用和时间的认可。

要特别注意车辆检查单和估价单上要有客户签字确认,并保证多联单据内容记录一致。

维修施工单一般为三联,其中一联交付客户,作为客户提车时的凭证,以证明客户曾经将该车交付维修企业维修,客户结算提车时可将此联收回。企业自用的两联可分别用于维修车间派工及维修人员领料使用。目前维修施工单是在经销商管理系统(DMS)中填写的。

表1-10 委托维修(估价)派工单样本

委托维修(估价)派工单								
专营店(地址):				电话:			传真:	
车辆信息								
车型:		车牌号:		颜色:		行驶里程:39800km	购车时间:	
报修时间:		承诺交车时间:		修正时间:		交修时间:下午3点	完工时间:	
故障现象描述					处理方法			
40000km 标准维护								
维修说明					处理结果			
右前减振器漏油								

序号	维修内容	工时	维修大类	维修类别	维修班组	维修人员	时间	质检员
1	40000km 标准维护							
2								

序号	零件名称	零件号	数量	序号	零件名称	零件号	数量
1				4			
2				5			
3				6			
建议维修项目							

清洁班组签字		时间		总检签字		时间	

维修费用预估	总计:		如果您同意本估价单的估价费用,请签字确认!本费用为预估费用,实际费用以《车辆维修结算单》为准		客户签字:	服务顾问签字:
	工时费:					
	零件费:					
	其他费用:					

一式三联:客户(代取车联,取车时回收)、服务顾问、车间各一联。   共 页 第 页

单元一　维护车辆的接待服务

案例分享

　　场景回顾：一家4S店在为客户进行维护时发现轮胎已经到了磨损极限，向客户说明需要更换，但是客户以需要请示领导为由，当时没有同意更换。过了一个月，该客户在高速上行驶时，因速度过快，轮胎爆裂，造成严重事故。客户以该4S店未按照维护要求检查轮胎并告知他为名要求赔偿。经过调查，服务顾问未在维修委托书上进行注明，没有证据表明进行了检查并尽到告知义务，只能对客户进行了部分赔偿。

　　思考：这样的问题反映了客服人员在实际工作中哪些地方做得不到位，如何解决这样的问题呢？

　　特别点评：对于一些损耗件，特别在下次维护前就需要更换的，如轮胎、制动片、刮水器片等，要在维修委托书上注明。尤其是涉及安全的项目，应提醒客户更换，而客户不更换的，需要其签字确认。

4. 技巧提升（图1-13）

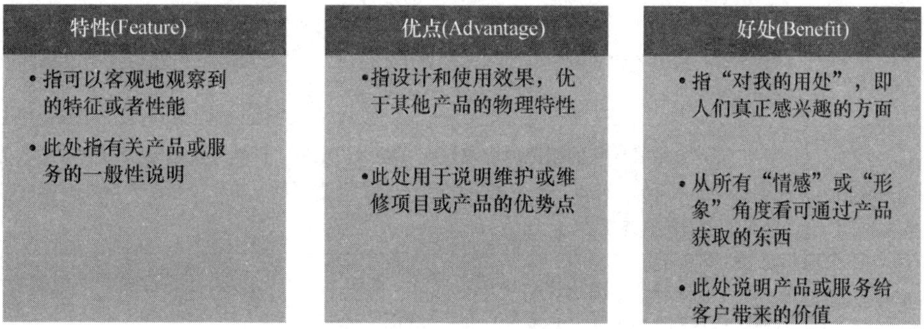

特性(Feature)	优点(Advantage)	好处(Benefit)
•指可以客观地观察到的特征或者性能 •此处指有关产品或服务的一般性说明	•指设计和使用效果，优于其他产品的物理特性 •此处用于说明维护或维修项目或产品的优势点	•指"对我的用处"，即人们真正感兴趣的方面 •从所有"情感"或"形象"角度看可通过产品获取的东西 •此处说明产品或服务给客户带来的价值

图1-13　技巧提升

四、休息引导

休息引导—客户之声：

　　□服务顾问忙得不可开交，根本未引导我到相应客休室，或者只是简单告诉我客休室方位，我有点不知所措。

　　□客户休息室的烟灰缸、茶杯未及时清理；客户看过的杂志、报纸及宣传品未及时归位；客户饮料喝完，未及时续杯。

　　□客休专员对促销信息、租赁、保险及二手车等业务不了解，不能快速、准确地跟客户沟通。

　　□客休专员不够热情、主动；普通客休室和VIP客休室客户流量不平衡，导致客休室利用率和客户满意度低。

　　□最好明确告诉我维护的时间，以及如何取车。

　　目前，多数汽车品牌专营店都设有舒适、休闲和娱乐性客户休息室（客休室），为客户提供一个舒适的休息环境,消除客户维修等待中的焦虑感,给客户带来愉悦的维修体验。部分品牌还设立专门的客户服务人员(称客休专员或客户关爱专员),热情、主动地响应客户的要求;在客户需要的时候,客休专员能够快速、准确地向客户介绍专营店最新的产品及服务,并且利用客户维修等待时间,向客户宣传专营店的产品和服务,了解客户对专营店的整体满意情况。

1. 标准流程

休息引导服务流程操作规范见表1-11。

表1-11 休息引导服务流程操作规范

服务流程	操作规范
询问客户是否在店等待	◇递送名片,询问客户是否在店等待。例如"＊＊先生/女士,我叫＊＊,这是我的名片,您有什么问题就及时联系我。车辆维护时您在店内等待吗?" ◇如果客户选择在店等待,则把顾客领到休息区 ◇如果客户不在店等待,则礼貌恭送顾客。例如"＊＊先生/女士,感谢您今天来店维护,车辆维护完成后我们会及时通知您的,再见!"
引导客户到休息区	◇引导客户至对应休息室,主动跟客户打招呼,引导客户就座 "＊＊先生/女士,您好!我是客休专员(客户关爱专员)＊＊,您这边请!" ◇为客户提供免费饮料。例如"＊＊先生/女士,您需要饮料吗?我们这里有果汁、茶、咖啡……免费供应。"
休息区服务介绍	◇向客户介绍客休室的服务内容及设施(茶点、电视、报纸、杂志等读物、儿童活动区、免费餐及上网等)。例如"＊＊先生/女士,我们休息区的电脑在二楼的入口处,您可以使用。""这是您要看的杂志。"
客户意见收集/品牌活动介绍	◇现场满意度调查,持续改善服务质量。例如"＊＊先生/女士,为提升品牌的服务质量,我们正在收集大家的意见,您有兴趣参与吗?" ◇观察客户使用平板电脑或彩色折页的情况,及时解答客户咨询并对客户作相关商品介绍
送客户离开客休区	◇服务顾问通知客户车辆维修完成,起身微笑送别客户。例如"您慢走!"

2. 操作要点

(1) 维修过程电子看板 品牌专营店客户休息区紧邻车间的墙壁设置落地窗,客户可以直观地看到车辆维修进度及工况。目前,一些品牌的客休区已安装维修过程电子看板(图1-14)管理系统和电视闭路监控系统,使客户在休息区甚至客户接待区便知道自己车辆维修的全过程,并且知道自己的车辆在哪个维修阶段,以最简单的方式获得相关信息;在车辆维修完成后,以短信方式通知顾客结算提车。维修过程电子看板初次投入成本比较高,但是有助于增强维修过程控制及管理,让车主安心,减少其进入车间机会,既减少安全事故,同时也可提高客户车辆维修的电子化管理程度,从而提高客户满意度。

(2) 客户休息区服务人员行为规范 在客户休息区(客休区),服务顾问与客休区服务人员进行服务的转接,客休区服务人员应遵循服务礼仪:站姿端正、面带微笑;对客户使用尊称并主动介绍,态度热情;仔细倾听客户需求,态度诚恳、耐心;应保持客休室设施设备完好、干净整洁,硬件满足专营店标准;应将客户满意度调查问卷的调查记录汇总递交客户服务部,并将分析的改善意见反馈至客户服务部。客休区服务人员对专营店各增值业务应有

图 1-14 维修过程看板

较全面但粗略的了解，能准确向客户引荐相应部门的人员。优质卓越的客户服务一定可以为专营店或品牌加分。

3. 工作附件

满意度调查问卷样例如图 1-15 所示。

【东风日产启辰×××专营店客户满意度】问卷调查

非常感谢您光临东风日产启辰×××专营店！为了了解您对我们的服务的满意程度及建议，使我们的服务更能满足您的需求，现需花费您几分钟的时间，将您的意见、要求填入以下调查表。谢谢！

填写规范：☑

填写人：_____先生/女士　　来店时间：_____点

1、当您的车辆该做定期保养时，服务人员有没有提醒您？
□ A. 没有　　　□ B. 有

2、当您到达到接车通道时，等了多长时间才有人来接待您？
□ A. 30秒内　　□ B. 1分钟内　　□ C. 1分钟以上

3、您的车子本次维护，能清楚每个项目的具体费用吗？
□ A. 能　　　　□ B. 不能

4、你会去表扬SA的服务态度吗？
□ A. 会　　　　□ B. 不会

您的建议：专营店的维修保养服务，还需要在哪些方面做出改进，才能令您满意呢？您认为该专营店还有哪些方面的工作需要改进，以做到更好？

图 1-15 满意度调查问卷样例

案例分享

场景回顾：顾客王先生说："我发现4S店有一个问题就是高估维修时间，给自己预留的时间太长了。上次服务顾问说需要4个小时，我早晨8点就早早送车，10点过去看已经好了，服务顾问也没有及时告诉你，他们确实是在约定的时间内完成，但是给自己预留的时间太长了。"

思考：这反映了客服人员在实际工作中哪些地方做得不到位？如何解决这样的问题呢？

4. 技巧提升（图1-16）

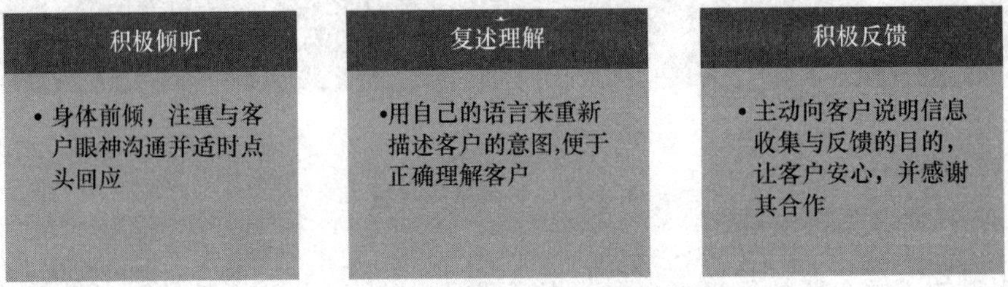

积极倾听	复述理解	积极反馈
• 身体前倾，注重与客户眼神沟通并适时点头回应	• 用自己的语言来重新描述客户的意图，便于正确理解客户	• 主动向客户说明信息收集与反馈的目的，让客户安心，并感谢其合作

图1-16　技巧提升

五、质量控制

质量控制—客户之声：
□ 确保维护质量，彻底消除车辆安全隐患。
□ 确保在预估的作业时间内通知我提车。
□ 质检人员具有过硬的维修能力和丰富的维修经验。
□ 维护过程中有任何的追加项目都要及时与我沟通，并可以提供专业而中肯的建议。

在维护服务核心过程中，质量控制这一流程至关重要。服务以及维护人员是否足够专业，是否能够迅速、准确地完成维护作业；在维修/维护服务过程中，是否使用纯正备件，保证维修质量；维修/维护时间是否在预估的范围内，如发生追加作业，是否与客户提前沟通等直接关系到维护服务的品质以及客户满意度。在这一环节中，服务顾问应担任双重角色，一方面服务顾问将代表客户将客户车辆养护信息反馈给车间或进行维护作业的技师，以确保车间运用资源在预计的时间内顺利完成车辆维护；另一方面，服务顾问代表专营店（品牌）将车辆维护过程中发现的问题及时反馈给客户，与客户沟通并让顾客充分了解客服企业为了满足其要求所做的工作。因此，此环节中的质量控制不仅包括专业的质检人员对客户车辆维护开展的质检工作，而且还包括车辆在车间运转过程中为确保维护质量而开展的所有工作事项。

1. 标准流程

质量控制的服务流程操作规范及话术举例见表1-12。

单元一　维护车辆的接待服务

表1-12　质量控制的服务流程、操作规范及话术举例

服务流程	操作规范
将车辆驶入车间	◇服务顾问驾驶车辆进入维修车间
派工	◇根据企业实际情况，可运用DMS进行派工，也可将派工单交给车间主管 ◇将填好的派工单及时放在规定的地方，使车间主管能及时分配工作
监控维修进程	◇若维修工作延迟时应说明修正的交车时间以及延迟的原因 ◇若追加维修工作时应说明追加工作的必要性（从安全和经济的观点考虑），如果导致交车时间延迟，就要说明更改后的时间以及需要追加的费用。例如"＊＊先生/女士，打扰您一下，在对您的车检查的过程中，我们发现有必要对制动衬片进行更换，请您确认一下好吗？" "您看，目前制动衬片剩余量为2.5毫米，需要更换新的制动衬片，否则会影响车辆的制动性能，所以我们建议您在本次维护中对制动衬片进行更换，您觉得怎样？" "这样就需要在刚才的费用上加上制动衬片的费用＊＊元以及更换制动衬片的工时费＊＊元，所以总共的费用就增加到＊＊元，您看有问题吗？" "整个维修作业还需要进行20分钟左右，请您再稍加等候。我马上更新派工单。"
若有追加则更新派工单	◇根据联系结果，更改派工单并向客户出示确认。例如"＊＊先生/女士，根据追加作业内容，我已更改了您的派工单，请您过目。" ◇将客户同意的追加作业内容通知车间主管，以保证维修作业正常进行
质检	◇质检员针对不同类型的项目进行了不同的总检项目 ◇质检员完整填写质检登记表 ◇质检员检查旧件的存放方式和位置 ◇质检员查看所有表单并按序整理所有单据 ◇质检员按洗车单要求及时安排洗车，并通知服务顾问

2. 操作要点

（1）监控时间安排　对于维护作业，服务顾问一般需在维护工作最初及估计交车前半小时进入车间与维修技师沟通并查看进度，确保按承诺的时间交车；如有追加项目应通知客户；对于维修作业，服务顾问需在维修开始时检查工作调度是否到位，并在约定交车时间前2~3h的时候再次检查。

（2）延迟或追加维修项目说明　维修过程中交车时间因故延迟或者发现新的需要维修的项目要及时通知客户，并向客户详细说明，取得同意后再次派工。维修工作延迟时应说明修正后的交车时间，并说明作业延迟的原因。

如有追加的维修项目，应从安全和经济的观点出发，向客户说明追加工作的必要性；若因为追加项目而导致交车时间延迟或费用增加，要向客户说明更改后的时间以及需要追加的费用，并请客户签字确认。

3. 控工流转章使用说明

控工流转章（图1-17）加盖在委托维修（估价）派工单的右下角。按照常规维修服务流程，请工作责任人签署任务的开始时间（名字和时间）。这样，一个车辆整个维修服务流程的运转情况就一目了然。这对车间管理发现流程瓶颈，并积极改进很有必要。同时，严格的时间意识和时间管理，是保证准时交车的基础工作。

控工流转章使用说明如下。

1）服务顾问在交给车间的委托维修（估价）派工单上加盖控工流转章，并将该联交给车间调度人员。

2）车间调度人员接到该联委托维修（估价）派工单后，在"调度"栏中签名，注明派工开始的时间，并将车辆派工到某工位。

3）工位的维修工组接到该联委托维修（估价）派工单后，在"工组"栏中签名，注明开始工作的时间（可填写不同的工组开始工作的时间），并进行维修维护工作。

4）举例说明。车辆需要先经过机电工位修理，再移至钣金工位修理，则在该联委托维修（估价）派工单的"工组"栏中，由机电工位修理工组先签名，并注明机电修理开始的时间。机电修理完成后，将车辆和该联委托维修（估价）派工单交给钣金工位修理工组，再由钣金工位修理工组在"工组"栏中继续签名并注明钣金修理开始的时间。

5）车辆维修/维护完成后，质检员接到该联委托维修（估价）派工单，在"质检"栏中签名，注明质检开始的时间，并进行质检。

6）质检结束后，若需进行路试，则由路试人员接到委托维修（估价）派工单，在"路试"栏中签名，注明路试开始的时间，并进行路试。

7）质检/路试结束后，洗车工接到该联委托维修（估价）派工单，在"洗车"栏中签名，注明洗车开始的时间，并进行洗车。

8）委托维修（估价）派工单上所有内容完工后，服务顾问在"终检"栏中签名，注明验车开始的时间，并进行终检。

4. 工作附件

（1）维护服务检测单据　维护服务检测单据示例见表1-13。

表1-13　维护服务检测单据示例

12项完工检测和服务项目				
序号	项目	内容	参考值	完工
1	轮胎磨损和气压情况（包括备胎）	检查轮胎磨损情况和轮胎气压，必要时校正轮胎气压	2.2~2.4bar	
2	车轮固定螺栓	检查并按规定力矩紧固		
3	制动片厚度	检查制动片厚度	7~14mm	
4	发动机舱内各管路和接头	确认各管路和接口无干涉、磨损、泄漏、脱落（目测）		
5	冷却液液位	检查冷却液液面	2/3~1/1	
6	润滑油油位	检查润滑油液面	4/5~1/1	
7	蓄电池电压	检查电压	11~12.5V	
8	刮水器和车窗清洗装置	检查刮水器片、检查清洗装置功能		
9	安全气囊和安全带	目测外表是否受损，并检查安全带功能		
10	车身内外照明电器、仪表显示	检测使用情况		
11	驻车制动器	检查功能是否正常、符合要求		
12	清洗车辆或者发放免费汽车券	外部清洗，内部吸尘		
技师签名：		服务顾问签名：		

(2) 控工流转章（图1-17）

调度	工组		
质检	路试	洗车	终检

图1-17　控工流转章

(3) 追加项目单据　即增项单，见表1-14。

表1-14　增项单

增项单	
日期：	服务顾问：
车牌号：	委托书编号：
增项原因（技师/车间主管）： 	
所需配件（技师/车间主管）： 	
作业时长（技师/车间主管）： 	
技师签名：	车间主管签名：

案例分享

场景回顾：客户周先生更换转向横拉杆，服务顾问在估价时是按照国产配件的价格进行估价的。但是库房里没有国产件，在出库时，配件管理员及车间技师均未将这个变化通知给服务顾问，客户在结算时发现备件价格足足高了一倍。

思考：你如果是服务顾问，如何解决这样的问题呢？

5. 提升技巧

文件解释说明技巧如图1-18所示。

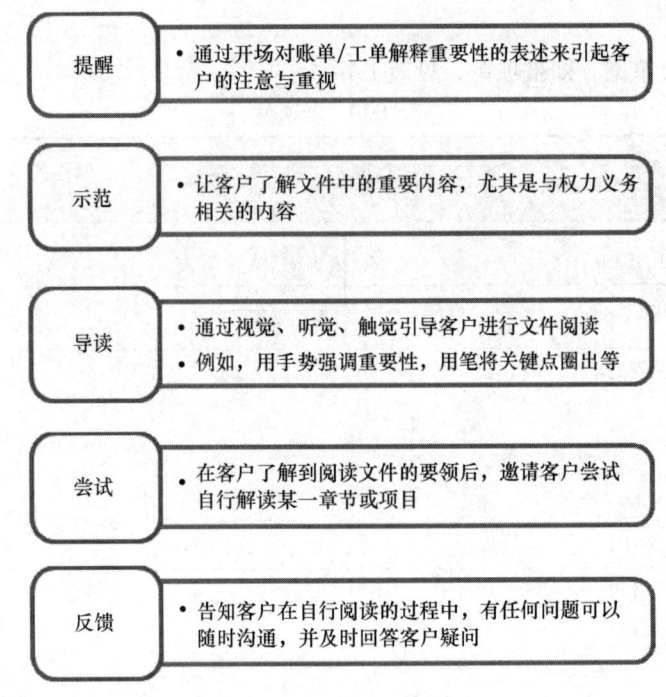

图1-18 文件解释说明技巧

六、交车结算

交车结算—客户之声：

☐ 清晰地向我解释维修费用和已经完成的服务项目。

☐ 能让我知道本次维护的意义和作用，让我感受到在专营店的服务物有所值。

☐ 确保此次维修服务已经解决了我在服务登记时提出的所有问题。

☐ 让我有选择付费方式的自由。

☐ 取车的时候应该提前通知我。

☐ 希望交车时的服务顾问与接待我的服务顾问是同一个人。

单元一　维护车辆的接待服务

在维护服务核心过程中,交车环节中服务顾问有必要将维修成果充分展示给客户,如说明维修项目、解释维修费用等,应打消客户疑虑并提供专业化的车辆维护建议,进行客户关怀。

1. 标准流程

交车结算的服务流程操作规范见表1-15。

表1-15　交车结算的服务流程、操作规范及话术举例

服务流程	操作规范及话术举例
交车前准备	◇检查派工单以确保所有维修项目均以完成 ◇核对维修费用 ◇检查车辆清洁度 ◇确保完成所有的书面工作(填写保修手册、更新客户档案以及制作结算单)
通知客户提车	维修/维护作业完成以后,应及时联系顾客进行交车工作
交车环节	◇向客户详细说明完成的工作。例如"＊＊先生/女士,您本次维修的项目是＊＊,我们已经处理完成。" ◇确认维修/维护质量,如更换润滑油的确认,必要时打开发动机舱,取出机油尺抹在白布上,请顾客确认"＊＊先生/女士,请看润滑油已经完全更换。" ◇向客户详细说明费用 "＊＊先生/女士,您本次维修的工时费是＊＊元,零件费是＊＊元,共计＊＊元,和预计的费用有＊＊元的出入,因为＊＊,如果没有疑问的话,请在这里签字。" ◇提供相关维护的专业建议 "＊＊先生/女士,根据您轮胎磨损情况,建议您半年后调换车轮,届时我们会及时与您联系,还望多关照。" ◇询问旧件处理 "这是本次产生的旧件,请问您是否需要带走?" ◇介绍跟踪服务及归还物品 "＊＊先生/女士,这是您的保修手册和车钥匙,请您查看一下吧。" ◇当着客户的面,取下车辆防护用品如座椅套、脚垫和转向盘套等
结算	◇陪同客户去财务中心付款
恭送客户	◇温馨提醒客户下一次定期维护的时间 ◇向顾客致谢,并引导客户车辆出厂 "＊＊先生/女士,再次感谢您今天光临本店,您走好!再见!"

2. 操作要点

(1) 下次维护提醒　将车钥匙等物品交给客户时,服务顾问应将随时可以与自己取得联系的方式及一些注意事项告知客户,并向客户确认维护提示卡(或称客户关爱贴,如图1-19所示)中注明的下次维护时间。如果向顾客提示当前的服务项目、新推出的项目和下次维护日期,一定会被很多顾客欣赏和接受,这是超值服务的一个体现。服务顾问依据车主

知识结构、使用习惯、车辆状况、历史维修记录，适时向顾客提出专业性的维护建议与关怀：例如节油建议。"您行李箱内装了两箱矿泉水，额外的重量会使燃油消耗增加，若减少这些重量，估计百公里油耗会减少1L；此外，轮胎气压不足会增加燃油消耗，因此您应经常检查胎压。"

（2）旧件展示 交车环节中服务顾问根据服务流程系列单据《交车前外观及车况检查表》逐项向客户说明作业项目和维修效果。旧件视情况放置在行李箱或旧件展示架（图1-20）上，当面向客户展示（特别是金额较高的），并询问客户是否需要带走。

（3）预约/道路救援宣传 服务顾问及其维修服务员工应了解专营店预约制度及预约流程。另外，维修服务企业应通过考核方式或激励机制提高预约率及预约成功率，并有效进行预约管理。在交车环节中服务顾问应向未经预约直接入厂的客户告知店面的预约优惠措施，宣传预约的好处，增加预约维修量。例如，对准时赴约、讲信用的用户实施奖励，由服务站提供小礼品：用户成功预约可获维修工时九折优惠，并可获赠精美小礼品一份；累计预约次数达十次，可免维护工时费一次等。

同时，如果品牌专营店已开通道路救援业务，也应在交车环节中告知客户企业的相关服务，以体现专营店的服务特色，从而增加企业的业务量。通常服务顾问可以将印制救援或预约电话的卡片递交客户，并根据品牌要求做相应说明。

3. 工作附件

（1）维护提示卡 维护提示卡形式多样，图1-19所示的客户关爱贴是其中一种。

图1-19 客户关爱贴

（2）维修结算单及相关完工单据（表1-16）

表 1-16　结算单

结算日期：　/　/　/

客户名称		委托书号		发票号	
底盘号		送修日期		牌照号	
车型名称		行驶里程		发动机号	
联系人		电话		移动电话	

维修项目

维修类别	项目代码	项目名称	工时	工时费

应收工时费：　　　　　　实收：

配用材料

出库类别	备件代码	备件名称	批号	数量	单位	金额

应收材料费：　　　　　　实收：

管理费：　　　　　　辅材费：　　　　　　其他费用：
施救费：　　　　　　包工费：

总金额		已收金额		欠收金额	
共计收款		大写			

地址：　　　　　　　　　　　　　　　开户行：
邮编：　　　　服务经理：　　　　　　账　号：
电话：　　　　　　　　　　　　　　　税　号：
结算：　　　　　　　　　　　　　　　户　名：
说明：感谢您的光临，祝您一路平安！　　下次维护里程：　　　　　km
　　　是否接受回访：是 □　否 □
　　　　　　　　　　　　　　　　　　下次维护时间：
　　　　　　　　　　　　　　　　　　方便接听电话时间：

建议维修项目

项目代码：　　　项目名称：　　　工时费：　　　工时：

客户签名：_____

(3) 旧件展示架（图1-20）

图1-20 旧件展示架

案例分享

展厅场景回顾：客户吕先生到服务站更换制动片，项目做完后，服务顾问小李负责交车，交车过程也很顺利，吕先生将修好的车开走了。但是在20min之后，吕先生又回来了，反映制动偏软，而且有"吱吱"声，怀疑服务站没有给他更换新的制动片。尽管吕先生是老客户了，但这次他丝毫不留情面地和服务顾问小李交涉，并且吕先生要求服务经理亲自来检查，给他一个明确的说法。

思考：请问交车时遇到这样的问题我们应如何处理？也请大家思考并交流好的经验和解决方法。

4. 异议处理技巧的提升（图1-21）

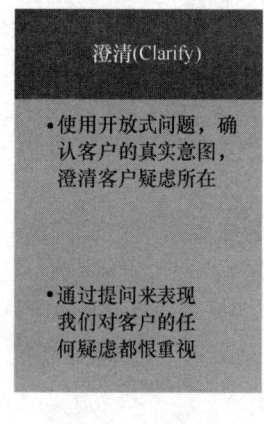
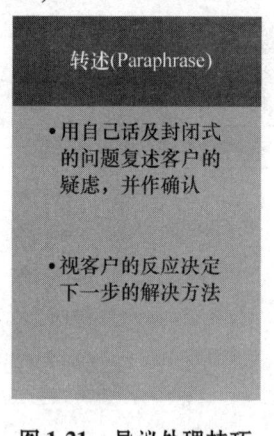

澄清(Clarify)
- 使用开放式问题，确认客户的真实意图，澄清客户疑虑所在
- 通过提问来表现我们对客户的任何疑虑都很重视

转述(Paraphrase)
- 用自己话及封闭式的问题复述客户的疑虑，并作确认
- 视客户的反应决定下一步的解决方法

解决(Resolve)
- 认同客户的任何疑虑都是可以理解的(情感上)
- 站在客户的角度考虑问题，尝试理解他的想法，将会使客户更信任我们

图1-21 异议处理技巧

七、服务跟踪

服务跟踪—客户之声：

☐ 与我联系的前前后后，始终对我保持礼貌、热情的态度。

☐ 维修维护后能按我希望的时间和方式与我联系，征求我对这次服务经历的看法与改进意见。

□ 让我有机会获得贵宾积分、服务优惠、折扣和奖励，给我介绍车友会及特别建立的车主网站。

□ 不要在服务后问我太多问题或频繁给我打无意义的电话。

□ 任何时候我有问题，尽快安排专人负责解决。

服务跟踪是维护服务核心过程中的最后一步，也是企业进行信息反馈（Survey）、获得信息反馈的重要手段，目前各专营店都根据品牌要求，在服务结束的一周内进行回访，了解客户车辆使用情况和本次回厂的总体满意度，检核专营店维修和接待服务质量，及时发现客户的不满或抱怨，并跟踪处理。

1. 标准流程

服务跟踪的流程、操作规范及话术举例见表1-17。

表1-17　跟踪服务的流程、操作规范及话术举例

服务流程	操作规范及话术举例
准备客户资料及记录单	◇服务顾问应在客户维修维护一周内进行跟踪服务，如果涉及车辆安全性的维修作业或返修客户，应在第二天就致电跟踪服务 ◇进行跟踪访谈前，检查相关信息（客户姓名、车辆型号等），以及具体维修工作及费用 ◇做好通话记录准备
向客户致电询问或寄送问卷	◇接通电话，确认并问候客户，询问是否方便接听电话 ◇感谢客户上次来店做维修维护并说明此次致电的目的。例如"您在3月16日下午到我们经销店做了车辆维护，我代表＊＊（企业）再次对您表示感谢！另外，今天给您打电话主要是想询问您对上次服务是否满意？" ◇询问维修维护后车辆状况及顾客维护维修的意见及建议，并做详细记录。例如"您对我们维修维护工作有什么意见或建议吗？我们工作上如果有什么欠缺非常希望您能指出来。" ◇若顾客不满意或有投诉，应向客户表示道歉并请顾客将车开回经销店以解决问题。例如"出了这样的问题，我们深感抱歉。您能在方便的时间再将车开到我们店吗？我们一定对您的车再次检查，查出问题所在，并尽快解决问题。" "非常感谢您为我们提出了这个问题，我们以后会杜绝这种问题发生了。" ◇请客户下次来店维护，向客户致谢结束电话跟踪服务。例如"＊＊先生/女士，欢迎您下次再度光临我们店做维护。到期维护时我们将再给您打电话提醒您，希望不会给您带来不便。" "好的，＊＊先生/女士，你有什么车辆问题欢迎随时给我们打电话，就不多打扰您了，再见！"
记录跟踪结果	◇电话跟踪后，将致电的日期、时间、访问结果等情况记入跟踪服务管理系统，并存档 ◇如果出现关于维修质量问题的顾客抱怨或投诉，应立即向服务经理汇报情况，并尽快给出合理的解决方案
总结汇报	◇集中收集顾客维修后的情况汇报，每月总结一次当月跟踪服务的结果，向服务经理报告 ◇通过讨论总结服务中存在的问题，提出整改方案，更好地满足顾客的需求

2. 操作要点

（1）跟踪回访服务规范

1）跟踪可通过电话或信件进行，一般通过电话进行。通过电话回访客户对维修工作的满意程度，应在客户取车之后一周（多数品牌是3天内）进行。电话回访这种形式是一种行之有效的跟踪服务手段。

2）必须在客户方便的时间拨打电话，电话用语应参考礼仪规范。

3）如果电话回访无法联系到客户，应在第4天向客户发出信函进行回访。

4）了解客户对车辆的使用状况是否满意。

5）当客户不满意或出现投诉时，应正确填写顾客抱怨（投诉）处理单（表1-18），并

将情况转交给服务主管,由服务主管分配给当时的业务接待处理,直至客户满意为止。

6)对于满意的客户,在通话结束前,应向客户发出下次维护的邀请,并在下次维护前进行提醒服务。

(2)填写回访记录表　回访后,在客户档案中进行备案。每日的回访任务结束后,将当日的回访记录表(表1-19)给服务经理,并及时将跟踪结果向维修经理汇报。维修经理与客户取得联系,对存在服务质量问题的,请客户将车开回进行维修,对服务态度问题,向客户表示歉意,直至客户满意。这样从客户招揽、预约开始到跟踪结束,形成一个服务的闭环。

3. 工作附件

(1)顾客抱怨(投诉)处理单(表1-18)

表1-18　顾客抱怨(投诉)处理单

抱怨(投诉人)姓名		联系方式	
车牌号码		车型	
购买日期		行驶里程	
车架号码		发动机号码	
顾客抱怨(投诉)来源	□顾客　　□RSSC　　□CRM　　□其他		
顾客抱怨(投诉)日期			
顾客抱怨(投诉)问题:	□质量　　□服务　　□配件　　□销售　　□其他		
调查结果: 　　　　　　　　　　　　　　　　　　　　调查人:　　　　日期:			
处理结果: 　　　　　　　　　　　　　　　　　　处理人:　　　　处理人:			
电话回访结果(不满意问题):□非常满意　　□满意　　□一般　　□不满意　　□很不满意			
抱怨(投诉)原因分析:			
改进措施:			
对被投诉者的意见:			
填表人:　　　　副(总)经理签字:　　　　日期:　　　　打印经销商/维修站名称			

（2）回访记录表（表1-19）

表1-19 回访记录表

日期_____ 电话回访员姓名：_____ 序号：_____

所选的顾客			电话询问的结果							结论		
服务顾问	顾客姓名	车型	无不足之处	1.维修质量	2.服务态度	3.服务等待	4.	5.	其他不是	顾客评述（抱怨、批评，建议，表扬）	回电话	返修
维修日期	电话号码	车牌号										由谁完成 完成否
1.												
2.												
3.												
4.												
5.												
6.												
7.												
8.												
9.												
10.												

* 已安装CRM系统的经销商在系统中填写回访记录　　　　　打印经销商/维修站名称

案例分享

展厅场景回顾：

－客服专员："马先生，您上周来做过维护，请您对我们的服务进行一个评价，第一个问题……"（被打断）

－马先生："好好好，都满意，你就赶紧让你们那个服务顾问小张把我要的件赶紧订好，别再让别人用了，我又白跑一趟。"

－客服专员："马先生，您对我们的服务非常满意是吧，感谢您的评价。我会让小张尽快与您联系，祝您工作愉快，再见！"

（马先生在之后的一周内也没有接到过任何电话反馈）

思考：请问售后服务跟踪时出现这样的问题时我们应如何处理？也请大家思考并交流好的经验和解决方法。

4. 技巧提升

电话沟通技巧（AIDA）如图1-22所示。

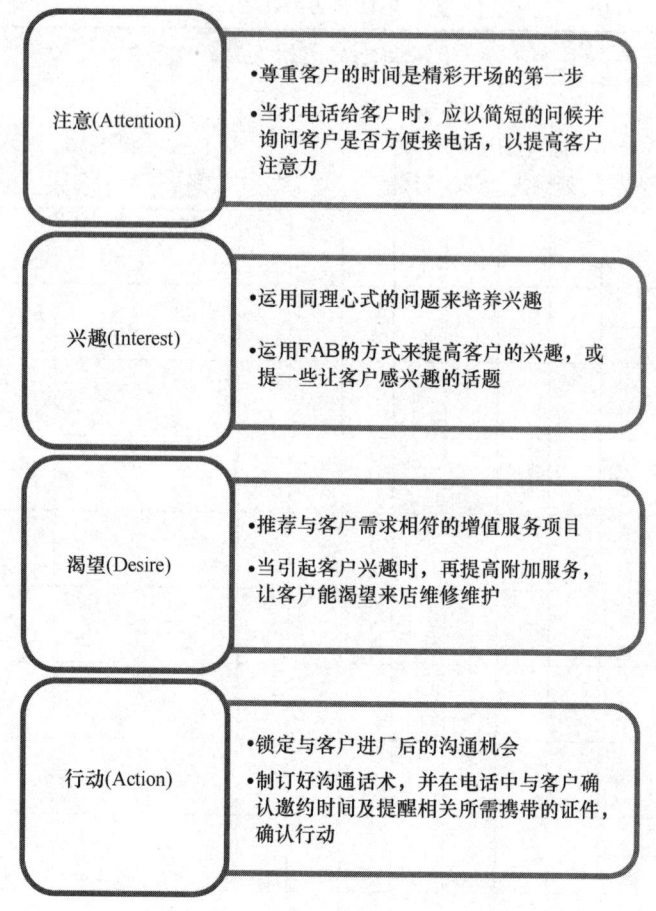

图1-22　电话沟通技巧（AIDA）

以上介绍了维护车辆的核心服务流程，整个服务接待过程（包括预约和跟踪）中向客户传达"我是您的服务顾问"的概念。客户期望是客服人员一切工作的出发点。本书结合各品牌服务标准中的可取元素，综合考虑内部满意度调查CSS和外部JD Power CSI调查所反映的服务薄弱点和客户需求，以及销售服务中心和部分经销商的意见反馈，对服务核心过程进行了细化和完善，使得整个核心服务流程成为完整闭环操作。同时，明确了各个环节执行的标准流程、操作要点、工作附件及技巧提升，确保汽车售后服务企业能够依据本书提供满足客户不同需要的优质服务。

课题三　汽车维护维修常识

近年来，全新的维护理念开始在国内出现，它以高科技的化工产品为手段，提倡汽车养护方式由过去可拆卸式向相对不可拆卸技术发展，以"运行中维护，不解体维修，全寿命使用"为理念，使车辆在进行换油维护时就可同时实现简单、快速、高效、专业的维护服务，尽可能免去车主维修的烦恼。汽车售后服务顾问应掌握车辆专业养护常识，让客户全方位了解汽车养护细节、注意事项，引导客户更专业、更细致地呵护车辆，使客户车辆保持最佳状态。本章节介绍汽车维修的常识，使服务顾问能够较好地解答客户车辆维护维修的问题。

一、汽车外观的维护

1. 注意及时清洗车辆

清洗车辆最好使用汽车专用清洗剂和碱性小的肥皂，不能用去污粉和洗衣粉等碱性大的洗涤用品，否则在洗掉灰尘的同时会加速油漆表面老化，使车辆失去光泽。注意雨后及时擦车，城市空气污染，车辆被雨淋湿后，如不及时将雨水擦掉，当车辆被强烈阳光照射时，很易出现斑点，并且使表面光泽度下降。所以，应及时将雨水擦净。

2. 注意塑料件的清洁方法

现代汽车外观使用塑料件的很多。对上了油漆的塑料件，更要使用较好的清洗剂；上蜡时不能过重，防止穿透油漆，露出底色。

3. 注意镀光金属件的维护

对镀光金属件，清洗时应使用炭精清洁剂，不能使用硬质器具刮除脏物。镀光件也应定期上蜡，以保护镀层不被氧化。

4. 注意防锈

汽车油漆和电镀的部件一般都具有良好的防锈能力，但是车体上的焊点、接缝以及受过擦伤的部位则容易生锈。因此，车辆在使用一段时间后，应该进行必要的防锈处理。要定期检查排水口，保持其畅通。对于底盘，要视其情况及时进行油漆防护。

二、轮胎的维护及正确使用

轮胎的作用是最终将动力转变成速度，轮胎只有保持"精力充沛"，才能更好地发挥它的作用。轮胎是汽车接触地面的唯一部件，车辆的操控性能、乘坐者的舒适性、车辆行驶的安全性等诸多因素都会体现在轮胎上，使用"精力充沛"、状况良好的轮胎会增加车主的驾驶乐趣，同时也会使车主得到良好的安全保障。只有对轮胎爱护有加，合理地驾驶车辆，才能使轮胎保持良好的运行状况。维护及正确使用轮胎应该注意以下一些事项：

1. 保持正确的轮胎气压

行驶时应保持正确的轮胎气压。通常前轮、后轮、备胎的气压标准是有可能不一样的，要严格遵循汽车制造商所提供的车辆使用手册中的轮胎气压数据。通常轮胎气压也会在车辆门柱等部位用标签标出。在车辆使用中，应至少每个月检查一次所有轮胎（包括备胎）的气压。检测轮胎气压要在轮胎冷却情况下进行，也就是要在汽车停驶一段时间后进行。

2. 经常检查轮胎状况

经常检查轮胎，及早发现轮胎是否有鼓包、裂缝、割伤、扎钉、气门嘴橡胶老化和不正常的轮胎磨损等情况。特别应注意检查轮胎胎面及轮胎边缘的磨损，因为这有可能是定位不良或轮胎气压不正常情况下行驶造成的，而停车时造成的剐蹭也会使胎侧产生不正常的磨损。如果发现上述任何一种情况的损坏，必须请专业人士检查轮胎。长期在不正确胎压下行驶，不仅会造成轮胎早期磨损，还会影响车辆的驾驶性能，如胎压低会使燃油消耗增加，胎压过高会危害车辆的底盘系统。驾驶过程中应防止油、酸、碳氢化合物侵蚀轮胎。

3. 轮胎磨损到磨损指示标志时应停止使用

在胎面花纹沟槽深度 1.6mm 位置处有磨损指示标志，当轮胎磨损至此标志时，必须予以更换。使用超过磨损指示标志的轮胎是危险的，特别是在湿地行驶时，因为此时轮胎的排水性能已经大大降低了。

4. 车轮定位和动平衡有利于保证轮胎的安全和延长轮胎的寿命

如果车辆轮胎磨损不均匀，如轮胎胎肩磨损快于胎面其余部分，或者如果发觉行驶过程中存在过度抖动，那么车辆可能是定位不良或不平衡。这些情况不仅会缩短轮胎寿命，而且会影响车辆的操控性能，可能出现危险。因此，如果发现轮胎不规则磨损或抖动，应马上检查车辆定位和动平衡。

5. 轮胎调位

为了获得最佳的轮胎磨损状况，轮胎调位是必需的。可参考车辆制造商提供的使用手册进行轮胎调位。通常轮胎制造商建议每 8000～10000km 对轮胎调位一次。在每个月检查轮胎时，如果发现轮胎有不规则磨损，应该提早调位（即使行驶不足 8000km），并及时检查车轮定位和平衡，查明导致轮胎不规则磨损的原因。当对有方向性花纹的轮胎调位时，应观察轮胎胎侧箭头指示方向，该箭头指示轮胎应该旋转的方向，注意保持轮胎的旋转方向正确。

6. 高速行驶前警惕轮胎状况

在高速行驶时，即使轮胎压力正确，轮胎遭到道路异物伤害的概率比低速行驶时更大。轮胎可能撞击坑洞或其他外界异物，导致轮胎在冲击物与轮圈凸缘间产生严重的挤压变形，可造成帘子布断裂，轮胎内部的空气则从断裂处顶起形成鼓包。如发生这样的情况，应及时更换鼓包轮胎。使用损伤的轮胎不但会导致轮胎的加速毁坏，还会造成行车安全隐患。而且，在高速情况下，轮胎内的温度和压力成非线性增长，爆胎的概率会大大增加。因此，驾驶时，车速不应超过驾驶条件要求和法律限制的合理速度，在转弯时保持合理的车速，当遇到前方有坑洞等障碍物时应减速慢行，并尽量绕行。

三、制动系统的维护

制动液的作用是将车主的制动力量传输到汽车制动器上。如果制动液变脏（由于制动液在制动管来回运动，制动总泵与分泵的金属粉末会渗到制动液里，一段时间后，就会产生油泥等杂质），黏度增大，就会直接影响车辆的制动力，具体表现为车主感觉制动过"软"。因此，每行驶 2～4 万 km，车主就必须更换一次制动液。

1. 注意制动片磨损不均

制动系统中需要定期关注的部分除了制动液外，还有易损件——制动片。车辆在行驶过程中，道路上的沙石经常被卷入制动系统，高速冲击制动片，引起制动片磨损不均匀。具体表现为：如果磨损不均匀发生在前轮，驾驶人在制动时，车辆会发生抖动现象；如果发生在后轮，驾驶人在制动时则感觉制动力量不足，系统反应迟钝。因此，车主应该定期检查制动片的磨损程度，厚度是否达到安全标准，表面是否均匀。

2. 改掉不良的驾驶习惯

驾驶人特别是一些新手的不良驾驶习惯会加速制动系统的损耗。例如制动后，仍然将脚放在制动踏板上，而不去拉驻车制动，此时，制动总泵长时间处于一种高压状态，总泵皮碗与活塞之间磨损加大，从而导致泄压，影响车辆的制动性能。

四、自动变速器的维护

自动变速器是一个非常精密的总成，其结构相当复杂，因此一旦发生故障，维修起来十分麻烦。自动变速器内注入的是一种称为 ATF 的润滑油，其作用除了润滑降温，更主要的是通过油的流动传递转矩，也就是传递发动机和变速器之间的动力。ATF 的工作温度一般在140℃左右，因此对其质量的要求很高，并且必须保持清洁。

如果自动变速器中的 ATF 脏了会出现什么后果呢？首先，ATF 的抗磨效果降低，从而大大影响各部件的寿命；其次，变脏的 ATF 中的油泥积炭会加大各摩擦片和各部件的磨损，而且还影响系统油压，使动力传递受到影响；最后，变脏的 ATF 中的油泥积炭会使各阀体油管中的油流动不畅，油压受影响，从而使自动变速器提速慢或失速，严重时还会使某个档位无油压，导致"烧片"，动力无法传递。

传统的自动变速器维护方式是：拆自动变速器油底螺钉，放油，换油。但这样做最多能换出 30% 的油，而 70% 的脏油仍残留在变速器中，新油加入后很快就被污染。如果采用自动变速器清洗维护设备，不仅换油彻底，达到 100%，而且利用设备特有的流速、压力，能完全清洗自动变速器内的油泥积炭。如果坚持 4 万 km 对自动变速器进行清洗维护，可以使自动变速器长期保持最佳的工作状态。

五、润滑油的选择

如果说各种燃油是汽车的"食物"，是汽车产生动力的源泉，那么，润滑油则是汽车的血液，是汽车动力装置清污、降温、润滑的"卫士"。润滑油会润滑发动机的各个运动部件，清洁发动机，使发动机保持在非常良好的状态下工作。润滑油的黏性可以保证发动机足够的密封，以及使发动机维持正常的缸压。发动机所有的磨损，都可以通过润滑油来减轻。现在市场上润滑油品种繁多，性能良莠不齐，怎样选择一种适合的润滑油非常重要。在选择润滑油时，一是要注意润滑油的黏度，二是注意润滑油的性能等级，这两个方面是非常重要的。

在黏度方面，应该尽量选用一些黏度比较低的润滑油，因为黏度低，发动机润滑油可以有良好的流动性能和清洁性能，而且使发动机冷起动比较快一些；在油耗方面，低黏度的润滑油对节省油耗有一定的帮助。在性能等级方面，应该选用一些性能等级比较高的润滑油，如市场上的一些 SC 级、SH 级以及 SCA 级油品。

实际上，应根据具体情况进行分析，根据车的型号、车的性能选择润滑油。例如，嘉实多的新豪华润滑油是一种矿物性基础油，在性能等级方面也是最高的，可适用于大部分国产轿车，如捷达、桑塔纳等。

一些新款的国产轿车，其发动机性能比较高，可以选择嘉实多的磁护润滑油，因为这种油具有独特的分子吸附作用，可以给发动机最好的冷起动保护，使发动机保持良好的状况，如广州本田、上海通用、奥迪 A6 用这款产品就非常适合。除了选择一个好的油品之外，还有一点非常重要，那就是注意定期维护，无论使用如何好的油品，都必须定期检查润滑油，定期更换润滑油。

六、汽车空调的维护

由于工作环境复杂，相对于家用空调，汽车空调更需要"关怀"。

1. 检查压缩机传动带

如果传动带表面与带轮槽接触侧面光亮，并且起动空调时有"吱吱"的噪声，说明传动带打滑严重，应更换传动带和带轮；如果传动带过松，应给予调整，否则易使空调系统制冷不良。注意检查空调系统软管接头是否有油迹，如发现渗漏，应及时去维修处解决。

2. 清洁冷凝器

汽车冷凝器表面的清洁便于使热量散发到外界，所以定期清洁冷凝器表面，可大大提高空调系统的制冷效果。

3. 检查制冷剂液面高度

利用干燥器的观察窗，可以检查制冷剂液面高度。玻璃窥视孔通常安装在干燥器的盖子上面，运转发动机和空调系统，透过玻璃窥视孔观察制冷剂的流动情况。如果空调机工作正常，可看到清澈的冷冻液在不停地流动，并且在高温时还偶尔夹带着些小气泡，在关掉空调系统时能够看见小的气泡。

4. 冷冻剂要充足

可通过感觉干燥器的入口管路和出口管路之间的温度差来估量冷冻剂是否充足，或者通过歧管压力表进行检测。当然，这些工作需要由维修站来做。

七、汽车磨合期的用车常识

一般来讲，新车的轮胎必须经过200km以上的行驶摩擦才能达到最佳附着力；制动片必须经过400km以上的行驶，才能达到理想的摩擦力，全车各部位的运动摩擦件需经过1000km以上的磨合，才能建立起良好的配合关系。新车零件表面平整度、承载面积、配合关系都不具备设计的理想程度，特别是汽车的心脏——发动机，发动机总成的机、电、油、水、气各系统工况没有达到最佳综合平衡，这些过渡都称为新车磨合期。

磨合期应注意事项如下：

1）行驶宜慢不宜快。新车速度应控制在60~80km/h。

2）冷起动时要预热汽车。冷起动时最好应使表指针预热到刻度线中间，冷却液温度达到40℃以上，再缓缓起步上路。

3）要避免满载超载。满载或超载对新车机件损害都很大，必须按车型的载重规定减载，以不超过规定载重量的70%为宜。

4）紧急制动行不通。紧急制动（图1-23）是不良的驾驶习惯，特别对新车的发动机、制动系统和底盘的冲击损伤很大。行车中应提前处理情况，减速减档；如确实有突发情况需要紧急制动，也应先踩下离合器踏板，以减少发动机的冲击损伤。

5）例行检查要记住。新车一定要坚持例行检查，提前发现和排除问题，以防后患。一要检查油、水、气（润滑油、制动液、蓄电池、冷却液、轮胎气），一旦发现缺少应及时补充，发现跑、冒、滴、漏时应及时检修；二要检查汽车各部位有无不正常的响声，发现异响及时检修；三要检查汽车仪表盘，行驶中发现警告灯亮或电脑有提示，应及时检修。

图1-23 紧急制动

八、汽车节油小常识

众所周知，油耗高低很大程度上与驾驶人的操作方法、使用环境、修理维护质量等有直接的联系。同样的一辆车，由不同的驾驶人驾驶，由于其驾驶技术水平不同，耗油量可相差8%~15%。一辆汽车能否节油，除了与驾驶人的驾驶习惯有关外，汽车本身技术状况的好坏也是节油的关键，而技术状况的好坏与车辆的维护有着直接的关系。驾驶人在平时的驾车生活中，一定要养成定期维护爱车的习惯。

1. 维护空气滤清器

空气滤清器的作用是净化进入气缸内的空气，如果燃油超过标准或太脏，都会阻碍空气畅通，从而造成燃油消耗增加。试验证明，如燃油太脏、油面太高会增耗燃油20%以上。

2. 清除积炭

燃烧室的积炭增多后，容易引起可燃混合气的自燃，造成功率下降，如果积炭过多，会增耗燃油8%左右。

3. 维护消声器

消声器阻碍废气的排出，消耗部分功率。如果消声器破裂损坏，则会进一步阻碍废气的排除畅通，增加油耗。

4. 检查火花塞

火花塞是将高压电引进发动机的气缸内，在电极间产生火花，点燃混合气。试验证明：一只火花塞不工作，要多消耗燃油25%；两只火花塞不工作就要多消耗燃油60%以上。另外，火花塞间隙的大小、积炭的多少等都对功率和耗油有直接的影响。

5. 调整胎压

轮胎在按标准充气后，经过一段时间会自然消耗一部分，而轮胎气压的下降，对行驶阻力、轮胎的使用寿命及燃油的消耗有较大的影响。

6. 保证制动性能

良好的制动装置可以提高汽车行驶的平均速度和运输效率，如果制动性能不好，就难以保证行车安全，并且影响发动机燃油的消耗量。由此可见，每个驾驶人需要有一个良好的驾驶习惯，在合理的发动机转速下换档，无论是手动档汽车还是自动档汽车，都应减少急加速；在高速公路上稳住加速踏板，用较低的发动机转速来维持车速，合理地延长滑行距离，将会极大提高燃油的经济性。

课题四　汽车售后服务管理软件操作

汽车品牌企业对于庞大的销售网络进行管理时，通常使用汽车经销店管理系统（Dealer Management System，DMS）。在汽车专营店或经销店以及部分汽车维修服务站，通过DMS操作进行各板块业务管理，不仅涵盖了针对4S店的整车销售、零配件仓库、售后维修服务（含车间管理）、客户服务等，而且在主机厂与经销商之间能成功搭建一个互动交流的信息桥梁，全面满足经销商对汽车销售、维修服务、配件供应、信息反馈、客户关系等业务的信息化管理。

图1-24所示为DMS的主要模块，这些模块越来越紧密地联系在一起。例如整车销售和售后服务使用统一的客户资料和车辆资料；零配件管理和售后服务使用统一的零部件资料；并且售后系统会向零配件系统发出订单。信息交流包括整车、零配件、售后与技术等方面的信息。客户关系管理和整车销售、售后服务、技术支持具有密切的关系。其中，数据交换模块的主要功能是实现主机厂和经销商之间的数据交换。DMS能使经销商及时掌握市场变化，提高信息交流的时效性，压缩中间运营成本，减少资源浪费，最大

限度地保证在有限的投入下，实现用户的商业目标。全球知名的 DMS 软件供应商有：ADP 经销商服务、英科迪、沃尔沃 IT；国内比较有名的 DMS 软件供应商有启明信息技术服份有限公司、深圳优凯科技有限公司、北京西讯计算机有限公司等。目前各汽车品牌有自主选择的软件开发合作企业，并自行对员工进行操作培训，本单元将以某公司开发的汽车营销实训系统软件为例，讲解 DMS 的部分功能。

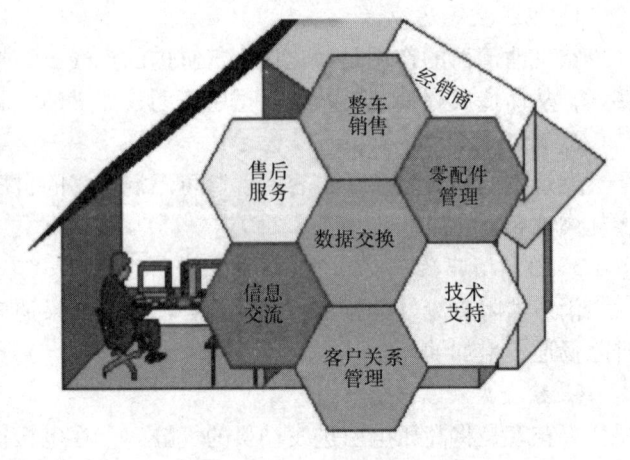

本软件的设计思想是立足于提升汽车企业的管理效率，归纳并优化汽车行业企业的管理流程。本软件主要包括整车销售管理系统、维修服务管理系统、配件销售管理系统、财务管

图 1-24　DMS 主要功能模块

理系统、员工管理系统、考核系统、数据库管理系统、案例教学系统等 8 大系统。本软件主要用于汽车行业初学者，通过软件加强汽车专业人才对汽车行业各个业务环节流程的理解和实际动手操作能力，真正缩短理论教学与实际业务的距离。汽车营销实训软件具有广泛的代表性和通用性。本单元仅针对维修服务顾问在接待维修车辆过程中所涉及的维修服务管理系统功能做简单描述。

汽车营销实训软件结合汽车维修服务系统流程优化设计如图 1-25 所示，包括预约管理、前台接待、车间作业、结算、出厂以及客户档案管理，业务清晰可控，便于分工协作，操作便捷。通过软件应用，可大幅度提升经销店业务处理能力，提高其经营管理水平，提升客户满意度。

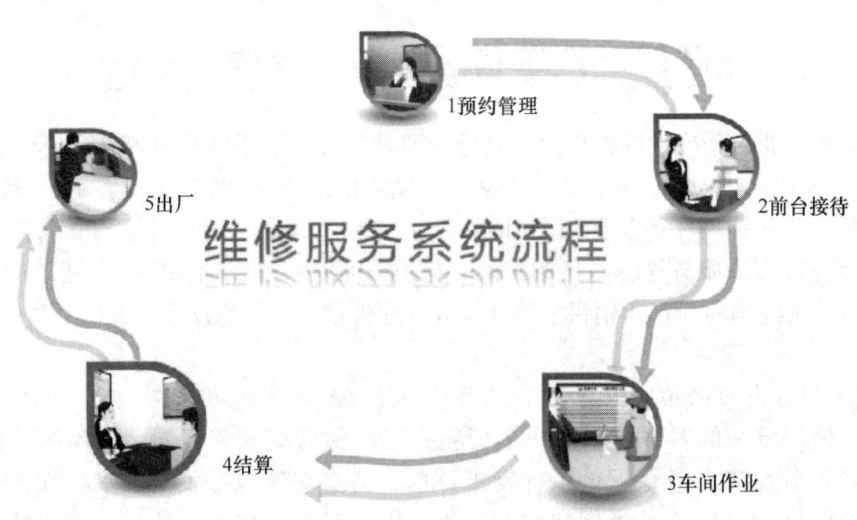

图 1-25　维修服务系统流程示意图

单元一 维护车辆的接待服务

一、预约管理功能操作简介

1. 功能介绍

预约管理功能方便客户进行维修维护的预约，便于维修企业对客户进行预约管理，减少客户的等待时间，同时提升维修的效率。

2. 操作对象

服务顾问具有该操作权限，在工作时间，可以随时操作预约管理页面，每项操作完成之后系统自动保存。部分汽车维修企业的服务顾问助理也可具有此操作权限。

3. 操作步骤

1）单击【维修服务系统】—【预约管理】，进入该页面，即可进行预约维修项目登记、预约配件管理并可显示预约维修列表。

2）输入客户基本信息。如果是老客户，输入车牌照以后，系统会自动显示该客户的基本信息；如果是新客户，需要填写客户基本信息，系统自动保存客户信息，方便客户下次维修。图 1-26 所示为预约管理操作主页面。

图 1-26　预约管理操作主页面

3）单击【提交】按钮，系统弹出维修项目对话框（图 1-27），选择要维修的项目。

图 1-27　预约管理维修项目对话框

4）单击【提交】按钮（图1-26），系统弹出预约配件对话框，如图1-28所示，选择要预约的配件，然后单击【提交】按钮。

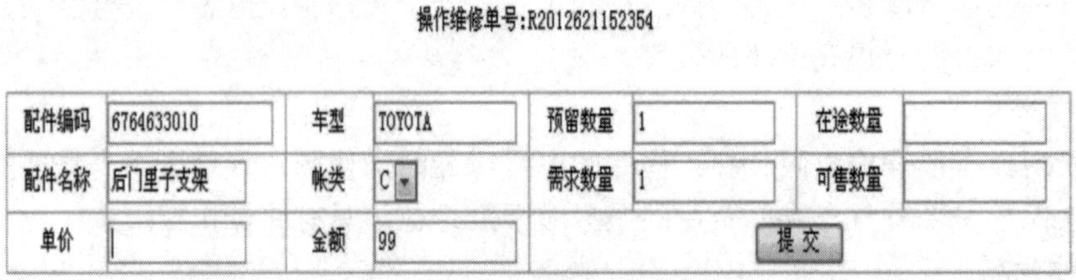

图 1-28　预约配件对话框示意图

二、前台接待功能操作简介

1. 功能介绍

服务顾问在前台接待前来维修/维护汽车的客户，利用此系统详细记录客户及车辆的信息、环车检查时的车辆状况、选择维修项目及所需的维修配件。

2. 操作对象

服务顾问具有该操作权限，在工作时间，可以随时操作该系统的工作页面，每项操作完成之后系统会自动保存。

3. 操作步骤

1）单击【维修服务系统】—【前台接待】，进入该页面。

2）输入客户基本信息。如果是老客户，输入车牌照以后，系统会自动显示该客户的基本信息；如果是新客户，需要填写客户基本信息，系统自动保存客户信息，方便客户下次维修。图1-29所示为前台接待操作界面。

3）单击【提交】按钮，系统弹出维修项目对话框（图1-30），选择要维修的项目。如果是预约客户，则显示已预约的维修项目，并显示客账工时、标准工时以及预计工时金额。

4）单击【提交】按钮，系统弹出维修配件对话框，选择要预约的配件，然后单击【提交】按钮，如图1-31所示。

三、车间作业功能操作简介

1. 功能介绍

车间作业功能主要用于车间派工作业的安排与管理，可设置开工时间、完工时间、检查合格及返工的车辆维修的作业状况，使车间作业更加有序化。

2. 操作对象

服务顾问具有该操作权限，在工作时间，可以随时操作该系统的工作页面，每项工作完成之后系统会自动保存。车间主管及维修技师也可进入该页面进行车辆开工及完工时间的操作。

3. 操作步骤

1）单击【维修服务系统】—【车间作业】，进入该页面，包括车间作业列表及车间作业设置两个模块。

2）车间作业列表显示所有待修的车辆的信息记录，如图1-32所示。

3）进入车间作业设置界面之后，填写维修项目，然后单击【提交】按钮（图1-33），车辆状态更改为已派工。

单元一 维护车辆的接待服务

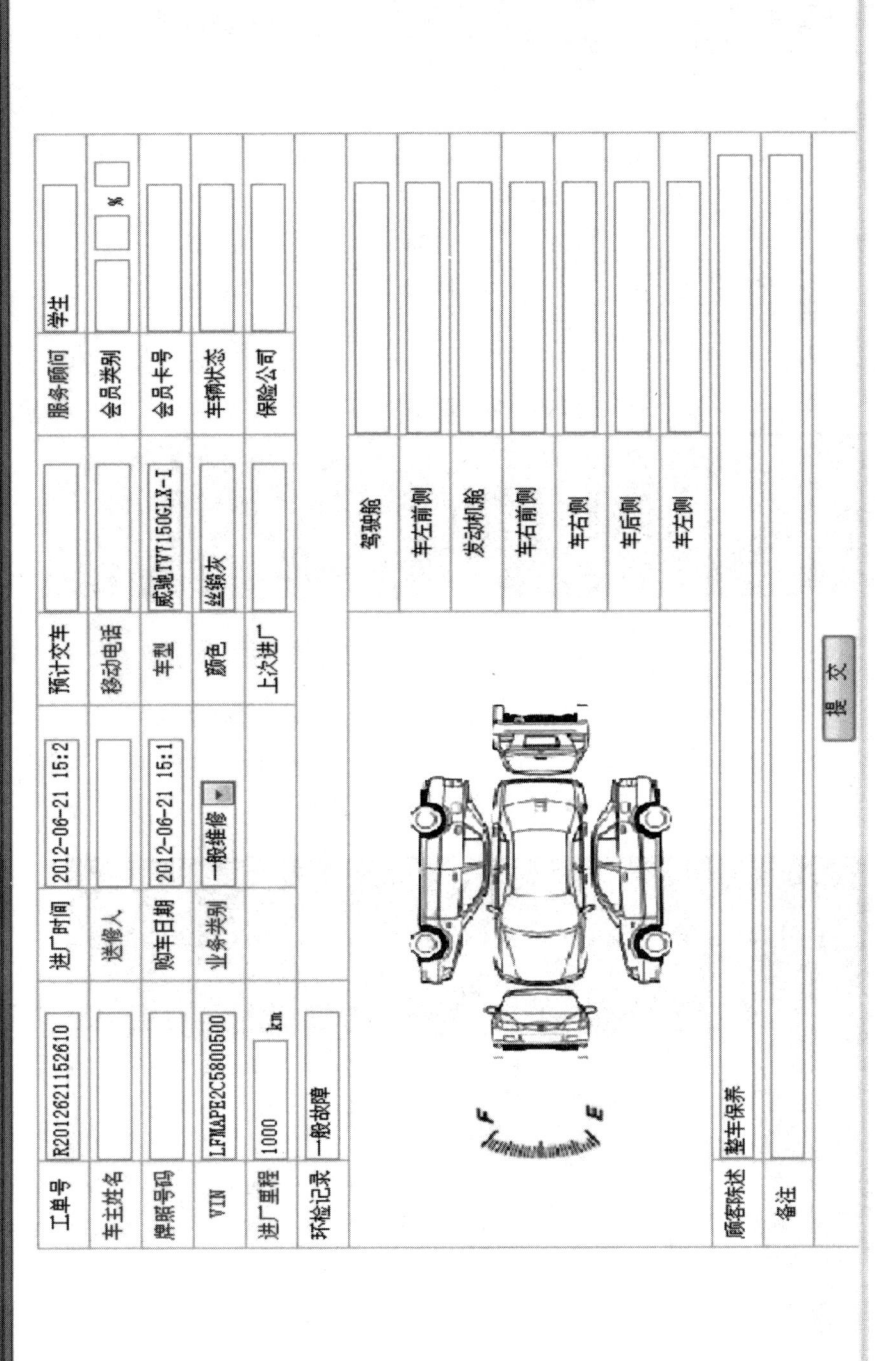

图1-29 前台接待操作界面

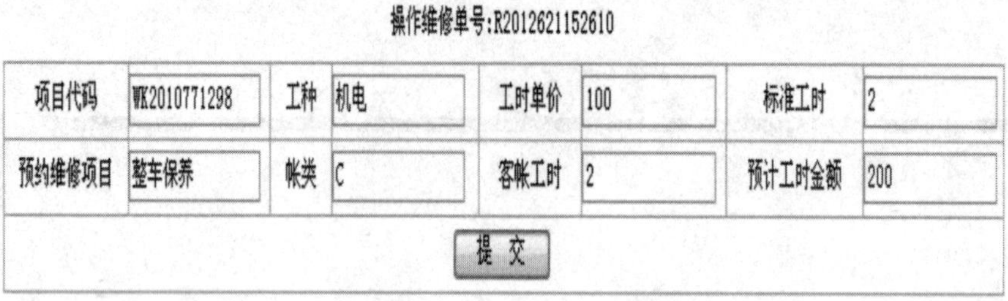

图 1-30 前台接待维修项目对话框

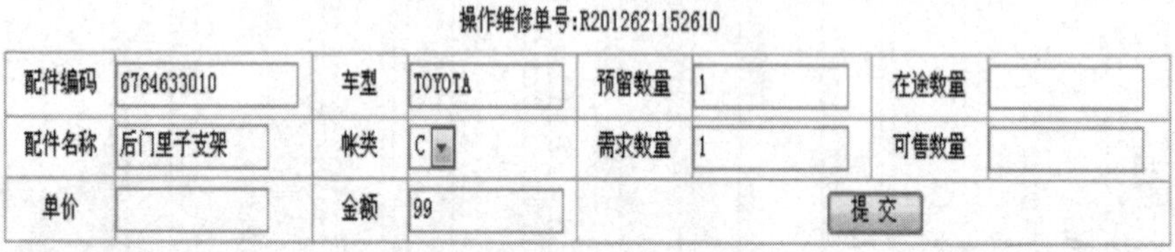

图 1-31 维修配件对话框

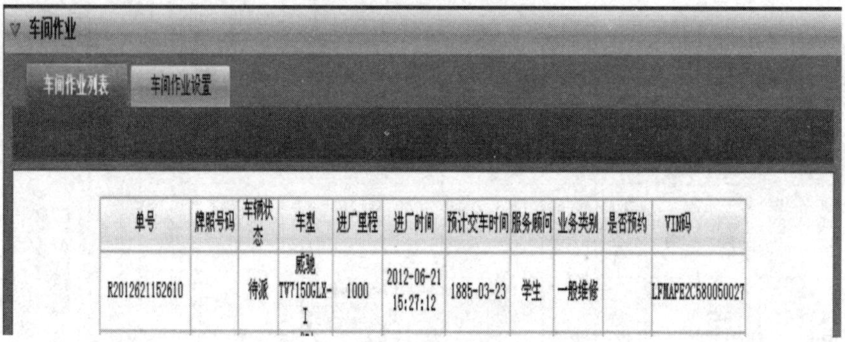

图 1-32 待修的车辆信息示意图

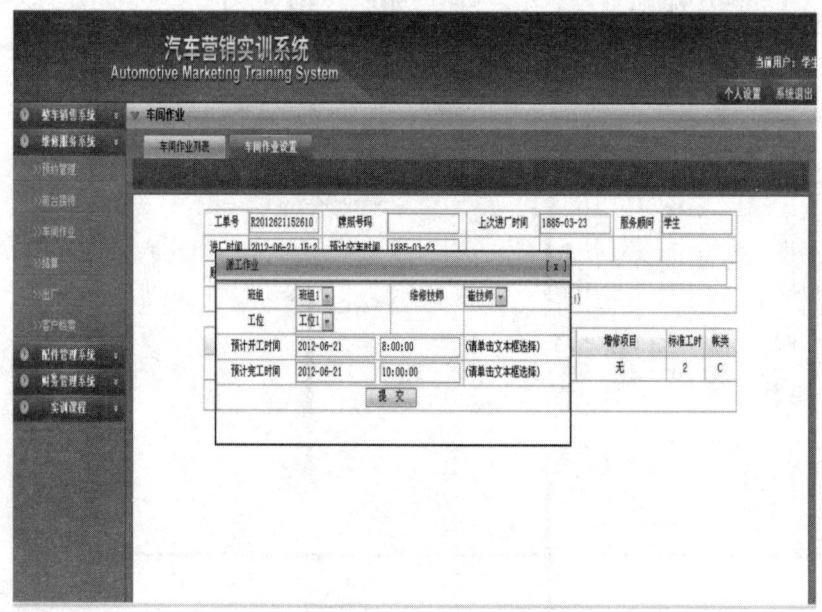

图 1-33 车间派工操作界面示意图

4）单击【维修项目】，弹出【派工作业】对话框，填入开工时间，然后单击【提交】按钮，如图1-34所示。

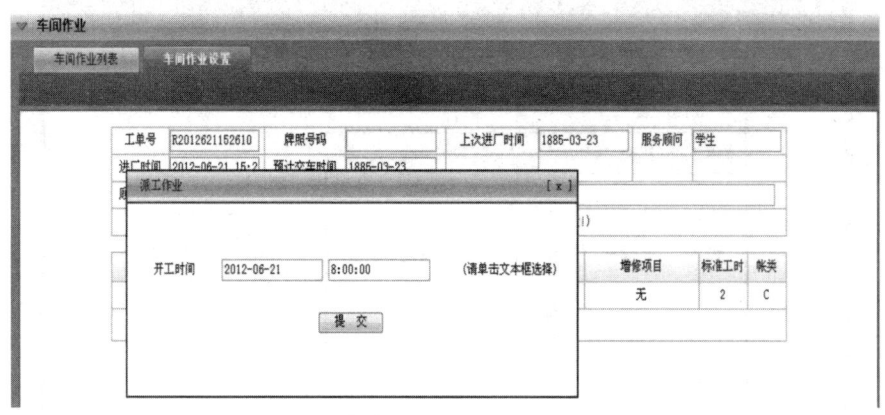

图1-34 【派工作业】对话框

5）单击【配件管理系统】—【领料出库】，弹出【领料出库管理】页面，在【工单列表】对话框选择维修工单，然后单击【提交】按钮，如图1-35所示。

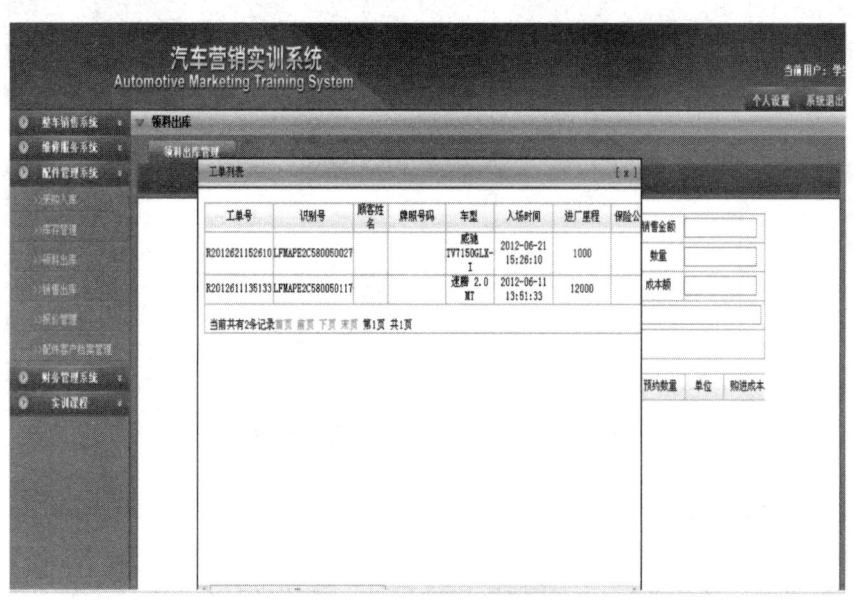

图1-35 【工单列表】对话框

6）单击【维修服务系统】—【车间作业】—【车间作业设置】，选择维修工单号，然后在【派工作业】对话框中填写完工时间，单击【提交】按钮，表示此时车辆维修项目已完工，如图1-36所示。

7）单击【维修服务系统】—【车间作业】，选择维修工单，在弹出的【派工作业】对话框中单击【检验合格】按钮，如图1-37所示。此时车辆状态为竣工。

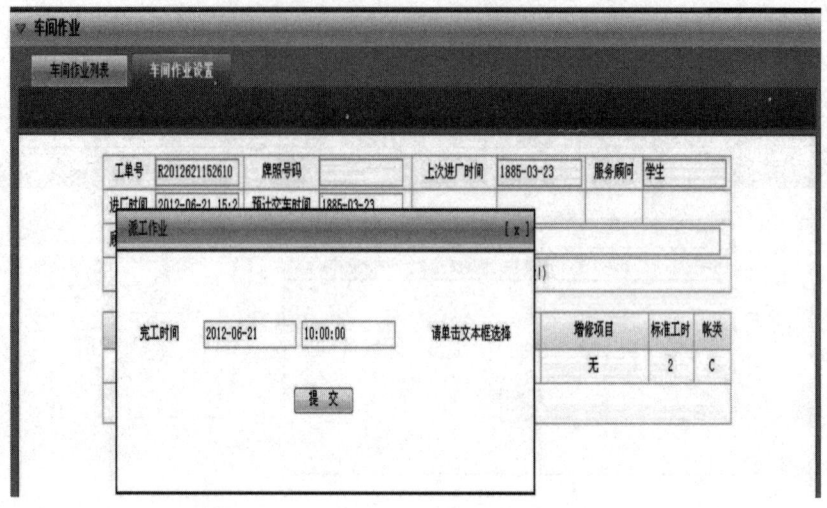

图1-36 【派工作业】对话框中提交完工时间

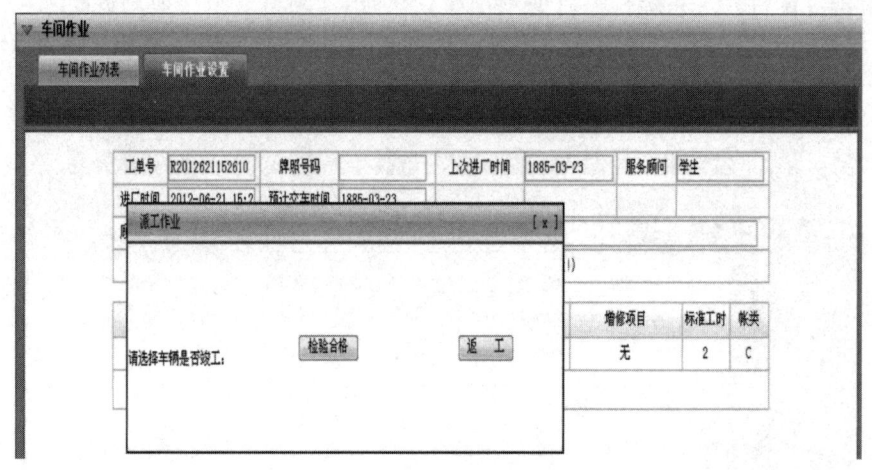

图1-37 【派工作业】竣工对话框

四、结算功能操作简介

1. 功能介绍

结算功能主要是显示客户车辆的结算详细信息,以及显示客户车辆维修是否结算的状态,并可以打印结算单。

2. 操作对象

服务顾问具有该操作权限,在工作时间,其可以随时操作该系统的工作页面,每项操作完成之后系统会自动保存。

3. 操作步骤

1）单击【维修服务系统】—【结算】,进入该页面,包括结算列表及结算详细信息,如图1-38 所示。

单元一 维护车辆的接待服务

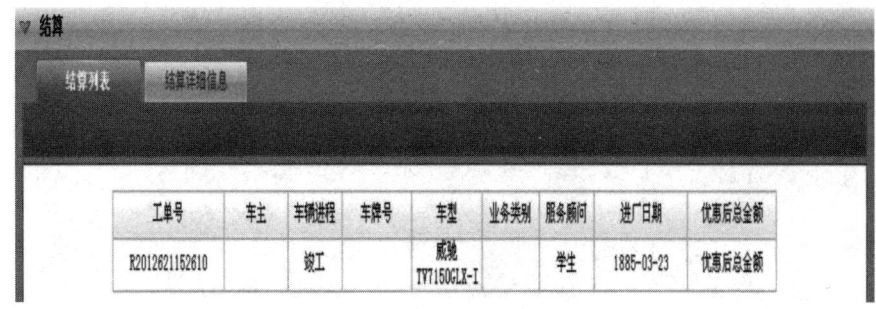

图1-38 结算操作页面

2) 结算列表显示所有竣工车辆信息记录。

3) 单击【结算打印】按钮可以打印出维修结算单。单击【结算】按钮，完成车辆结算流程如图1-39所示。

图1-39 结算单打印界面示意图

五、出厂功能操作简介

1. 功能介绍

此功能在车辆完成结算之后，打印维修结算单，服务顾问陪同客户到收银台进行维修收银。服务顾问可进行"出厂"流程的系统操作，以加强企业对客户车辆安全管理。

2. 操作对象

服务顾问具有该操作权限，在工作时间，其可以随时操作该系统的工作页面，每项操作完成之后系统会自动保存。

3. 操作步骤

1) 单击【财务管理系统】—【维修服务收银】，进入该页面。

2) 系统自动显示所有结算车辆信息记录。

3) 单击【维修收银】按钮，进行维修收银操作。

4）单击【维修服务系统】—【出厂】，进入该页面。单击【出厂】按钮，完成车辆出厂操作（图1-40）。

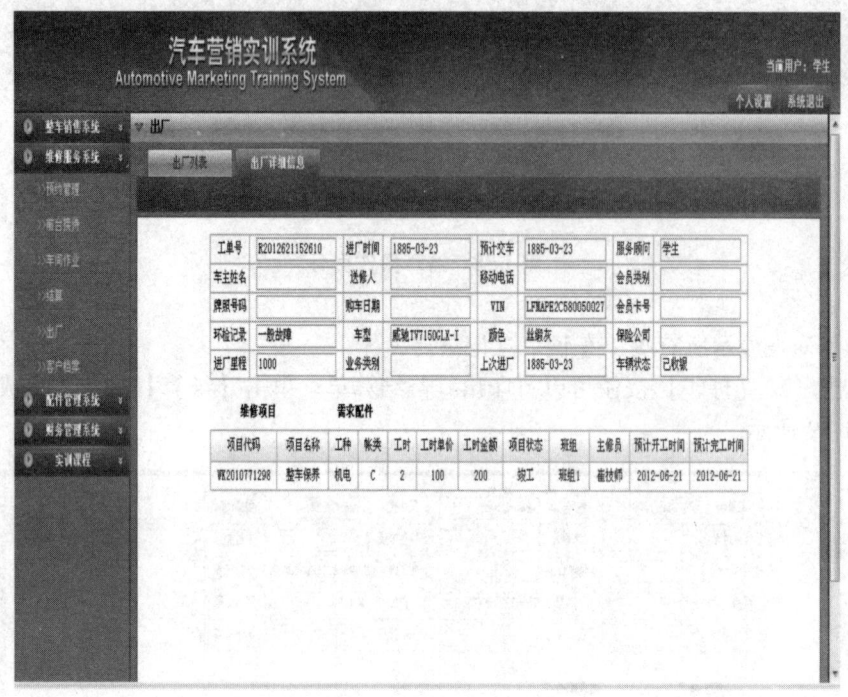

图1-40　出厂对话界面示意图

管理视角　"5S"生产现场管理与可视化管理

1．"5S"的含义

□"5S"指整理（Seiri）、整顿（Seiton）、清扫（Seiso）、清洁（Seiketsu）、素养（Shitsuke）五个项目，因日语的罗马拼音均为"S"开头，所以简称"5S"。

□"5S"起源于日本，是指在生产现场中对人员、机器、材料、方法等生产要素进行有效的管理，这是日本企业独特的一种管理办法。"5S"广泛应用于制造业、服务业等，是一种改善现场环境的质量和员工的思维方法，主要是针对制造业生产现场，对材料、设备、人员等生产要素开展相应活动，故称之为"现场管理"，如图1-41所示。

□根据企业进一步发展的需要，有的企业在"5S"的基础上增加了安全（Safety），形成"6S"；有的企业再增加节约（Save），形成"7S"；还有的企业加上了习惯化（Shiukanka）、服务（Service）和坚持（shitukoku），形成"10S"；有的企业甚至推行"12S"。但是万变不离其宗，它们都是从"5S"衍生出来的。例如在整理中要求清除无用的东西或物品，这在某些意义上来说，涉及节约和安全。更具体的如横在安全通道中无用的垃圾，这就是安全应该关注的内容。

单元一 维护车辆的接待服务

图1-41 "5S"管理示意图

"5S"的内容

□整理（Seiri）：区分要与不要的物品，现场只保留必需的物品。

□5S现场管理中"整理"的操作要点如下：

①改善和增加作业面积。②现场无杂物，行道通畅，提高工作效率。③减少磕碰的机会，保障安全，提高质量。④消除管理上的混放、混料等差错事故。⑤有利于减少库存量，节约资金。⑥改变作风，提高工作情绪。

□"整理"的意义：把要与不要的事、物分开并加以处理，对生产现场的现实摆放和停滞的各种物品进行分类，区分什么是现场必需品；其次，对于现场不需要的物品，如用剩的材料、多余的半成品、切下的料头、切屑、垃圾、废品、多余的工具、报废的设备、工人的个人生活用品等，要坚决清理出生产现场，这项工作的重点在于坚决把现场不需要的东西清理掉。对于车间里各个工位或设备的前后、通道左右、厂房上下、工具箱内外，以及车间的各个死角，都要彻底搜寻和清理，达到现场无不用之物。

□整顿（Seiton）：必需品依规定定位、定方法摆放整齐有序，明确标识。

□"整顿"的意义：把需要的事、物加以定量、定位。通过前一步整理后，对生产现场需要留下的物品进行科学合理的布置和摆放，以便用最快的速度取得所需之物，在最有效的规章、制度和最简捷的流程下完成作业。

□"5S"现场管理"整顿"的操作要点：不浪费时间寻找物品，提高工作效率和产品质量，保障生产安全。

①物品摆放要有固定的地点和区域，如图1-42所示，以便寻找，消除因混乱放置而造成的差错。

图1-42 物品摆放的地点和区域固定

②物品摆放地点要科学合理。例如,根据物品使用的频率,经常使用的东西应放得近些(如放在作业区内),偶尔使用或不常使用的东西则应放得远些(如集中放在车间某处)。

③物品摆放"可视化管理",使定量装载的物品做到过目知数,摆放不同物品的区域采用不同的色彩和标记加以区别。

□清扫(Seiso):清除现场内的脏污,清除作业区域的物料垃圾。

□"5S"现场管理"清扫"的操作要点:清除"脏污",保持现场干净、明亮。

①自己使用的物品如设备、工具等,要自己清扫,而不要依赖他人,不增加专门的清扫工。

②对设备的清扫,着眼于对设备的维护。清扫设备要同时做设备的润滑工作,清扫也是维护。

③清扫也是为了改善。当清扫地面发现有飞屑和油、水泄漏时,要查明原因,并采取措施,加以改进。

□"清扫"的意义:将工作场所的污垢去除,使异常的发生源很容易发现,是实施自主维护的第一步,主要是在于提高设备移动率。

□清洁(Seiketsu):将整理、整顿、清扫实施的做法制度化、规范化,维持其成果。

□"5S"现场管理"清洁"的操作要点:认真维护并坚持整理、整顿、清扫的效果,使其保持最佳状态。

①车间环境不仅要整齐,而且要做到清洁卫生,保证工人身体健康,提高工人劳动热情。

②不仅物品要清洁,而且工人本身也要做到清洁,如工作服要清洁,仪表要整洁,及时理发、刮须、修指甲、洗澡等。

③工人不仅要做到形体上的清洁,而且要做到精神上的"清",待人礼貌,要尊重别人。

④要使环境不受污染,进一步消除浑浊的空气、粉尘、噪声和污染源,消灭职业病。

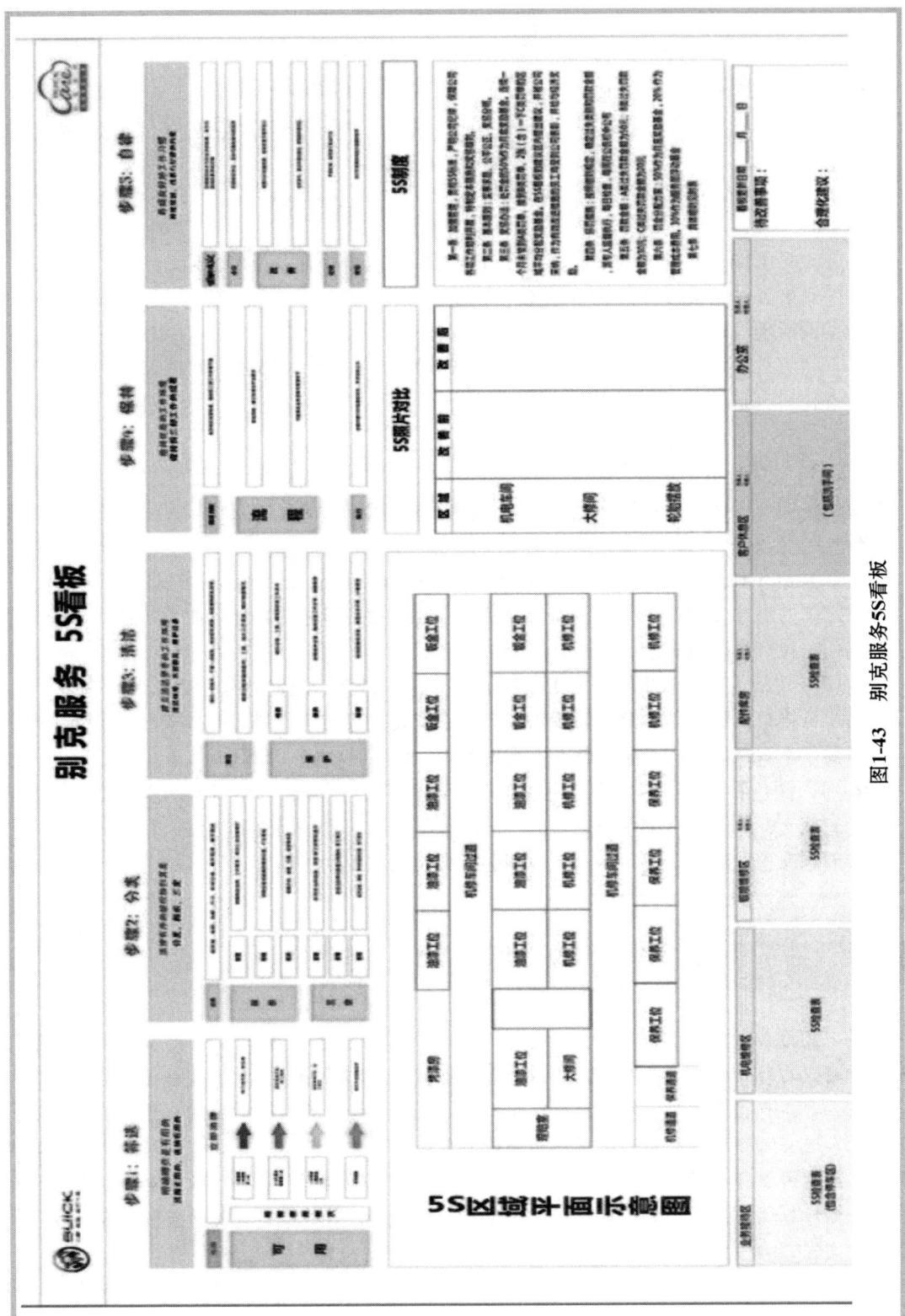

图1-43 别克服务5S看板

□ "清洁"的意义：通过对整理、整顿、清扫活动的坚持与深入，从而消除发生安全事故的根源。创造一个良好的工作环境，使职工能愉快地工作。

□ 素养（Shitsuke）：人人按章操作、依规行事，养成良好的习惯，使每个人都成为有教养的人。

□ "5S"现场管理"素养"的操作要点：提升"人的品质"，培养对任何工作都讲究认真的人。

① 现场工作人员统一服装、标识，遵守礼仪规范，提升人员的素质。

② 开展各种精神提升活动（晨会、礼貌运动等）训练，针对新进人员强化"5S"教育实践活动。

□ "素养"的意义：努力提高人员的自身修养，使人员养成严格遵守规章制度的习惯和作风，是"5S"活动的核心。

2. "5S"现场管理的方法

（1）定点照相　定点照相就是对同一地点，面对同一方向，进行持续性的照相。其目的是把现场不合理现象，包括对作业、设备、流程与工作方法予以定点拍摄，并且进行连续性改善的一种手法。

（2）红单作战　使用红牌子工作人员能一眼看到工厂的缺点在哪里的整理方式，而贴红单的对象，包括库存、机器、设备及空间，使各级主管都能一眼看出什么东西是必需的，什么东西是多余的。

（3）看板管理　看板管理使工作现场人员能一眼就知道何处有什么东西，有多少。同时也可将整体管理的内容、流程以及订货、交货日程与工作排程制作成看板，使工作人员易于了解，以进行必要的作业。图1-43所示为别克服务5S看板。

（4）颜色管理　颜色管理是运用工作者对色彩的分辨能力和特有的联想力，将复杂的管理问题简化成不同色彩，区分不同的程度，以直觉与目视的方法，呈现问题的本质和问题改善的情况，使每一个人对问题有相同的认识和了解。

互动案例　孙小武与B车型的故事

孙小武的车从A车型更新到B车型已经有一年多了。虽然他知道预约维护是一种节约时间和省钱的好方法，但是因自己从事销售工作，出差比较频繁，以至于对是否能够如约到店存在担心，一直未进行预约维护。前几天孙小武又接到了经销商的预约短信，告知自己应该将爱车送去做例行维护了，希望他能够提前来电，预约好入店时间，以便得到更优质的服务。而此时由于孙小武换了一份新工作，改做白领，生活和工作变得十分规律。于是，孙小武一个电话打过去，与工作人员约好第二天10:15到店，并被告知此次维护费用合计875元整，时间在2h之内。

公司每周六的管理比较宽松，手头上没有工作的员工都可以享受双休日。孙小武是新员工，手头自然没有什么积压的工作，所以将爱车安排在周六进行维护，他还是很有把握的。但是周五下班前，他接到部门通知，周六下午1点整公司领导要与他进行面谈，主要是对自己入职以来的工作评价和下一阶段的工作安排。孙小武得知后兴奋不已，因为这预示他的职业生涯将出现新的曙光……

为了维护完后有宽裕的时间到达公司，孙小武再次致电经销商，询问此次维护所需的时间。答："预约维护的在店等候时间大约为一个半小时，最多两个小时。"孙小武听完后，核算一下时间，放心了许多。不过他考虑还是提早出门更好些，所以10点整便到达经销商处。车刚停稳，一位小姑娘便迎过来说："孙先生您好！您是预约过来做维护的吧？工位都给您准备好了，您真准时啊！"孙小武听后美滋滋的。小姑娘随后问道："大哥，您的车快一年半了，怎么才跑8700多千米呢？"孙小武说："是啊，以前经常出差，所以基本不怎么用车。""大哥，您的车放的时间比用的时间要多，所以仅仅按正常规定维护项目是不够的。其实您也是知道的，车就像我们的身体一样，不经常走走、跑跑，会容易出问题，而且容易出大问题！"孙小武感觉小姑娘的话还真有那么一点道理，便问到："那么你看还需要增加什么维护项目吗？"小姑娘笑着说："大哥，您知道预约维护工时费有9折优惠的吧，带好您车辆的证件跟我来吧。"

小姑娘请孙小武坐下，斟了一杯大麦茶递给孙小武后说："大哥，先说润滑油吧，我估计您现在还是在用半合成的润滑油，其实这是原厂推荐的最低标准。半合成润滑油对发动机的润滑、散热、清洁与密封的效果绝对不如合成润滑油好，现在全合成润滑油已经普及了，更换率几乎为100%。大哥，爱车是您自己在开，您对它有多好，它就会对您有多好！我想您一定会为它做出更好的选择，对么？"孙小武笑眯眯地答应了。接着，小姑娘又说"大哥，实话跟您讲，我工作5年多了，一直有很多客户会主动要求清洗燃油系统，因为据新闻报道，两桶油生产出来的汽油，居然与印度的标准是一样的！这样的劣质汽油里面有硫化物，不仅严重影响空气质量，而且也会粘附在燃油喷嘴的出口处，造成喷雾形状的改变与雾化不良，导致您的爱车更费油或者加速迟缓，如果不及时清洗，恐怕最终要更换四个喷油器，那代价可太大了。为了防患于未然，我建议您清洗一下燃油系统，您说呢？"孙小武思索一会便答应了。"大哥，您说您的爱车放的时间多，用的时间少。那么在燃油系统清洗之后，您的爱车的节气门也一定要清洗的，否则就白搭了！"孙小武诧异地抬起头。小姑娘似乎并不理会孙小武的举动，继续说到："按我的职业经验，节气门可能已经有动作卡滞的嫌疑。因为您长期放置或少量使用，节气门轴里面可能存在润滑脂结块。这样润滑不良的后果，您的体会可能有加速踏板回位缓慢或加速迟缓的现象，长期下去节气门轴磨损并会导致漏气，到那时您只能更换节气门体了，那东西可贵了。"孙小武在斟酌中勉强地答应了。过了一会儿，小姑娘笑了笑，问道："大哥，夏天快要到了，您最近在用空调有没有发现什么异味呢？"孙小武回答说："确实有一股异味。""因为您去年最后一次关闭空调之后，在蒸发器的缝隙里面会留下许多水珠，经过一段时期，里面已经培养出了一片片黑绿色的霉斑。如果不提前清洗与消毒，真菌就会在开空调的时候飞满车厢。您想想这后果……"孙小武毫不犹豫地说："那就再加一个空调系统清洗吧！""大哥，我们这里可不是简单的清洗，是空调系统的杀菌与除臭。您放心吧！空调滤芯我们也会帮您一起换掉的！"孙小武斩钉截铁地说："好！""大哥，还有个事情可就是您自己要拿主意了。我看您的爱车还有两个月就要验车了，我建议您提前清洗一下三元催化器，免得验车时尾气过不去的时候还要来清洗。再说，您的车快两年才跑了8千多千米，不排除排气管里面有什么异常现象，久而久之，如果三元催化器里面的陶瓷载体小孔堵塞20%，只有更换三元催化器才能解决问题了，这又是个天价啊！我劝您还是洗洗更健康吧。"孙小武忍俊不禁地说："那好吧，洗！""大哥，像您这样懂车爱车的成功人士现在真是越来越多了，难怪我们客户的爱车都很少有毛病，而我们的维护业务却在增加。其实这是我们在帮助我们的客户，通过合理的养护方法在节约大哥您的用车成本。""噢，大哥！有个最重要的项目我居然忘记了，您的爱车这次换全合成润滑油，在放出旧的润滑油之后需要清洗一下发动机的润滑系统，这样您的全合成润滑油才能发挥出最大的功效。"孙小武眨眨眼，无可奈何地说："那就再加一项吧。"

小姑娘麻利地开好工单，又给孙小武斟了一杯大麦茶说："大哥，我给您复述一下您本次的维护项目吧。①更换机油滤清器、空气滤清器、空调滤清器、燃油滤清器。②清洗发动机润滑系统、更换全合成润滑油；③清洗发动机燃油系统，拆装、清洗、润滑节气门。④空调系统杀菌除臭；⑤三元催化器清洗；另外还有免费添加玻璃水、免费轮胎补气、免费洗车。本次服务的材料费合计2058元，工时费全价是1038元，预约客户我给您最低打85折，折后价格是882元。不过我还可以找我们的经理给您特批一下，给您的工时费打8折。这样工时费的合计为830.4元。"小姑娘微笑着说："大哥，您看这已经是我能帮您的最大极限了。"

听了小姑娘报价，孙小武突然感到一阵眩晕，随后有点恼怒地对小姑娘说："预约时你们的电话报价才875元啊！现在怎么高出这么多？"小姑娘脸一红，说："大哥，您别紧张嘛，那是我们客服的预约电话，他们的报价是最基本的报价。您的爱车现在又增加了一些非常有必要的维护项目，这都是为了您和您的爱车考虑啊！同时还选用了对您的爱车有利的全合成润滑油材料，这些成本就接近500块了。其实像比您的爱车价格低一点的C车型（与B车型同属于一个品牌）客户每次的花费也需要这个价格，所以您的这次花费真不贵，以后您就知道了。"

案例启示：_____

_____

_____

_____

_____

_____

_____

_____

_____

_____

_____

_____

_____

实操考核 定期维护服务核心过程

考核任务	定期维护服务核心过程	序号		日期	
学生姓名		学号		班级	
任务要求	能遵循定期维护服务核心过程接待客户				

任务资讯：

经销商：＊＊大众品牌专营店　服务热线电话：

客户：王先生　　　　　　联系方式：

作业项目：45000km 维护

预约进店时间：2014 年 6 月 18 日（周三）13：00

工时费：380 元；预约工时费可享 8 折优惠，配件 9 折优惠

材料费：机滤 26 元；高端润滑油 292 元；空滤 64 元

车型：×××车牌号码×××；行驶里程：54500km；油表存量：1/2

追加项目：维护过程中发现右前减振器漏油，需要追加时间（延迟半小时交车）与费用（零件费 1303 元，工时费 260 元）

一、任务计划

制订人员分工	制订接待计划
组号	
组长	
组员	

二、实施考核

任务标准	能够做到	有待改进	不能做到
1. 接听客户预约电话，完成预约登记表并做好相应准备			
2. 客户车辆到店，迅速出迎并且礼貌地问候客户			
3. 自我介绍并正确递接名片			
4. 确认客户的姓名并在交谈中使用			
5. 询问客户车辆状况，并正确填写相关单据			
6. 环车检查前，当着顾客的面安装车辆防护三件套（转向盘罩、座椅套、脚垫）			
7. 环车检查，并正确填写《车辆外观检查报告》			
8. 询问客户是否还有其他担心/问题，沟通一致后请客户确认			
9. 引导客户到业务前后			
10. 运用维修管理系统软件制作估价单、派工单			
11. 核对客户的维修维护档案，并做相应添加或修改			
12. 根据需要的修理时间和车间负荷承诺交车时间			

(续)

任务标准	能够做到	有待改进	不能做到
13. 向客户说明，实际需要的费用和交车时间可能和现在的估计有所出入，如果有特殊情况，将马上与客户取得联系			
14. 用估价单说明要完成的工作、估计费用和估计交车时间，请客户在估价单上签字			
15. 休息引导/客休人员介绍客休区设施			
16. 车间派工单监控维护工作过程			
17. 用浅显易懂的话向客户说明维护过程中追加的维修项目，要详细解释追加的费用及时间，询问客户是否同意			
18. 更新派工单，并通知车间完成追加项目			
19. 质量控制，以确保在规定的时间内保质保量地完成维修作业			
20. 交车前检查所有维护项目是否均已完成，检查车辆清洁度，核怪费用并制作结算单			
21. 通知客户提车，向客户解释并说明维护的工作内容，必要时验证车辆			
22. 向客户说明维修费用，并陪同客户结算			
23. 建议旧件处理情况、下次维护时间或提供汽车维护常识			
24. 真诚地向客户道谢并将客户送上车			
25. 电话回访客户对本次服务的满意程度及建议			

三、任务评估

非常出色（90~100分）	有待改进（75~89分）	比较欠缺（60~74分）	不能做到（60分以下）

四、改进之处

教师签字：

单元二

故障车辆的维修服务

Description 课程描述	客户周先生的爱车，目前行驶里程2万km，进行完轮胎换位维护后出现方向跑偏的现象。电话咨询汽车4S店，了解汽车故障原因后，将车驾至4S店，作为服务顾问，你应该如何完成本次接待任务？
Objects 学习目标	1. 能够按照汽车售后服务核心过程对故障车辆进行维修服务。 2. 能够运用预诊断沟通技巧，获取客户车辆故障信息，描述故障现象，大致判断导致故障的原因及处理方法。 3. 掌握故障车辆的维修服务技巧，注重流程细节，体现客户关怀。 4. 了解常用的汽车维修设备及维护产品。 5. 正确运用维修服务类话术，以便更好地对用户进行解释。 6. 了解质量担保的流程，规范填写索赔工单，保证索赔工作顺利进行。 7. 正确理解库存管理的概念，运用ABC零件分类法及零件库存原则。
Tasks 学习任务	故障车辆的预诊断及维修服务。
Implementation 任务实施	运用预诊断沟通技巧完成故障车辆的维修服务。

课题一　故障车辆的维修服务核心过程

　　汽车维修是汽车维护和修理的泛称。其中汽车维护是为了维持汽车完好技术状况或工作能力而进行的作业。其目的是保持车容整洁，随时发现和消除故障隐患，防止车辆早期损坏，从而降低车辆的故障率和小修频率。汽车维护应贯彻预防为主、强制进行的原则，俗话说"七分养三分修"，在单元一中已经提过，汽车维护的发展趋势主要是以养代修。

　　汽车修理是为了恢复汽车完好技术状况或工作能力以及使用寿命而进行的作业。其目的在于及时排除故障，恢复车辆的技术性能，节约运行消耗，延长其使用寿命。车辆修理应贯彻定期检测、视情修理的原则，按修理对象和作业范围将修理分为汽车大修、总成大修、汽车小修和零件修理，对乘用车一般不再进行大修作业（除事故车外）。

　　在汽车品牌专营店，车辆维修业务是售后服务部门最基础的业务，大约占售后服务收入的60%～70%，高质量的维修可以吸引客户再一次到专营店维修、维护，增强专营店的竞争力，提高专营店信誉度，并获得稳固的回报。

单元一中提出现代汽车售后服务核心过程可以归纳为：预约管理、店面接待、估价制单、休息引导、质量控制、交车结算、跟踪服务七个步骤，故障车辆的接待工作亦遵循以上七个步骤，本课题不做赘述。但是如图 2-1 所示，一般维修车辆的接待工作较之定期维护车辆的接待内容更为复杂，最主要是故障问诊环节导致服务流程有较多不确定性，对服务顾问的专业要求也相对提高，本课题着重介绍故障车辆接待服务流程中较为关键的环节，以便服务顾问进一步提高其接待能力。

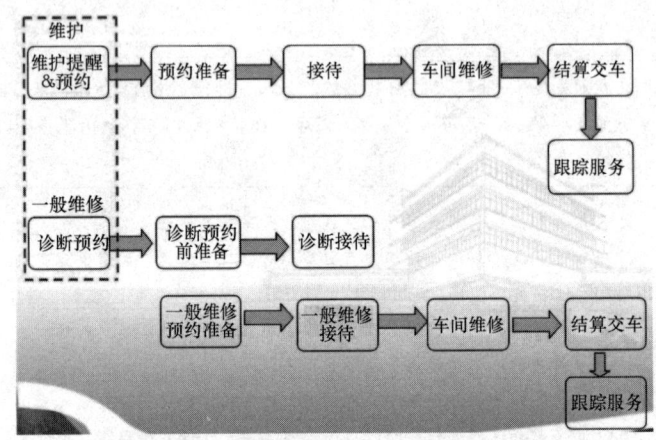

图 2-1　一般维修与保养服务流程区别示意图

一、故障车辆预诊断技巧

故障车辆的店面接待工作是维修企业与客户打交道的第一道门槛，如图 2-1 所示，店面接待流程中故障问诊是否到位，对下一步的维修工作起着很重要的作用。服务顾问一般是根据客户的故障描述填写故障问诊单，而车间维修人员通常是根据故障问诊单的内容进行维修操作的，如果接车问诊出现问题，特别是技术性错误，那将对维修工作造成很大的麻烦，很容易给客户带来经济损失而引起纠纷。因此，服务顾问必须与客户积极沟通，以了解客户车辆的故障现象，然后针对不同的故障现象引导客户补充必要的故障说明，以供维修参考。通常将服务顾问对客户车辆的问诊及记录称为预诊断。预诊断沟通的效果对维修技师能否顺利完成维修工作起到不可忽视的作用，专业性的沟通技巧将会大大提高维修工作的效率和质量。

案例分享　预诊断案例

客户李小姐报修项目为发动机早上有时难起动。由于服务顾问缺乏经验，没有问清楚难起动的具体故障现象（起动机是否工作有力等），直接按照客户描述制订了早上难起动的维修接车单，车间维修人员按照发动机起动的三要素（压缩压力、点火及空燃比）进行检查，两天过后却没有发现异常，也试不到难起动的故障现象，无奈之下只好交车，但就在准备交车的时候却发现发动机真的不能起动了，当然同时也发现了不能起动的真正现象，在转动点火钥匙的时候发动机一点反应也没有，经检查是发动机的 50 号供电端子的线插头腐蚀松动，造成蓄电池电源不能供给，使发动机不能工作。

因为该车进厂后一直停放在维修工位上不曾移动，准备洗车交车，移动车辆时碰巧就出现故障了。如果服务顾问在预诊断时能将故障现象问得更清楚一点，那么就不会浪费两天时间了。

一般来说车辆故障问诊可以分为三步,见表2-1。

表2-1 故障问诊步骤

步　骤	内　　容
1. 问询故障情况	该故障出现在什么时候（早上、中午或晚上等），出现了多久，出现故障的现象怎样，在什么路面情况下出现（烂路、泥路、水泥路面或沥青路面等），在什么天气或温度下出现（下雨、雪、炎热或寒冷等），何人驾驶（驾驶习惯），何种工况（起动、怠速、加速或减速、巡航等）。如果属于周期性故障，还要询问以往是否在其他地方修过以及修过什么项目等
2. 核实故障现象	问清楚故障现象后，要根据故障情况进行核实，必要时邀请车间主管或试车员进行试路确认。核实工作有时是非常重要的，因为客户本人并不是专业人士，对于汽车本身的认识处于很粗浅的阶段，很难说清楚是哪个系统出了故障或者该故障对于某种车型来说并不一定是故障，如果照搬客户的叙述而直接制订工作单，不进行核实，就有可能使下一步的维修工作陷入误区
3. 填写维修单据	专业的服务顾问要将客户的口头描述转化为专业术语并仔细填写故障问诊表，以便车间的维修人员进行维修作业，应避免因为文字问题而出现误诊或错诊问题

1. 问询故障情况

顾客到店之后，会向服务顾问描述车辆故障。要快速确认故障症状，服务顾问就必须运用有效的询问技巧。客户只是站在他的角度来说明车辆怎么不好使用，这时，如果完全按照客户的描述进行记录，写出来的故障症状往往是不准确的。因此，要运用有效的提问技巧，询问客户关于故障的情况，这样才能把故障情况准确地记录在接车单上，才不会误导维修技工的判断。

什么是故障症状？
> ➤车辆在外观或者运行方面出现变化，这种变化表明车辆需要进行修理或者维护。
> ➤发动机不正常的熄火、出现异常的噪声或冒烟、过热、起动慢、车灯暗等，都属于故障的症状。

问询故障情况是为了迅速查找故障源，因此首先必须了解故障出现时的情形、条件、如何发生以及是否已检修过等与故障有关的情况和信息。具体包括：

1）了解故障汽车已经使用的年限，可以帮助维修者大致估计出故障的性质。例如，对于较新的汽车，故障原因多是个别元器件或零部件焊接不好或安装不良、接插件松动造成接触不良或用户使用汽车上某些功能不当而造成的"假故障"等；对于使用多年的汽车来说，则应该较多地考虑损耗性故障。

2）了解故障产生的过程，帮助进一步判断故障的性质和采用较为合理的修理方法。

3）了解发生故障以后客户是否检修过，可以帮助较快地排除一些由于修理者修理技术不太熟练或不太熟悉车况而造成误修或误换元件等。在和客户沟通的过程中，如下四个技巧将有助于从客户那里获取所需要的准确信息，见表2-2。

实际修车中，尽管问诊不够全、不够细，客户回答或叙述得不全面或遗漏较多情况，但多数故障由于相对简单或常见，维修人员通常都能较快地找出原因并予以排除。但作为汽车维修服务顾问，应该如实记录客户描述，并向维修人员通报情况。有技巧的故障问诊方式不仅能够取得客户信赖，提高维修服务效率，而且会使客户对服务顾问的服务加分，提升品牌的服务形象。

表 2-2 预诊断沟通技巧

技巧	说明	目的
1. 澄清	澄清意味着获取信息，弄清信息，弄清得到的信息，了解客户关心的问题 澄清时，根据情况可使用几类不同的提问： 1）开放式提问 2）封闭式提问	确认问题 获得更多的问题 促使反馈 加深理解 表现关心
2. 重述	将说话者的话变成自己的语言，借此机会检查对说话者的理解。例如： 1）"正像你所说的……" 2）"我很理解你……" 3）"换句话说……"	确认问题 获得更多的信息 促使反馈 加深理解 表现关心
3. 同感	同感指的是使用同情的语言，肯定说话者的感觉和对他的理解。例如： 1）"我知道没有车对你是多么的不方便……" 2）"我理解，因为故障使你对你的车不信任……" 3）"经受这么长的时间的噪声干扰，你肯定是非常痛苦的……"	肯定说话者的感受 再次确认理解说话者的感受 促使得到更多的反馈 表现关心 加深理解
4. 归纳	归纳指的是简单扼要地重申谈话的要点，例如： 1）"我们解决的问题……" 2）"对于你所说的，我准备……" 3）"我们同意采取如下步骤……"	弄清所说的问题 明确双方同意的项目 防止将来误解 促使更多的反馈 表现关心

案例分享 预诊断案例

➤如果客户抱怨他的车发生抖动，这可能与转向操作有关，这时可用一个封闭式的问题询问客户："除了抖动之外，您的车还有其他转向操作上的问题吗？"

➤要确认一下客户平时所走的路段是什么样的，对他的车辆有什么样的影响。

➤客户投诉或者抱怨他的车跑偏时，要询问他是不是做过四轮定位。

➤如果客户说他的车抖动，要了解以前这个车是不是曾经在坑洼的路段走过，导致车底盘的部件受到损伤。这时候要使用的依然是封闭式的提问。

➤转向盘抖动的同时，车身是否也抖动？前照灯是否有时显得昏暗？

➤在加速的时候，发动机是否熄火？这是有关发动机性能的提问。

➤对于制动系统，有时候还会询问制动的时候车辆是不是跑偏，是向左还是向右跑偏。

➤这些都是需要向客户问清楚的，并且要在问诊单上写清楚，否则，维修技师就不知道该如何判断。

服务顾问在进行故障诊断沟通时必须询问到故障症状发生时汽车的行驶条件和环境,以供故障诊断参考使用;提问时使用通俗言辞,尽量不要使用专业术语;服务顾问应根据与客户交流的信息正确填写故障问诊、诊断报告,见表 2-3。

表 2-3 故障问诊、诊断报告

故障问诊·诊断报告		
发生时间	□突然 □( ) 天前 □( ) 月前 □其他( )	
发生频率	□经常 □只有一次 □有时 □每( )日一次 □每( )月一次 □其他( )	
工作状态	□冷机时 □热机时 □起动时 □档位( ) □空调(开/关) □其他( )	
道路状态	□一般道路 □高速道路 □水泥路面 □沥青路面 □砂石路面 □其他( )	
路面状态	□平坦 □上坡 □下坡 □急弯道 □缓弯道 □海拔高度( )米 □其他( )	
行驶状态	□速度( ) □急加速时 □缓加速时 □急减速时 □缓减速时 □其他( )	
故障现象描述	故障原因分析	故障处理方法
检测费说明:本次检测的故障如用户在本店维修,检测费包含在修理费用内;如用户不在本店维修,请您支付检测费。本次检测费:¥ 元。		
贵重物品:在将车辆交给我店检查修理前,已提示将车内贵重物品自行收起并保存好,如有遗失恕不负责。		
客户签字: 技师签字: 服务顾问签字:		

2. 核实故障现象

服务顾问在店面接待-故障问诊环节中要关注客户的需求,对于维修需求,必须提出一些问题来验证客户所描述的故障现象,以便在以后的维修环节中维修技师能够得到详细、正确的资料。

汽车故障的产生原因是多种多样的,如元件老化、自然磨损、调整不当、环境腐蚀、机械摩擦、导线短路或断路等。汽车出现故障时,一般先要搞清楚故障的症状以及伴随出现的现象,判明故障所在的位置,然后再对该位置进行检验,查明故障所在部位,予以排除。检修故障时一般遵循如下原则:询问客户→核实故障→分析判断→检查测量→落实故障点→排除故障→检验性能→记录总结。图 2-2 所示为精细化问诊的全过程,核实车辆的故

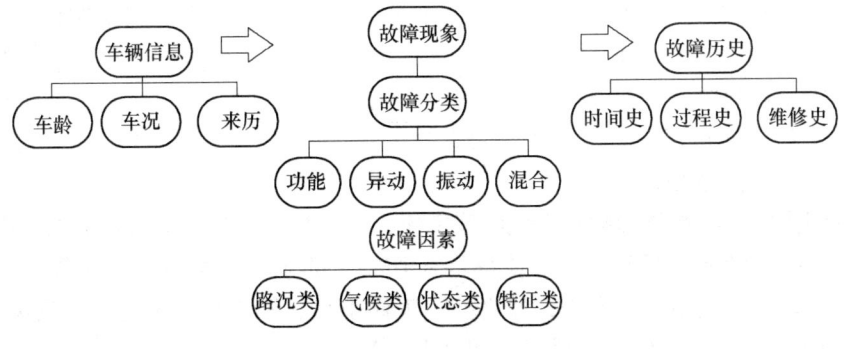

图 2-2 精细化问诊的全过程

障现象要考虑车况、车龄、来历以及车辆维修历史，如有可能，就车核实故障，查看客户描述故障现象是否准确，必要时应请维修技师一同试车以验证故障现象。故障现象分为功能类、异响类、振动类及混合类，故障因素根据故障来源不同可分为路况类、气候类、状态类和特征类。另外，有的客户由于对汽车的使用常识不甚了解，无意中使开关或按钮处于不正常的位置，便误认为有故障。因而应及时对故障现象予以检查核实，排除"假故障"的可能。

> **案例分享**　核实故障现象
>
> 　　客户王先生报修，车辆在行驶上坡路段时自动变速器有打滑现象，以为此种故障属于比较严重类型的故障（维修周期及费用可能较高）而且故障的原因可能是多方面的。
> 　　通过问询客户，得知该车在平坦路面行驶没有问题。但在上坡行驶时发现发动机转速有时会突然升高，且客户从他人那里得知该现象可能是变速器打滑。为了确诊该故障，服务顾问请求车间主管进行试车确认，按照客户指定的路段进行试车，发现在上坡行驶时的确有发动机转速升高的现象，但车间主管判断该故障并非变速器打滑，而是因为车辆在上坡路段行驶时发动机输出动力不够导致自动变速器自动降档升矩，因为降了档，发动机转速自然升高。由于故障确诊准确，更换火花塞、汽油滤清器并清洗喷油器后，发动机动力得到改善。交车后再试车，该故障不再出现，车主满意地将车开走。
> 　　如果该故障不通过试车确认，而直接按照变速器打滑故障制订维修单，那将会给维修人员带来不必要的麻烦甚至错诊。

分析判断清楚可能的故障原因后，再选择适当的程序和方法进行故障诊断操作，以防止故障诊断操作的盲目性，为此应做到如下几点。

1）了解系统的组成。当检修某一系统时，应了解系统由哪些部件组成，熟知系统的工作过程，从原理上分析哪些部件可能不工作或损坏。

2）掌握车型的特点。这是能否顺利鉴别和判断故障的基础。

3）熟悉部件的位置。搞清楚总成中各个部件或零件位置，如电路中接线及插头之间的来龙去脉。

4）获知有关参数。在检修前，应准备好有关的诊断参数、检修资料或备件，以保证故障诊断的顺利进行。

3. 填写维修单据

故障描述非常重要，如车辆是不是跑偏的问题，客户会说"走起来跑偏"。通常情况下，跑偏会有两种情形：一种是没有制动也会跑偏。一种是平时开的时候不会跑偏，只有制动的时候跑偏。这时候就要知道在什么情况下跑偏，然后还要确认是向左还是向右跑偏。因此，服务顾问对汽车知识掌握的多少、对客户需求提问的技巧，都会影响"接车问诊表"以及"派工单"的正确填写。

服务顾问为协助维修技师顺利完成维修工作，应减少因不规范填写造成的损失；避免因不规范填写影响对顾客的服务；无论是否装有 DMS，都应规范填写。用规范用语详细准确描述故障现象，不得使用禁用词语，如更换、工作不良、不工作、不运行、失灵/失效、故障/电子故障等。车辆故障的正确描述示例见表2-4。

表 2-4　车辆故障的正确描述示例

错误描述	正确描述
故障灯亮	发动机诊断故障灯亮
组合仪表失灵	燃油表错误显示
显示故障	多功能显示屏有时变黑屏
刮水器不工作	天冷时刮水器工作到一半时停止
安全带不工作	安全带有时发卡
离合器压盘故障	在挂档时离合的位置发卡+离合器压盘异响

二、一次修复率管理

汽车品牌随着销量增加，保有客户数量也在不断增加。新车销售激增，保有量加大，必然造成经销店服务能力紧张；加之车型增多以及车型技术配置的日益丰富，所带来的非一次修复案例增加，客户投诉也随之增多。因此，提高维修品质，保证一次修复刻不容缓。J. D. Power 调查和面访调查均显示，五大调查领域中服务质量权重最高，是客户最关注的项目。服务质量中权重位于第二、第三的两项与一次修复密切相关，若要改善服务质量，一次修复改善是重中之重，如图 2-3 所示。

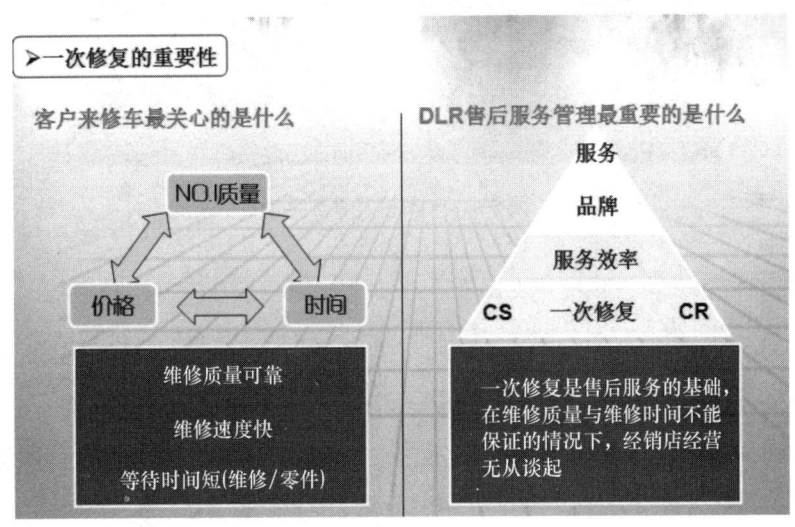

图 2-3　一次修复率的重要性

近年来，某些汽车品牌维修毛利已占经销店总利润的近 50%。售后服务和零部件收入占经销店总收入的 25%，利润贡献达 41%。售后服务和零部件利润率较高，提升售后服务质量、增加入厂台次是经销店售后服务工作的重点。在售后服务各环节，客户的主要关注点是维修品质、维修时间以及维修价格，而其中维修品质是客户的根本诉求，如果维修品质出现问题，客户满意无从谈起；对于经销店而言，一次修复是售后服务的基础，没有一次修复，服务效率和品牌便无从谈起。

修复率是指修理时间已达到某个时刻但尚未修复的产品，在该时刻后的单位时间内完成修理的概率。汽车由几万个零部件组成，路况千差万别，客户操作习惯各有不同，而且动态中使用的产品，其很多问题要实现快速排查原因是较为困难的，因此一次修复要求售后服务企业具有较高的维修作业水平及团队协作能力。为提高服务的水平和质量，让顾客满意，这就要求售后服务企业把一次修复率作为硬指标来考核。

1. 一次修复率的定义及计算

经销店与客户对一次修复的理解存在差异。调查中发现，有相当一部分客户即使车辆未修复，也有可能不返厂维修，导致"返修"以外的非一次修复案件存在。这种情况下，客户选择不再来店进行维修维护的可能性很大，易造成客户流失。所以非一次修复管理范围远远超于经销店的返修范围，如图2-4所示。

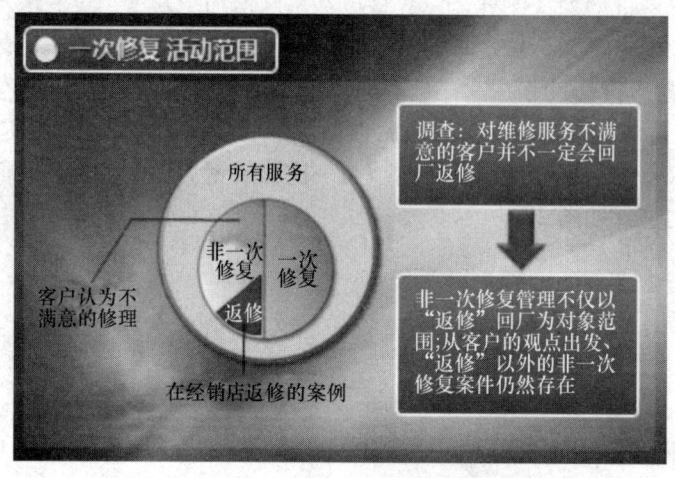

图2-4　一次修复管理范围

一次修复的概念必须从客户角度出发，并不能简单地描述为一次就修好，而是有更加宽泛的意义。用三个问题来制订一次修复的判定标准。第一个问题：是否一次就修好？第二个问题：是否在承诺的时间内交车？第三个问题：维修时间是否合理？如图2-5所示，按照顺序向客户进行提问，只要任意问题的答案为"否"，就应该将其视为非一次修复案例。只有当客户的三个答案全为"是"的时候，此案例才可判定为一次修复案件。

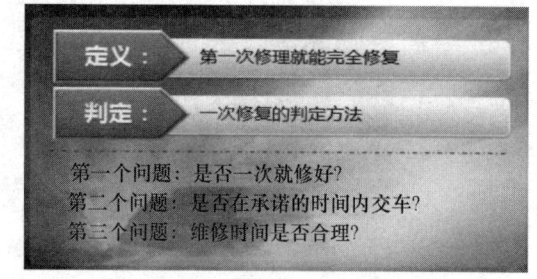

图2-5　一次修复的定义

一次修复率计算方法可参照以下两个公式。特别注意的是，若用第二个公式进行计算时，需严格按照"见'否'就停"的提问顺序进行提问，避免非一次修复案例重复计数问题。修理台数指的是一定时间段内抽取的维修台数，即本次调查样本量。

式1：　　　$FIR 率 = \left(1 - \dfrac{非一次修复案例数量}{修理台数}\right) \times 100\%$

式2：
$$\text{FIR 率} = \left(1 - \frac{Q_{1'\text{否}'} + Q_{2'\text{否}'} + Q_{3'\text{否}'}}{\text{修理台数}}\right) \times 100\%$$

时间是影响一次修复的重要因素。通过强化管理实际交车时间，达到承诺的交车时间内，实现一次修复；通过强化管理承诺的交车时间，达到客户期待的维修时间范围内，实现一次修复，从而树立守信、合理的良好口碑。售后服务各环节对一次修复的实现都存在影响，即便维修技师技术过硬，也不能保证不发生非一次修复问题；同时与客户沟通的不充分，零件供应和流程管控不当也会对一次修复造成负面影响。图2-6所示为一次修复的范围。

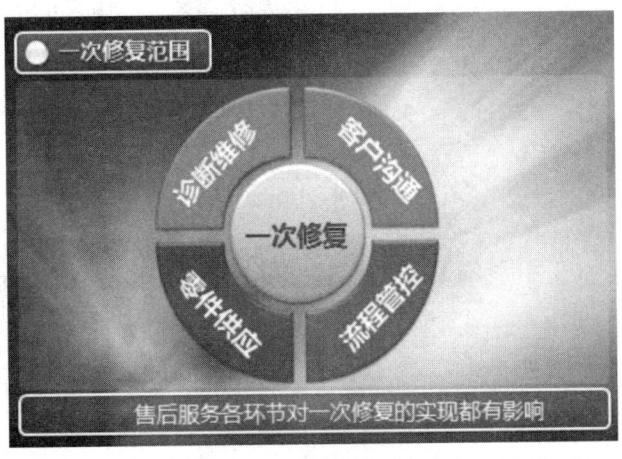

图2-6 一次修复的范围

2. 提升一次修复率的方法

一次修复活动超出了原有的认识范围，除了诊断/修复以外，一次修复活动涉及汽车服务的各个环节，贯穿整个售后服务流程，流程内任何一个环节出现问题都可能导致非一次修复案例的产生，因此一次修复的重要性不容忽视。如何去提高一次修复率呢？根据图2-6所示，主要有以下四个方面：

（1）流程管控方面　为了提高一次修复率，必须坚持严格的管理流程，包括客户被动预约的记录、进厂的问诊、委托书的制订、出厂前的检验以及交车说明等，任何一个环节出了问题，都会影响一次修复率。

（2）客户沟通方面　为了提高一次修复率，必须加强与客户的沟通，尤其是接车制单以及交车结算环节，把握好进口和出口，确保客户的理解和客服的理解一致。

（3）零件供应方面　为了提高一次修复率，必须保证配件的及时供应，尤其是紧急订货和临时订货，必须确保准确；否则，一旦订货出现问题，客户自然会认为服务质量有问题。

（4）加强技术诊断环节　好钢要用到刀刃上，维修车间技术好的人就那么几个，一定要人尽其才，让最合适的人才去干最重要的活。从报修开始就开始分类，服务顾问只完成客户沟通的职能，一旦涉及技术诊断，必须要申请技术支援，最大程度地避免人为因素带来的误诊或错诊。

如图2-7所示，一次修复活动的开展需要客户关系部门（CR）进行广泛调研，获得可靠的一次修复数据，以确保一次修复活动的顺利进行。此外，从服务顾问的角度来讲，提高一次修复率要注意以下几点：

1）被动预约的受理。必须坚持走书面的流程，及时记录客户的要求，确保准确传递。

2）委托书的制订。要尽量记录客户的真实描述，领会客户的维修意图，尽量减少沟通偏差。

3）技师参与诊断。大多数服务顾问技术能力较差，所以必须要按业务分流，一旦碰到涉及技术诊断的业务，要及时申请技术支持。服务顾问需要做的就是在中间与客户沟通与解

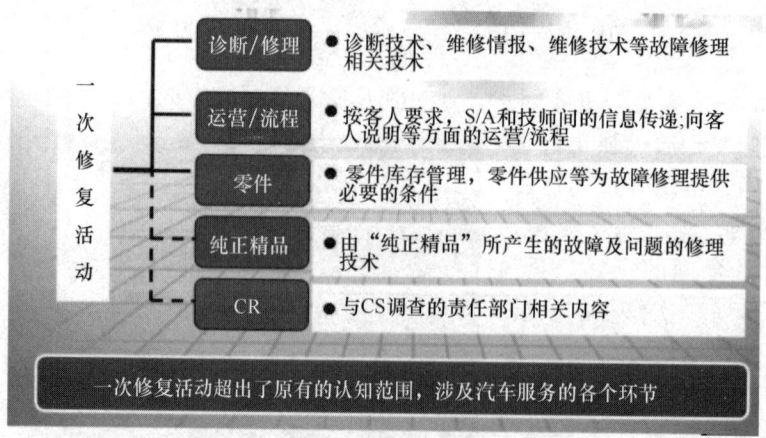

图 2-7 一次修复活动涉及的售后服务环节

释。

4）做好交车解释，确认所维修的项目客户能够全面理解，对于未处理的项目要记录在案，这样就可以适当避免后续的麻烦。

许多汽车品牌为了减少返修给顾客带来的麻烦，也在提高一次修复率上做出许多努力。例如：一汽丰田公司首先从提高维修技能方面入手，为了实现人才培养、技术问题的及时反馈和处理，一汽丰田公司充分利用北京、上海、广州3个大规模的、先进的培训中心，对经销商的技术人员及维修接待人员进行培训，也为即将开业的经销商实行事前培训，建立对技术问题早期发现、早期解决的质量控制制度。其次，为了确保覆盖全国的完善的零件供给制度，在全国建立了4个零件中心。此外，为了使维修迅捷化、完善化，一汽丰田还协助经销商安排合理快捷的配备、设备、工具、途径，同时在维修信息方面还派专人负责修理书的翻译、校对，严格把关。

3. 维修质量检查

如图 2-8 所示，对所有进站维修、维护完毕的车辆，在交付客户之前必须进行全面的维修质量检查，使之符合维修维护质检工艺。对照派工单上的所有维修（维护）项目或故障内容，逐一检查是否完成，如有必要可进行路试。每项完工的维修项目都要遵循《维修手册》或《技术快讯》的技术要求。对于维护车辆，必须以符合车辆的维护工艺为依据进行检查。将检查的结果详细地记录在派工单背面维修质检单（图 2-9）对应的栏框内和维护表单的栏框内（如果有）并签名。对不符合派工要求的维修项目或已完工但不符合维修技术标准的维修项目，则需要返工，在"车辆第一次检查"中记录"坏"，同时记录"返工描述"，并将车辆和单据交

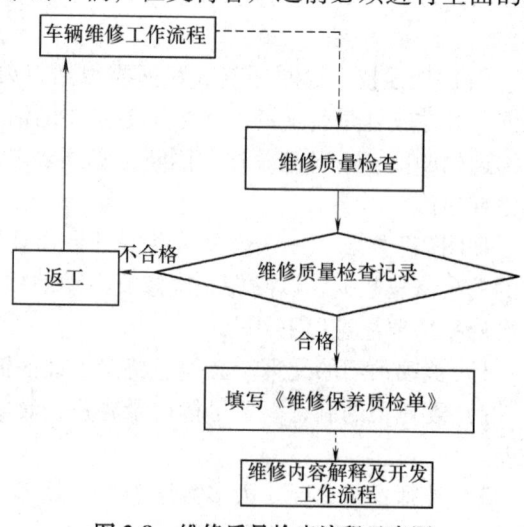

图 2-8 维修质量检查流程示意图

给车间调度,由其安排维修技师对不符合项目实施返工。填写《返工通知单》(表2-5),服务经理利用其分析返修原因,提出返修预防措施。对返工维修的车辆,仅对返修项目进行再次检查,合格后在"返工后检查合格"(图2-9)栏处签名。

表 2-5　返工通知单

返工通知单(内部)

编号:＿＿＿＿＿＿

时间:	原委托书编号:
质检员:	原维修工组:
车牌号码:	现维修工组:

返工原因说明

质检员:＿＿＿＿＿＿

返工安排

车间主管:＿＿＿＿＿＿

处理结果

质检员:＿＿＿＿＿＿

打印经销商/维修站名称

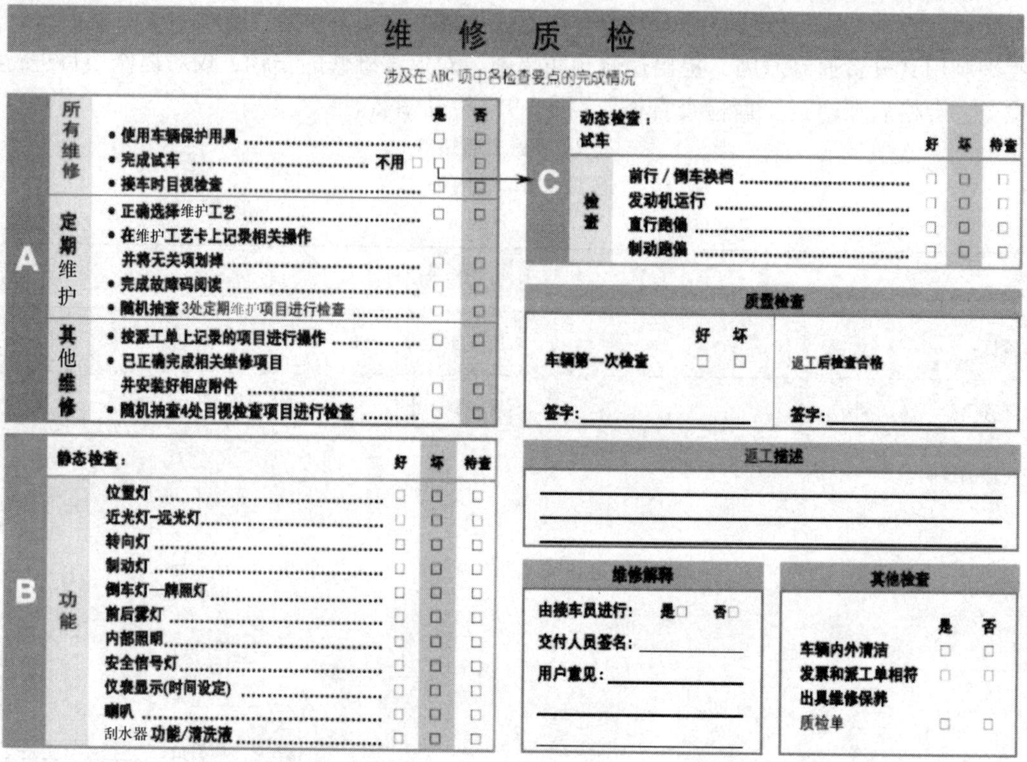

维修质检

涉及在ABC项中各检查要点的完成情况

A

所有维修（是 / 否）
- 使用车辆保护用具 ……………… □ □
- 完成试车 ……………… 不用□ □ □
- 接车时目视检查 ……………… □ □

定期维护（是 / 否）
- 正确选择维护工艺 ……………… □ □
- 在维护工艺卡上记录相关操作并将无关项划掉 ……………… □ □
- 完成故障码阅读 ……………… □ □
- 随机抽查3处定期维护项目进行检查 ……………… □ □

其他维修（是 / 否）
- 按派工单上记录的项目进行操作 ……………… □ □
- 已正确完成相关维修项目并安装好相应附件 ……………… □ □
- 随机抽查4处目视检查项目进行检查 ……………… □ □

B

静态检查：（好 / 坏 / 待查）

功能
- 位置灯 ……………… □ □ □
- 近光灯-远光灯 ……………… □ □ □
- 转向灯 ……………… □ □ □
- 制动灯 ……………… □ □ □
- 倒车灯—牌照灯 ……………… □ □ □
- 前后雾灯 ……………… □ □ □
- 内部照明 ……………… □ □ □
- 安全信号灯 ……………… □ □ □
- 仪表显示(时间设定) ……………… □ □ □
- 喇叭 ……………… □ □ □
- 刮水器功能/清洗液 ……………… □ □ □

C

动态检查：
试车（好 / 坏 / 待查）

检查
- 前行 / 倒车换档 ……………… □ □ □
- 发动机运行 ……………… □ □ □
- 直行跑偏 ……………… □ □ □
- 制动跑偏 ……………… □ □ □

质量检查

车辆第一次检查　好□　坏□

签字：________

返工后检查合格

签字：________

返工描述

____

____

____

维修解释

由接车员进行：　是□　否□

交付人员签名：________

用户意见：________

____

____

其他检查（是 / 否）
- 车辆内外清洁　□ □
- 发票和派工单相符　□ □
- 出具维修保养质检单　□ □

图 2-9　维修质检单示例

对所有维修质量检查合格的车辆，结合本次维修情况，填写维修质检单（图 2-9）和维修建议并签名。将质检合格后的车辆和钥匙及工作单据交给车间调度，由其根据派工单上“用户意见”安排清洁人员对车辆进行清洁、清洗；如果客户车辆不需进行清洗，则将车辆直接停至车辆竣工区。

三、汽车维修设备简介

汽车故障诊断设备扩大了汽车维修人员的感知能力。有的设备还附有常见车型的技术数据，有利于提高维修人员对汽车技术状况判断的准确性；有的设备具有一定的分析判断能力，为实现汽车故障的快速、准确、有效诊断提供了技术支撑。汽车维修设备能有效地提高汽车维修的生产率和维修质量。维修服务顾问在与客户沟通时，需要说明维修过程中可能涉及的检测与维修，因此应了解基础的故障诊断仪器，以便体现服务的专业性。

（一）发动机故障诊断设备

1. 发动机密封性检测设备

（1）气缸压力表　气缸压力表用于检测气缸压缩压力，根据测试结果可以判断气缸衬垫、气缸体与缸盖之间的密封状况，活塞环与缸壁的配合状况，以及燃烧室内积炭是否过多等与气缸有关的技术状况。

（2）气缸漏气量检测仪　气缸漏气量检测仪用于测量活塞处于压缩行程上止点位置时，气缸内外传输压缩空气的压力变化值，从而判断汽车发动机的气缸和进、排气门的密封状况。在测量气缸漏气量的同时，进行人工检查辅助诊断，可对气缸、气缸垫和进、排气门的密封状况进行深入、准确的诊断。

（3）曲轴箱窜气量检测仪　曲轴箱窜气量检测仪用于测量发动机曲轴箱窜气量，从而检验发动机的动态密封性，判断发动机气缸、活塞和活塞环的技术状况，监测发动机磨合质量。

（4）真空表　真空表用于检测汽油发动机进气歧管的真空度，通过测量进气歧管真空度及其变化状况，可以判断发动机密封性能的好坏、空燃比的好坏和点火性能的好坏，可以诊断气缸密封性、进气管或化油器衬垫的泄漏、配气机构密封性、排气消声器阻塞及气门机构失调、混合气的稀或浓、点火时间和点火性能等诸多方面的故障。

2. 点火正时灯（枪）

点火正时一般用点火提前角（曲轴转角或凸轮轴转角）表示。点火正时灯（枪）可检测汽油机点火提前角，有的还能测试转速、点火导通（闭合）角和电压参量。

3. 发动机废气分析仪

发动机废气分析仪主要用于测量汽车发动机排气中的多种气体含量。这类仪器还可用于检查空燃比，检测催化转化器性能，检查燃油反馈系统、化油器及进、排气管泄漏等故障，帮助分析并排除发动机控制系统的故障，以确保车辆污染排放指标的正常。根据检测气体种类的不同，发动机废气分析仪有二气体分析仪、四气体分析仪和五气体分析仪。

4. 发动机综合分析仪

发动机综合分析仪有汽油机综合分析仪（图2-10）、柴油机综合分析仪和汽、柴油两用发动机分析仪等类型，可适用的发动机类型很广，可对起动和充电系统、点火系统、燃油系统和点火正时等多个项目进行精确测试。

图2-10　汽油机综合分析仪

（二）底盘故障诊断设备

1. 底盘测功机

底盘测功机一般用于检测各类汽车的底盘输出功率、驱动力、车速、加速性能、滑行性能，以及车速表和里程表的准确性。若配以燃油流量计可检测油耗；配以排放分析仪可检测排放污染物成分含量，据此综合评定汽车的动力性能、经济性，以及环保指标；配以曲轴箱窜气量检测仪和离合器频闪仪可进行发动机磨损检测和离合器打滑检测。现在的底盘测功机多采用电涡流测功器作为功率吸收装置，并用微机作为控制中心。

2. 四轮定位仪

四轮定位仪用于测量车轮的各项定位参数，判断车轮定位的准确性，同时还可以检验出车轮定位部件的故障，如图2-11所示。现在用的四轮定位仪一般存储大量流行车型的车轮定位参数的标准值和车轮定位调整方法指导，车轮定位技术状态判断方便，调整操作容易。为便于检测和调整，被检汽车需放在地沟或举升平台上，地沟或举升平台应处于水平状态，四轮定位仪则安装在地沟两旁或举升平台上。

3. 底盘间隙检测仪

底盘间隙检测仪用于检测转向系统各销轴、悬架系统及底盘其他部件因磨损产生的间隙，从而消除隐患，确保安全。

4. 制动试验台

制动试验台一般用于各种类型车辆的制动性能检测，测量参数包括所有车轮的制动力、制动力差、制动协调时间等。制动试验台有滚筒式和平板式两种。

5. 侧滑试验台

侧滑试验台用于检测汽车前轮的侧滑量，以判断车轮定位中车轮前束和车轮外倾的配合是否恰当。侧滑试验台有单板式和双板式两种，其中双板式应用普遍。

（三）汽车电控系统诊断设备

1. 汽车专用万用表

汽车专用万用表（图 2-12）可检测充电、起动、燃油及空气、点火、电气、发动机管理、冷却等系统和各种传感器，检测参量包括电压、电流、电阻、电容、频率、脉宽、占空比、转速、温度和压力等，并可检测线路通断。

图 2-11　四轮定位仪

图 2-12　汽车专用万用表

2. 汽车示波器

示波器用于测试电池、传感器、ECM 信号的电压，测试火花塞线、传感器、继电器的电阻，测试熔丝、灯、导线、开关的线路通断。使用相应探头可测试温度和电流。

3. 汽车故障诊断仪

图 2-13 所示为汽车故障诊断仪，即车辆故障自检终端，又称汽车解码器，是一种用于检测汽车故障的便携式智能汽车故障自检仪，可以通过它迅速地读取汽车电控系统中的故障，并通过液晶显示屏显示故障信息，迅速查明发生故障的部位及原因。通用故障检测仪备有常见车系的软件，并配有各种专用检测接口电缆。使用时，只需将被测汽车的车牌号和车辆识别码输入故障检测仪，就能从软件中调出相应的检测程序。按照故障检测仪屏幕上的提示，将相应的故障检测接口电缆一端的插头和汽车上的检测插座连接，就可以根据汽车微机自诊断电路的功能范围和检

图 2-13　汽车故障诊断仪

修要求，选择电喷发动机、电控自动变速器、防抱死制动装置等各控制系统，读取故障码，查阅故障码内容，测试执行器工作情况，清除微机内存储故障码等检测工作。

4. 专用故障诊断仪

专用故障诊断仪是为各汽车厂家生产的专用测试设备。它除了具备读码、解码、数据扫描等功能外，还具有传感器输入信号和执行器输出信号的参数修正、计算机控制系统参数调整，以及系统匹配和标定、防盗密码设定等专业功能。

（四）汽车维护设备

1. 发动机燃油系统免拆清洗机

发动机燃油系统免拆清洗机配合汽车的定期维护和特别除炭维修，可拆卸发动机，只需将接头与发动机供油、回油管连接。机器内的专用清洗剂可溶解喷油器针阀和燃烧室各组件的积炭、油泥、胶质等污染物，经由汽车的排放系统排出，使汽车燃油供给系统得到彻底清洗。这类仪器一般可以清洗多种汽油机及柴油机的燃油系统，有的还可以检查燃油压力，确定系统是否堵塞。

2. 发动机润滑系统免拆清洗机

在汽车的定期维护中，不需拆卸发动机，只需将发动机润滑系统免拆清洗机用接头与发动机机油过滤器和油底壳螺孔相连，利用空气动力和专用清洗剂，在发动机静态时进行清洗。只要12min就可将发动机润滑系统油泥、积炭和杂质一并清除，恢复发动机效率，减少磨损和有害废气的排放。

3. 发动机冷却系统清洗机

发动机冷却系统清洗机利用轻微液压冲击原理，对发动机冷却系统进行冲击清洗、循环清洗、再循环清洗和更换冷却液，可清除发动机冷却系统的污垢，恢复发动机冷却系统的性能。

4. 自动变速器油更换机

目前最新式的自动变速器油更换机为气动、可调压、可调流量机型。全新的自动变速器油更换机可以调节空气压力和进出油量、油压，能控制变速器内的需求油量，完全解决了手工更换变速器油不彻底（多数变速器内的油液不能手工更换）和油量不准确的问题。

5. 汽油机喷油器清洗机

汽油机喷油器清洗机适用于汽油发动机电子喷射喷油器的清洗，清除喷油嘴的积污，从而解决喷油器或喷油嘴堵塞问题。这种设备一般都是利用超声波的作用来清洗喷油器，通过超声波的冲击和振荡来溶解和排除喷油器内的胶质物，并能清理喷油嘴的积污，而且能够反向清洗，使清洗更彻底，且操作方便。有的清洗机还具有喷油器测试功能，能模拟发动机运转过程，测试发动机转速、喷油器开启时间、脉冲数供给、喷油器电阻或喷油模式、喷油器电压和供油压力等。

6. 轮胎平衡机

轮胎平衡机可用于汽车各类型车轮的平衡调试，可以获得动、静态下的精密测试和准确的平衡。图2-14所示为一种轮胎平衡机，此类设备一般都采用微机控制，具有较高的精确度，能自动测出轮胎两个校正平面上的动平衡度。

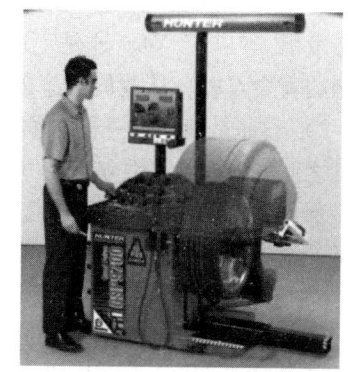

图2-14 轮胎平衡机

7. 汽车清洗及打蜡机

汽车清洗及打蜡机主要用于中小型车辆的刷洗、打蜡和吹干等。这类设备能自动识别车头、车尾,能进行正、反转的反复刷洗,且都是微机全自动程序控制,操作方便。

四、汽车维修服务应对话术

(一) 产品类应对话术列举

1. 开空调后压缩机为什么有响声

答:空调压缩机响声的原因很多。例如,压缩机本身运行时会产生响声;空调打开,冷却风扇工作时也可能引起散热器框架与散热器共振,产生异响;变排量空调机相对于定排量空调机感觉上声音会略大;系统内制冷剂的加注量及纯度也会影响空调压缩机运行。如果您方便的话,我们先对您车的空调系统进行检查,然后给您一个答复,您看这样行吗?

2. 怠速状态下,为什么转向盘抖动明显

答:请不用担心。这个问题是这样的,在怠速状态下,燃油蒸气控制阀工作时会引起怠速波动,有时引起转向盘抖动,可能会让您感觉到不舒服,但不会影响您的使用。另外,发动机怠速不稳,也会引起车身和转向机产生共振,造成转向盘抖动,这通常是由气门积炭引起的。如果是后一种,我们建议您按规定定期使用燃油添加剂,这会减少气门积炭现象。

3. 我的 DVD 为什么会经常死机

答:您知道 DVD 是高精密产品,其中包括软件等控制系统。各种干扰都可能对系统产生影响,导致 DVD 偶尔会无法运转。您只要断开 DVD 电源,重新开机,一般都能恢复正常。就像计算机有时也会死机,但重新开机就会好了一样。另外,现在各类 DVD、VCD、CD、MP3 等盘片繁多,正规与非正规标准又有偏差,造成有部分盘片不能被准确识别;而且频繁读取污损的盘片也会使读盘激光系统过早老化和损坏。对于不读任何盘片的 DVD,请至服务中心检查维修。

4. 我车的发动机为什么会有爆燃声

答:您提了一个非常复杂的问题。由于目前国内油品品质不稳定,车辆使用一段时间后,会在燃烧室和气门上形成积炭,引起混合气体提前点火而产生敲缸的声音。建议您定期使用燃油添加剂,这会改善燃油的燃烧性能,减少爆燃声,并且对延长发动机的使用寿命也有好处。

5. 为什么我车的后制动有异响

答:1) 假如是新换制动片:先生/小姐,新换制动片需要一个磨合期,在这过程中可能会发出"吱吱"声,这是正常现象,请放心使用。(如顾客还是疑虑)您看这样吧,为确保您的安全驾驶,让我们给您的制动系统做个检查吧,您看可以吗?

2) 假如是使用过一段时间的制动片:这个问题是这样的,您每次制动时,制动片和制动盘之间的摩擦会产生响声,但这对于制动安全性能没有影响。而且在制动过程中,底盘的机械部件也会产生一些摩擦声。制动时,长久的"咯咯"异响声就是提醒您摩擦片需要更换了。请您放心,我们给您的车检查一下,看看是什么原因再处理,好吗?

6. 有时电动车窗升降不灵活,为什么呢

答:电动车窗难以升降,可能是车辆行驶中,由于路面颠簸而引起升降电动机移位或卡滞所造成的,在我们服务站做调整后即可恢复。

7. 为什么冷起动时声音响

答：在冷起动时，由于润滑油未充满液压挺柱内腔，起动会有气门响声，待热车后响声会消失，属正常现象，请不用担心。有时候，润滑油内的杂质堵塞液压挺柱，也会造成起动时有异响。建议您定期更换合适的润滑油，这样会减少冷起动时不正常的异响。

8. 为什么我的车在车速 80～120 码时车身抖动特别厉害

答：发生这种情况的原因多为车轮转动时径向圆跳动过大引起，具体表现为行驶时车身有抖动现象，且在某个速度范围内特别明显。引起抖动的原因很多，例如有时候车辆长时间停放不用，轮胎就可能发生永久的变形；有时车辆在粗糙路面行驶或行驶中受障碍物冲击，轮辋就很容易变形，特别是加工精度较低的铁质轮辋。由于车轮的径向圆跳动是轮胎和轮辋的径向圆跳动的总和，以上变化都会造成车轮径向圆跳动超出正常标准。轮胎或轮辋的变形可能很明显，也可能肉眼难以看出，但作为与地面直接接触的车轮在高速行驶时的跳动会使驾驶人明显地感觉到抖动。因此若行驶时车身抖动很厉害，建议您到服务站请技师检查。

9. 为什么油耗比使用手册上高出很多

答：对您的疑问，我们很能理解。使用手册上的百公里油耗是一个理论油耗值，它是指在合理的时速（90km 等速行驶）、良好的路况下驾驶时所得到的值。在您的实际驾驶过程中，由于驾驶条件与理想条件有很大的差异性，譬如说空转 1 分钟需 10～30CC 的燃烧；负载 100 千克（城市），耗油增加 0.5 升/百公里，5 分钟怠速工况消耗的燃油可以使汽车行驶 1 千米路程；汽车过冷会浪费汽油，应控制在 28 摄氏度左右；空气滤清器严重阻塞，会导致汽油的混合比不良；注意时速的控制，一般在 90～100 公里/小时左右是最省油的；频繁制动会增加耗油。

因此，我们建议您除了注意以上问题外，还可以适当记录一下，如一次加油 50 升后，实际驾驶了多少千米，路况、时速和其他行驶状况如何等。这样反复记录几次，您会有个比较明确的数据。顺便提一下，其实就您爱车的马力、转矩以及平稳、宁静的运转而言，与同类车相比油耗真的不算是高的。

10. 为什么灯具内有水汽

答：车在雨天行驶，前照灯配光镜受水汽冷却，附近的温度急剧下降，空气中的水分就会凝结，水分会附着在前照灯内侧，形成结露现象。结露不是故障，一般在远光灯打开 30 分钟后会消散。

11. 为什么我的车窗易起雾？为什么我感觉除雾效果不好

答：由于外界空气和风窗玻璃之间的温差，会导致车窗起雾，从而影响您的前方视野，对驾驶的安全性造成影响。因此建议您特别在冬季用车时，暖车后再行驶，这样利于除雾。此外，以下的方法可以加快除雾效果，如打开空调（车外温度高于 4 摄氏度）可以有效地除湿；特别是车内乘员较多，外界温度较低时，S-CAR，L-CAR 需设置空气为外循环；设置温度为最高（红色顶端），如室外温度较高则选择中间档，以获得舒适的空气温度；设置风扇速度；根据需要设置风速档位除雾；可关闭中央两个出风口，使两侧出风口气流导向侧窗玻璃，进行有效除雾；适当开窗也能加快除雾。

12. 为什么我感觉车前照灯不够亮，能不能用大瓦数的灯泡

答：车辆的前照灯亮度系数是完全符合国家标准的。过于刺亮的灯光，会对迎面驶来的车辆造成影响。而且过亮的灯光也会造成您本人的不安全。如您自行改用大瓦数灯泡，会增加用电负荷，甚至引起燃烧。由于新车出厂对电路系统都有一个设定值，如需更改线路将是

一个很复杂的过程，况且，因更改线路引起故障，您将会失去原有的正当索赔权利。

13. 前制动片为什么比后制动片磨损快

答：制动片的磨损快，一般和它使用频率及制动片受力大小有关。同一辆车前、后制动片的使用频率几乎一致，但前、后制动片受力或者说对车轮实施的制动力是不同的，因为制动力的大小是和轴重成正比的。这就像让一个乒乓球从滚动状态停下比让一个铁球从滚动状态停下要容易一样。对于前置发动机的前轮驱动汽车，前轴承重比后轴承重大很多，前制动片实施的制动力大于后制动片，所以磨损得较快。

14. 我的车少了防冻液是否能加水

答：如果是缺少少量的防冻液可加蒸馏水（俗称熟水），因为蒸馏水中无杂质，不会形成水垢而影响发动机热循环。普通水因含杂质较多，容易引起堵塞，影响发动机正常工作。

15. 为什么我的车制动液位会下降？这与制动片有什么关系呢

答：制动液储液罐中制动液的液位下降有两种原因。一是制动摩擦片磨损导致制动液位下降，在更换制动摩擦片后液位即可回复。另外制动系统的故障或自然损耗也会引起制动液位下降。若发现制动液的液位下降后，直接向制动液储液罐加注制动液是非常不可取的，因为更换新的制动片后制动液就可能过多了。过多溢出的制动液是非常危险的，它不但有高度的腐蚀性而且可燃，如果溅到灼热的发动机部件上会引起燃烧。只有当制动液在自然损耗时才可直接向制动液储液罐添加同型号的制动液。因此，建议您若发现储液罐中制动液的液位下降，应立即请服务站专业人员检查原因并进行相应的处理。

16. 玻璃清洗液有什么好处？是否可以用别的替代品

答：专用的玻璃清洗液有清洗效果好、不易结冰、无腐蚀性等优点。而使用其他替代品可能造成冬季结冰，会损坏零件，清洁效果差，造成驾驶中危险情况的产生、残液腐蚀车身以及车身饰件和刮水器片。

17. 火花塞为什么要定期更换

答：火花塞的使用更换周期主要由所使用的火花塞型号决定，同时也与发动机使用工况有关。不同车型，即使相同型号的火花塞也会有不同的使用寿命。一般来说，正常行驶情况下，每年应检查一次火花塞，每 2 年或 30000 千米（以先到者为准）应更换火花塞。请参阅具体车型的用户手册。

18. 为什么要做四轮定位

答：您提出了一个非常专业、复杂的问题。简单地说，为了保障汽车在行驶、转弯状况下的安全性、稳定性，轮胎安装时都有一定的倾斜度（称四轮定位），以达到最佳行驶的效果。您的车经过一段时间的使用，特别在车辆运行时发生行驶跑偏，行驶稳定性差，轮胎偏磨或发出尖锐声时，专业技师需要对这个数值进行重新检测、调整，确保您的车始终处于良好的行驶状态，以及减少轮胎、悬架系统零件的摩擦。所以，您可据自己的爱车使用情况，适时地去服务站调整四轮定位。

（二）服务类应对话术举例

1. 客户非常生气地问："为什么不可以自己开车到车间或是进车间看自己车辆的维修过程？"

答：您的心情我们可以理解，对于检查质量您可以完全放心，我们服务站的维修工都是技术过硬的技师。再则检查完毕后，我们会做验车，您在这段维修期间，完全可以安心处理您的事务，如有什么问题，我们会及时与您联系的。

在车间，车辆不断地移动，举升架在不断地上下举升车辆，从安全的角度上来说，我们不建议您进车间。另外，修理汽车是一个十分精密、仔细的过程，就像医生做外科手术，如果我们的每个客户都进车间看维修过程，会造成我们的车间管理混乱。同时，休息区有一大块玻璃，透过它可看到车间的维修状态，因此您不用进入车间便可看到一切。如果必须进入车间与维修人员直接沟通，请您去业务前台拿一个参观证，在服务顾问的陪同下进入车间。

2. 维修站的零件为什么不可以外卖？我在外地，我住的地方没有维修站，维修很不方便，能不能把配件卖给我，我拿回去修

答：我们非常理解您，其他客户也提过类似的问题，请允许我解释一下。汽车厂商采用的是封闭式的配件供应模式，目的就是为了保证车主在服务站能获得纯正的配件，您知道汽车的维修和维护需要较高的专业技术，配件不外卖也是以防非专业人员向您提供不恰当的服务，从而危及您的驾车安全。

3. 我的车出现疑难故障，你们维修检查时找到了问题，虽然花费了一整天的时间，但是现在我不想修了，你们却要收我的检查费，你们不是说检查是免费的吗？为什么还要收我检测费呢

答：维修前的故障诊断是维修的关键环节，尤其是疑难杂症，需要高超的技术和丰富的经验，同时还可能使用专用检测仪，若已准确判断等于维修进行了一半，因此按行业规定，适当地收取检测费用是合理的。

4. 为什么维护后不久又出现了问题

答：由于这些问题给您带来的不便，我们表示非常抱歉。我们会立刻对您的车进行检测，由于造成出现故障的原因有很多，在检测结果出来之后，我们会尽快给您一个满意的答复和解决方案。

5. 你们是怎么修车的，同样的问题修了好几遍？你们到底能修好吗

答：十分抱歉给您造成的不便，我们会对您的车再做一个全面检测，请放心，您会在最短时间内得到圆满答复。（如果是维修质量问题，再做一些道歉，和顾客协商可能接受的方案。如果不是维修质量问题，礼貌地向顾客解释检测结果，认同后，提出解决方案。）

6. 为什么你们各地区的4S店的工时费不一样，有的便宜，有的贵

答：非常感谢您提出这个问题，因为各地区的行业规定、物价水平不同，所以各服务厂工时会略有不同，但请您放心，全国所有的收费标准都经过国家相关部门的严格审批，如您对您的账单有疑问，可随时与我们联系，我们会尽快给您一个满意的答复。

7. 同样的配件，为什么市场上也能买到，而且价格便宜

答：为确保您能使用上优质纯正的售后服务配件，我们品牌所有的零配件采购都达到全球的质量标准，而市场上的配件来自不同渠道，质量和使用安全得不到保证。"安全和品质"是我们对每一位顾客的承诺。

8. 你们修理厂不是修理吗，为什么我的车出现问题以后老是要换总成

答：更换总成是为了确保零配件维修使用安全。例如更换转向机内油封需专用工具和较高的工艺要求，一般无法保证修理质量，因此导致转向机漏油、失灵，将会存在极大的安全隐患。当然对维修工艺要求不高或有相应修理技术作保证时，专业维修人员会给您修复的。

9. 为什么维修等待时间这么长

答：公司现在的工位和车辆停放区的空间有限，而客户经常是集中一个时间段到店，还有些客户的维修项目需花费较多人力、时间去试车、排除故障，所以有些时候会使您的等待时间过长。为了缓解这个问题，建议您下次来厂维修维护时进行预约，从而减少等待时间。

10. 你们的收费是怎么收的，不是说好100块钱一个工时吗？为什么我的车子修了才1个小时，收费却要1000多

答：因为我公司在维修自己的品牌车是非常专业的。维修车对于您来说，肯定是速度越快越好，维修工时与实际工作时间不是一个概念，工时是指工作时间内的工作效率与价值，所以时间长短并不能作为衡量收费标准。例如修发动机需两天两夜，工费只有2000元。如果同样的收费，维修同样的问题在别人那里要半天，在我们这里只要一个小时，你会选择哪里呢？

课题二　故障车辆的质保索赔服务

质量保修（Warrant）是指汽车制造商对自己生产的汽车，在质量上有一定正常行驶里程或使用期限的承诺，在约定的里程或期限内产品由于自身的质量问题造成无法正常使用的，由汽车制造商负责免费给用户购买的汽车恢复使用性能。上述承诺又称为质量保证、质量担保、质量赔偿等。质量索赔的基本含义是指处理用户的质量索赔要求，进行质量鉴定、决定实施或不实施赔偿行为，并向厂商反馈用户质量信息。

> **案例分享　雪铁龙索赔案例**
>
> 东风雪铁龙汽车公司2007年出了一款新车，浙江一家4S服务站的配件仓库管理员发现这款车的底板螺钉用量特别大，经过对修理工艺和更换下来的螺钉进行分析，发现由于我国道路状况不像发达国家那么理想，而在选择螺钉材料的时候是按照发达国家的道路状况确定的，结果导致该项质量索赔工作量不合理地增加。通过向生产和采购部门反馈产品的质量信息可以帮助制造商弥补设计上的不足。

一、质量承诺与索赔服务

在我国的汽车行业内，质量核赔工作的流程通常是由第一线的售后服务网络（服务站）受理用户的质量索赔要求并决定是否赔偿，厂商售后服务总部对服务站的赔偿决定进行赔偿鉴定，复核赔偿的准确性并进行质量动态的综合分析。弄清发生质量不符合要求的原因是索赔的一项重要工作内容，如索赔的原因是设计问题还是零部件本身的材料问题或装配问题等，在找到规律后可以向厂家提出建议，通过相应措施进行纠正。

（一）质量保修工作要点

质量保修是售后服务工作的核心，占售后服务工作很大的比重，所以必须重视。质量保修工作的好坏，对企业形象、品牌形象、企业声誉、品牌声誉具有举足轻重的影响。质量保修工作的主要内容可以分为两类：一是质量保修规范的制订；二是质量信息的分析处理。

汽车厂商要想获得适当、准确的信息，必须要有规范的信息载体和收集完整的信息内容。通常可以以质量赔偿鉴定单和重要质量信息反馈单作为信息载体。目前在所有的4S服务站都有专门的质量索赔岗位，通常称为索赔员（三包索赔员）。汽车售后"三包"索赔员的职责总结如下：

1）开展新车首次维护的索赔工作、正常维修车辆配件的索赔工作。
2）保存好每天的单据，每天进行整理。
3）在坚持"三包"原则的基础上维护客户的正当权益，负责对客户的解释工作。
4）将索赔件按时返厂，协助财务人员与厂家结算"三包"费用。
5）与厂家定期沟通索赔信息和政策。
6）熟悉车辆配件名称，了解"三包"范围内的所有零件以及零件"三包"的时间。
7）给索赔配件上标签，并将其摆放到指定位置。
8）负责填写、打印信息报告，以及填写申请单。
9）负责每月保修零配件申请表的汇总、存档。

汽车质保索赔服务具有极强的公平性和技术性，质量保修工作的要点有三个。

一是"准确"，指准确（符合客观事实）地做出质量故障鉴定，既要维护企业的利益，又要维护客户的利益。由于上述的原则仅仅是定性的，就事论事的平等在实际核赔工作中几乎是不存在的。如果是买方市场，企业为了长远利益，判断的天平会向客户倾斜，反之亦然。这里说的准确是包括了长期利益与短期利益平衡的准确判断，所以"准确"是贯彻质量保修承诺的前提，也是整个售后服务工作能否顺利、持续发展的基础。

二是"快速"，指对用户的求救要迅速处理，快速服务。国际上各大汽车公司都保证24h之内，把质量保修零件送到用户手中。在中国，汽车行业有自己的特点，质量索赔的更换件不是交给客户而是由服务站直接更换。国际大品牌企业一般都会在自己的网站上向全世界公布其服务热线电话。"快速"要求售后服务必须克服工作量大、技术性强的障碍。另外，要对"快速"有个定量的描述，如各类事故的处理在24h之内等。

三是"厚待"，指售后服务人员要善待用户，对用户的愤慨、怨恨、不满，应始终保持一种平和的心态。只有这样，服务人员才能设身处地为顾客着想，认真解决产品的质量故障。因为质量保修面对的是企业的产品质量缺陷，如果售后服务人员用负疚的心情面对用户的损失，既可以缓解用户的不满，又可以维护企业的形象。总之，没有准确、快速和正确对待用户的意见也就没有售后服务，质量保修工作是贯彻和体现厂商服务理念的关键环节。

（二）国家汽车"三包"政策内容分析

近年来，我国家用汽车销量不断攀高，汽车消费纠纷也大量出现，关于汽车"三包"的明确规定呼之欲出。从2004年国家质检总局起草汽车"三包"草案开始，历经多次意见征求，"三包"政策终于出台。新法规明确规定了家用汽车产品的保修期和"三包"有效期。2013年1月15日，国家质检总局正式发布了《家用汽车产品修理、更换、退货责任规定》（以下简称"新规定"），明确了"汽车'三包'"的概念。

> "汽车'三包'"是指汽车产品生产者、销售者和修理者，因汽车产品质量问题，对汽车产品修理、更换、退货的行为。

1. 家用汽车（7座以下）产品纳入"三包"

新规定中，易损耗零部件等汽车产品也纳入"三包"范围。国家质检总局表示，之所以将汽车产品纳入"三包"进行专项立法，是考虑到汽车产品技术复杂，消费者与生产经营者的信息不太对称，消费者个体比较分散，消费者在处理"三包"争议的过程当中，容易处于弱势。

2. 保修期和"三包"有效期的界定

新规定中,保修期限是不低于 3 年或 6 万 km;"三包"有效期限是不低于 2 年或行驶里程 5 万 km 内。保修期内出现产品质量问题,可以免费修理;在"三包"有效期内,如果符合规定的退货、换货条件,消费者可以凭"三包"凭证、购车发票等办理退货或换货手续。

3. 消费者退、换货条件

1)家用汽车(7 座以下)产品,从销售者开具购车发票 60 天内或行驶里程 3000km 之内(以先到者为准),如果出现转向系统失效、制动系统失效、车身开裂、燃油泄漏,就可以选择换货或退货。

2)严重的安全性能故障累计做两次修理后仍然没有排除,或者出现新的严重安全性能故障,可以选择退货或换货。

3)发动机变速器累计更换两次,或者它们的同一主要零件累计更换两次仍然不能正常使用,可以选择退货或换货。

4)转向系统、制动系统、悬架系统、前后桥、车身当中的同一主要零件因质量问题累计更换两次仍然不能正常使用的,消费者可以选择换货或退货。

除此之外,在家用汽车产品"三包"有效期内,因产品质量问题修理时间累计超过 35 日的,或者因同一产品质量问题累计修理超过 5 次的,消费者可以凭"三包"凭证、购车发票,由销售者负责更换。如果符合更换条件,但销售者没有同品牌、同型号或配置不低于原车的汽车,消费者可以选择退货。

"三包"凭证可包括正、反两面,其中正面应至少包括产品信息、生产者信息、销售者信息、"三包"条款等,背面应列出其他"三包"相关信息,包括主要总成的主要零件种类范围、易损耗零部件的种类范围等。新规定自 2013 年 10 月 1 日起施行。

二、品牌汽车质量担保分析

(一)服务顾问在质量担保工作中的位置和作用(图 2-15)

1)协助鉴定员向客户进行质量担保政策的解释及提供相关服务。

2)通过专业周到的服务赢得客户对品牌的信赖。

(二)服务站在车辆质量担保工作中的职责

1)直接面对客户的质量担保,垫付所需费用。

2)如客户申请属实,服务站应采取有效的措施,满足客户索赔要求。

3)如客户的申请不符合质量担保规定,向客户解释不能承担质量担保的充分理由及依据。

4)对车辆细心地检查,以避免其他故障。

5)定期向厂商追索合理的质量担保费用。

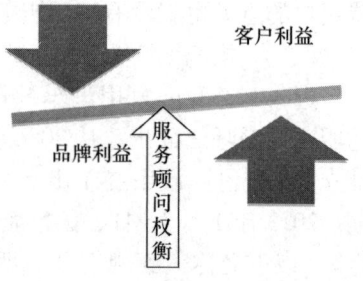

图 2-15 服务顾问在质量担保中的作用

(三)服务站在车辆质量担保工作中的义务

1)如厂商对某例质量索赔(已实施的质量担保)部分或全部拒绝,相应的费用由服务站承担。

2)避免用户直接向厂商索赔。

3)因服务站维修操作不当造成损失,其责任及相应的费用由服务站承担。

4)服务站应设鉴定员岗位,维修量大于 1000 台次/月的服务站应至少配备两名鉴定员。

特别提醒：服务站申报的质量担保费用，必须基于真实的原则。对于以下行为，视为虚报质量担保费用，在质量担保审核、质量担保审计或客户回访中一旦发现，应严厉惩罚。

1）向客户收取了费用，又向汽车厂家申报质量担保费用。
2）向汽车厂家申报没有发生的质量担保，包括外出服务、商务补偿。
3）伪造客户维修单据，包括派工单、领料单、发票等质量担保相关单据。

（四）对服务站的基本要求

1）非常熟悉质量担保程序和服务。
2）用计算机系统处理质量担保业务。
3）在派工单上做记录。
4）必须使用厂商提供的原厂备件。
5）随时更新质量担保和维护手册（以下简称"维护手册"）。
6）保存所有的资料证明。
7）更换旧件的保存和标签，多数厂商要求将保修更换的旧件返回原厂进行鉴定分析。
8）及时发送质量担保鉴定单。

（五）服务站质量担保原则

1）在保证维修质量与工艺的前提下，应使用最经济的备件。
2）国产件更换时一般使用同一厂家同一品牌的备件（因品牌而异，替换件参考厂家公函）。
3）用户自费备件装车时需做标记，以便识别。
4）按规定时限申报质量担保鉴定单。

（六）服务站质量担保工作流程（图2-16）

1. 接待客户

1）热情地解答客户的咨询。
2）耐心听取客户的投诉。
3）采用结构式提问，了解客户的需求。
4）现场检查车辆，确定修理项目。
5）填写接车修理单。
6）请客户确认修理项目。

2. 检查车辆

1）与客户共同检查车辆。
2）确认车辆故障，必要时请维修工程师参与检查。
3）与客户共同确认车辆外观损伤。
4）与客户协商维修项目。

3. 申请授权

1）根据维修项目，检查是否存在需要申请授权的项目。
2）在开始修理工作之前，填写授权申请表，向修理厂申请授权号码。

4. 车辆维修

1）维修工程师分析故障原因。
2）维修技师维修车辆，更换损坏的零部件。

3）检查修理项目，确定是否有增加的项目。

4）向接待人员和客户通报需要增加的修理项目，取得客户同意。

5）检验员检查修复的车辆，填写检验记录。

6）通知索赔员办理索赔。

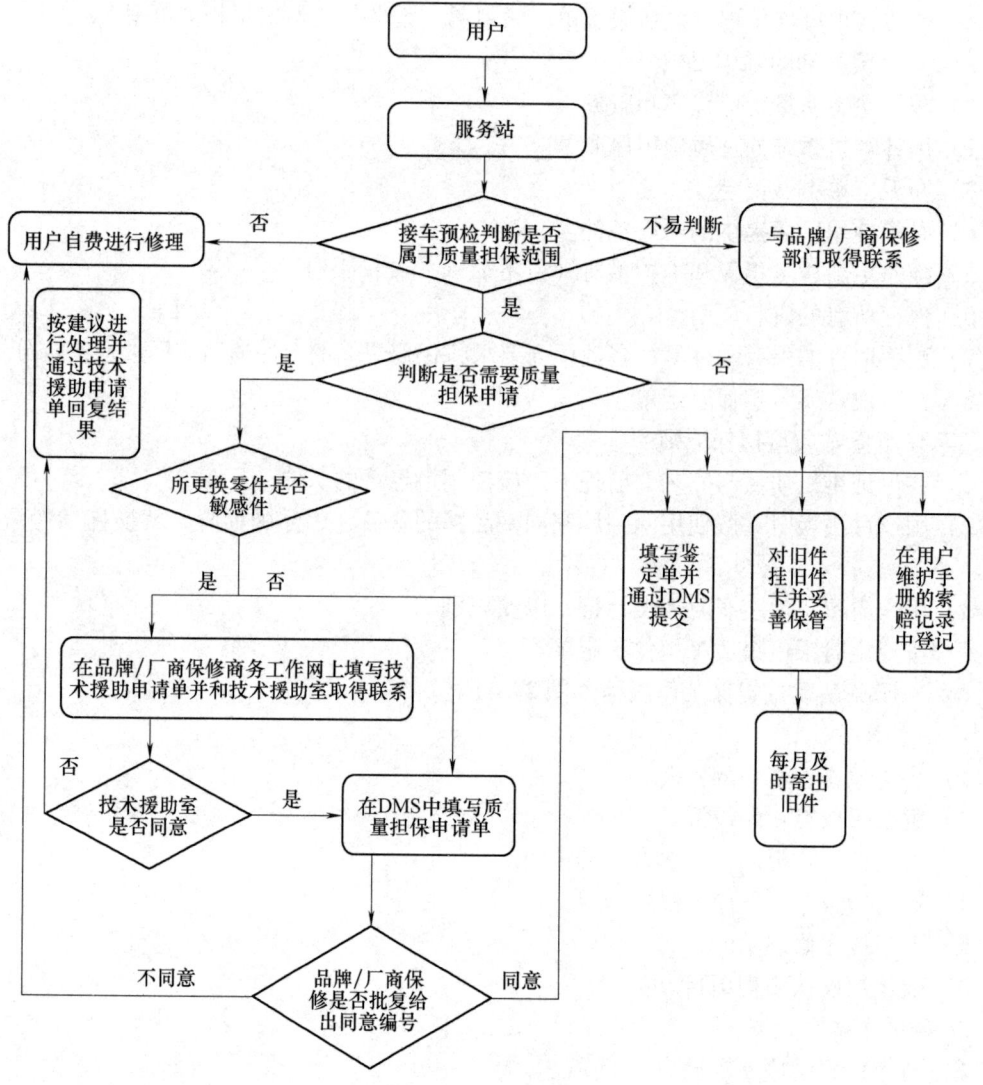

图 2-16　服务站质量担保流程

5. 分析、保存旧件

1）维修工程师分析更换下来的零部件。

2）填写零部件故障报告。

3）将更换下来的零部件清洗、贴保修零部件标签并妥善保存，部分厂家要求保留故障件的故障状态（如漏油等）。

4）登记保修旧件明细表。

6. 填写索赔单据（DMS 操作）

1）核查工时标准手册，确定工时费用。

2）核查零部件价格表，确定零件费用。

3）零部件加价率为 25%（因品牌而异）。

4）填写经销店保修申请单。

5）向经销店提交索赔申请，确认维修项目。

6）接待客户。

7）检查车辆。

8）申请授权。

9）车辆维修。

10）分析、保存旧件。

11）填写索赔单据。

> **案例分享　索赔纠纷案例**
>
> 客户：我两个月前来维护，都没检查出来问题，现在车才过质量担保期两天，就出毛病了，你们今天必须得给我换了！
>
> 点评：首先与客户确认，两个月前维护时确实进行过严格彻底的检查；对客户车辆发生故障表示同情；立即对车辆进行系统检查，之后解释故障产生的原因；如故障是电气系统的故障，解释该系统故障的特点是可能随时发生，很难通过检查进行预知；为客户讲解质量担保政策，并强调质量担保期限是有严格规定的；如此次故障维修费用较高，根据客户情况，适当向领导请求能否给予适当优惠。

（七）新车质量担保政策

1. 质量担保期

1）新车的质量担保期（以某品牌为例）。用于出租、租赁等经营性类别的整车质量担保期为 1 年或行驶里程 10 万 km（以先达到者为限）；用于其他性质的车辆整车质量担保期为 3 年或行驶里程 10 万 km（以先达者为限）。

2）质量担保期从用户购车开发票之日起计算。

3）质量担保期间零件的更换或维修原则。质量担保期内质量担保更换的备件，其质量担保期属于整车新车质量担保期范围，随整车质量担保期的结束而结束。

2. 质量担保条件

1）必须完成首次维护。

2）必须按照维护要求进行定期维护。

3）要保持损坏件的原始状况。

4）质量担保维修由服务站进行并做记录。

3. 质量担保范围

1）因产品的设计、制造、装配及原材料缺陷等因素引起的损坏。

2）由质量担保件所引起的相关件的损坏，包括辅料损耗。

3）质量担保费用包括备件费、维修工时费和厂商授权服务站的外出服务费。

> **案例分享　索赔纠纷案例**
>
> 　　客户：这个东西我都换了2次了，你看这车马上就出质量担保期了，那再坏了不就是要我花钱了吗？
>
> 　　点评：首先对客户的心情表示理解；与客户确认，此次维修已保质保量地完成，此次更换备件为原厂正规备件；结合前两次故障原因，向客户讲解正确的使用方法和注意事项；向客户解释，零件损坏的发生是有概率的。

4. 质量担保责任免除

1）不满足新车质量担保条件中的任何一条。

2）车主未按维护手册的规定进行新车首次维护，或者没有按维护手册的规定进行以后的任何一次定期维护，或者无新车质量担保证明，都视车主自动放弃质量担保权。

3）车主自行修理或到厂商授权服务站以外的厂家修理后，车辆所发生的相关质量问题造成的损坏。

4）因车主使用不当或维护不当造成的损坏。

5）进行了没有经过汽车厂商认可的任何汽车改装。

6）由于外部原因造成汽车损伤，如细砾石的溅击或碰撞以及大气中的化学气体或其他化学物品、鸟粪等的腐蚀所致的损坏。

7）由于自然灾害、车祸、人为的故意损坏或战争、暴乱所致的损坏等。

8）质量担保范围中没有专门规定的费用，如车主因进行质量担保而发生的拖车费、停运费、停车费、路桥费、旅差费、食宿费、管理部门的惩罚款。

5. 新车易损件质量担保规定

以某品牌为例，表2-6列了新车易损件质量担保规定。

表2-6　某品牌汽车新车易损件质量担保规定

易损件名称	质量担保期限/里程	易损件名称	质量担保期限/里程
离合器片	6个月/5000km	刮水器片	2个月/1000km
附件传动带夹	10000km	灯泡	2个月/5000km
制动片	6个月/5000km	熔丝	1个月
火花塞	6个月/5000km	蓄电池	1年/20000km
机油滤清器	3个月/5000km	汽油滤清器	1个月/5000km
空气滤清器	1个月/5000km	遥控器电池	12个月
轮胎	5000km	喇叭	1年/30000km

1）易损件质量担保的其他条款请参见质量担保相关规定。

2）在新车易损件的质量担保期内，易损件的更换或维修不能延长该易损件的质量担保期，所更换易损件的质量担保随该易损件质量担保期的结束而终止。

（八）备件质量担保政策（以某品牌为例）

1. 质量担保期限

凡在服务站购买并由厂商提供的备件，其质量担保期为 12 个月或行驶里程为 5000km（以先达到者为限）。备件质量担保起始日期从用户在服务站购买、安装并开具发票之日起计算。在该备件的质量担保期内，如需更换或维修该备件的，不能延长该备件质量担保期。

2. 质量担保条件

1）质量担保备件必须在厂商指定的服务站购买，并由该服务站装车，质量担保时也必须在该服务站进行并出示相关凭证（购买发票或维修结算单、派工单、出库领料单等）。

2）质量担保车辆必须按照维护手册和维修手册的要求在服务站进行定期检查维护。

3）用户提出备件质量担保前，要保护好损坏件的原始状态。

4）备件装车时应做上标记。

3. 质量担保范围

1）符合备件质量担保条件，经服务站检查并确认需要修理或更换的故障件。

2）因质量担保备件引起损坏的相关件，包括辅料。

3）尚未构成正式销售，在装车试验、检验环节中发现的自身有缺陷的备件。

4）备件质量担保费用包括备件费、维修工时费和厂商授权服务站的外出服务费。

案例分享　索赔纠纷案例

案例一

客户：我的车在质量担保期内，怎么洗个积炭还要收费啊？

点评：

解释原因。"积炭的形成主要是汽油燃烧不充分造成的，这和汽油的油品、开车人的驾驶习惯等因素有关。"

表示理解。"您的心情我们能够理解。"

讲解政策。"但它确实不是产品质量问题，所以需要收费。"

提示正确使用方法。"在以后的使用中，最好能够……"

案例二

客户：首保在其他站做的，但那个站忘了盖章，怎么办？

点评：

讲解政策。"按照汽车厂家的规定我们是要看到您的首保证明的。"

表示理解。"但您也是大老远好不容易来一次。"

提供解决办法。"您看这样行吗？我去联系一下您做首保的服务站，如果他们能查到您的记录，我找我们售后经理申请一下，看能不能先把质量担保给做了，好吗？"

案例三

客户：质量担保期内的维护为什么要收费？

点评：

解释政策。"维护是为了保证车辆正常运行，延长使用寿命，减少维修次数并降低使用成本,对车辆进行的定期维护。车辆只要使用起来就要进行定期维护,这和车辆质量没关系。而质量担保是对整车进行质量担保。"

表示理解。"您的心情我们能够理解,但维护和质量担保确实概念不一样。车辆的维护就像人要体检,体检都不在医保范围内,是要收费的,因此维护收费也是合理的。"

案例四

客户:我在路上车坏了,临时处理了一下才能把车开回来,你们说零件不是原来的样子就不质量担保了,有这个道理吗?

点评:

解释政策。"保持零件的原始状态关系到质量担保鉴定的评判结果,由此判断零件的损坏是质量问题还是人为造成,原始状态被破坏就无法判断责任。"

表示同情。"其实,谁也不愿意遇到这样的意外情况,我们特别理解您当时的心情。"

提醒用户。"当时您出现故障可以联系服务站,可以由服务站解决和协调的。"

4. 质量担保责任免除

1)不满足备件质量担保条件中任何一条。

2)经厂商授权服务站检查并及时向车主提出,需装上的备件会受到其相关件影响而损坏,需更换其相关件,但车主不同意更换其相关件而装上的备件。

3)因车主使用不当或维护不当造成的损坏。

4)进行了没有经过厂商认可的任何汽车改装,且该改装会对质量担保备件造成影响。

5)由于外部原因造成的备件损坏,如细砾石的溅击或者碰撞以及大气中的化学气体或其他化学物品、鸟粪等的腐蚀所致的损坏。

6)备件质量担保中没有专门规定的费用,如车主因进行备件索赔而发生的停运费、停车费、路桥费、差旅费、食宿费、管理部门的惩罚款项等。

7)车主自行修理或到汽车厂家授权服务站以外的厂家修理后,备件所发生的相关质量问题造成的损失。

5. 必须事先申请的质量担保事项

1)金额超过4000元人民币的零件。

2)易损件的维修。

3)油漆维修工作。

4)商品车质量担保。

5)运输商责任的商品车维修。

6)质量担保期外的技术支持。

7)商务补偿。

8)车身覆盖件和开启件的更换、钣金及油漆维修。

9)旧件运费超过3000元人民币。

10)因缺国产备件需要更换进口件。

11)敏感零件的更换。

12）重大质量问题，如火烧车、气囊未爆开等重大质量问题，或者涉及巨额财产损失或人员伤亡事件。

（九）质量担保操作特殊条款

1. 关于CD机（图2-17）

1）所更换新机必须和原装车件为同一品牌。

2）同一车辆收放机3个月内发生3次故障，如前两次采用维修方式，第三次直接更换新机。

图2-17 汽车CD机图示

3）派工单填写要求：故障描述——生产厂家+版本+故障现象，如"深圳航盛1.3版本CD机不读碟"或"西门子CD机不读碟"。

案例分享　索赔纠纷案例

案例一

客户：我半年前更换的备件，现在又坏了，为什么新换的件质量担保期不能顺延？

点评：

解释政策。"这次我们是给您免费换的备件，换句话说您的备件在1年或者50000公里的质量担保期有问题我们都是免费处理的，因为这次备件我们是免费为您换的，所以新换的件只是延续您原先件的质量担保期限。您看我说清楚了吗？"

案例二

客户：因为你们备件的原因，我就得等好几天不能工作，公司扣我钱，这个损失你们应该赔给我。

点评：

解释政策。首先向用户的误工表示同情；向用户表明，已经以最快的方法预订备件，以尽早为用户修复车辆，征得用户谅解；向用户解释在质量担保政策中，间接损失是不赔的，这和保险条款是一样的；询问用户是否需要代步车，以免继续影响工作。

---

2. 关于辅料（各种油、液、胶等）

1）辅料同样有质量担保，对因辅料产品质量缺陷导致车辆部件的损坏予以质量担保。

2）对润滑类油，仅对因油品质量导致的故障维修和油品更换进行赔偿。

3）该质量担保仅对厂商销售的辅料生效。

3. 改装车（特许改装车）

1）根据正常程序，由厂商承担质量担保。

2）如果涉及改装部位的故障，以及因为改装而导致的故障，应注明"改装车"，详细描述故障。

4. 非经销商销售车辆的质量担保

由厂商直接销售给员工、重要政府官员或大宗用户的车辆，按照正常质量担保程序进行质量担保。

5. 预先提供的备件

1）特殊情况下，由厂商服务部决定向服务站免费提供备件，直接从厂商发送。

2）在质量担保鉴定单故障描述处注明"已预先提供备件"及零件号、发货单号、日期。

3）已预先提供备件的零件号不输入计算机。

三、缺陷汽车产品召回管理

缺陷汽车产品召回按照制造商主动召回和主管部门指令召回两种程序的规定进行。制造商自行发现或者通过企业内部的信息系统，或者通过销售商、修理商和车主等相关各方关于其汽车产品缺陷的报告和投诉，或者通过主管部门的有关通知等方式获知缺陷存在，可以将召回计划向主管部门备案后，按照本规定中主动召回程序的规定，实施缺陷汽车产品召回。图 2-18 所示为汽车召回程序示意图制造商获知缺陷存在而未采取主动召回行动的，或者制造商故意隐瞒产品缺陷的，或者以不当方式处理产品缺陷的，主管部门应当要求制造商按照指令召回程序的规定进行缺陷汽车产品召回。

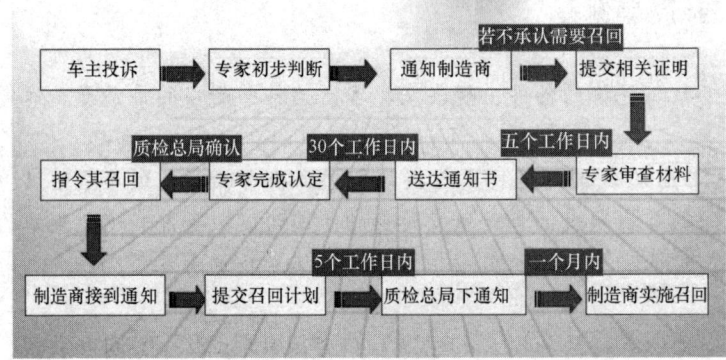

图 2-18　汽车召回程序示意图

> **什么是召回？**
>
> 召回（recall），指按照《缺陷汽车产品召回管理规定》要求的程序，由缺陷汽车产品制造商进行的消除其产品可能引起人身伤害、财产损失的缺陷的过程，包括制造商以有效方式通知销售商、修理商、车主等有关方面关于缺陷的具体情况及消除缺陷的方法等事项，并由制造商组织销售商、修理商等通过修理、更换、收回等具体措施，有效消除其汽车产品缺陷的过程。

事实上，汽车召回除了要靠汽车厂商的自觉与监管方的严格执法外，消费者的法律意识以及正确维权的方式也很重要。那么，发现汽车有质量问题之后应该怎么办？如果条件允许，消费者可在最短的时间内将车辆交给制造商指定的维修站进行诊断和维修；如果认为该问题可能影响安全，应立即将此问题的详细情况报告给国家缺陷汽车信息系统，并查询该车型是否已实施召回；另外，消费者还应当将此问题报告给汽车生产商。

按照此前的《缺陷汽车产品召回管理规定》中"在某一批次、型号或类别的汽车产品中普遍存在的具有同一性的缺陷，具体包括汽车产品存在危及人身、财产安全的不合理危险，以及不符合有关汽车安全的国家标准、行业标准两种情形"，可以看出判断某类汽车是否应该召回最重要的因素是问题的"普遍性"。因此，消费者只有通过正常的渠道积极投诉，国家主管部门和生产者才能根据大量投诉信息及早作出判断，并进行相应处理，维护消费者的切身利益与人身安全。

很多消费者对于企业的召回行为还是比较理解的，只要能够在危险发生前解决隐患，这是大家都乐意看到的结果。否则消费者发生安全问题后，找到企业索赔，如果企业极力掩盖问题，既损害了消费者的利益，又影响了品牌形象，可谓两败俱伤。严格来说召回不是退货，因为召回进程中有个维修后返回购买者的程序。最终的商品并没有失去。召回的直接经济损失是有的，如改造、维修、更换部件以及来回的运费。当然，间接的正面影响也是有的，如商誉和产品售后服务的隐性广告。主动召回存在安全隐患的车辆，既能体现出对消费者安全负责任的态度，又是企业社会责任感的一种体现。

根据汽车召回制度，投放市场的汽车如果发现由于设计或制造方面的原因存在缺陷，不符合有关法规、标准，有可能导致安全及环保问题，厂商必须及时向国家有关部门报告该产品存在问题、造成问题的原因、改善措施等，提出召回申请，经批准后对在用车辆进行改造，以消除事故隐患。此外，厂商还有义务让用户及时了解有关情况，并积极进行召回处理活动。

（一）召回的目的和要求
1）召回是保护用户利益的积极行动。
2）召回的文件和内容只在厂商以及服务站内部流通。
3）服务站售后经理直接负责并确保执行。
4）相关文件资料需专人妥善保管。

（二）召回的类型
（1）主动型　主动型召回指汽车品牌授权服务站主动向用户发挂号信并电话通知，约定在之后的某一个时间段内，对车辆某个部件或零件/总成进行召回并免费更换或技术升级，消除安全隐患或技术/材料的缺陷。汽车厂商可根据召回车辆的数量、范围以及工作难度设定完成率，如2个月完成率为40%，6个月完成率为95%等。

（2）被动型　被动型召回是指不特别要求用户在某一时间内进厂，而是在用户车辆维护或检修时进行检查维修，根据厂商召回政策给予免费升级或更换零部件。例如厂商设定完成率，6个月完成率为70%。

案例分享　召回处理案例

案例一

客户："我刚买的车怎么就要召回，这车质量不行，我要赔偿（退车）！"

点评：

解释政策。召回指按照《缺陷汽车产品召回管理规定》要求的程序，由缺陷汽车产品制造商进行的消除其产品可能引起人身伤害、财产损失的缺陷的过程。具体方式有修理、更换、收回等。这里的缺陷，是指由于设计、制造等方面的原因而在某一批次、型号或类别的汽车产品中普遍存在的具有同一性的危及人身、财产安全的不合理危险，或者不符合有关汽车安全的国家标准的情形。

讲利益。汽车召回不等于退车，从国外汽车制造商的经验来看，通过免费修理或零件更换就能够解决问题，而且这种行动是厂家保护用户利益、消除产品缺陷的积极行动，是对用户有利的。

案例二

> 客户:"我这次来店只是想做个维护。现在你告诉我这个车参与召回行动要换备件,是不是车有问题啊!"
>
> 点评:
>
> 表示理解。安慰用户不必担心,车的质量没有问题。
>
> 讲利益。免费更换是一种升级行动,对用户车辆是有利的。
>
> 讲解政策。用召回行动文件中的话术进行解释。

(三)召回行动中服务站的工作职责

1)立即起动。

2)冻结库存车辆。

3)订购后续备件。

4)根据召回行动的类型向用户发出通告。

5)召回行动的组织实施并跟踪推进。

6)向厂商反馈信息。

7)质量担保旧件的返回。

8)向厂商申请质量担保结算。

(四)召回行动中服务顾问的工作职责

1)了解每次行动的目的和要求。

2)识别车辆 VIN 号,并通过网站 100% 查询是否属于预防行动范围。

3)根据每次行动文件中的话术对用户进行相关的解释。

4)在派工单上注明"召回行动"。

5)属于在国家有关部门备案的召回行动需收回用户通知函。

(五)召回行动话术技巧

1)熟记维护手册上的内容及其相关位置。

2)以用户听得懂的语言进行解释召回行动。

3)对用户的心情表示充分理解。

4)用"同理心"说清召回行动的事实以及对客户的利益。

5)提示用户仔细阅读维护手册和正确使用车辆,帮助用户维护自身利益。

课题三 汽车维修配件管理

汽车售后服务企业的配件经营与管理目标是为客户提供及时、周到、可靠的配件服务,保证客户所购汽车配件的正常使用,最大限度地发挥汽车配件的使用价值。配件供应就是配件营销,它是售后服务工作的关键。备件、配件供应具有两大职能:一是为在本企业进行维修的车辆能正常运转提供"粮草",技术水平再高的技师也无法在不更换不能正常使用的零配件的前提下恢复汽车使用性能,所以配件供应是恢复汽车使用性能的基本保障条件;二是汽车厂商以备件让利形式,通过支持其服务站开展备件(配件)经营,取得效益,以促进售后服务网络的运转和发展。目前我国汽车品牌绝大部分的特约服务站都不能营销由厂商提供的配件,因为原厂配件在非特约服务站的扩散就意味着特约服务基本失去意义,目前所有的特约服务站在向原厂采购配件时都要有详细的记录，以后再要购买相同的配件必须向厂家提供原来采购的配件用在哪些维修的车辆上了，维修记录是否显示了更换，客户是否已经签字认可了配件的更换。换下来的损坏件要登记。所以汽车售后服务企业配件管理工作主要包括：确立合适的配件经营机制，做好配件的仓储作业，基于配件需求的科学预测、现代仓储管理技术和 IT 技术，推进备件、配件供应工作的现代化等。

一、汽车配件基础知识

在汽车售后服务过程中，汽车配件编码的检索是配件业务的基础。配件管理员应熟知配件及配件编码系统；准确确认配件所对应的车辆信息（车型代码和 VIN 汽车识别代号）。

（一）车辆识别代号

车辆识别代号是汽车的身份证号，它根据国家车辆管理标准确定，包含车辆的生产厂家、年代、车型、车身形式及代码、发动机代码及组装地点等信息。新的行驶证在"车架号"一栏中一般都打印 VIN 码。

> 车辆识别代号（Vehicle Identification Number，VIN）是制造厂为了识别而给一辆车指定的一组字码，国际标准化组织（International Organization for Standardization，ISO）将车辆识别方案推向世界，并制订了完善的车辆识别代号系列标准，使世界各国的车辆识别代号建立在统一的理论基础上。目前，采用这套车辆识别系统的国家已超过 30 个。1999 年 1 月 1 日后，适用范围内的所有新生产车必须使用车辆识别代号。

1. 术语定义

（1）车身形式　指根据车辆的一般结构或外形，如车门和车窗数量、运载货物的特征以及车顶形式（如厢式车身、溜背式车身、仓背式车身）的特点区别车辆。

（2）发动机形式　指动力装置的特征，如所用燃料、气缸数量、排量和静制动功率等。装在轿车或多用途载客车或车辆额定总质量不大于 4500kg 的载货车上的发动机，应标明专业的制造厂及型号。

（3）种类　是制造商对同一型号内的，在车身、底盘或驾驶室类型等结构上有一定共同点的车辆所赋予的命名。

（4）品牌　是制造厂对一类车辆或发动机所赋予的名称。

（5）型号　指制造厂对具有同类型、品牌、种类、系列及车身形式的车辆所赋予的名称。

（6）车型年份　表明某个单独的车型的年份，只要实际周期不超过两个立法年份，可以不考虑车辆的实际生产年。

（7）制造工厂　指标贴 VIN 的工厂。

（8）系列　指制造厂用来表示如标价、尺寸或重量等小分类的名称，主要用于商业目的。

（9）类型　指由普通特征，包括设计与目的来区别车辆的级别。轿车、多用途载客车、载货汽车、客车、挂车、不完整车辆和摩托车是独立的形式。

注意：VIN 中不包含 I、O、Q 三个英文字母。

2. 代码说明

代号是根据地理区域分配给各个车辆制造厂家的世界制造厂识别代号（WMI）。该代号由三位字码组成，它包含如下信息：如图2-19中，第一个字码是标明一个地理区域的字母或数字，如非洲、亚洲、欧洲、大洋洲、北美洲和南美洲；第二个字码是标明一个特定地区内的一个国家的字母或数字，在美国，汽车工程师协会（SAE）负责分配国家代码。第三个字码是标明某个特定的制造厂的字母或数字，由各国的授权机构负责分配。当制造厂的年产量少于500辆的时候，世界制造厂识别代号的第三个字码是9。

VIN编码规则如图2-19所示，下面分别进行说明。

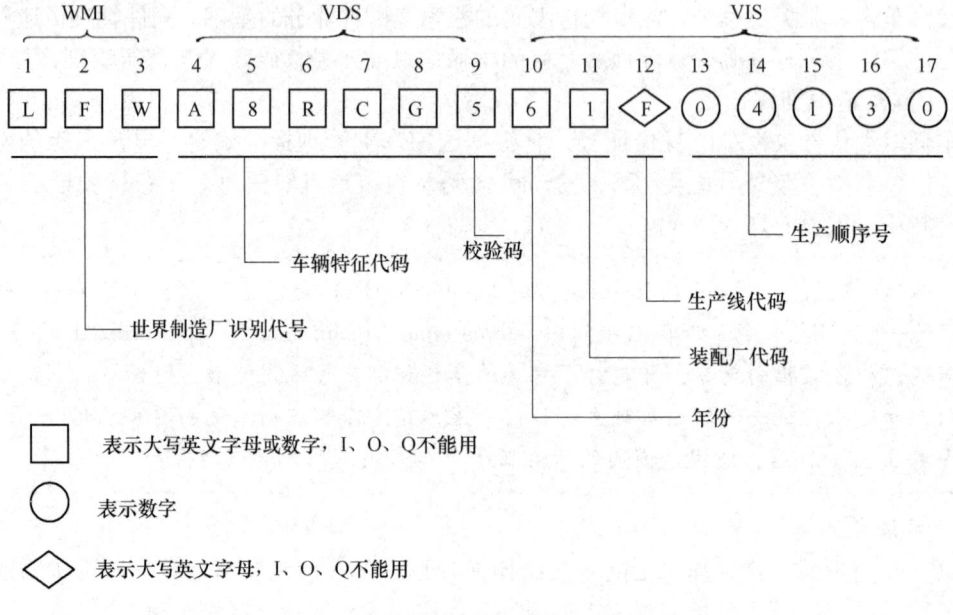

图2-19 VIN编码规则示意图

（1）1~3位（WMI） 制造厂、品牌和类型。

第1位：生产国家或地区代码。

1—美国；J—日本；S—英国；2—加拿大；K—韩国；T—瑞士；3—墨西哥；L—中国；V—法国；4—美国；R—中国台湾；W—德国；6—澳大利亚；Y—瑞典；9—巴西；Z—意大利。

第2位：汽车制造商代码。

1—雪佛兰Chevrolet；B—宝马BMW；M—现代Hyundai；2—庞蒂亚克Pontiac；B—道奇Dodge；M—三菱Mitsubishi；3—奥兹莫比尔Oldsmobile；C—克莱斯勒Chrysler；M—水星Mercury；4—别克Buick；D—梅赛德斯Mercedes；N—英菲尼迪Infiniti；5—庞蒂亚克Pontiac；E—鹰牌Eagle；N—日产Nissan；6—凯迪拉克Cadillac；F—福特Ford；P—普利茅斯Plymouth；7—通用加拿大GM Canada；G—通用General Motors；S—斯巴鲁Subaru；8—土星Saturn；G—铃木Suzuki；T—雷克萨斯Lexus；8—五十铃Isuzu；H—讴歌Acura；T—丰田Toyota；A—阿尔法罗密欧Alfa Romeo；H—本田Honda；V—大众Volkswagen；A—奥迪Audi；J—吉普Jeep；V—沃尔沃Volvo；A—捷豹Jaguar；L—大宇Daewoo；Y—马自达Mazda；L—林肯Lincoln；Z—福特Ford；Z—马自达Mazda。

G＝所有属于通用汽车的品牌：别克Buick，凯迪拉克Cadillac，雪佛兰Chevrolet，奥兹莫比尔 Oldsmobile，庞蒂亚克 Pontiac，土星 Saturn。

第3位：汽车类型代码（不同的厂商有不同的解释）。有些厂商可能使用前3位组合代码表示特定的品牌：

TRU/WAU Audi 1YV/JM1 Mazda；

4US/WBA/WBS BMW WDB Mercedes Benz；

2HM/KMH Hyundai VF3 Peugeot；

SAJ Jaguar WP0 Porsche

SAL Land Rover YK1/YS3 Saab

YV1 Volvo

（2）4～8位（VDS） 车辆特征代码。

轿车：种类、系列、车身类型、发动机类型及约束系统类型。

MPV：种类、系列、车身类型、发动机类型及车辆额定总重。

载货车：型号或种类、系列、底盘、驾驶室类型、发动机类型、制动系统及车辆额定总重。

客车：型号或种类、系列、车身类型、发动机类型及制动系统。

（3）第9位 校验位，按标准加权计算，参见《世界汽车识别代号（VIN）资料手册》P21～23。

（4）第10位 车型年份。

B—1981；K—1989；V—1997；5—2005；

C—1982；L—1990；W—1998；6—2006；

D—1983；M—1991；X—1999；7—2007；

E—1984；N—1992；Y—2000；8—2008；

F—1985；P—1993；1—2001；9—2009；

G—1986；R—1994；2—2002；

H—1987；S—1995；3—2003；

J—1988；T—1996；4—2004。

（5）第11位 装配厂代码。

（6）第12位 生产线代码。

（7）13～17位 顺序号（VIS）。

3. 车辆识别代号标记方式

车辆识别代号有两种标记方式：一种是标记在车辆主要部件上；另一种是永久性地固定在车辆主要部件的一块标牌上。两者择其一或均采用亦可。通常，如将其打印在车架上不仅能满足上述要求，而且能满足 GB 7258—2012《机动车运行安全技术条件》的要求，也可省略打印整车型号和出厂编号。

VIN 的标记注意事项如下：

1）除挂车和摩托车外，标牌应固定在门铰链柱、门锁柱或与门锁柱接合的门边之一的柱子上，接近于驾驶人座位的地方；如果没有这样的地方可利用，则固定在仪表板的左侧；如果那里也不能利用，则固定在车门内侧靠近驾驶员座位的地方。

2）标牌的位置应当是除了外面的车门外，不移动车辆的任何配件就可以容易读出的地方。

3）我国轿车的 VIN 码大多可以在仪表板左侧、风窗玻璃下面找到。以某上海大众桑塔纳 2000 型轿车为例，VIN 码为 LSVHJ133022221761，如图 2-20 所示。

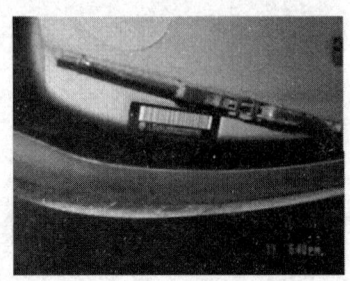

图 2-20　上海大众桑塔纳 2000 型轿车的 VIN 编码与位置

该 VIN 码的含义是：2002 年，上海大众汽车有限公司生产的桑塔纳 2000 型轿车，该车配备 AYJ 发动机，FNV（01N.A）自动变速器，出厂编号为 221761。

4. 车辆识别代号的具体应用

（1）车辆管理　登记注册、信息化管理。

（2）车辆检测　年检和排放检测。

（3）车辆防盗　识别车辆和零部件，建立盗抢数据库。

（4）车辆维修　便于诊断、计算机匹配、配件订购、客户关系管理等。

（5）二手车交易　可用于查询车辆历史信息。

（6）汽车召回　了解车辆的生产年代、车型、批次和数量等相关信息。

（7）车辆保险　便于保险登记、理赔，以及浮动费率的信息查询。

（二）汽车配件的类别

关于汽车配件的定义有很多种。在汽车服务企业中，一般把汽车的零部件和耗材统称为汽车配件。汽车配件作为商品来说，它既具有普通商品的一般属性，也有一些独特的特点：品种繁多、代用性复杂、识别体系复杂、价格变动快等。汽车配件分类方法多样化，可按标准化分类、按实用性分类、按用途分类以及按生产来源分类。

1. 按标准化分类

由于汽车生产量大，品种及型号多，设计中实行配件标准化、部件通用化和产品系列化，可以在生产中提高工效，保证产品质量，降低生产成本，减少配件品种，方便维修。如图 2-21 所示，汽车配件按标准化分类可分为总成、分总成、子总成、单元体和零件五种类型。汽车总成也就是集合体的意思，是由若干零件、部件、组合件或附件组合装配而成，并具有独立功能的汽车组成部分，如发动机、变速器、转向器、前桥、后桥、车身、车架和驾驶室等。简单来说，总成即一系列产品组成一个整体，实现一个特定功能的零部件系统总称。由两个或多个零件与子总成一起采用装配工序组合而成，对总成有隶属装配级别关系的部分总成就是分总成；由两个或多个零件经装配工序或组合加工而成，对分总成有隶属装配级别关系的部分就是子总成；由零部件之间的任意组合构成的具有某一功能特征的功能组合体，通常能在不同环境独立工作的部分就是单元体。零件是汽车的基本制造单元，它是不可拆卸的整体，如活塞、气门、行星齿轮、转向节、灯泡等。汽车零部件在通常情况下是指除汽车机架以外的所有零件和部件。当然，机架也可以算是部件，不过与零部件不是同一个概念。

2. 按实用性分类

根据我国汽车配件市场供应的实用性原则，通常可以把汽车零配件分成易耗件、标准件、车身覆盖件和保安件四类。

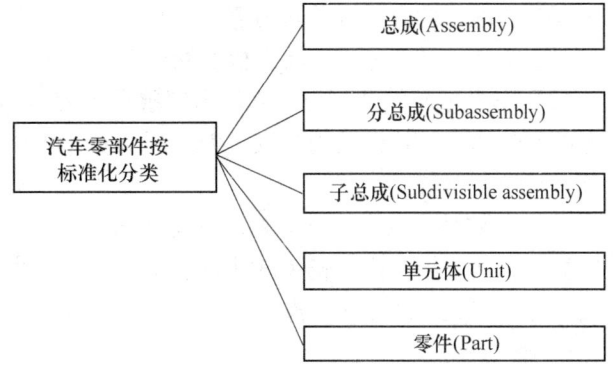

图 2-21　按标准化分类

（1）易耗件　在对汽车进行二级维护、总成大修和整车大修时，易损坏且消耗量大的零部件称为易耗件。

1）发动机易耗件。

①曲柄连杆机构：气缸体、气缸套、气缸盖、气缸体附件、气缸盖附件、活塞、活塞环、活塞销、连杆、连杆轴承、连杆螺栓及螺母、曲轴轴承、飞轮总成、发动机悬架组件等。

②配气机构：气门、气门导管、气门弹簧、挺杆、推杆、摇臂、摇臂轴、凸轮轴轴承、正时齿轮、正时齿轮带。

③燃油供给系统：化油器总成及附件、汽油泵膜片、汽油软管、电动汽油泵、压力调节器、空气流量传感器、喷油器、三元催化装置、输油泵总成、喷油泵柱塞偶件、出油阀偶件、喷油器等。

④冷却系：散热器、节温器、水泵、风扇等。

⑤润滑系：机油滤清器滤芯、机油软管等。

⑥点火系：点火线圈、分电器总成及附、蓄电池、火花塞、电热塞等。

2）底盘易耗件。

①传动系：离合器摩擦片、从动盘总成、分离杠杆、分离叉、踏板拉杆、分离轴承、回位弹簧、变速器的各档变速齿轮（图 2-22）、凸缘叉、滑动叉、万向节叉及花键轴、传动轴及轴承、主从动锥齿轮、行星齿轮、十字轴及差速器壳、半轴、半轴套管等。

②行驶系：主销、主销衬套、主销轴承、调整垫片、轮辋、轮毂、轮胎、内胎、钢板弹簧片、独立悬架的螺旋弹簧、钢板弹簧销和衬套、钢板弹簧垫板、U 形螺栓、减振器等。

③转向系：转向蜗杆、转向摇臂轴、转向螺母及钢球、钢球导流管、转向器总成、转向盘、纵拉杆与横拉杆等。

④制动系：制动器及制动蹄、盘式制动器摩擦块、液压主缸、制动分缸、制动气室总成、储气筒、单向阀、安全阀、制动软管、空气压缩机、松压阀、制动操纵机构等。

图 2-22　齿轮配件

3）电气设备及仪表的易耗件。包括高压线、低压线、车灯总成、安全报警及低压电路熔断器和熔断丝盒、点火开关、车灯开关、转向灯开关、变光开关、脚踏板制动开关、车速表、电流表、燃油存量表、冷却液温度表、空气压力表、机油压力表。

4）密封件。包括各种油封、水封、密封圈和密封条等。

（2）标准件　按国家标准设计与制造的，并具有通用互换性的零部件称为标准件。汽车上属于标准件的有气缸盖紧固螺栓及螺母、连杆螺栓及螺母、发动机悬架装置中的螺栓及螺母、主销锁销及螺母、轮胎螺栓及螺母等。

（3）车身覆盖件　车身覆盖件为使乘员及部分重要总成不受外界环境的干扰，并具有一定的空气动力学特性的构成汽车表面的板件，如发动机罩、翼子板、散热器罩、车顶板、门板、行李箱盖等。

（4）保安件　汽车上不易损坏的零部件称为保安件，包括曲轴起动爪、正时齿轮、扭转减振器、凸轮轴、汽油箱、汽油滤清器总成、调速器、机油滤清器总成、离合器压盘及盖总成、变速器壳体及上盖、操纵杆、转向节、转向摇臂、转向节臂等。

3. 按用途分类

如图2-23所示，汽车配件按照用途分为必装件（标准配件）、选装件、装饰件及消耗件。标准配件是指车型必备的零部件，各款车型的标准配置都不一样，标准配置的情况可以通过查阅产品说明来了解。如果缺少标准配置的话，在一定程度上会影响产品的使用和性能，如转向盘、发动机等。选装件是指在标准配置之外，可以增强产品功能、提高产品性能的部件，是需要另外购买的。和标准配置不同，不使用选装件不会影响产品的基本功能，如高品质音响、氙气前照灯等。选装件的种类很多，不同车型支持的可选产品也是不同的，因此在选购选装件时应该事先查阅产品的说明。通过增加或替换一些附属的物品，以提高汽车表面和内室的美观性、实用性、舒适性，这种行为称为汽车装饰。所增加或替换的附属物品，称为装饰品或装饰件，如香水、抱枕等。消耗件主要指汽车使用过程中容易发生损耗、老旧，需要经常更换的备件，如润滑油、玻璃清洗剂、冷却液、制动液等。

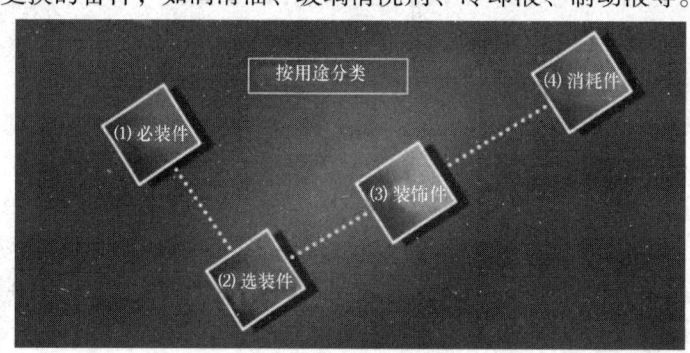

图2-23　汽车配件按用途分类

4. 按生产来源分类

汽车配件按照生产来源可以分为原厂件、副厂件与自制件3类。需要说明的是，不论副厂件还是自制件，都必须达到指定标准水平。这里说的原厂件、副厂件和自制件，都是合格的配件。那些不符合质量标准的所谓"副厂"配件，不属于上述范畴。

另外，汽车配件按照使用周期和库存要求可以分为常备件和非常备件，或者快流件、中流件、慢流件；按照材质可以分为金属配件、电子配件、塑料配件、橡胶配件、组合配件等；按照供销关系可以分为滞销配件、畅销配件、脱销配件等。除了上述分类方法，每一个国际大型整车制造厂，也都有自己的零配件分类方法。总之，汽车配件的分类方法非常繁多，在此无需全部列举。

> **特别提示：进口零配件的辨认**
>
> 汽车维修企业采购人员只有了解并熟悉国外汽配市场中的配套件（OEM Parts）、纯正件（Genuine Parts）、储运主管保管员专厂件（Replacement Parts）的商标、包装、标记及相应的检测方法和数据，才能做到有理有据，保护消费者的正当权益。进口零配件的辨认需要考虑内外部包装、产品标签、包装封签、外观质量、产品标记以及配件编号等信息。

（三）汽车配件的编号

汽车零配件的外包装包括分类标志、供货号、货号、品名规格、数量、重量、生产日期、有效期限、生产厂名、体积、收货地点和单位、发货地点和单位、运输号码等，这些是为在物流过程中辨认货物而采用的必要标识，它对收发货、入库以及装车配船等环节管理起着特别重要的作用。按照国家统计目录汽车配件分类，用几种几何图形和简单文字来标明汽车配件的类别，作为收、发货之间据以识别的特定符号。汽车配件常用分类图示标志为五金、交电、化工和机械等，如图2-24所示。

五金类标志　　　　交电类标志

化工类标志　　　　机械类标志

1. 汽车零配件原厂编号

为便于汽车零部件的检索、流通和供应，我国汽

图2-24　汽车配件常用分类图示标志

车行业把汽车零部件分为64个大组，规定完整的汽车零部件编号由企业名称代号、组号、分组号、源码、零部件顺序号和变更代号构成。汽车零部件的编号方式如图2-25所示，根据其隶属关系可按三种方式进行选择，其中的代码使用规则如下所述。

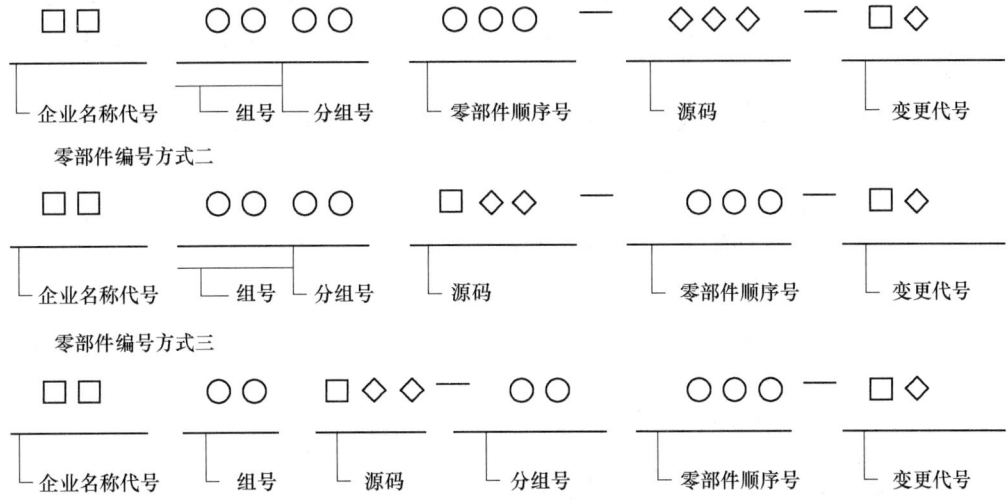

图2-25　零部件编码方式

注：□表示字母；○表示数字；◇表示字母或数字。

①企业名称代号。由2位或3位汉语拼音字母表示。

②源码。用3位字母、数字或字母与数字混合表示，描述设计来源、车型系列和产品系列，由生产企业自定。

③组号。用两位数字表示汽车各功能系统分类代码，按顺序排列。

④分组号。用2位数字表示各功能系统内分系统的分类顺序代号，按顺序排列。

⑤零部件顺序号。用3位数字表示功能系统内总成、分总成、子总成、单元体配件等顺序代号。

⑥变更代号。由两位字母、数字或字母与数字混合表示，由企业自定。

通常，整车制造厂都会对制造汽车所用的配件进行统一编码，编码的规定各不相同，但都有相对固定的规则。这些固定的编码通称原厂编码，由英文字母和数字组成，每一个字符都有特定的含义。下面介绍几个常见车系的编码规则。

(1) 大众(含奥迪、斯柯达)零部件编号规则 所有大众奥迪零部件都被划分为10个主组，它们依次对应着轿车的部件组，每一个主组又被划分为若干个子组，子组数目因尺寸和结构不同而异。在主组和子组里，备件是以结构顺序列出编号的。配件号由9位数字构成。前3位数字通常表示机组和车型，但像发动机、变速器和点火系统这样的涉及单一总成的配件号除外，第4位数字通常表示主组号，后面第5和第6位数字表示子组号，最后3位数字表示配件的实际数字号码，配件的改动将通过1个或2个字母在配件号的第10和第11位上标明。颜色件是通过3个数字或数字与字母的组合来标记颜色的。

例如，　　35A　8　85　　805　A　　　　ZQ6

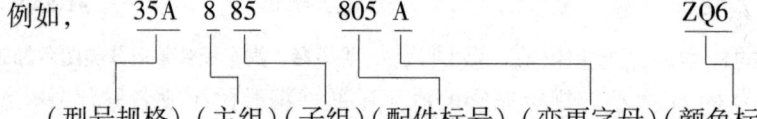

(型号规格) (主组) (子组) (配件标号) (变更字母) (颜色标记)

值得注意的是："前—后—左—右"的标志以行车方向为准给出，若一配件左右对称，则通常尾数是奇数时表示左侧件，偶数时表示右侧件。

(2) 丰田配件编码规则 一般由10～12位的数字构成，前5位代表是什么配件，如04111代表大修包；后5位为车型，如"04111-46065"表示皇冠3.0的大修包；最后两位一般代表颜色。

从编码的第一位就可以区分这是哪一类的配件。编码第一位含义如下所述。

0：修理件。

1：发动机配件，如"13101"表示活塞。

2：发动机附件，如发电机、电动机、化油器之类。

3：离合器或变速器传动类配件。

4：底盘配件，如悬架—转向机、球头之类。

5、6：外观、内饰类。

7：装饰件、饰条、防撞胶。

8：灯具及电器类。

9：都是些小东西，如油封、轴承、垫圈之类。

例如，前5位为此配件的类别，后5位为该配件用在哪种车型。"23300-33010"中，"23×××"代表燃油系统，"33×××"代表车型CAMRY。

(3) 本田汽车配件编号规则

分组号：10~19 表示发动机及其附件总成零部件。

分组号：20~29 表示驱动系统及其传动部件总成。

分组号：30~39 表示底盘系统机构部件总成及配件。

分组号：40~49 表示车身覆盖件及其结构部件总成。

分组号：50~59 表示车身附件及其总成零部件。

分组号：60~69 表示车内气温调节控制部件总成。

分组号：70~79 表示车内装饰总成及其零部件。

分组号：80~89 表示汽车电器及其仪表部件总成。

例如，　　04711－SV4－A01ZZ

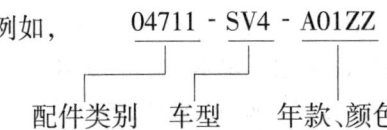

配件类别　车型　年款、颜色

这是本田某汽车配件编码，前面的 5 位描述配件类别，一般情况下这个号都是固定的，如前照灯为 33101 或 33151；中间的三位是车型，同一车型里外观件和发动机件的编码是不同的，如"SV4"是 1993~1996 年出的本田雅阁，如果是发动机件，就用"P0A"等表示；最后面的 5 位其实是两个部分，"A01"指年款，或者是用来区别做过改动的配件，最后的"ZZ"只是用在外观件或有颜色覆盖的装饰件上，"ZZ"表示底漆，实物上是灰色的一层喷漆；没有加注"ZZ"，说明底漆可能是黑色的。例如，本田雅阁 2.4（CM5）车门上的防撞条的后二位就代表颜色，有"ZA""ZB"或"ZC"。

例如，08 款新飞度的部分配件号如下：

77211-TF0-000ZA　　　仪表台右侧盖

77216-TF0-000ZA　　　仪表台左侧盖

77230-TF0-G01ZA　　　驾驶人杯托

77235-TF0-G01ZA　　　副驾驶人杯托

77250-TF0-Y01ZA　　　中仪表板总成

(4) 奔驰的零部件编号规则

例如，140 040 23 01

140：底盘号，这个配件最初的设计是给 140 底盘的车用的。如果之后如 220 底盘的车要用到这个配件，也会延用这个配件号。

040：组别编码，奔驰 WIS 里面把整车配件分门别类。040 是大类，表示驱动系统。

23：040 大类下面的一个部件。

01：23 这个部件里的一个小配件。

仔细分析，奔驰的编号规则与大众比较相似，由此看来德系车的编号结构差不多，当然日系车的编号结构也极为相似。

2. 汽车配件的自编号

大多数汽车配件确实有原厂编码，而且这个编码在一定程度上可以作配件的识别符号，一般能够得到行业内人士的普遍认可。但是，由于配件可以分为原厂件、副厂件、自制件，也可以分为新配件、旧配件，即使两种配件原厂编码相同，性能、产地、价值不见得相同，更不见得就是同一种商品。因此，原厂编码并没有唯一性，在企业的经营管理中，必须为配件进行自编号工作。

在汽车服务企业经营的汽车配件中，原厂编码可以重复，但是自编号却不能重复。下面介绍几种常见的配件自编号规则。

（1）分类顺序法　这种编号方法是在自然顺序法的编号规则上变通而来的。就是把配件分类，然后对每一类按照顺序进行编号，这样，配件编号就分为两段，前一段表示配件的类别，后一段表示配件的序号。这种方法的优点是一目了然、结构严谨，缺点是项目繁多。

（2）原厂编码加注法　这种编号方法是在原厂编码的基础上发展而来的，即在汽车配件原厂编码的基础上增加前缀或后缀（通常是后缀），用以表示不同的配件。这样，配件编号就分为两段，前一段是配件的原厂编码，后一段则被经营企业赋予特定的含义，如产地、新旧和批次等。这种方法的优点是各种配件的原厂编码是行业内公认的，非常有助于订货、采购和销售，尤其适合于4S服务站、特约维修服务站等固定汽车品牌的服务企业。其缺点是由于各个汽车制造企业的配件原厂编码规则千差万别，直接影响本单位的编码体系，如果经营的配件涉及车系较多，会觉得其编号规则缺乏一致性。

（3）车型分类加注法　这种分类方法是把经营的配件按照车系、车型分类，也可以进一步根据系统、子系统进一步细分，然后在分类的后面加上序号和注释内容。这种方法的优点是各种配件的适用车型一目了然，即便是对汽车配件不太熟悉的非专业人士，也能较快上手。其缺点是这种方法对分类规则的制订者要求比较高，要求熟悉多种车型的配件体系。而且很多配件都有通用性和代用性，用车型来区分时，会遇到一些难题。

（4）货位序号法　这种编号方法是基于库房管理的货位编号生成的，即首先对仓库的货位进行分类编号，给每一种配件规定固定的放置位置，相似的配件往往放在相邻的位置，然后根据货位的不同，给不同配件赋予相应的编号。这种方法的优点主要是方便库存管理，而且非常切合企业本身的实际。其缺点是如果发生企业搬迁、改建、仓库变动等情况，配件编号就要重新修正，否则实用性就大打折扣。

以上这些方法是目前比较常见的汽车配件自编号规则。有的企业还有自己的编号方式。例如，按照供应商来编号，按照配件的拼音缩写来编号等。还有的企业的配件编号规则比较复杂，是把上述方法组合起来使用，使之既精确又方便。各个企业可以结合本身情况制订适用的规则。需要特别指出的是，在手工管理账目的企业中，还能见到用拼音缩写对配件进行编号的办法，而在用计算机管理的企业中，则很难见到。因为计算机管理软件通常都具备对配件名称的拼音缩写进行自动识别和模糊查询的功能，这样的编号方法等于做了重复的无用功。

二、配件采购管理

车辆维修企业的配件采购管理，是汽车配件管理的内容之一，本书因篇幅有限对其仅作简单介绍。

（一）ABC分析法

ABC分析法是储存管理中常用的分析方法，也是经济工作中一种基本工作和认识方法。ABC分析法的应用，在储存管理中可容易地取得以下成效：压缩了总库存量；解放了被积压的资金；使库存结构合理化，做到精简库存。

ABC 分析法的理论基础

世界上任何复杂事物，都存在着"关键的少数和一般的多数"这样一种普遍规律。事物越是复杂，这一规律便越是显著。

ABC 分析法是由意大利经济学家巴雷托首创，又称巴雷托分析法。1879 年巴雷托在研究个人收入的分布状态时发现，少数人的收入占全部人收入的大部分，而多数人的收入占全部人收入的小部分，他将这一关系用图示法表示，即著名的巴雷托图，如图 2-26 所示。

该分析法的核心思想是：在决定一个事物的众多因素中分清主次，识别出少数的但对事物起决定作用的关键因素和多数的但对事物影响较少的次要因素，即关键的少数、次要的多数。后来，巴雷托法不断用于管理的各方面，又称重点管理法或分类管理法。

1. 零件分类原则与步骤

（1）分类原则　ABC 分析法的原则是通过放松对低值配件的控制管理而节省精力，从而可以把高值配件的库存管理做得更好。如何合理进行零件的 ABC 分析？如图 2-26 所示，占总数 10% 左右的零件，其成本往往占整个产品成本的 60%～70%，这类零件归入 A 类；占零件数 20% 左右的零件，其成本也占整个产品成本的 20%，这类零件归入 B 类；占零件数 70% 左右的零件，其成本仅占整个产品的 10%～20%，这类零件归入 C 类。

1) 对 A 类配件要重点、严格控制。此类配件一般是易损、易耗件，维修用量大，换件频率高。对 A 类配件的采购订货，要有固定的进货渠道，订货批量大、库存比例高，在库存控制中采取重点措施加强控制，随时登记库存变化。

2) 对 B 类配件进行一般管理，适当控制。保持进销平衡，避免积压。

3) 对 C 类配件放宽控制。由于品种繁多、复杂，资金占用又小，如果订货次数过于频繁，不仅工作量大，经济效益也差。一般根据供应条件规定该物资的最大储备量和最小储备量，当储备量降到最小时，一

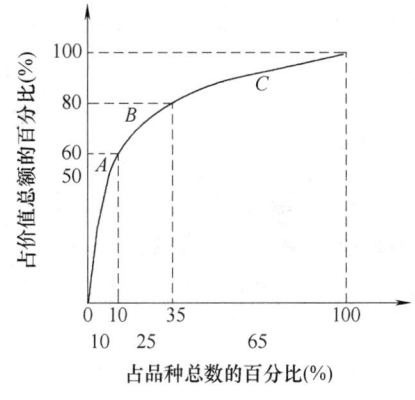

图 2-26　巴雷托图

次订货到最大储备量，以后订购量照此办理，不必重新计算。这样就有利于采购部门和仓库部门集中精力抓好 A 类和 B 类物资的采购和控制。

（2）ABC 分析的一般步骤

1) 收集数据。计算每种配件在一定时期内（如一年内）所花费的资金总额，即总额 = 配件单价 × 需求量，列出配件品种和资金一览表。

2) 处理数据。根据一览表，把每种配件品种、资金数按大小顺序排列，计算各品种占总金额的百分比。

3) 制 ABC 分析表。ABC 分析表栏目构成示例见表 2-7。

2. 汽车配件 A、B、C 类零件的合理分布

ABC 分析法用来指导对复杂的采购行为进行简单的规划和管理，这种方法在汽车配件的供应管理上具有很强的实用性。某些汽车品牌在 ABC 分析法的基础上，对特色零件还进

行 D、N、Z 分类与界定。

表 2-7 某机电零件 ABC 分析表

序号	零部件名称	项数	项数累计	项数累计百分比	每项金额/元	累计金额/元	金额累计百分比	分类
1	定子线圈	1	1	2.27%	556.00	556.00	21.85%	A
2	转子冲片	1	2	4.55%	548.87	1104.87	43.42%	A
3	定子冲片	1	3	6.82%	521.78	1626.65	63.93%	A
4	端盖	1	4	9.09%	196.94	1823.59	71.67%	A
5	机座	1	5	11.36%	174.84	1998.43	78.54%	B
…	…	…	…	…	…	…	…	…
16	定子压圈	1	16	36.36%	50	2417.96	95.05%	
17	轴承内盖	1	17	38.64%	20	2437.96	95.82%	C
…	…	…	…	…	…	…	…	…
44	M12 垫圈	1	44	100%	0.02	2544.42	100%	C

（1）A、B、C 类零件 在 DMS（Dealer Management System）中存在大于 12 个月的零件。经济库存结构中，ABC 类零件的合理分布如下：

1）从零件项数来说，A 类零件约占 17%，B 类零件约占 58%，C 类零件约占 15%。

2）从销售比重来说，A 类零件销售额约占所有零件销售额的 75%；B 类零件销售额约占所有零件销售额的 15%；C 类零件销售额约占所有零件销售额的 5%。

（2）D 类零件 特殊类零件，需要被人工定义的零件，如需要通过确定 VIN 码订购的零件。例如 GM 公司 BUICK 维修站订购的"龙门架"、遥控钥匙等零件；BMW 公司的遥控钥匙、锁芯或喷漆等需要车架号信息的零件。BMW 公司的遥控钥匙、锁芯或喷漆等需要车架号信息的零件属于 D 类特殊零件，手动设置代码 DCD Coded parts；维修服务活动和召回以及内部维修用品等部件也划分为 D 类零件，手动设置代码 DSE Service parts。

（3）N 类零件 新零件，在 DMS 中的历史小于 12 个月，如果它们符合 ABC 类分类标准，则被分别划分为 NA、NB、NC 类零件。

（4）Z 类零件 由于数据错误不能正确分类的零件，如负库存零件、销售数量小于销售次数的零件等。

对于所有零件，除定义为 A、B、C 类别外，D 类特殊零件的类别如 DCD、DSE 类，要手工添加；由系统每月更新零件类别，12 个月后检查新零件的类别。

①A 或 B 类零件一定要存储（保证高的维修满足率和客户满意度）；A 类和 B 类零件通常以有规律的库存订货方式定购（经济性）。

②C 类零件的订货类型通常为紧急订货；C 类零件应该维持到最小水平（C 类零件应该做特殊销售或者报废）。

③D 类特殊零件必须单独分析，按照需要订货。

（二）配件的进货控制

目前汽车配件经营企业选择进货时间大多采用进货点法。确定进货点一般要考虑三个因素：

①进货期时间,指从配件采购到做好销售准备时的间隔时间。
②平均销售量,指每天平均销售数量。
③安全存量,是为了防止产、销情况变化而增加的额外储存天数。按照以上因素,可以根据不同情况确定不同的进货计算方法。

在销售和进货期时间固定不变的情况下,进货点的计算公式为
$$进货点 = 日平均销售量 \times 进货期时间$$
在销售和进货时间有变化的情况下,进货点的计算公式为
$$进货点 = (日平均销售量 \times 进货期时间) + 安全存量$$
进货点可以根据库存量来控制,当库存汽车配件下降到进货点时就组织进货。

(1) 按照供求规律确定进货量

1) 对于供求平衡、供货正常的配件,应采取勤进快销,多销多进,少销少进,保持正常周转库存。

2) 对于供大于求、销售量又不大的配件,要少进,采取随进随销,随销随进的办法。对暂时货源不足、供不应求的紧俏配件,要开辟新的货源渠道,挖掘货源潜力,适当多进,保持一定的储备。

3) 对大宗配件,则应采取分批进货的办法,使进货与销售相适应。对高档配件,要根据当地销售情况,少量购进,随进随销。对销售面窄、销售量少的配件,可以多进样品,加强宣传促销,严格控制进货量。

(2) 按照配件的产销特点确定进货量

1) 常年生产、季节销售的配件,应掌握销售季节,季前多进,季中少进,季末补进。

2) 季节生产、常年销售的配件,要掌握销售季节,按照企业常年销售情况,进全进足,并注意在销售过程中随时补进。

3) 新产品和新经营的配件,应根据市场需要,少进试销。

4) 对于将要淘汰、处于衰退期的车型配件,需求少而频率低,应停止进货。

(3) 按照进货周期确定进货量 每批次进货能够保证多长时间的销售,这就是一个进货周期,它也是每批次进货的间隔时间。进货周期的确定要考虑以下因素:配件销售量的大小、配件种类的多少、距离供货商的远近、配件运输的难易程度、货源供应是否正常以及企业储存保管配件的条件等。确定合理的进货周期,要坚持以销定进、勤进快销的原则,使每次进货数量适当。既要加速资金周转,又要保证销售正常进行;既要保证配件销售的正常需要,又不使配件库存过大。

(三) 配件的进货管理

车辆配件进入仓库时,质检员、仓管员、采购员应联合作业,对零配件质量、数量进行严格检查,特别是把好零配件进仓库质量关。零配件验收的主要依据是进货发票,另外进货合同、运货单、装箱单等都可以作为车辆零配件验收的参考依据。车辆零配件验收内容主要是品种、数量和质量。

1. 品种验收

根据进货发票,逐项验收车辆零配件的品种、规格和型号等,检查是否有货单和货物不相符的情况;对于易碎件、液体类物品,应检查有无破碎或渗漏情况。

2. 点验数量

对照发票,先点收大件,再检查零配件包装及其标识是否与发票相符。一般对整箱整件,先点件数,后抽查细数。零星散装配件点细数,贵重零配件逐一点数。对原包装零配件有异议的,应开箱开包点验细数。

3. 质量验收

质量验收方法有两种:一是仪器验收,二是感观验收。质量验收主要检验车辆零配件证件是否齐全,如有无合格证、保修证、标签或使用说明等;车辆零配件是否符合质量要求,如有无变质、水湿、污染和机械损伤等。经过验收,对于质量完好、数量准确的车辆零配件,要及时填制"车辆零配件验收入库单",同时组织零配件入库。对于在验收中发现问题的,如数量、品种或规格错误,包装标签与实物不符,零配件受污受损,质量不符合要求等,均应做好记录,判明责任,联系供应商解决。

三、配件库存管理

配件库存管理是生产管理体系的分支之一,其内容包括仓库管理和库存控制两个部分。仓库管理是指科学保管库存物料,以减少损耗,方便存取;库存控制则是要求控制合理的库存水平,即用最少的投资和最少的配件库存管理费用,维持合理的库存,以满足使用部门的需求,减少缺货损失。

> 库存管理是通过最大限度地及时满足客户需求的高供应率,以及优化库存带来的低库存金额,以获得良好的营业收益(高库存效率),即用最少的零件库存确保最大的供应性。

1. 配件的库存分析

所谓库存分析,就是通过对库存商品的存量和流量的数据分析,找到控制采购和库存的办法。

(1) 初级库存分析　初级的库存分析是观察哪些配件缺货,哪些配件库存过剩,或者哪些配件有缺货与过剩的可能,从而向采购部门提供采购计划的参考意见。库存分析最好是建立在计算机管理的基础上,如果上述的工作内容要用人工来实现,工作量就非常巨大。

进行库存分析要为每一个汽车配件规定它的属性,即除了规定它的名称、价格等参数外,还要规定它的库存参数。库存参数包括配件的存放时间、占地面积或体积、货位、数量等。初级库存分析涉及的主要是其数量参数。在不考虑库存体积和容积的情况下,最常用的数量参数有3个,即库存上限、库存下限和库存警戒线。

库存上限就是在正常情况下,商品在仓库里允许存放的最大数量。超过上限的商品库存就会成为冗余。库存下限就是在正常情况下,库存中商品应该保持的最低数量。配件库存低于下限,就意味着商品库存严重不足,可能影响生产。库存警戒线是为了保证商品库存不低于下限。商品在使用过程中,当库存数量减少到一定限度,就要进行补货采购,这个限度就是库存警戒线。因此,库存分析对采购也有监督的作用。一般来说,应定期检查库存,以确定是否有库存过剩或不足的情况。

(2) 进阶库存分析　进阶库存分析,就是不仅仅简单地查看直观的库存数据,而是要从这些直观数据之中,结合其他信息,进行计算和分析,找到维持合理库存的有效办法。例如,给采购部提供补货参考,除了要知道库存数量这些数据之外,还需要掌握配件的存放时间、订货周期等，才能计算出合理的补货量。如果该参考建议要成为可行的计划，肯定还需要把可替代配件、采购金额等考虑进去，结合本企业的实际情况，才能给出可行的计划。零件即时供应率以及施工单供应率是测评零部件管理部门库存管理效益的重要考核指标，通过不断评价并改善库存管理状况来不断精简库存，提高企业经营管理效益。

2. 配件库存控制

科学的配件库存管理方式能够提高零件的供应性，扩大需求范围，并提高客户满意度，降低零件库存规模，增加需求利润。只有通过对市场和日常销售数据的详细统计与分析，才可以实现稳定、合理、高效的库存，进而提高零部件管理部门的整体工作效率，最终实现客户满意的目标。

上一节中运用 ABC 管理法，按销量对零件进行分级管理，也就是对销量大但品种较少的零件进行重点管理，对销量一般但品种相对较多的零件采取次要的管理，对销量很小但品种很多的零件可不重点管理，但并不是说对此类零件不进行管理，而是要采取行之有效的管理办法，如建立可靠快捷的供货渠道、科学合理的订货原则、高效数据统计分析等。丰田企业所开创的物流管理方式——世界闻名的 "Just In Time"（在需要时间内提供需要数量的所需物品）理论是在零件科学管理领域的具体体现。

任何零件都会有增长、平稳、衰退的生命周期。针对零件生命周期不同阶段的特点，有的放矢地进行库存管理，是控制好库存宽度的重要内容。要完成提高零件供应率、减少库存、提高收益的基本任务，具体做法总结起来就是"精简库存"，如图 2-27 所示。

管理库存品种的核心工作就是要确定"建立库存"和"报废"的时点（图 2-28），即这两点内的项目是需要进行库存管理的项目，这两点外的项目则是不需要库存管理的项目。为此要制订相应的建库零件和呆滞零件管理。

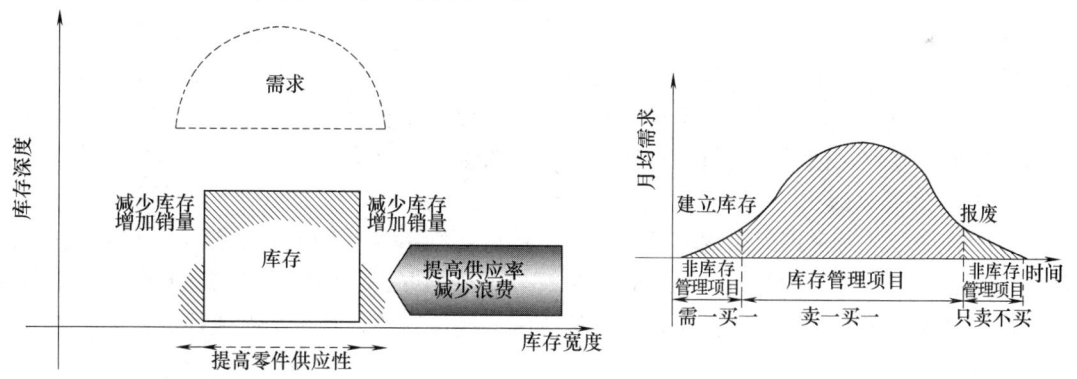

图 2-27 库存管理的目标　　图 2-28 库存控制示意图

随着新车型上市，汽车配件的需求期可分为增长期、平稳期和衰退期（表 2-8）。在零件需求增长期，可根据月均需求、需求频度的不断增加而增加进货量，建立库存。在零件平稳期，需求多而需求频度高的零件是库存管理的重点。对于将要淘汰和处于衰退期的车型配件，短期需求少而低，应停止进货，长期需求量少、需求频度少，则应尽可能取消库存。

建库零件管理是在零件需求上涨的过程中，对原来没有库存的零件开始库存。建立零件库存的条件及过程如下：

1) 在 6 个月内发生 3 次以上零件需求可考虑建立库存。

表 2-8 零件生命周期与库存管理

		增长期		平稳期		衰退期
月均需求	少	较多	较多	多	少(短期)	少(长期)
需求频度	低	低	较高	高	低(短期)	低(长期)
库存状态	不库存	不一定	建立库存	库存管理	停止进货	取消库存

2）详细记录此零件相关信息。
3）根据车型活跃期、地区、季节因素等进行分析判断是否建立库存。
4）开始建库时，考虑库存级别数量。
5）需求上涨时，调整订货数量和货位。

呆滞零件管理是在零件需求下降过程中，对以前执行库存管理的零件停止库存。停止零件库存的条件及步骤如下：

1）推荐标准是 12 个月内零件需求为零时可考虑停止零件库存。
2）此类零件出库后，停止其日常补充订货。
3）根据一年的销售记录和现有库存对此类零件进行集中管理。

年终盘点时，根据一年未流动的零件为呆滞零件，两年未流动的零件为死库存，六年未流动零件为报废零件，制订相关报表，进行相关分析上报，便于做相应处理。

零部件管理部门为实现高配件供应率和优化合理库存的目标，制订相应的库存管理制度，时刻掌握库存动态及出入库情况。根据经销商评估及检查表制订相应培训计划及流程，如入库、出库、补充库存订单、追加订货、流失的业务、保修零件管理、索赔零件退货等，使用规定及设定的系统参数。及时关注订货及到货状态，监控零件索赔、零件退货情况、更新零件电子目录、系统文件下载情况，处理无货零件订单，在经销商之间调配零件。对每月提交的零件供应率、施工单供应率和报表及时做出分析，制订相应改进意见及方案，每日查询需求增加的零件，记录并及时调整库存宽度、深度。

3. 仓库保管原则

仓库管理员应对进厂入库的零配件认真查验，不断提高管理和业务水平，使验收分类、堆放、发送、记账等手续简便、迅速和及时；采用科学方法，根据配件的不同性质，进行妥善的维护保管，确保零配件的安全；存放货位编号定位，整齐划一，有条不紊，便于收发查点和库容整洁；配件发放要有利于生产，方便工人，配合作业现场；定期清仓和盘点，及时掌握库存量变动情况，避免积压、浪费和丢失，保持账、卡、物相符；做好废旧配件和物资的回收利用。进行仓库保管应遵循以下原则：

（1）按周转速度存放 如图 2-29 所示，若常流动件存放于远离作业区的货位，延长了出入库作业路线；且存放在货架上不易取放的位置，大大降低了工作效率。按周转速度存放的优势是常流动件存放于靠近作业的货位，缩短了出入库作业路线；存放在易于取放的位置，提高库房的空间利用率，提升了工作效率。

（2）按类型存放 在仓库存放零件时应根据零件的形状、车型或零件类型加以存放。如图 2-29 所示，根据零件尺寸可分为大型、长型、中型、小型零件，根据零件尺寸设计货架。

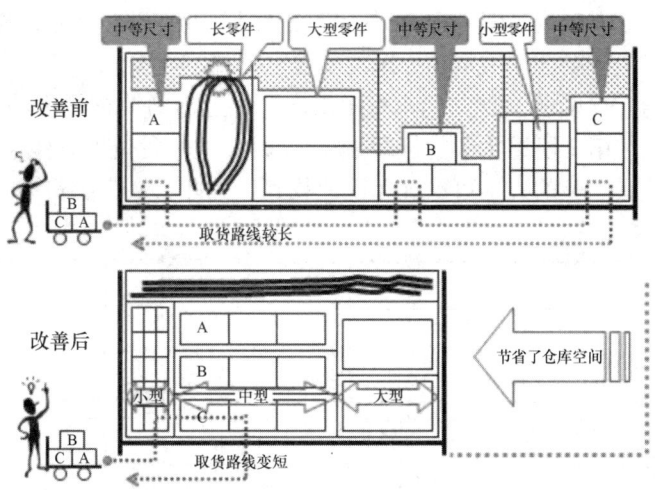

图 2-29　按周转速度存放

（3）重物下置　从出、入库作业的安全性和高效率方面来考虑，有些像半轴、缸体、轮毂等重零件如存放在货架上方，会发生落下伤人及损坏的危险，上架、提取也不便，故零配件存放应遵循重物下置的原则。

（4）竖直放置　有些像车门、排气管、风窗玻璃等扁平或细长形状的零件如平放，上面零件的重量会损坏下面的零件；另外，扁长形零件平放会占用很大空间；由于排气管一类的零件过长，如平放，会从货架伸出至通道，影响通行且不安全，难以提取。因此，对此类零件应竖直放置，如图 2-30 所示。

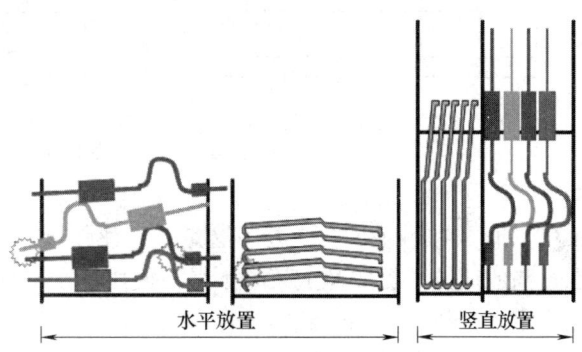

图 2-30　竖直放置示意图

（5）不良库存管理　若货架上堆积过多的货品，或者一种零件放在两个位置而发生重复的订货现象等造成某种货品积压的现象称为不良库存，在库存管理中应避免。仓库管理员因疏忽而忘记零件的临时存放位置，或者有可能因疏忽了一种零件存放于两个位置而发生重复订货的事情，一方面库存空间浪费，另一方面无法观察库存效率（不易发觉不良库存）。因此，零件应规整码放，并将多出的零件安放在容易察觉的位置，做好标记，如图 2-31

图 2-31　防止不良库存示意图

所示。当发现货架上方出现过多的库存时,应该及时同业务部门联系,确认是下面哪种原因造成的:订货错误;市场需求增加;原来的货位已不能满足要求。

(6) 一个件号一个货位　例如门市打出出库票,上面写明该零件的货位位于 A 区的 02 号货架的由下向上数第 2 段第 4 个货位即 A02-02-04。这个货位里只保存要出库的这个零件,所以即使是完全没有经验的人也可准确无误地找到。因此,一定要贯彻一个件号对应一个货位,如图 2-32 所示。

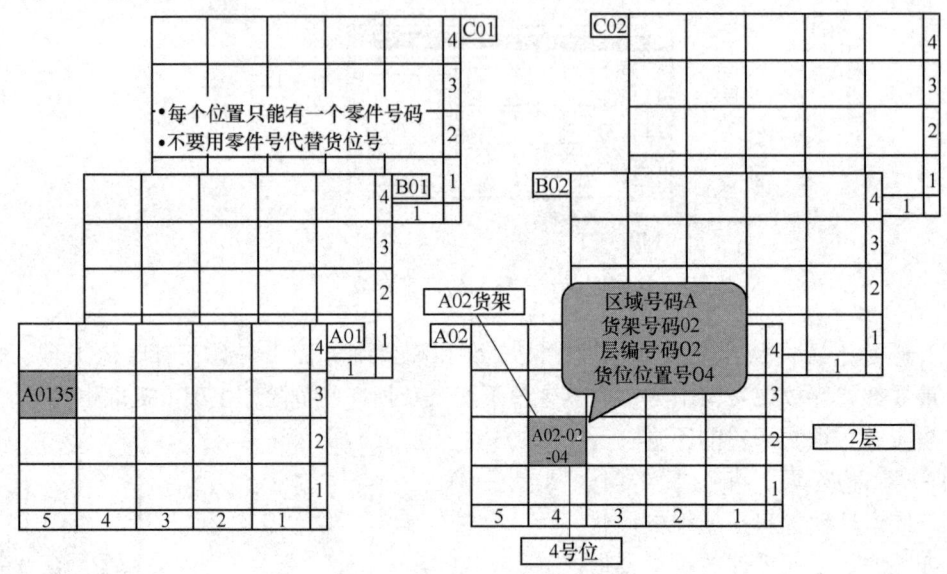

图 2-32　一个件号对应一个货位示意图

(7) 存放在触手可及之处　这是从方便作业、提高工作效率角度考虑的。如果零件存放在过高的地方,提取及上架时不得不使用梯子,就会造成作业不方便、效率低下。因此,应该将零件存放在手能达到的位置。

表 2-9 可说明库存保管七原则的优越性。

表 2-9　库存保管七原则的优越性

	评价内容	空间	质量	作业效率	生产	储存	安全
库存保管七原则	竖直存放	✓	✓	✓	✓	✓	✓
	按类型存放	✓	✓	✓	✓	✓	✓
	重物下置	×	✓	✓	✓	✓	×
	一个零件号一个货位	×	✓	✓	✓	✓	✓
	存放在手可达到之处	×	✓	✓	✓	✓	×
	异常品管理	✓	✓	✓	✓	✓	✓
	按周转速度存放	✓	×	✓	✓	✓	×

注:"✓"号表示有优越性,"×"号表示无优越性。

4. 配件的发货管理

仓库发货必须以正式的单据为凭证,所以第一步就是审核零配件出库凭单。主要审核零配件调拨单或提货单，查对其名称有无错误、必要的印鉴是否齐全和相符；配件品名、规格、等级、牌号和数量等有无错填，填写字迹是否清楚，有无涂改痕迹；提货单据是否超过了规定的提货有效日期等。如发现问题，应立即退回，不许含糊不清地先行发货。

（1）凭单记账　出库凭单经审核无误，仓库记账员即可根据凭单所列各项对照登入零配件保管账，并将零配件存放的货区库房、货位及发货后应有的结存数量等批注在车辆零配件出库凭证上，交保管员查对配货。

（2）据单配货　保管员根据出库凭证所列的项目核实并进行配货。属于自提出库的配件，不论整零，保管员都要将货配齐，经过复核后，再逐项点付给提货人，当面交接，以清责任。属于送货的零配件，如整件出库的，应按分工规定，由保管员或包装员在包装上刷写或粘贴各项发运必要的标志，然后集中待运。对于必须拆装取零拼箱的零配件，保管员则从零货架提取或拆箱取零（箱内余数要点清），发交包装场所编配装箱。

目前，部分汽车零部件仓库管理采用仓库条码管理系统，该系统的主体是建立在网络基础上，结合零件部门具体的业务流程，整合无线条码设备的系统。运用条形码自动识别技术，在仓库无线作业环境下，适时记录并跟踪从零件入库、出库到销售整个过程的物流信息，为零件销售管理及售后服务提供支持，进一步提高企业整个仓库管理及销售的质量和效率。

四、配件管理系统

本单元中以某公司开发的汽车营销实训系统软件为例，讲解 DMS 中配件管理系统的部分功能。"M-SM 汽车营销实训系统 V4.0"将配件管理系统与汽车维修服务企业零部件销售流程结合在一起优化设计，如图 2-33 所示，包括采购入库、库存管理、领料出库、销售出库、报价管理以及客户档案管理等环节。通过系统应用，可以大幅度提升配件库存管理效率与水平。

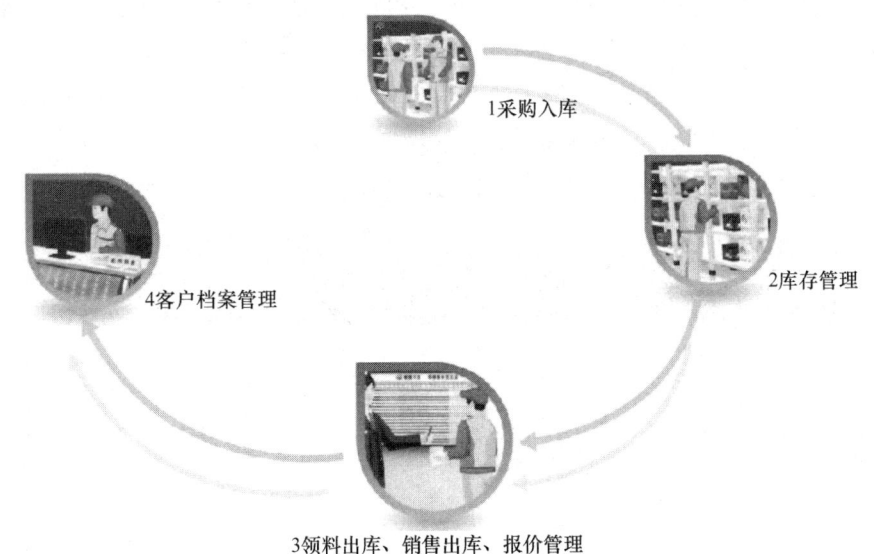

图 2-33　配件管理系统流程

1. 采购入库功能操作简介

（1）功能介绍　当维修车辆配件不足时，需要配件管理员及时进行采购入库操作。

（2）操作对象　配件管理员具有该操作权限，在工作时间，其可以随时操作采购入库的页面，每项操作完成之后，系统会自动保存。

（3）操作步骤

1）单击【配件管理系统】—【采购入库】，进入该操作页面，如图 2-34 所示。

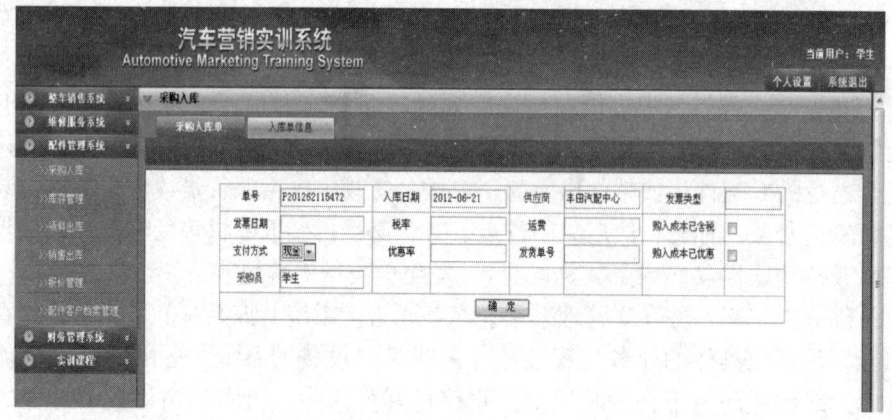

图 2-34　采购入库操作页面示意图

2）选择供应商，单击【确定】按钮，开始采购配件，填写配件的名称、编码、进货数量等相关信息，如图 2-35 所示。

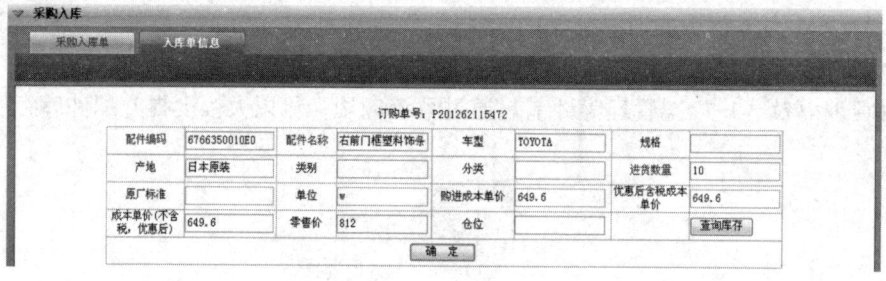

图 2-35　入库单操作页面示意图

3）单击【确定】按钮，可以继续添加配件，如图 2-36 所示。

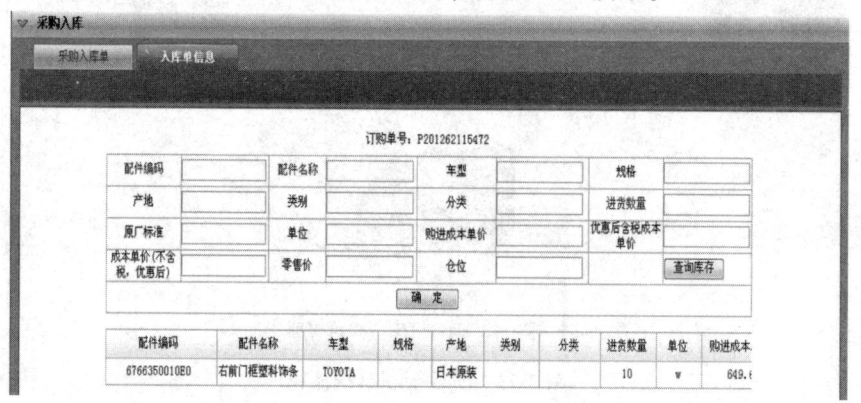

图 2-36　入库单信息添加页面示意图

2. 库存管理功能操作简介

（1）功能介绍　配件管理员利用此操作系统针对库存配件进行查询与盘点。

（2）操作对象　配件管理员具有该操作权限，在工作时间，可以随时操作库存管理页面，每项操作完成之后，系统会自动保存。

（3）操作步骤

1）单击【配件管理系统】—【库存管理】，进入该操作页面。

2）查询分为配件编码查询与配件名称查询两种方式，如图2-37所示。

图2-37　库存查询操作页面示意图

3）单击【配件记录】进入信息修改页面，如图2-38所示。

图2-38　信息修改页面示意图

3. 领料出库功能操作简介

（1）功能介绍　维修技师在维修车辆时会根据工单上的需求配件到库房领取配件，配件管理员运用此系统进行相应的领料出库操作。

（2）操作对象　配件管理员具有该操作权限，在工作时间，其可以随时操作领料出库的页面，每项操作完成之后，系统会自动保存。

（3）操作步骤

1）单击【配件管理系统】—【领料出库】，进入该操作页面，如图2-39所示。

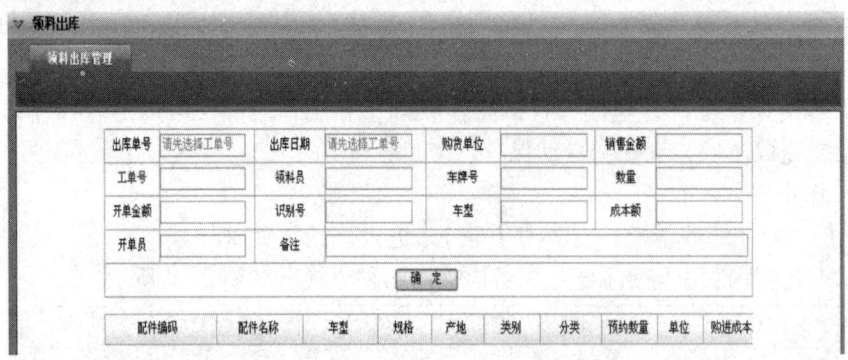

图2-39 领料出库管理操作页面

2）填写维修车辆的工单号，系统自动提取出维修车辆相关的维修项目与需求配件，如图2-40所示工单列表。

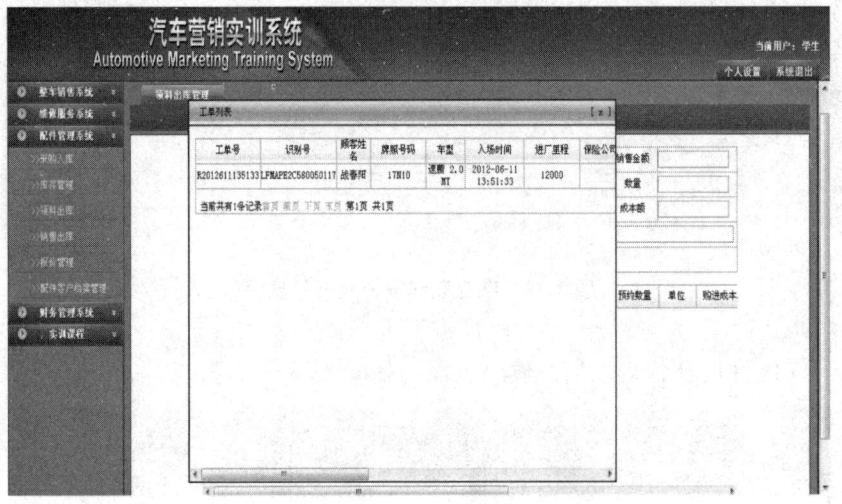

图2-40 领料出库管理工单列表显示界面

4. 销售出库功能操作简介

（1）功能介绍 此软件功能主要针对客户直接销售配件，不涉及车辆维修时的操作。

（2）操作对象 配件管理员具有该操作权限，在工作时间，其可以随时操作销售出库的页面，每项操作完成之后，系统会自动保存。

（3）操作步骤

1）单击【配件管理系统】—【销售出库】，进入该操作页面。

2）首先选择购货单位，如图2-41所示。

3）单击【选件】按钮，系统自动提取出所有库存配件，进行选件操作，如图2-42所示。

4）填写配件销售数量与价格，如图2-43所示。

5. 报价管理功能操作简介

（1）功能介绍 此软件功能直接面向客户配件报价操作，配件报价中任何操作不会影响库存数量。

（2）操作对象　配件管理员具有该操作权限，在工作时间，其可以随时操作报价管理的页面，每项操作完成之后，系统会自动保存。

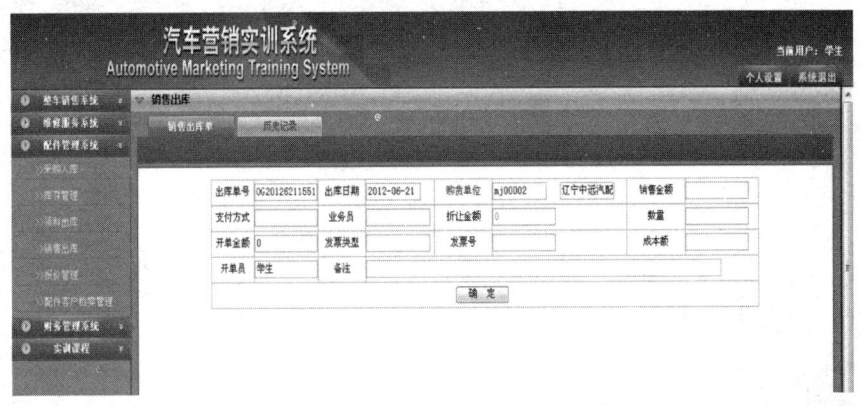

图 2-41　配件销售出库操作页面示意图

图 2-42　销售出库零件信息示意图

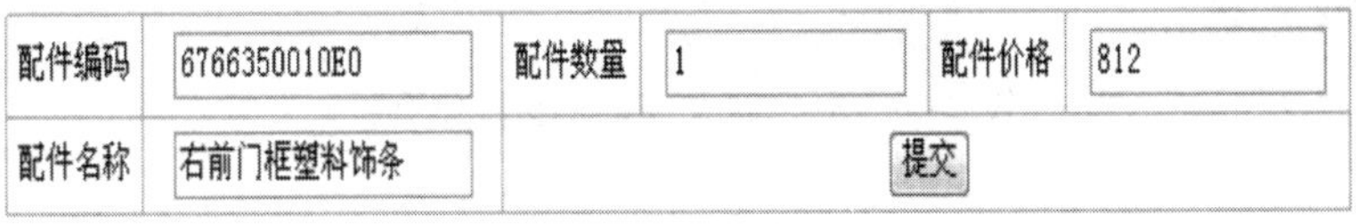

图 2-43　配件销售数量及价格显示页面

（3）操作步骤

1）单击【配件管理系统】—【报价管理】进入该操作页面。

2）首先选择客户名称，如图 2-44 所示。

3）单击【确定】按钮，开始配件添加操作。

6. 客户档案管理功能操作简介

（1）功能介绍　此软件功能主要针对配件供应商及客户资料管理与更新。

（2）操作对象　配件管理员具有该操作权限，在工作时间，其可以随时操作配件客户档案管理页面，每项操作完成之后，系统会自动保存。

（3）操作步骤

1）单击【配件管理系统】—【配件客户档案管理】，进入该操作页面。

2）配件客户档案管理分为配件客户档案表、供应商档案表、添加配件客户、添加供应商 4 个模块，如图 2-45 所示。

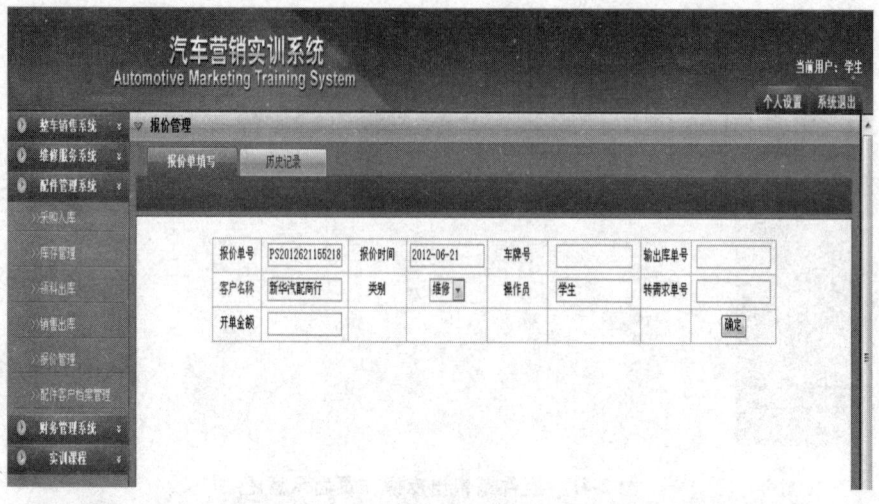

图 2-44　报价管理操作页面示意图

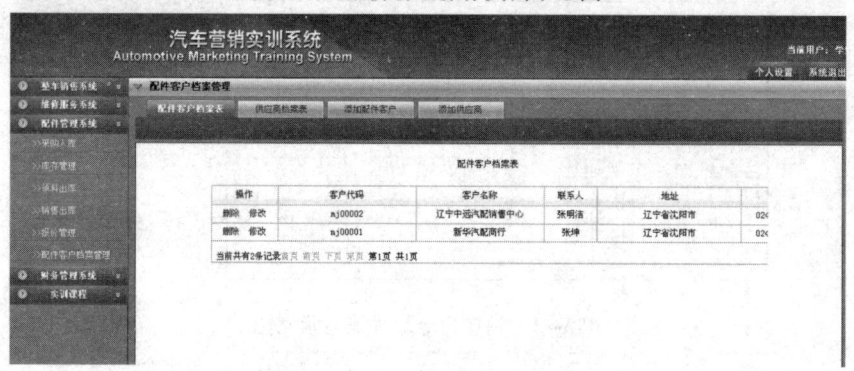

图 2-45　配件客户档案管理操作页面

3）单击【添加配件客户】进入该操作页面，如图 2-46 所示。

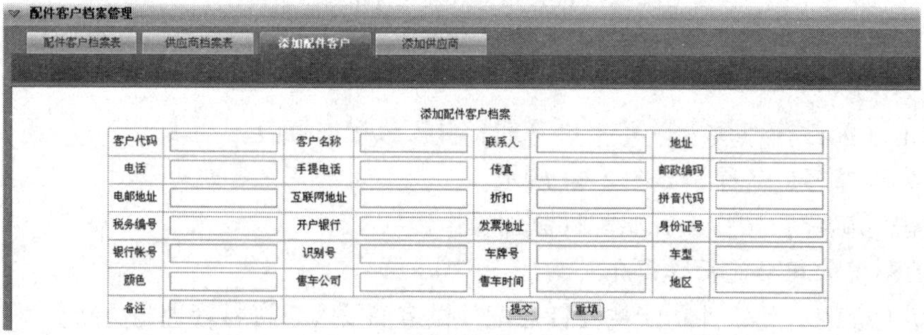

图 2-46　添加配件客户操作页面示意图

本单元仅简单讲解 DMS 中配件管理系统的采购入库、库存管理、领料出库、销售出库、报价管理以及配件客户档案管理等部分功能。配件管理是保证汽车配件使用价值的重要手段,汽车配件销售企业应保证充足的配件供应,服务于用户,并为企业创造经济效益。配件管理是汽车配件销售企业为用户服务的一项重要内容。

管理视角　准时生产方式

准时(Just In Time,JIT)生产方式,是日本丰田汽车公司在20世纪60年代实行的一种生产方式。1973年以后,这种方式对丰田公司渡过第一次能源危机起到了重要的作用,后引起其他国家生产企业的重视,逐渐在欧洲和美国的日资企业及当地企业中推行开来,对此进行简要的介绍。

1. JIT生产方式的含义

JIT生产方式:所需之物,在所需之时,可达所需之处!即将必要的零件以必要的数量在必要的时间送到生产线,并且只将所需要的零件、只以所需要的数量、只在正好需要的时间送到生产线。这是为适应20世纪60年代消费需要变得多样化、个性化而建立的一种生产体系及为此生产体系服务的物流体系。

□在JIT生产方式倡导以前,世界汽车生产企业,包括丰田公司均采取"福特式"的"总动员生产方式",即一半时间人员和设备、流水线等待零件,另一半时间等零件一运到,全体人员总动员,紧急生产产品。这种方式造成了生产过程中的物流不合理现象,尤以库存积压和短缺为特征,生产线或者不开机,或者开机后就大量生产,导致了严重的资源浪费。

□丰田公司的JIT生产方式采取的是多品种少批量、短周期的生产方式,以达到消除库存、优化生产物流、减少浪费的目的。

2. JIT生产方式的核心思想

准时生产方式的核心思想可概括为"在需要的时候,按需要的量生产所需的产品"。具体如下:

□以准时生产为出发点,首先暴露出生产过量和其他方面的浪费,然后对设备、人员等进行淘汰、调整,达到降低成本、简化计划和提高控制的目的。

□在生产现场控制技术方面,JIT生产方式的基本原则是在正确的时间,生产正确数量的零件或产品,即时生产。

□它将传统生产过程中前道工序向后道工序送货,改为后道工序根据看板向前道工序取货,看板系统是JIT生产方式现场控制技术的核心,但JIT生产方式不仅仅是看板管理。

3. JIT生产方式实现的目标

JIT生产方式将"获取最大利润"作为企业经营的最终目标,将"降低成本"作为基本目标。在福特时代,降低成本主要是依靠单一品种的规模生产来实现的。但是在多品种中小批量生产的情况下,这一方法是行不通的。因此,JIT生产方式力图通过"彻底消除浪费"来达到这一目标。

□所谓浪费,在JIT生产方式的起源地丰田汽车公司,被定义为"只使成本增加的生产诸因素",也就是不会带来任何附加价值的诸因素。任何活动对于产出没有直接的效益便被视为浪费。这其中,最主要的是生产过剩(即库存)所引起的浪费。其他如搬运的动作、机器准备、存货、不良品的重新加工等都被视为浪费。

　　同时,在JIT生产方式下,浪费的产生通常被认为是由不良的管理所造成的。例如,大量原物料的存在可能就是由于供应商管理不良所造成的。

　　因此,为了排除这些浪费,就相应地产生了适量生产、弹性配置作业人数及保证质量这样三个子目标。

4. JIT生产方式的实施手段

图2-47明确而简洁地表示了丰田准时化生产方式的体系,同时也表明了该体系的目标以及实现目标的各种技术、手段和方法,以及其相互之间的关系。

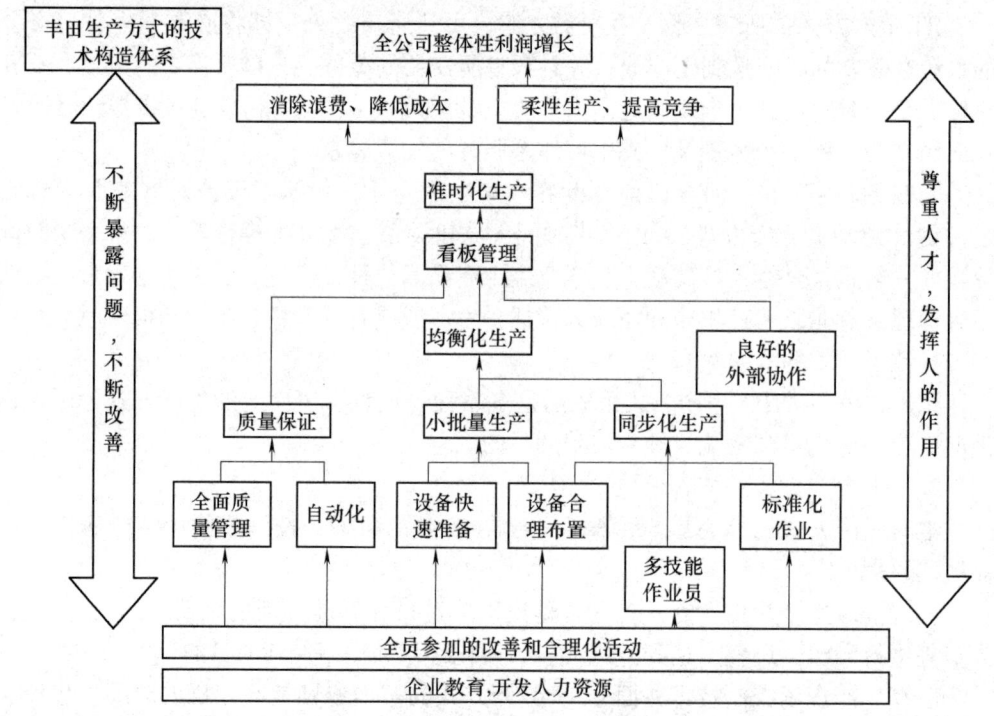

图2-47　丰田准时化生产方式的体系

　　JIT生产方式的实际应用包含了纷繁复杂的内容,实施手段和工具也因企业和生产方式的差异而不同。但从JIT生产方式的核心思想出发,为了达到降低成本这一基本目标,对应于上述基本目标的三个子目标,JIT生产方式的基本手段也可以概括为如下三方面:

　　(1) 生产流程化　即按生产汽车所需的工序从最后一个工序开始往前推,确定前面一个工序的类别,并依次恰当安排生产流程,根据流程与每个环节所需库存数量和时间先后来安排库存和组织物流。尽量减少物资在生产现场的停滞与搬运,使物资在生产流程上毫无阻碍地流动。

（2）生产均衡化 生产的均衡化是指总装配线在向前工序领取零部件时应均衡地使用各种零部件，生产各种产品。生产中将一周或一日的生产量按分秒时间进行平均，所有生产流程都按此来组织生产，这样流水线上每个作业环节上单位时间必须完成多少何种作业就有了标准定额，所在环节都按标准定额组织生产，因此要按此生产定额均衡地组织物质的供应、安排物品的流动。因为JIT生产方式的生产是按周或按日平均，所以与传统的大生产、按批量生产的方式不同，JIT生产方式的均衡化生产中无批次生产的概念。

（3）资源配置合理化 资源配置的合理化是实现降低成本目标的最终途径，具体指在生产线内外，所有的设备、人员和零部件都得到最合理的调配和分派，在最需要的时候以最及时的方式到位。

从设备而言，包括相关模具实现快速装换调整。例如，丰田公司发明并采用的设备快速装换调整的方法是快速换模（Single Minute Exchange of Dies，SMED）法。丰田公司所有大中型设备的装换调整操作均能够在10min之内完成，这为多品种、小批量的均衡化生产奠定了基础。

在生产区间，需要设备和原材料的合理放置。快速装换调整为满足后工序频繁领取零部件制品的生产要求和多品种、小批量的均衡化生产提供了重要的基础。但是，这种频繁领取制品的方式必然增加运输作业量和运输成本，特别是如果运输不便，将会影响准时化生产的顺利进行。

合理布置设备，特别是U形单元连接而成的组合U形生产线，可以大大简化运输作业，使得单位时间内零件制品运输次数增加，但运输费用并不增加或增加很少，为小批量频繁运输和单件生产、单件传送提供了基础。

5．JIT生产方式与看板管理

在实现JIT生产方式中最重要的管理工具是看板。看板是用来控制生产现场的生产排程工具其信息化系统如图2-48所示。JIT生产方式中，看板的功能如下所述。

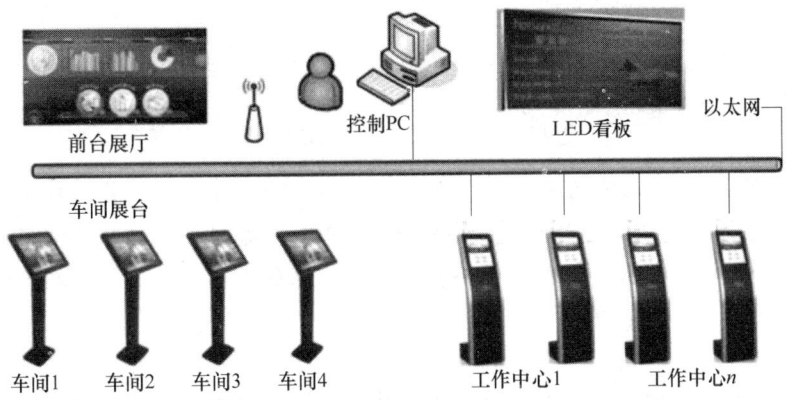

图2-48 看板信息化系统示意图

（1）生产以及运送的工作指令 看板中记载着生产量、时间、方法、顺序以及运送量、运送时间、运送目的地、放置场所、搬运工具等信息，从装配工序逐次向前工序追溯，在装配线将所使用的零部件上所带的看板取下，以此再去前工序领取。后工序领取以及 JIT 生产就是这样通过看板来实现的。

（2）防止过量生产和过量运送　看板必须按照既定的运用规则来使用。其中一条规则是：没有看板不能生产，也不能运送。根据这一规则，看板数量减少，则生产量也相应减少。由于看板所表示的只是必要的量，因此通过看板的运用能够做到自动防止过量生产以及适量运送。

（3）采用目视管理的工具　看板管理的另一条运用规则是：看板必须在实物上存放，前工序按照看板取下的顺序进行生产。根据这一规则，作业现场的管理人员对生产的优先顺序能够一目了然，易于管理。通过看板就可知道后工序的作业进展情况、库存情况等。

（4）改善的工具　在 JIT 生产方式中，通过不断减少看板数量来减少在制品的中间储存。在一般情况下，如果在制品库存较高、即使设备出现故障、不良品数目增加，也不会影响到后道工序的生产，所以容易把这些问题掩盖起来。而且即使有人员过剩，也不易察觉。根据看板的运用规则之一 "不能把不良品送往后工序"，后工序所需得不到满足，就会造成全线停工，由此可立即使问题暴露，从而必须立即采取改善措施来解决问题。这样通过改善活动不仅使问题得到了解决，也使生产线的 "体质" 不断增强，带来了生产率的提高。JIT 生产方式的目标是要最终实现无储存生产系统，而看板则提供了一个朝着这个方向迈进的工具。

互动案例　丰田 "召回门" 事件

一、事件回顾

此次事件起因是丰田汽车加速踏板存在问题导致制动失灵。具体事件有以下几件

1. 国外

2009 年 8 月 28 日，美国发生了一起丰田雷克萨斯因加速器失灵造成车毁人亡的惨剧，成为丰田汽车被召回的触发点。

2. 国内

2009 年 8 月 24 日，丰田在华两家合资企业——广汽丰田、一汽丰田宣布，由于零部件出现缺陷，自 2009 年 8 月 25 日开始，召回部分凯美瑞、雅力士、威驰及卡罗拉轿车，涉及车辆总计 688314 辆。这是我国 2004 年实施汽车召回制度以来，数量最大的一次召回。

二、丰田方面对于此次事件的态度

1. 前期

动作迟缓：死亡事故发生 3 个月后才宣布召回；有意隐瞒：没有对问题的真相做出坦诚的、令人信服的解释。

2. 后期

1）不得不 "正面出击"。丰田章男在瑞士达沃斯论坛上被日本媒体拦截发表了致歉声明。

2）全力布局。丰田章男宣布企业内部改革措施，2010年3月1日来华就召回事件公开道歉。

三、丰田对于此次"召回事件"危机公关分析

1. 失败之处

1）看错大局，误判形势。事实上，几乎每家汽车公司每年都会召回大量汽车，有的汽车公司甚至以召回"作秀"，作为有责任感的表示。这个汽车业界见怪不怪的现象导致了丰田公司的掉以轻心。但丰田公司明显看错了大局，误判了形势。2009年，丰田汽车首次登上了全球销量第一的宝座；同年6月1日，百年老店通用汽车宣告申请破产保护。在这样官方、民间、媒体共同关注的背景下，丰田公司还在以常规的召回措施来应对质量危机，当然无法应对民众需求。

2）决策缓慢，反应迟钝。丰田美国公司的所有重大决策都必须等丰田总部做出。召回近800万辆，丰田公司仅仅在报纸上避重就轻地告知消费者。近一周后，美国国会宣布对此展开调查，当天参加世界经济论坛（也称"达沃斯论坛"）的丰田社长丰田章男才发表了几句轻描淡写的致歉声明。同年2月2日，美国运输部长严厉批评丰田公司反应过于迟钝，他们才意识到问题空前严重，宣布不惜代价从海外大规模召回。

3）左顾右盼，欲盖弥彰。丰田公司在公众利益和企业利益之间发生冲突时心存侥幸。英国《汽车》杂志称，丰田采取了"令人震惊的遮掩计划"，误导政府监管者和消费者。这是危机公关的大忌。

4）基调不统一，处于混乱状态。这次事件中一度有5家公关公司来处理危机。虽然公关成员中也是星光闪烁，有克林顿时期的白宫发言人、希拉里的总统竞选媒体负责人等，但这些公关公司却各自为政，处于游离状态。

5）态度不诚恳。丰田章男2009年2月5日的鞠躬道歉，迟到了足足一个多星期的时间，而且鞠躬的度数竟然被日本本国媒体戏称为像是在打招呼。与此同时，丰田高管在接受采访时，个个昂着头，并没有鞠躬道歉。在美国，初期出面应对媒体责问的只有丰田美国销售公司总裁；而在中国，丰田章男直到2009年3月1日才赴京道歉。无论是在美国还是在中国，丰田公司并没有回应"召回是什么原因？""怎么解决？"这两个根本问题。

6）不敢于承担责任，不承认隐瞒过失。在美国国会连续三场的听证会上，丰田公司对两大焦点问题，即是否存在隐瞒缺陷、是否是电子控制系统问题导致汽车突然加速，进行了一一否认。但美国交通部长称"我们现在有证据表明丰田公司没有履行其法律责任。更糟糕的是，他们长达数月时间向美国官员故意隐瞒一项危险的过失，没有采取措施保护数百万驾车者和他们的家庭。由于这些原因，我们将根据现有法律寻求对其处以最高额罚款。"美国政府的调查结论与丰田公司的无法自圆其说形成了鲜明对比。

7）同车不同命。2009年3月14日，浙江省工商行政管理局和浙江省消费者权益保护委员会在国内以官方身份率先炮轰丰田汽车在中国召回时存在地域歧视。同年3月29日，浙江省工商行政管理局确认，一汽丰田签下"关于RAV4召回汽车相关问题的处理意见"承诺书，做出上门召回、提供代步车、补偿及解约全额退还订金等7项承诺。但是两天后一汽丰田却表示，将针对全国RAV4车主推出一个"三选一"的免费检测服务，除此之外，不会对召回车辆车主，包括浙江地区车主给予额外的经济赔偿。

2. 可取之处

1）加大游说力度，与监管机构合作。丰田公司女发言人在回复美联社记者的电子邮件中承认，他们额外雇用一批说客、律师和公关专家，"与监管机构、议员们合作，以期取得良好召回效果"。同时丰田公司也把目光投向选区内有丰田工厂或办事处的国会议员，他们还呼吁各地经销商与本地议员联系，为自己陈情。

2）总裁亲自出面致歉，并随时改正不足。丰田公司最高层曾两次举行新闻发布会。据一些媒体观察，2009年2月5日第一次发布会上，丰田章男鞠躬45°，事后被指诚意不足。同年2月8日第二次发布会上，丰田章男鞠躬90°。此外，同年2月5日发布会在丰田总部所在的中部城市名古屋召开，引来一些常驻东京的美国媒体不满。同年2月9日发布会安排到东京，丰田章男开头还用英语致歉。

3）回避阴谋论，强调自身发展出问题。丰田章男在北京举行记者招待会时，当有人说这是美国政府的阴谋时，丰田章男很明智地采取了回避策略，而强调是自身发展出问题，称："在过去的一段时间之内，我们曾经有一段时间受到了大家过度的好评，事业中心朝着收益为主发展了。对此有一些公司对我们提出了相关的质疑，我们对此必须要诚恳地接受。"这个表态相当重要，一是避免与美国政府发生更严重的误会，二是让人感受到丰田是愿意承担责任的企业。

4）和专家沟通，取得意见领袖支持。例如丰田公司在北京召开新闻发布会时，清华大学汽车工程开发研究院常务副院长宋健称"即使丰田出现了大规模的召回事件，丰田仍然是世界上故障率最低的汽车。"中国汽车工程学会常务副理事长付于武称"汽车召回是很正常的事情。"凤凰卫视的闾丘露薇认为"丰田汽车的产品召回，成为危机处理当中一个被公认的维护企业声誉的最佳做法，丰田章男从美国直接来华召开说明会，表现了他对中国汽车市场的重视和诚意。"而商务部国际贸易经济合作研究院梅新育则称"相信中国的消费者能够理解，中国人不会落井下石。"

5）大做宣传，安抚消费者。眼看事态愈演愈烈，丰田在美国各电视台投放广告。美国消费者在多家主流报纸上看到一个巨大的播放暂停键印在丰田汽车上的图片广告，而且用了"一个暂时的停顿，只为将您放在第一位"这种温情脉脉的广告语，以消除负面影响。丰田章男还投书美国《华盛顿邮报》，在"丰田修复公众形象的计划"一文中，重申丰田"质量至上"的公司理念。

案例启示：_____
_____
_____
_____

实操考核　故障车辆预诊断沟通技巧考核

考核任务	故障车辆预诊断沟通技巧考核	序号		日期	
学生姓名		学号		班级	
任务要求	能遵循预诊断沟通技巧对客户车辆进行维修接待服务				

(续)

任务资讯：
经销商：＊＊福特品牌专营店　　　客户：朱先生　　　联系方式：13898979893
行驶里程：52000km　　故障类型：09款福克斯经常性突然熄火
预约进店时间：2014年5月5日（周一）09：00
预约可享受工时8折，配件9折优惠。
故障分析：朱先生驾驶福克斯下班回家，由于路上堵车，行驶速度缓慢，在一转弯处突然熄火。朱先生非常着急，在几次打火之后终于点燃，之后发现在冷车起步时也会出现这种状况。开至4S店检修时，售后顾问马上做出解释，在低速转弯或冷车起步、低速制动时有可能使燃油不能充分燃烧，导致节气门积炭。处理此问题只需进行软件升级后再清洗节气门即可排除故障。

一、任务计划

制订人员分工		制订接待计划
组号		
组长		
组员		

二、实施考核

任　务　标　准	能够做到	有待改进	不能做到
预诊断沟通技巧			
1. 澄清是什么问题			
2. 重述问题			
3. 同感＝对给客户造成的不便表示抱歉			
4. 归纳			
售后服务核心过程			
1. 接听客户预约电话，完成预约登记表并做好相应准备			
2. 客户车辆到店，迅速出迎并且礼貌地问候客户			
3. 自我介绍并正确递接名片			
4. 确认客户的姓名并在交谈中使用			
5. 询问客户车辆状况，并正确填写相关单据			
6. 环车检查前，当着顾客的面安装车辆防护三件套（转向盘罩、座椅套、脚垫）			
7. 环车检查，核实故障现象，并正确填写《接车问诊单》			
8. 询问客户是否还有其他担心/问题，沟通一致后请客户确认			
9. 引导客户到业务前台			
10. 运用维修管理系统软件制作估价单、派工单			
11. 核对客户的维修维护档案，并作相应添加或修改			
12. 根据需要的修理时间和车间负荷承诺交车时间			
13. 向客户说明，实际需要的费用和交车时间可能和现在的估计有所出入，如果有特殊情况，将马上与客户取得联系			

(续)

任 务 标 准	能够做到	有待改进	不能做到
14. 用估价单说明要完成的工作、估计费用和估计交车时间,请客户在估价单上签字			
15. 休息引导/客休人员介绍客休区设施			
16. 车间派工并监控维护工作过程			
17. 用浅显易懂的话向客户说明维护过程中追加的维修项目,要详细解释追加的费用及时间,询问客户是否同意			
18. 更新派工单,并通知车间完成追加项目			
19. 质量控制以确保在规定的时间内保质保量地完成维修作业			
20. 交车前检查所有维护项目是否均已完成、检查车辆清洁度、核对费用并制作结算单			
21. 通知客户提车,向客户解释说明维修的工作内容,必要时验证车辆			
22. 向客户说明维修费用,并陪同客户结算			
23. 建议旧件处理情况/下次维护时间或提供汽车维护常识			
24. 真诚地向客户道谢并将客户送上车			
25. 电话回访客户对本次服务的满意程度及建议			

三、任务评估

非常出色(90~100 分)	有待改进(75~89 分)	比较欠缺(60~74 分)	不能做到(60 分以下)

四、改进之处

教师签字:

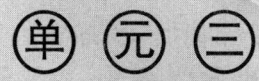

单元三

事故车保险协赔服务

Description 课程描述	王先生在4S店购车并购买保险（投保中国平安保险（集团）股份公司），具体险种是交通强制保险、车损险（10万）、不计免赔险。2012年3月，王先生驾驶该车在市区道路上与一辆小车相撞，造成双方车损。后经交警判定王先生负本次事故全责。作为保险协赔员，你如何完成本次接待任务？
Objects 学习目标	1. 正确运用汽车保险的基础知识进行保险理赔工作。 2. 熟悉保险理赔流程及所需理赔单证。 3. 掌握常见保险条款话术，解除客户疑虑。 4. 掌握续保技巧，能够向客户推荐恰当的保险方案。 5. 了解汽车维修合同的内容及权责界定。 6. 了解维修服务工作中涉及的一般财务知识。
Tasks 学习任务	事故车辆保险协赔流程。
Implementation 任务实施	运用售后服务核心过程模拟接待客户进行事故车辆保险协赔业务。

课题一　汽车保险产品介绍

　　机动车辆保险即汽车保险（简称车险），是指对机动车辆由于自然灾害或意外事故所造成的人身伤亡或财产损失负赔偿责任的一种商业保险。通过机动车辆保险，将拥有机动车辆的企业、家庭和个人所面临的种种风险及其损失后果得以在全社会范围内分散与转嫁，体现了"集合危险，分散损失"。汽车保险是财产保险的一种，它伴随着汽车的出现和普及而不断发展成熟。2012年3月，中国保险监督管理委员会（以下简称"中国保监会"）先后发布了《关于加强机动车辆商业保险条款费率管理的通知》和《机动车辆商业保险示范条款》，推动了车辆保险的改革。

　　目前，国内比较大的保险公司主要有中国人民保险集团股份有限公司（以下简称"中国人保"）、中国太平洋保险（集团）股份有限公司（以下简称"太平洋保险"）、中国平安保险（集团）股份有限公司（以下简称"中国平安"）三家保险公司，而汽车销售服务企业（4S店）基本都会选择其中一家以上保险公司驻店合作。除此之外，还有一些中小型的保险公司，如华泰财产保险股份有限公司（以下简称"华泰财险"）、安诚财产保险股份有限公司、安邦财产保险股份有限公司（以下简称"安邦产险"）、中国大地财产保险股份有限公司（以下简称"大地保险"）等。

一、汽车保险险种分析

机动车辆保险一般包括交强险和商业险，其中商业险又包括基本险和附加险两部分。

基本险可分为车辆损失保险、第三者责任保险、全车盗抢险（盗抢险）、驾驶人座位责任险和乘客座位责任险。

附加险包括玻璃单独破碎险、自燃损失险、车身划痕损失险、涉水行驶损失险、无过失责任险、车载货物掉落责任险、车辆停驶损失险、新增设备损失险、不计免赔特约险等。其中玻璃单独破碎险、自燃损失险、新增设备损失险，是车身损失险的附加险，必须先投保车辆损失险后才能投保这几个附加险；驾驶人座位责任险、乘客座位责任险、无过错责任险、车载货物掉落责任险等，是商业第三者责任险的附加险，必须先投保商业第三者责任险后才能投保这几个附加险；每个险种不计免赔是可以独立投保的。

表3-1列出了部分险种及购买率。

表3-1 汽车保险险种介绍

险种名称		保障项目	介绍	购买率
交强险		分为死亡伤残、医疗费用、财产损失三种责任限额	全称"机动车交通事故责任强制保险"，发生车险事故时，可赔第三者人员伤亡和财产损失，不管本车及本车人员的损伤	100%
商业险	基本险	车辆损失险	车辆发生碰撞，赔偿自己爱车损失的费用。例如自己的车撞了护栏或别人的车，自己的车受损	90.58%
		商业第三者责任险	发生车险事故时，赔偿对第三方造成的人身及财产损失。例如不小心撞坏了别人的车，造成对方车辆损伤，车上人员伤亡	99.66%
		全车盗抢险	赔偿全车被盗窃、抢劫、抢夺造成的车辆损失。例如车辆放在露天停车场时被盗	45.54%
		驾驶人座位责任险	发生车险事故时，赔偿车内驾驶人的伤亡和医疗赔偿费用。例如意外事故中，车上驾驶人不幸受伤	80.94%
		乘客座位责任险	发生车险事故时，赔偿车内乘客的伤亡和医疗赔偿费用。例如意外事故中，车上乘客不幸受伤	79.54%
	附加险	玻璃单独破碎险	负责赔偿保险车辆在使用过程中，发生车窗、风窗玻璃的单独破碎损失。例如车辆在高速上行驶被飞石击碎车窗、风窗玻璃	51.05%
		自燃损失险	赔偿车辆因电器、线路、运载货物等自身原因引发火灾造成的损失。例如夏季高温时期，车辆因线路故障引发自燃	31.20%
		车身划痕损失险	负责无碰撞痕迹的车身表面油漆单独划伤的损失。例如车辆停放期间，被人用钥匙、小刀等尖锐物恶意划伤	12.50%
		涉水行驶损失险	赔偿车辆因遭水淹或因涉水行驶造成发动机损坏的损失。例如在积水路面涉水行驶、在水中起动造成发动机损坏	23.30%
		倒车镜、车灯单独损坏险	赔偿车辆使用过程中，非人为造成的倒车镜、车灯单独损坏的损失。例如车辆在拐弯或倒车过程中，倒车镜刮到墙上而损坏	27.50%
		不计免赔特约险	保险条款约定事故发生后被保险人要自己承担一定比例的损失金额。购买此险，这部分损失费用保险公司将同样给予赔偿。例如车辆发生自燃，按约定车主应承担20%的损失费用。购买了此险，这20%的费用同样由保险公司赔偿	99.05%

注：以上内容为险种的简要概述，购买率仅供参考，具体的保障责任、责任免除等内容请参见车险商业险条款、车险交强险条款。

什么是"交强险"？

机动车交通事故责任强制保险（简称"交强险"，如图3-1所示）是我国首个由国家法律规定实行的强制保险制度。交强险是由保险公司对被保险机动车发生道路交通事故，造成受害人（不包括本车人员和被保险人）的人身伤亡、财产损失，在责任限额内予以赔偿的强制性责任保险。

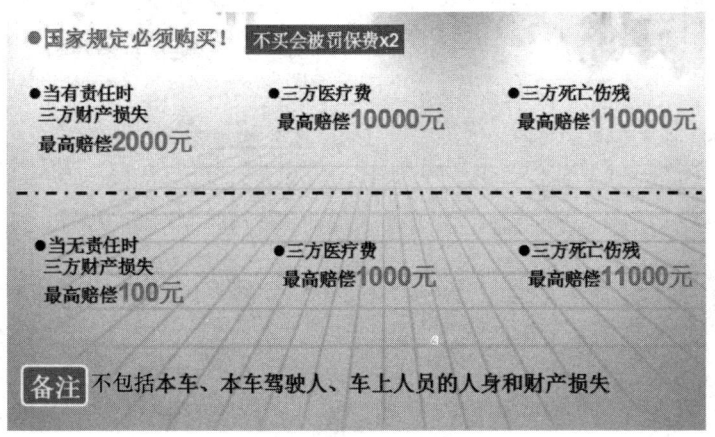

图 3-1 交强险简介示意图

目前，购买汽车保险险种是以交强险为基础，再与适当的商业险相结合。如果投保人过去一年没有出险，还可以在当年享受 7~9 折优惠，不过这只针对交强险而言。商业第三者责任险、车辆损失险、玻璃单独破碎险等商业险都是非强制购买的险种，车主可以根据自身的实际情况选择投保与否。

什么是保险标的（Insurance Object）？

➤保险标的指保险所要保障的对象，作为保险对象的包括财产及其有关利益，或者是人的寿命和身体。例如财产保险中的保险标的是各种财产本身或其有关的利益或责任；人身保险中的保险标的是人的身体、生命等。它是保险利益的载体。

1. 车辆损失险

车辆损失险的保险标的是各种机动车辆的车身及其零部件、设备等。当保险车辆遭受保险责任范围内的自然灾害或意外事故，造成保险车辆本身损失时，保险人应当依照保险合同的规定给予赔偿，如图3-2所示的车损险及附加险种。保险金额详细算法有以下三种：按投保时被保险机动车的新车购置价确定，按投保时被保险机动车的实际价值确定，以及在投保时被保险机动车的新车购置价内协商确定三种类型，目前多家保险公司采用第一种。此外，车损险是费率浮动的险种，车主在续保时保险公司会根据出险和理赔的情况进行动态的调整，如某保险公司设定了 12 个车险费率调整等级，等级最高的为十二等级，其保险费将调整为基数的 200%；等级最低的为一等级，其保险费将调整为基数的 50%。

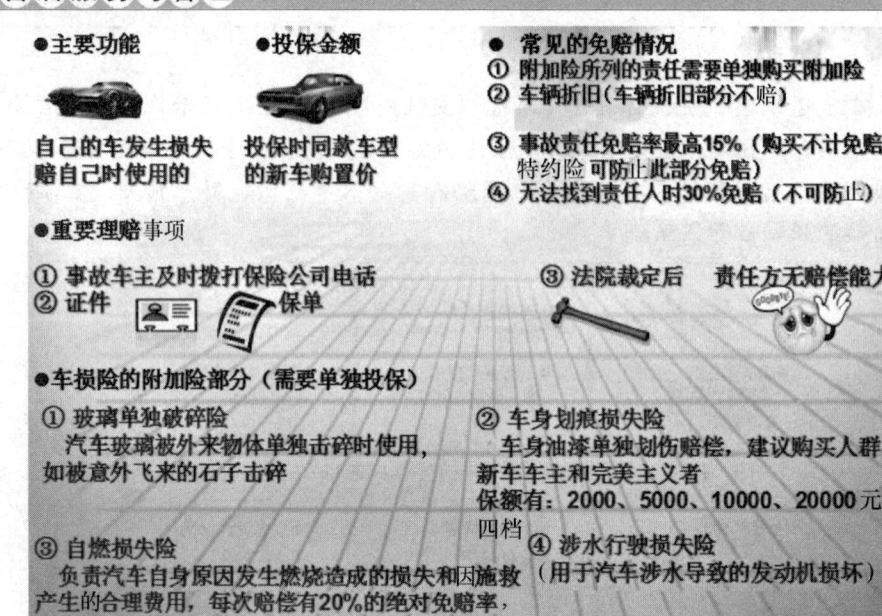

图 3-2　车损险及附加险种

2. 商业第三者责任险

机动车辆第三者责任险的保险责任是被保险人或其允许的合格驾驶人在使用被保险车辆过程中发生意外事故而致使第三者人身或财产受到直接损毁时被保险人依法应当支付的赔偿金额，如图 3-3 所示。此保险的责任核定应当注意两点：

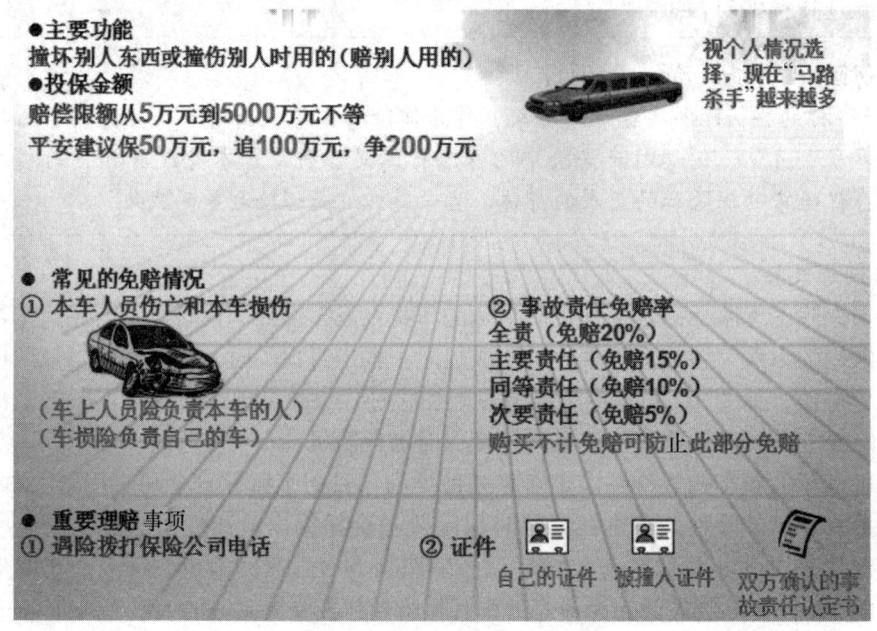

图 3-3　商业第三者责任险

1）直接损毁，实际上是指现场财产损失和人身伤害，各种间接损失不在保险人负责的范围。

2）被保险人依法应当支付的赔偿金额，保险人依照保险合同的规定进行补偿。

> **什么是保险人与被保险人？**
> ➤根据中国《保险法》规定，保险人又称"承保人"，是指与投保人订立保险合同，并承担赔偿或给付保险金责任的保险公司。
> ➤被保险人，是指根据保险合同，其财产利益或人身受保险合同保障，在保险事故发生后，享有保险金请求权的人。投保人往往同时就是被保险人。

被保险人的补偿金额并不一定等于保险人的赔偿金额，因为保险人的赔偿必须扣除除外不保的责任或除外不保的损失。例如，被保险人所有或代管的财产，私有车辆的被保险人及其家庭成员以及他们所有或代管的财产，本车的驾驶人及本车上的一切人员和财产在交通事故中的损失，均不在第三者责任保险负责赔偿之列；被保险人的故意行为，驾驶人酒后驾车或无有效驾驶证驾车等行为导致的第三者责任损失，保险人也不负责赔偿。

3. 全车盗抢险

全车盗抢险负责赔偿保险车辆因被盗窃、被抢劫、被抢夺造成的车辆的全部损失，以及期间由于车辆损坏或车上零部件、附属设备丢失所造成的损失，但不能故意损坏，如图3-4所示。各家保险公司对全车盗抢险的保障有所差异。例如，民安车险、华泰财险、大地保险、中国人保、中国平安、太平洋保险明文规定保障"被保险机动车全车被盗窃、抢劫、抢夺后，受到损坏或车上零部件、附属设备丢失需要修复的合理费用""被保险机动车在被抢劫、抢夺过程中，受到损坏需要修复的合理费用"。关于常见的免赔情况，应根据保险公司的具体保险条款细则来确定。

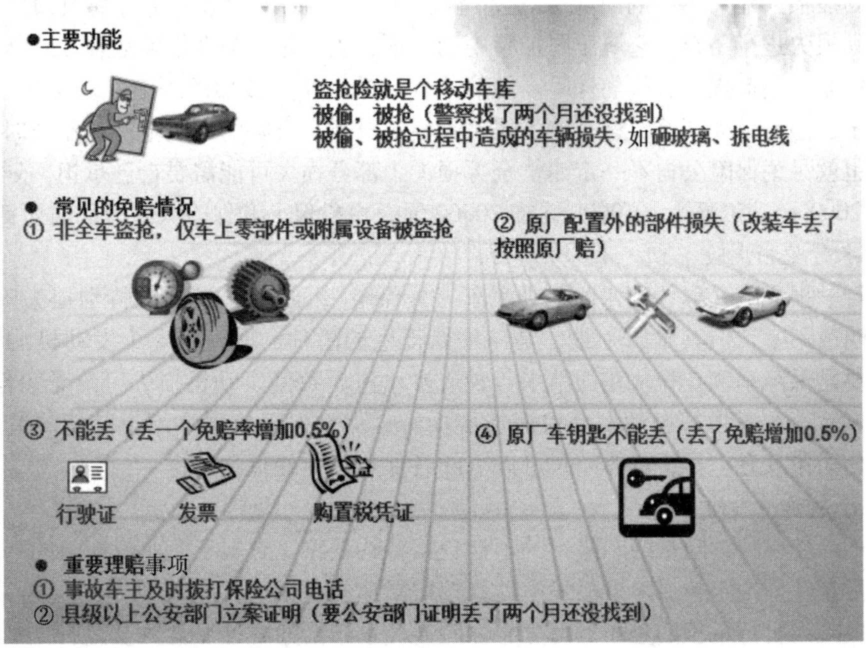

图3-4 全车盗抢险险种介绍示意图

4. 驾驶人乘客责任险

驾驶人乘客责任险（又称"车上人员责任险"），是保障被保险人及其允许的合法驾驶人在使用保险车辆过程中发生意外事故，致使保险车辆车上人员遭受人身伤亡的费用赔偿。车辆座位分为驾驶人座位和乘客座位。投保乘客座位数按照保险车辆的核定载客数（驾驶人座位除外）确定。驾驶人座位最高赔偿限额和乘客座位每座最高赔偿限额是可选的。车上人员责任险的保险金额由被保险人和保险公司协商确定，一般每个座位保额按1～5万元确定。驾驶人和乘客的投保人数一般不超过保险车辆行驶本的核定座位数。

乘客座位责任险 = 单座责任险限额 × 投保座位数 × 费率。由于驾驶人只有一个，所以驾驶人座位责任险保费就是约定的责任限额 × 费率。各地采取的费率不尽相同。例如，平安保险执行的商业车险B条款，以投保1万元保额计算，北京地区费率为0.41%，那么保费就是41元；如果选择投保5万元，则驾驶人座位责任险保费就是41元×5 = 205元。

5. 玻璃单独破碎险

玻璃单独破碎险，即保险公司负责赔偿被保险的车辆在使用过程中，车辆本身发生玻璃单独破碎的损失的一种商业保险。要注意，"单独"二字是指被保车辆只有风窗玻璃和车窗玻璃（不包括车灯、车镜玻璃）出现破损的情况下保险公司才可以进行赔偿。

6. 自燃损失险

车辆自燃损失险简称"自燃险"，是车损险的一个附加险，只有在投保了车损险之后才可以投保自燃险。在保险期内，保险车辆在使用过程中，由于本车电路、线路、油路、供油系统、货物自身发生问题、机动车运转摩擦起火引起火灾，造成保险车辆的损失，以及被保险人在发生该保险事故时，为减少保险车辆损失而必须要支出的合理施救费用，保险公司会相应地进行赔偿。

7. 车身划痕损失险

车身划痕损失险又称"划痕险"，是指由于他人的恶意行为造成车身划痕损坏，保险公司将按实际损失进行赔偿。它属于附加险中的一项，主要是作为车损险的补充，能够为意外原因造成的车身划痕提供有效的保障。划痕险针对的是车身漆面的划痕，若碰撞痕迹明显，划了个口子，还有个大凹坑，这个就不属于划痕，属于车损险的理赔范围。赔偿时可能存在免赔率，也就是说保险公司不一定赔偿全部损失，部分损失可能需要自己承担。划痕险的保险金额为2000元、5000元、10000元或20000元，由投保人和保险人在投保时协商确定。

8. 涉水行驶损失险

涉水行驶损失险又称"涉水险""汽车损失保险"，或称"发动机特别损失险"，各个保险公司叫法不一，但其本质一致，是一种新衍生的险种，均指车主为发动机购买的附加险。它主要是保障车辆在积水路面涉水行驶或被水淹后致使发动机损失可给予赔偿。但是，如果被水淹后车主还强行起动发动机而造成损害，那么保险公司将不予赔偿。关于此项险种，保险公司条款有差异，具体赔付可以查阅各保险公司的条款内容。

9. 不计免赔特约险

所谓不计免赔特约险是指车险中的不计免赔特约条款，它属于商业附加险的一种。该险种通常是指经特别约定，保险事故发生后，按照对应投保的主险条款规定的免赔率计算的、应当由被保险人自行承担的免赔额部分，保险人负责赔偿的一种保险。投保后，车主不仅可以享受到按保险条款应由保险公司承担的那一部分赔偿；还可享受到由于车主在事故中负有责任，而应自行承担的那部分金额赔偿。按照保险对象的不同，不计免赔险又可分为基本险的不计免赔和附加险的不计免赔，车主在投保时应详细了解。

投保了车辆损失险及第三者责任险的车辆，如果发生保险责任范围内的事故而造成车辆损失（不含盗抢）或第三者责任赔偿，由保险人依据《机动车保险条款》赔偿规定的金额负责赔偿。此条款的理解可参照《机动车保险条款》第十七条的规定"根据保险车辆驾驶人员在事故中所负责任，车辆损失险和第三者责任险实行绝对免赔率。负全部责任的免赔20%，负主要责任的免赔15%，负同等责任的免赔10%，负次要责任的免赔5%。"也就是说，两个主要险种在发生事故时的赔偿率并非100%，而是根据保险人在事故中所负的责任大小，按比例赔偿。例如，在交通事故中负主要责任的保险车辆，只能收到符合规定的赔偿金额的80%，其余20%需自行担负。

如果车主投保了不计免赔特约险后，就能把本应由自己负责的5%～20%的赔偿责任转嫁给保险公司。由于这个附加险保障全面，而费率却相对较低，所以一经推出很受车主欢迎。车主在投保购买此险种后，将车主由于事故责任所承担的免赔金额转给保险公司，车主领到的理赔额会更多。但不计免赔特约险只将车损险与第三者责任险的事故责任免赔率转嫁给保险公司。在购买车险时，车主应给车损险与第三者责任险分别投保不计免赔特约险，使自身理赔权益达到最大化。

2009年10月1日新《保险法》实施后，变化最多的是保险公司，包括新车投保优惠回缩、不同车型受限情况各异、购买保险时需指定险种才能享受折扣、出险超过5次第二年拒保等一系列新规定。目前，随着保险市场的活跃发展，保险险种层出不穷，本文以上内容仅对部分险种作简单介绍，每种险种具体的保障责任、责任免除等内容请参考具体公司车险商业险条款、车险交强险条款。

二、汽车投保方案选择

1. 投保渠道

当购买汽车保险的时候，车主们首先要注意车险的投保渠道，这是车险购买中的一个关键问题。因为选择哪家保险公司承保，选择什么方式投保，都直接决定了车险投保的质量。现阶段车辆保险购买渠道主要有三种：保险中介投保、保险公司投保、汽车4S店投保。对于同一家保险公司的产品，由于购买渠道不同也会受到不同的服务待遇，用户可根据自己的实际情况进行选择。

（1）保险中介投保　由于目前各种保险中介竞争比较激烈，为了争抢客户，保险中介给予的保险折扣比较大。保险中介在投保阶段可以上门服务，为客户办理投保，对客户而言会比较便捷。但是缺点是保险代理人为促成车主购买保险，对车主进行口头承诺，但出险理赔时可能无法兑现。有些保险代理人可能并不是保险公司的正式员工，人员流动性大，假保单、撕单、埋单、阴阳单证、系统外出单等问题屡见不鲜。等到车主真正出险时，保单虚假无效，给车主造成不必要的麻烦和损失，所以选择保险中介应慎重甄别。

（2）保险公司投保　车主亲自到保险公司投保，会有保险公司的业务人员对保险险种和条款进行介绍，提供投保方案。这种投保方式可以避免被一些非法中介误导和欺骗。一般来说，在4S店以外投保的保险，在出现事故时保险公司会指定客户在社会修理厂进行维修。社会修理厂并非品牌专修的4S店，没有经过专业培训的维修技师和专修设备，因此维修质量不能保证。另外，社会修理厂维修所使用的备件不是从正规的品牌进货渠道中取得的纯正备件，只能够使用非原厂件或假冒备件。同时，车主必须事事亲自操办，跟踪处理定损、维修、垫付保费、理赔等事宜，各种手续的办理会相对比较麻烦。目前，有些保险公司推出在"指定专修厂特约险"，车主购买此险种可以在4S店等指定品牌维修站进行维修。

（3）4S店投保　4S店一般会配有专业保险咨询顾问，会依据车辆的使用情况设计保险方案。在出险时车主不仅可以通过拨打保险公司的出险电话，还可以通过4S店的服务热线进行报险，车主可以得到4S店保险协赔员（保险顾问或称保险专员）的全程跟踪服务，提供索赔流程指导，进行事故车定损并协作理赔事宜，免去了车主在保险公司和维修地点间来回奔波的烦恼，可以节省车主宝贵的时间和精力。同时，车辆在4S店进行维修用的都是车辆的原厂备件，质量过关，免去假冒伪劣备件的风险。另外，4S店的品牌专修工具及先进的维修设备能够保证维修精度，保证钣金和喷漆的工艺水平，维修技师均为所属品牌的专业维修技师，对于本品牌的车辆的维修技术过硬，不会因为误操作引起车辆损伤的加大而埋下隐患。

购买汽车保险是为了保障安全，保障损失得到必要的偿付。选择投保渠道时如果忽略了后续服务等关键因素，就有可能得不偿失。如果遇到不良维修厂家，很有可能造成车辆"二次故障"。因此，建议车主在投保时一定要慎重选择投保渠道，在维修理赔时需考察维修厂的资质和信用，真正用上放心的保险，享受到安心的维修。

案例分享　保险纠纷案例

很多新手新车上路，为得到全面保障都会上"全险"。但是，出险后，对于保险公司的拒赔，有车主表现得既愤怒又无奈："投保车险时办理的是全险，出险后为什么不赔？"

点评：

对于"全险"中不理赔的情况也要了解。保险业相关人士指出，其实常见以下十种"全险"属于不赔情形。

1）撞到自家人的不赔。
2）车灯或倒车镜单独破损的不赔。
3）找不到第三方肇事者的不赔。
4）水深处强行起动导致发动机损坏的不赔。
5）车辆修理期间造成的损失不赔。
6）拖着没保交强险的车出事故的不赔。
7）私自加装的设备不赔。
8）被车上物品撞坏不赔。
9）没经过定损直接修理的不赔。
10）车辆零部件被盗的不赔。

专家提醒，所谓"全险"并非一个险种，只是投保了基本险、附加险常见险种及不计免赔特约险的"组合险"。即便投保了所有的险种，各险种理赔时也都存在一定的免责条款，保险公司是不可能全赔的。

---

2. 投保方案

车险的投保方案很重要。通常新车车主会选择"全险"。"全险"是全面型车险的简称，本身叫法并不规范，其包括4项基本险，即车损险、盗抢险、车上人员责任险及商业第三者责任险，以及车身划痕险、不计免赔特约险、玻璃单独破碎险3个附加险，总计7项商业险，再加上交强险，也就是通称的"八项全险"。这样车主在驾驶中的绝大部分事故的赔偿都可以得到保障。对于老车主的车险投保，可根据个人行车经验来选择险种。例如驾驶技术熟练的车主可选择车损险和第三者责任险，在大幅降低保费的同时也能实现基本保障。一些品牌网销车险平台为车主们提供了基本保障型、性价比高型等车险套餐方案以供选择，非常方便。车主可以根据自己的经济实力与实际需求进行投保。以下是5个机动车辆保险方案，可以供车主投保时参考。

（1）强制保障方案（表3-2）

表3-2 强制保障险种方案

险种组合	机动车交通事故责任强制保险
保障范围	只对第三者的损失按照限额负赔偿责任
适用对象	急于上牌照或通过年检的个人
特点	只有最低保障，费用低
优点	可通过上牌照或年检
缺点	对第三者的损失的赔偿限额很少，主车的损失没有赔偿

（2）基本保障方案（表3-3）

表3-3 基本保障险种组合方案

险种组合	车辆损失险+第三者责任险
保障范围	只投保基本险，不含任何附加险
特点	费用适度，能够提供基本的保障
适用对象	有一定经济压力的车主
优点	必要性最高
缺点	不是最佳组合，最好加入不计免赔特约险

（3）经济保障方案（表3-4）

表3-4 经济保障险种组合方案

险种组合	车辆损失险+第三者责任险+不计免赔特约险+玻璃单独破碎险
特点	投保最有价值的险种，保险性价比最高，大风险都有保障，保费不高但包含了比较实用的不计免赔特约险
适用对象	精打细算的最佳选择

（4）最佳保障方案（表3-5）

表3-5 最佳保障险种组合方案

险种组合	车辆损失险+第三者责任险+车上责任险+玻璃单独破碎险+不计免赔特约险
保障范围	正常的交通事故及单方事故所造成的主车和第三者责任方的损失
特点	在经济投保方案的基础上，投保价值大的险种，加入了车上责任险和玻璃单独破碎险，使乘客及车辆易损部分得到安全保障
适用对象	希望得到较大保障的个人或公司进行投保

(5) 完全保障方案（表3-6）

表3-6 完全保障险种组合方案

险种组合	车辆损失险+第三者责任险+车上责任险+玻璃单独破碎险+不免赔特约险+车身划痕险+自燃损失险+全车盗抢险
保障范围	除了能保证正常的交通事故及单方事故所造成的主车和第三者责任方的损失外，对车辆安全更加有保障
特点	在经济投保方案的基础上，加入了车上责任险和玻璃单独破碎险，使乘客及车辆易损部分得到安全保障
适用对象	经济充裕、全面保障的车主或新车车主

汽车保险起着重要的保障作用，车主在选择最低车险的时候，也应从自身实际情况出发，以免发生意外事故后由于保障不够充分而后悔。此外，为了鼓励被保险人及其驾驶人员严格遵守交通规则安全行车，各国的机动车辆保险业务中均采用"无赔款优待"制度。

3. 投保注意事项

(1) 不要重复投保　有些投保人自以为多投几份保，就可以使被保车辆多几份赔偿。按照《保险法》第四十条规定"重复保险的车辆各保险人的赔偿金额的总和不得超过保险价值。"因此，即使投保人重复投保，也不会得到超价值赔款。

(2) 不要超额投保或不足额投保　有些车主，明明车辆价值10万元，却投保了15万元的保险，认为多花钱就能多赔付；而有的车价值20万元，却投保了10万元。这两种投保都不能得到有效的保障。依据《保险法》第三十九条规定"保险金额不得超过保险价值，超过保险价值的，超过的部分无效。保险金额低于保险价值的，除合同另有约定外，保险人按照保险金额与保险价值的比例承担赔偿责任。"所以超额投保、不足额投保都不能获得额外的利益。

(3) 及时续保　有些车主在保险合同到期后不能及时续保，而车辆就在这几天出了事故，则无法赔付。

(4) 要认真审阅保险单证　当接到保险单证时，一定要认真核对，看看单据第三联是否采用了白色无碳复写纸印刷并加印浅褐色防伪底纹，其左上角是否印"中国保险监督管理委员会监制"字样，右上角是否印有"限在＊＊省（市、自治区）销售"的字样，如果没有可拒绝签单。

(5) 注意审核代理人真伪　投保时要选择国家批准的保险公司所属机构投保，而不能只图省事随便找一家保险代理机构投保，更不能被所谓的"高返还"所引诱，只求小利而上假代理人的当。

(6) 核对保单　办理保险手续拿到保单正本后，要及时核对保单上所列项目如车牌号、发动机号等，如有错漏，要立即提出更正。核对保单应把握合同中的保险责任条款、阅读除外责任条款；必须核实保险合同上可填写的内容，看合同中的名词注释并仔细阅读合同解除或更改情况的规定或列举。

(7) 随身携带保险　保险卡应随车携带，如果发生事故，要立即通知保险公司并向交通管理部门报案。

(8) 提前续保　记住保险的截止日期，提前办理续保。

(9) 车险中对第三方的界定，应排除家人在外　保险公司的除外责任中有这样一条规定"被保险人或其允许的驾驶人以及他们的家庭成员的人身伤亡及其所有或保管的财产的损失",即汽车发生事故时的驾驶人及其家庭成员、被保险人的家庭成员是不算在第三方范围内的。汽车保险条款规定是为了防范被保险人为了获取保险金而对家庭成员进行故意伤害。

三、汽车续保业务与销售技巧

4S店续保是指4S店销售车辆保险业务的续保工作，车辆续保是4S店售后业务增长的支点之一。

（一）车辆续保营销方案

为了提高车辆出险后的到店维修率，以及带动潜在的维修维护业务，增加4S店的保有客户，为售后"添柴加火"，车辆续保工作成为许多汽车4S店售后服务部门的工作要点。目前，汽车首保业务基本被4S店垄断，据多家4S店保险部门相关人员介绍，车主的新车首次保险几乎都会选择在4S店购买，在4S店的首保比例基本是100%，这种"捆绑销售"已成行业普遍做法。车险续保时，4S店失去了捆绑的"绳索"，电话车险和保险中介成了跟4S店抢夺续保业务的对手。因此，汽车售后服务企业如何综合电话车险和保险中介的优势，将电话车险销售的价格和保姆式服务结合起来，提供优质的续保服务，抢占续保市场，提升续保率，是售后服务的重要工作。

1. 续保营销的目的

续保营销是指汽车专营店对本年度保险到期客户，从销售顾问、服务顾问、续保专员三个角度，以促销优惠的形式，如赠送回厂礼包等活动，分三步对客户进行保险销售，以达到提升续保率、增加服务产值的目的。

（1）营销方案分析　针对竞争对手如保险公司电话营销对客户进行的现金优惠，汽车专营店要发挥专业服务的优势，以促销优惠活动抵消电话营销对客户的影响。例如某企业设立回厂礼包进行续保促销（表3-7），优惠价值超过竞争对手（社会保险销售渠道、电话营销等）给客户的优惠幅度（大约商业险保费的15%）。礼包的成本费用由保险公司和售后企业共同承担，在车主实际使用时结算。

表3-7　某企业续保促销方案示例

名称	礼包内容	赠送条件
回厂礼包一	1. 100元工时代金券（分2次使用） 2. 赠送四轮定位1次 3. 平衡四轮1次 4. 四合一润滑维护1次	购买商业险保费3000元
回厂礼包二	1. 150元工时代金券（分2次使用） 2. 送四轮定位1次和玻璃水1瓶 3. 免费电脑检测1次 4. 空调系统清洗1次 5. 轮胎充氮气1次	购买商业险保费4000元
回厂礼包三	1. 200元工时代金券（分3次使用） 2. 发动机清洗1次和免费电脑检测1次 3. 四轮定位1次和轮胎充氮气1次 4. 空调系统清洗1次 5. 赠送玻璃水1瓶	购买商业险保费5000元

(续)

名称	礼包内容	赠送条件
回厂礼包四	1. 200元工时代金券（分3次使用） 2. 送汽油添加剂 3. 空调系统清洗1次 4. 四轮定位1次 5. 油路清洗1次 6. 平衡四轮1次 7. 四合一润滑维护1次 8. 轮胎充氮气 9. 免费电脑检测1次 10. 加满玻璃水	购买商业险保费6000元

注：以上方案为参考方案，各店可根据实际情况进行调整。

(2) 续保营销提升目标　保险台次销售；增加客户回厂次数；增加售后的产值和毛利；提高客户对4S店的满意度；提高人员效率和设备利用率。

2. 续保营销流程

汽车专营店对本年度保险到期客户，从销售顾问、服务顾问、续保专员三个角度，分三步对客户进行保险销售。如图3-5所示流程示例，假设客户保险到期日期为7月1日~10日，第一步是销售顾问负责上一年度新车车主及分期购车客户的续保工作；第二步，销售顾

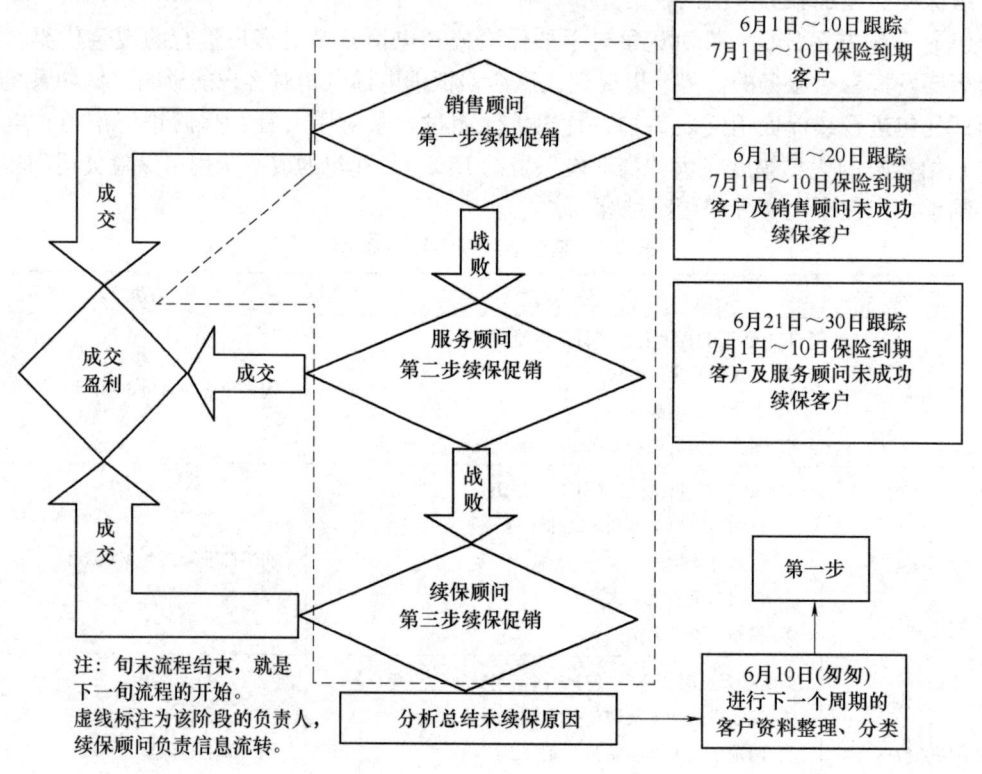

图3-5　续保促销流程

问没有成功续保，将续保潜在客户资料转交服务部；服务顾问将未成功续保的客户资料转交续保专员进行第三轮的销售沟通。通过以上三个步骤以提升续保率，若实现以上三步仍未成功的客户，应分析总结失败原因，进行下一周期客户资料的整理与分类。

3. 销售激励方案

为确保续保率的提升，人员激励措施是很有必要的，专营店应根据店面续保业务开展的情况并结合品牌/集团政策制订可行的人员激励方案。汽车专营店总经理可关注指标（每月）如续保基盘客户数量、续保商业险达成台次、续保率、续保成交率、保费送修比等来衡量续保工作的进展状况。

激励对象：销售顾问、续保专员、服务顾问。

奖励方案：销售交强险奖励＊＊元/单，销售商业险人员按保费收入百分比计奖提成。

考核方案：按品牌/集团月累计续保商业险台次预算下达当月台次任务，根据续保综合完成率的情况给予全额或部分奖励，如服务经理某季度完成续保台次月度目标奖励500元。销售团队可按销售的保险100%计奖，如售后团队销售成功，按照（销售：售后＝2:8）分配所成交的保险合计奖励；金融团队销售成功，按照（销售：售后：金融＝1:1:8）分配所成交的保险合计奖励。

(二) 续保专员岗位职责及工作流程

目前，大多数汽车4S店都设立"续保专员"职位，确保续保工作顺利开展。续保专员应熟悉车辆保险业务，了解车险投保流程，掌握保险费计算方法以及理赔操作实务，具备良好的沟通能力及服务意识。续保专员能够做好客户信息档案的整理，从系统中筛选客户信息及时记录与客户联系情况；保持与客户的沟通联系并掌握保险销售话术与技巧，从而提升店面续保率。

1. 续保专员的工作职责

1）负责客户保险相关的投保、续保工作。

2）负责与保险到期的客户进行联系，并促成客户续保完成。

3）负责客户保险信息的收集整理。

4）负责投保、续保业务招揽及统计分析。

5）客户现场投、续保业务的受理。

6）维系好与保险公司的合作关系。

7）负责来电、来店客户对保险业务的咨询解答工作。

8）负责定期与财务进行相关保险业务的对账工作。

9）以前未在公司续保的保险客户追踪跟进。

10）解决续保客户关于保险业务的投诉。

11）负责建议、改善续保流程等，以促进续保业绩的达成。

2. 续保专员工作流程

1）续保专员根据专营店的承保档案记录，提前2个月向保单即将到期的客户发送短信，向客户介绍本店的续保服务及理赔服务。

2）续保专员在电话营销过程中，应将商谈记录登记入"续保跟进登记本"的跟踪栏内，如果商谈失败，应在"失败原因"栏目内详实地记录失败原因。

3）续保专员应协助SA、CA向客户解释机动车保险条款以及本店的理赔服务。

4）早上上班后整理当天跟踪客户资料，以及准备好报价单。

5）电话续保：以本专营店保险服务中心续保专员的身份出现，代表本专营店保险服务中心，以回访和提醒的形式切入话题。

6）介绍本店保险服务中心的优势，主动要求通过传真或电子邮件形式向客户提供"车辆保险建议书"。

7）电话结束时，感谢客户的配合，并预约下次商谈方式和时间。

（三）车辆保险销售应对技巧与话术

1. 客户类型分析及销售应对攻略

如图3-6所示，按照价格取向及性格导向，可以将客户分为A型粗枝大叶型客户、B型理性思考型客户、C型谨慎行事型客户以及D型廉价导向型客户四种类型。其应对措施见表3-8。

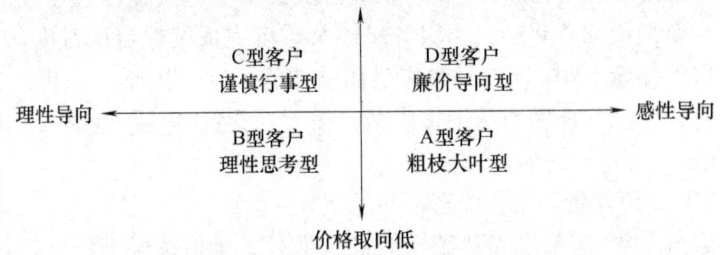

图3-6 客户类型分析示意图

表3-8 续保客户类型分析及应对措施

客户类型	性格特征	应对措施
A型	根据对实物的感觉做出决定的人。只要符合本人的价值观，不拘泥于细节而立即决策	▶准备"全风险型解决方案套餐"，告知客户保费的合计金额后再提出方案 ▶只需向客户解释商品的要点而不需做详细的内容说明 ▶关键是要将"完全赔付"的安全感根植于客户的头脑中
B型	仔细鉴别实物的价值，并在本人认同的基础上付费。属于注重投资效果的类型	▶准备"全风险型解决方案套餐"，需注意的是一定要向客户详细说明保费的构成，即每项保险内容的费用明细 ▶在明确解释每项赔偿事宜之后，告知客户保费的合计金额 ▶关于特约，必须向客户说明该部分可根据客户本人的希望进行增减调整 ▶关于第三者责任险，需唤起客户"防患于未然"的意识，向客户说明对应于重大事故的高额赔偿并劝导客户购买，或许会意外获得客户的理解和认同
C型	无论对任何事，都在进行反复比较之后采取行动的人	▶准备几种方案，包括万全型的"最佳方案"和普通型的"一般方案" ▶如果客户与多家保险公司有往来，则需准备与其他保险公司的保费情况比较方面的资料 ▶如果客户认定各保险公司赔付不相上下，则往往会选择价格低廉的保险产品
D型	最喜欢廉价商品，对昂贵商品概不接受的人。这种类型的客户会禁不住低价的诱惑而立即改变对保险公司的选择	▶首先对主险进行说明，陈述第三者责任险与机动车损失险的必要性，并告知保费 ▶对特约部分逐一解释，对各项保费的明细逐一说明，即"累积型"说明 ▶此类型客户通常倾向于选择购买最低赔偿金额（即5万元）的第三者责任险 ▶针对此情况，还需准备赔偿金额为50万元、20万元和最低10万元的三种方案，并向客户说明选择高额赔付的必要性，引导客户选择第三者赔偿金额在20万元以上的产品

单元三 事故车保险协赔服务

2. 车险销售技巧话术

(1) 新车投保销售应对技巧话术列举(表3-9)

表3-9 新车投保销售应对话术示例

客户	应 对 话 术
车险真的有必要买吗？我对保险不是很了解	据说现在中国汽车的事故率达到50%，甚至比这个数字还要高。所以谁都可能成为汽车事故中的加害者和被害者。一旦事故发生，无论是加害者还是被害者，都会面临巨大的经济负担和心理压力。汽车保险在汽车发生事故时可以在弥补经济损失上起非常重要的作用，而且国家法律也规定购买第三者责任险是每个车主应尽的义务
汽车保险难道不应该是从保险公司购买的吗	我们经销店有兼业代理资格，也就是从保监会获得批准并受某某保险公司的委托经销保险产品。我们的保险专员有保险方面的专业知识，再配合汽车销售和售后的维修环节等能为您提供最佳的服务，这点呢，保险公司就很难做到了，如果您在我们店投保，可以……（适当说明店内服务的内容）
在保费上能不能有优惠	严格来讲，根据中国保险监督管理委员会的规定，代理店委托规定，随意对保费进行打折是属于明令禁止的行为。当然，我非常乐意告诉您怎样合理合法地削减保费开支，因为有的保险公司提供风险系数折扣……所以我们可以根据您的预算为您量体裁衣，调整保费。希望我们能为您提供令您满意的服务

(2) 销售顾问续保销售电话话术示例(表3-10)

表3-10 销售顾问续保销售话术示例

推荐步骤	话 术 举 例
感恩答谢	销售顾问：您好＊＊先生，我是＊＊公司销售顾问＊＊，请问您现在接电话方便吗 客户：可以。(如客户现在不方便，则询问哪个时间段方便去电话联络，多次不便，请改发短信) 销售顾问：非常感谢去年您在我公司购买＊＊轿车，车辆使用还好吗？由于您在我这里购买汽车，我很希望得到您的支持。这一年来你对我或者我们公司的服务还满意吗 客户：你们的服务很好，我的车使用也很满意。(如不满意，请详细记录，并予以来店小礼品)
询问客户保险需求	销售顾问：您是我的重要客户，您需要我们在哪方面能够给你帮助呢 客户：谢谢你，多谢你费心了。(如有，请详细记录，并予以来店小礼品)
保险与服务优惠措施讲解	销售顾问：根据我们的记录，您的车保险还有1个月就要到期了，您在我们店面续保的话，正好我们现在搞续保优惠活动，可以送您价值＊＊元的续保大礼包，不但保费能打到最低折扣，还能赠送精美＊＊，更多惊喜等着您。您是我的VIP客户，我觉得这个大礼包对您的爱车很有好处。您看我先按去年的保险条件给您报个价格（或者发短信），如果没有问题，我就帮您出单了 客户：谢谢你，那我考虑考虑。(趁热打铁，把握成交的时机)
解释续保指标并邀约客户	销售顾问：您是我的VIP客户，您对我们的服务也很满意。您也知道我们都有保险续保指标的，还请您多多关照，帮我完成一个任务吧！我会帮您争取一个最优惠的费率，（您的朋友＊＊也是在我们这里续保的），您的爱车续保就由我帮您办了吧 客户：既然你这么说了，那你就帮我操办吧。我过几天到你4S店去找你。 销售顾问：那我等您（一周左右时间再次跟进）

(3) 服务顾问续保销售电话话术(表3-11)

(4) 续保专员电话销售话术(表3-12)

表 3-11 服务顾问续保销售话术示例

推荐步骤	话术举例
感恩答谢	服务顾问：您好**先生，我是**特约维修店的服务顾问**，请问您现在接电话方便吗 客户：你好 服务顾问：非常感谢在过去的一年里您的爱车在我们公司做保养，车辆使用情况还好吗？是否在使用过程中碰到什么问题需要我们帮助？您对我们公司的服务还满意吗 客户：你们的服务很好，我的车使用也很满意。（如不满意，请详细记录，并予以来店小礼品）
询问客户保险需求	服务顾问：您是我的VIP客户，请问您的爱车在日常使用过程中，或者在车辆保养、维修过程中是否需要我们为您提供更好的服务？您需要我们在哪些方面能够给你帮助呢 客户：谢谢你，目前车辆使用一切正常，有问题我打电话给你
保险与服务优惠措施讲解	服务顾问：销售部**提醒我，您的爱车保险**天后就要到期了，您是我们公司的VIP客户，您在我们店续保的话，可以送您价值**元的续保大礼包，不但保费能享受最低折扣，还能赠送一次**。我觉得这个大礼包对您的爱车很有好处的。您觉得我们的续保方案还有什么需要改进的吗？您看我是否把续保保险单给出单了 客户：谢谢你，那我考虑考虑。（趁热打铁，把握成交的时机）
解释续保指标并邀约客户	服务顾问：您是我的VIP客户，以后有售后服务的任何问题我都可以尽我所能帮您解决，您也知道我们都有保险续保指标的，请您多多关照，续保就由我帮您办了吧 客户：既然你这么说了，那你就帮我操办吧。我过几天到你4S店去找你 服务顾问：那我等您（一周左右时间再次跟进）

表 3-12 续保专员电话销售话术示例

推荐步骤	话术举例
感恩答谢	续保专员：您好***先生，我是**公司续保专员***，请问您现在接电话方便吗 客户：你好 续保专员：车辆使用还好吗？是否在使用过程中碰到什么问题需要我们帮助？您对我们公司的服务还满意吗 客户：你们的服务很好，我的车使用也很满意。（如不满意，请详细记录，并予以来店小礼品）
询问客户保险需求	续保专员：您是VIP客户，您在车辆维护或者维修过程中是否对我们的服务感到满意呢？服务顾问**提醒我，您的爱车保险**天后就要到期了，您看是否我们公司办理续保呢？我们同几家保险公司都有合作协议，在我们这里办续保的客户能获得同外面不一样的售后服务 客户：好的，那你发到我的手机上，我看好后打电话给你
保险与服务优惠措施讲解	续保专员：我们公司现在正好在做续保优惠活动，可以送您价值**元的续保大礼包。我觉得这个礼包对您的爱车还是很有好处的，您不用多花费用，可以享受我们公司提供的更多增值服务，这个活动仅剩**天了，如果您错过了时间就没有礼包赠送了 客户：好的，那我考虑考虑。（趁热打铁，把握成交的时机）
解释续保指标并邀约客户	续保专员：您是我们的VIP客户。您也知道我们都有保险续保指标的，请您多多关照，如果您在**天内来店续保，我帮您把续保大礼包留着 客户：既然你这么说了，那你就帮我操办吧。我明天到你4S店去找你

3. 客户异议处理话术及技巧分析

（1）客户：你们公司保险费太贵了，外面电话营销保险费可以打八五折呢。

1）不贵呀，保险费都是经中国保监会规定的，我们和保险公司的价格是一样的呀。电话营销的价格可能便宜一些，但服务有很大的差异。

2）保险电话营销虽然可以给您打折，光有价格优惠，但是没有服务承诺。我们公司是4S店，可以提供紧急救援、快速定损、拖车服务、协助处理交通事故、代办验车、紧急换胎等多项免费服务。

3）我们现在店面正在搞一个续保优惠活动，可以赠送价值＊＊的大礼包，包括免费赠送维护和精美礼券等，对您的爱车很有用的。

4）您的朋友＊＊也在我们这里做续保的，他认为我们这里续保很放心、省心，所以把您介绍给我，您看我先帮您报个价格好吗？

挖掘客户需求：关注客户的需求程度，了解需求深度、满意程度、续保的顾虑。

（2）客户：现在保险电话营销价格便宜呀，你们能给我优惠价格吗？

1）现在电话营销光有价格优惠，没有服务承诺，您理赔时找谁呢？

2）电话营销的保险单，如果客户自己到4S店面做理赔评估，很可能会产生价差，这个价差还是要您自己支付的。

3）我们是正规的4S店，有严格的监管。您在我们店面维修，服务和维修质量都是可以保证的。

4）我们店面正在搞一个续保优惠活动，可以赠送价值＊＊元的大礼包，包括免费赠送维护和精美礼券等，价值远远高于电话营销的优惠价格，对您的爱车非常有用。而且活动月底就要结束了，您看我先帮您报个价，如果满意就到我们店面来续保吧。

适时成交：就好像足球场上的临门一脚，只要踢好这一脚，促成客户签单付款。要耕种更要收获，没有促成就没有交易。

（3）客户：你们保险理赔有哪些优势呢？

1）我们是4S店，有原厂的零配件和完善的售后服务，可以保证我们的维修和服务质量。

2）我们和各大保险公司长期合作，保险公司在理赔定损的时候我们可以协助客户，快速定损。

3）如果您自己在外面投保，没有专业的售后人员帮助你，您都不知道到底损坏哪些零配件，哪些必须要更换，哪些可以修复，价格多少，而我们就是您的专家。

4）保险公司购买保险得到的利益都是一样的，唯有超增值的售后服务才是真正带给客户附加的价值。

承诺我们的售后服务：客户不但希望得到你的售前服务，更希望在购买了我们的保险后，能够得到良好的服务。持续不断的电话、节日的问候，都会给客户良好的感觉。

（4）客户：我的保险出险后理赔不足额，我对你们公司的售后服务不满意，如果你帮我理赔到了，我就续保。

1）首先认同客户的情况，询问客户是什么原因，例如，是保险资料交接不及时，还是保险公司定损时未能和4S店达成一致，告知客户现在已设置了专人专岗，下次不会出现这种问题。

2）我们现在对驻点的保险公司已经加大了监管力度，随时监控，不会再发生同样的问题，我们也可以提供一个理赔投诉电话。

3）询问客户去年是哪个保险公司的保险，今年我们还有其他3大保险公司合作，我们可以帮您换一个理赔服务更好的保险公司。

增强客户购买信心：人都是有从众心理的。续保专员在推荐保险时，适时地告诉客户一些与他情况类似或相同的人也在我们公司办理了续保，他们是如何看待我们的服务的，会使客户信心大增，增强他的购买欲。

（5）客户：我去年买了车辆保险，我都不知道买了哪些保险，你帮我解释一下。

1）我看了一下您去年的投保记录，一共投保了6个险种，有车辆损失险、第三者责任险、交强险、不计免赔特约险、全车盗抢险和划痕险。您投保基本上比较齐全，恭喜您！

2）简单讲，车辆损失险主要是保障您的车辆遭受碰撞导致损失时保险公司给予的理赔。第三者责任险是万一您的车撞别人了，由保险公司赔给第三者的。交强险是国家强制保险，不计免赔特约险是保险公司100%理赔。全车盗抢险就是车子万一被偷了，保险公司赔一辆车给您。划痕险是车辆被划了，保险公司予以理赔。

3）＊＊先生，您的保险意识是很强的，这些险种都是需要投保的，万一有什么意外的话，把风险都转嫁给保险公司了，这样就是花小钱保大钱了呀。

让客户充分了解商品可能带来的利益：在促成前，你要确认客户充分了解你所推荐的保险商品的价格和所能带来的利益。必须实话实说，由于保险产品专业性比较强，让客户自己看条款是不明智的选择，你要用最简单的方式解释保险条款，突出重点，让客户在有效的时间里充分了解这款产品。

（6）客户：我去年没有理赔，你看我今年需要买哪些保险呢？

1）恭喜您呀，如果去年您没有发生理赔的话，今年保险公司可以给您无赔款优待，您今年的保险费就可以打＊＊折。

2）我检查了一下您去年的保险单，车辆损失险、交强险、第三者责任险、不计免赔特约险都是必须要投保的，您的车这么高档，我建议您还可以投保盗抢险和划痕险。

3）具体还是看您的车型、购买价格以及车辆停放的主要地点来帮您确定，不如您来到我们展厅，我给您做一个详细地介绍，根据您的实际情况给您量身定做一款适合的保险产品。

向客户证明合理的保险产品组合：客户购买车辆保险之前，客户要确信自己有足够的经济实力来购买保险，如果我们设计的保险过多，客户支付过高的续保费，客户会产生逃避心理。

（7）客户：去年保险费太贵了，我不想买这么多的保险。

1）保险本来就是花小钱保大钱，保险费太贵是因为您的爱车比较高级，保险公司计算保险费是根据您的车辆的购买价格以及您购买的险种来计算的。

2）我帮您看看去年保单的具体险种和保额，而且根据您目前的实际情况，在不减少综合保险利益的前提下，我们可以适当调整一下您保险的险种结构。

3）我希望你到我们店面来，我们当面给您做个保单评估，帮您设计适合你的爱车的保险计划。

证明推荐的正是客户所需要的：客户购买保险产品的出发点是他需要这款产品，所以在购买前，客户会产生逃避心理。

（8）客户：你先帮我把保险费垫一下，过两天我再来付款。

1)尊敬的＊＊先生,这样我先把保险单的价格发给您,但是现在保险公司实行的是"见费出单"。如果保险公司没有收到保险费的话,他们是不能出单的。

2)这样您的爱车保险快要到期了,如果没有按时续保的话,万一在续保空挡期间发生意外的话,对您是非常不利的。

3)我给您我们公司保险代收代付款的卡号,您通过网上银行或者ATM转账直接划入我们公司的账号,我们收到后马上就可以在我们店面出单了。我把公司的账号用短信发给您好吗?

切记风险提示:我们在实际操作中,出单前提必须是客户把钱汇到公司保险代收代付账户或者续保专员个人账户,避免出单后客户拖延或者毁约而带来的追偿风险。

课题二 事故车保险理赔服务流程

一、事故车保险理赔服务概述

保险理赔工作是保险政策和作用的具体体现,保险的优越性及保险给予被保险人经济上很大程度的补偿,都是通过理赔工作来实现的。车险理赔是指保险人在保险车辆发生风险事故导致损失后,对被保险人提出的索赔要求进行处理的过程。理赔工作一般是由被保险人提供各种必要的单证,保险公司负责理赔的工作人员经过计算、复核等具体程序,最后使被保险人获得赔偿。

> **"事故车"的概念**
> ➢ 事故车(轿车)的定义是:经过严重撞击、泡水、火烧等,即使修复但仍存在安全隐患的车辆总称。本书中,为区分售后业务范围,将汽车发生碰撞后发生了事故的车辆均归在"事故车"的范畴内。

随着车辆的日益增多,车辆事故也在不断地增加,保险人和被保险人的矛盾也日益明显,越来越需要专业的保险理赔人员参与到汽车保险理赔业务中。以前,在车辆事故较少的年代,汽车保险理赔工作主要由保险公司内勤人员和汽车维修单位的维修人员来完成,但由于这些人员缺乏相关知识,往往很难做到合理的理赔,导致社会矛盾日益激化。因此,多数汽车4S店设立"保险协赔员"岗位,这个岗位的工作人员又称"事故车接待员""保险理赔员"等,专门负责事故车保险理赔工作。

(一)汽车保险理赔的特点

机动车辆保险与其他保险不同,其理赔工作也具有显著的特点。理赔工作人员必须对这些特点有一个清醒的和系统的认识,了解和掌握这些特点是做好机动车辆理赔工作的前提和关键。

1. 被保险人的公众性

我国机动车辆保险的被保险人曾经是以单位为主,但随着个人拥有车辆数量的增加,被保险人中单一客户的比例逐步增加,这些被保险人的特点是他们购买保险时具有较大的被动色彩,加上文化、知识和修养的局限,他们对保险、交通事故处理、车辆修理等知之甚少。同时,由于存在利益矛盾,检验人员、理赔人员在理赔过程中与被保险人交流沟通存在较大的障碍。

2. 损失率高但损失金额较小

虽然保险事故损失金额一般不大,但事故发生的频率高,保险公司在经营过程中需要投入的精力和费用较大。有的事故金额不大,但是涉及对被保险人的服务质量问题;另一方面,从个案的角度看虽然单个事故车辆赔偿的金额不大,但是积少成多,也会对保险公司的经营产生重大影响。

3. 标的流动性大

机动车辆具有相当大的流动性,因而发生事故的地点和时间不确定,这就要求有一个运作良好的服务体系来支持理赔服务,要求主体是一个全天候的报案受理机制和庞大而高效的检验网络。

4. 受制于4S店的程度较大

汽车4S店的服务是理赔工作中的一项重要环节,4S店的修理价格、工期和质量均直接影响机动车辆保险的服务。大多数被保险人在车辆发生事故后,均认为由于给车辆投保了,保险公司就必须负责将车辆修复,所以在将车辆交给4S店之后就很少过问,一旦因车辆修理质量或工期、价格等出现问题,就将保险公司和4S店一并指责。而事实上,保险公司在保险合同项下承担的仅仅是经济补偿义务,事故车辆的修理以及相关事宜应由4S店负责。

5. 道德风险普遍

在财产保险业务中,机动车辆保险是道德风险的"重灾区"。机动车辆保险具有标的流动性强、户籍管理中存在缺陷、保险信息不对称等特点,同时机动车辆保险条款不完善、相关的法律不健全,以及机动车辆保险经营管理中存在一些问题和漏洞,致使机动车辆保险欺诈案件时有发生。

(二)汽车保险理赔的作用

理赔工作是加强车险、防灾减损的重要内容和依据,机动车辆理赔工作的主要作用表现在以下三个方面。

1. 经济补偿

在保险标的遭受保险责任范围内的自然灾害和意外事故损失后,及时给予被保险人经济补偿。

2. 加强防灾,减少损失

在理赔处理过程中和理赔以后能起到加强防灾、减少损失的作用。在车辆事故发生后,保险标的及第三者往往还有加重损失的可能性,需要采取必要的抢救和保护措施,尽量挽回可以避免的损失。

3. 吸取经验教训,掌握事故规律

通过赔案工作的处理,可以从中吸取经验教训,掌握机动车辆发生事故的规律。例如对机动车辆按使用性质、车型、车类及车辆所有权(公有或私有)等进行事故赔案分类,或者按事故性质进行分类,通过分类统计找出理赔工作的规律,以提高理赔工作的管理水平,促进机动车辆保险业务的拓展。

(三)理赔服务的基本原则

机动车辆理赔工作涉及面广,情况比较复杂。在理赔过程中,特别是在对机动车辆事故进行查勘过程中,必须明确和遵守理赔工作的基本原则。

1. 树立为客户服务的指导思想，坚持实事求是的原则

在整个理赔工作过程中，体现保险的经济补偿职能作用。当发生机动车辆事故后，要急被保险人之急，千方百计避免扩大损失，尽量减轻因灾害事故造成的影响，及时安排事故车辆修复，并保证基本恢复车辆的原有技术性能，使其尽快投入使用。

现场查勘、事故车辆修复定损及支付赔款、赔案处理等时，要坚持实事求是的原则，在尊重客观事实的基础上，具体问题作具体分析，严格按条款办事，并结合实际情况适当灵活处理，尽力使各方都比较满意。

2. 重合同、守信用、依法办事

保险人是否履行合同，就看其是否严格履行经济补偿义务。因此，保险方在处理赔案时，必须加强法制观念，严格按条款办事，该赔的一定要赔，而且要按照赔偿标准及规定赔付；不属于保险责任范围的损失，不滥赔，同时还要向被保险人讲明道理，拒赔部分要讲事实、重证据。

3. 坚决贯彻"八字"理赔原则

主动、迅速、准确、合理是保险理赔人员在长期的工作实践中总结出来的原则，是保险理赔工作优质服务的最基本的要求。

（1）主动　要求保险理赔人员对出险的案件积极、主动地进行调查，了解和勘查现场，掌握出险情况，进行事故分析，确定保险责任。

（2）迅速　要求保险理赔人员查勘、定损处理迅速、不拖沓，抓紧赔案处理，对赔案要核得准，赔款计算快，复核、审批快，使被保险人及时得到赔款。目前很多省市地区交通管理部门明确规定，对在本市道路范围内发生的仅造成车物损失或人员轻微伤害的交通事故一律实行快速处理。这里所说的人员轻微伤害的交通事故仅指造成人员皮肤、软组织挫伤且面积较小的交通事故。交通事故快速处理包括四个环节，即现场处理、责任认定、处罚违章行为、损害赔偿调解。图 3-7 所示为机动车交通事故快速处理协议书。许多保险公司也推出"快速理赔"活动，如中国平安"万元以下报案到赔款仅 3 天"、太平洋保险推出保险"快易赔"活动等。

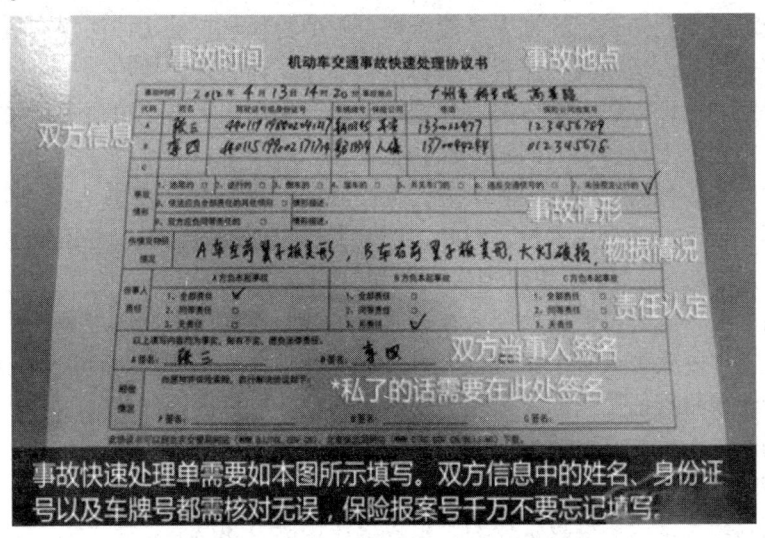

图 3-7　某市机动车交通事故快速处理协议书

（3）准确　要求从查勘、定损至赔款计算，都要做到准确无误，不错赔、不滥赔、不惜赔。

（4）合理　要求在理赔工作过程中，要本着实事求是的精神，坚持按条款办事。在许多情况下，要结合具体案情准确定性，尤其是在对事故车辆进行定损过程中，要合理确定事故车辆维修方案。

理赔工作的"八字"原则不可偏废，如果片面地追求这一方面而忽略了其他方面，则可能使案件久拖不决，甚至会发生错案，引起不必要的法律诉讼纠纷，造成极坏的社会影响。总的要求是从实际出发，为客户着想，即要讲速度，又要讲质量。

4. 注重交通事故责任认定书的证据作用

交通事故责任认定书（以下简称"认定书"）对事故当事人和保险当事人在利益调整上起着举足轻重的作用，在保险理赔中是必不可少的证据材料。认定书在民事诉讼案中不属于司法审查范围，但因其特殊的地位，保险人形成了一种思维定式，在理赔中把它当作无可辩驳的证明依据，这样做必将给保险企业留下巨大的证据风险和经营风险。因此，应对认定书的真实性进行审查后方可将其作为证据予以采信，以防范风险。这就要求理赔人员对认定书的证据作用必须有明确的认识。

1）从事故当事人的情况来看，认定书作为证据的真实性是否受到影响和破坏，客观上要求保险从业人员对其进行审查。在保险事故发生后，受损方经常不是据其本身在事故中所负责任轻重，通过合法的程序和方式向车方提出合法的索赔请求，而是通过有形或无形的胁迫手段来逼迫就范；而车方想尽快解决事故赔偿纠纷，往往被迫做出妥协，承担比责任更重的损害赔偿金。这就造成了认定书证据的不真实性。

2）从责任认定主体的情况看，认定书作为证据的真实性是否受到影响和破坏，同样需要进行证据审查。认定书能否反映事故的客观情况，是受多方面因素制约的。主要来自四个方面。

①实践经验。经办人员能否搜集到全面充足的现场材料，能否由表及里、去粗取精、去伪存真，提出反映事故本来面目的客观材料。

②法律及相关专业知识。经办人员能否把手中的材料与有关法律法规有机结合。

③职业道德因素。经办人员能否不徇私情、不谋私利、秉公执法。

④认定程序和取证方法。主体内容和程序是否合法。认定书不可避免地受主、客观因素地制约，在一定程度上具有很大的随意性和主观性。

综上所述，受各种因素的制约和影响，责任认定人出具的认定书从形式上看是合法的，但其内容却不一定反映客观真实性。因此，认定书作为理赔的证据，并不合适。

3）《认定书》直接关系到保险当事人的切身利益。机动车辆保险条款规定：保险车辆发生道路交通事故，本公司根据驾驶人在交通事故中所负责任比例相应承担赔偿责任。被保险人或保险车辆驾驶人根据有关法律法规规定选择自行协商或由公安机关交通管理部门处理。事故未确定事故责任比例的，按照下列规定确定事故责任比例。

保险车辆驾驶人负主要事故责任的，事故责任比例为70%。

保险车辆驾驶人负同等事故责任的，事故责任比例为50%。

保险车辆驾驶人负次要事故责任的，事故责任比例为30%。

因此，必须采取审慎认真、客观全面、科学公正的态度来认定事实，划分责任，采信证据，才能使保险双方当事人的利益都得到保护，同时遏止事故当事人和责任认定人对事故责任认定的随意性。

4）通过对认定书作为证据的真实性的查证，提高保险人现场查勘效率，掌握第一手资料，在保险理赔工作中才能做到有理有据、定案准确、理赔合理。在认定书经查证认定符合事实的情况下，被保险人提出相反证据（足以推翻公证证明的除外），保险人有权决定是否采信；在认定书与事实明显不符或存在重大不符的情况下，对涉及保险理赔范围内的责任认定事宜，保险人有权依据事实重新核定或拒绝赔偿。

二、事故车出险索赔流程

保险索赔的定义

➢保险索赔是指被保险人在保单许可的范围内，要求保险人赔偿保险事故造成的损失和给付赔偿金的过程。保险索赔主要从车主角度来考虑保险赔付操作方法与流程。

（一）一般保险索赔流程

一般来说，一旦车辆发生保险事故，车主需要做下列几件事。

1）报案。立即通知交通公安部门并保护好现场，同时向保险公司报案。

2）查勘定损。协助保险公司对车辆查勘、照相、定损。

3）索赔申请。备齐必要的单证，及时向保险公司申请索赔。

4）领取赔款。保险公司结案后，查询赔款到账情况（注：现在大部分保险公司实行赔款到卡制度，不能领取现金）。

特别提醒：新规变化

2013年1月1日施行的新交通法规（以下简称"新交规"）并不会影响保险合同的原有效力，只要事故不是人为故意造成的，保险公司都会给予理赔，但在责任认定方面则有所变化。国内某大型保险公司理赔员称："在新交规实施前，闯黄灯并未被具体纳入违规范围内，但新交规实施后，一旦闯黄灯车辆撞上了闯红灯的行人，双方都将视为违规，在事故责任中各承担50%责任"。保险责任认定变化后，保险企业承担的理赔责任随之增加。

从2013年开始，车险保费的高低不仅跟出险次数相关，而且还和车主在交通事故中的理赔责任大小挂钩。也就是说，新交规实施后，如果车主不小心闯黄灯发生交通事故，不但会在责任划分上不同，还可能会间接影响下一年的保费。例如车辆在上一年度出险一次，那么第二年的交强险则上浮10%；上一年度出险两次，第二年的交强险上浮20%；上一年度出险三次，第二年的交强险上浮30%。出险次数过多还可能被拒保。

此外，保险公司的理赔完全以车辆保险合同为依据，赔偿将在合同载明的责任范围内进行，与新交规无关，因此车主可放心驾驶。也就是说，车险理赔并非仅针对不违规的行为导致的事故。不过，车主一旦出险，一定要在48h内报案，即便将车驾到离事发地点不远处，仍可根据现场高度、痕迹等进行测量，不会对理赔造成影响。但如果报案迟了，就有可能会加扣部分免赔。

保险公司接到客户的报案后，应及时派出专业人员赶赴事故现场，对保险责任范围内的事故进行查勘、定损，协助处理事故，分析事故原因，了解事故损失，告知理赔注意事项。被保险人及驾驶人应积极配合保险公司的查勘人员调查取证，如实回答查勘人员提出的问题，主动与保险公司的查勘定损人员一起确定事故车辆的损失情况，并在评估单上签字，然后将车辆送到4S店修理，核定损失。因保险事故受损或造成第三者财产损坏，应当尽量修复。修理前被保险人会同保险公司检验，确定修理项目、修理方式和费用。

报案应注意下列问题：

1) 报案期限。保险事故发生后，必须保留第一现场，并在48h内通知保险公司。否则保险公司将有权不予受理。

2) 报案方式。到保险公司报案，电话（传真）报案，业务员转达报案。

3) 报案内容。被保险人名称、保单号、保险期限、保险险别、出险时间、地点、原因，出险车辆牌号、厂牌车型、人员伤亡情况、伤者姓名、送医时间、医院名址，事故损失及施救情况，车辆停放地点，驾驶人、报案人姓名及与被保险人关系，联系电话。

4) 合理施救，保护事故现场。对于发生的保险事故，被保险人负有及时施救以减少损失和保护现场原状的责任，以避免损失扩大和便于保险公司派员查勘现场。

受损的保险车辆，必须进厂修理的，一律要经保险公司的查勘估价，经核损认可，出具估价单，定损后由被保险人自行选择4S店修车或到推荐的4S店维修。若客户未经保险公司认可自行修理，保险公司有权重新核定修理费用，甚至拒绝赔偿。在外地出事并已委托代查勘定损的车辆，其估价单必须经保险公司核定认可后方可维修。

> **特别提醒：索赔时应提供的基本单证**（不涉及人伤的一般交通事故）
> 1) 当事人驾驶证、被保险车辆行驶证、被保险人身份证、保单复印件。
> 2) 公安机关交通管理部门出具的事故认定书或其他出险证明。
> 3) 车辆维修发票，车辆维修清单。
> 4) 被保险人银行账号及复印件。

（二）单方事故索赔流程

单方事故指不涉及人员伤（亡）或第三者财物损失的交通事故，如因碰撞外界物体造成自身车辆损坏（但外界物体无损坏或者无需赔偿）。单方肇事是最为常见的一类事故，因为不涉及第三者的损害赔偿，仅仅造成被保险车辆损坏，事故责任为被保险车辆负全部责任，所以事故处理非常简单。事故的处理及保险索赔程序，如图3-8所示。

1. 报案

事故发生后，保留事故第一现场，带保险单、行驶证、驾驶证等立即通知保险公司。

2. 现场处理

1) 损失较小（一万元以下），保险公司派人到现场查勘，并出具查勘报告。

2) 损失较大（一万元以上），如查勘员认为需要报交警处理，会向交警部门报案，由交警部门到现场调查取证，并出具事故认定书。

3. 定损修理

1) 车主将车辆送抵定损中心并同时通知保险公司定损。

2) 修理厂修车。

3) 车主提车。

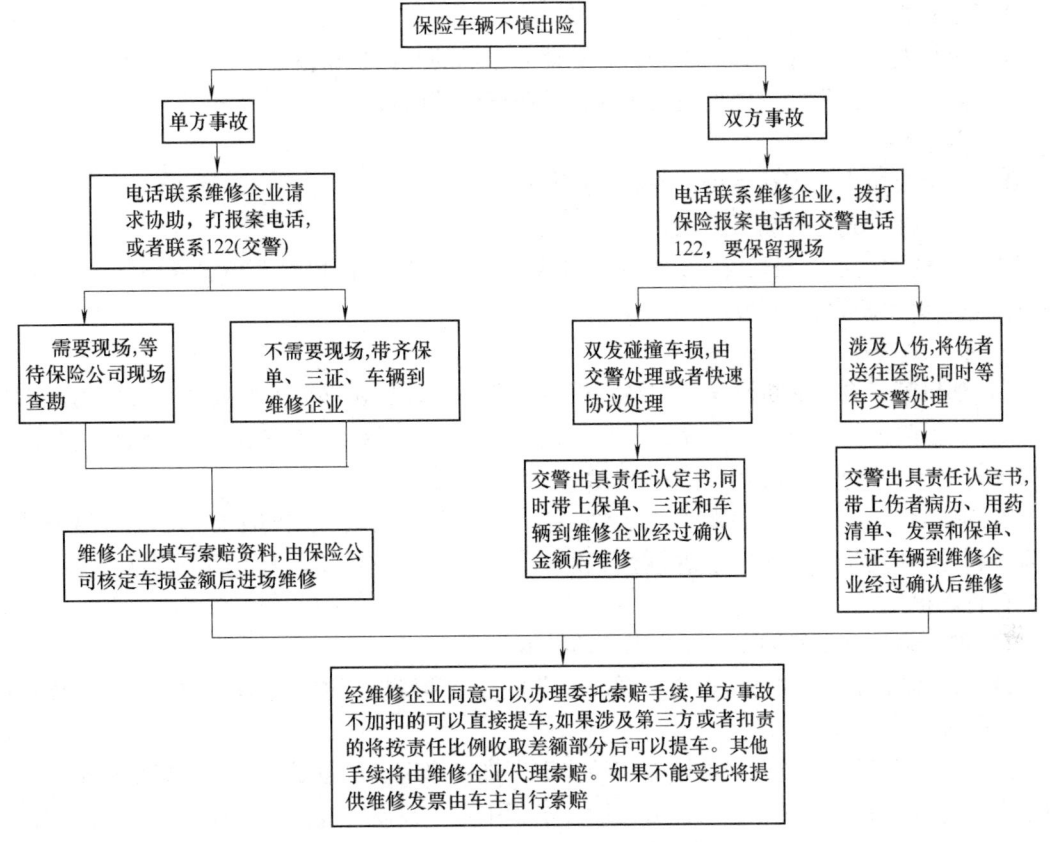

图 3-8 出险索赔流程

注：1. 三证指被保险人身份证、保险车辆行驶证、驾驶证（B 证以上需要提供年审体检表）

4. 提交单证进行索赔

收集索赔资料并将材料交保险公司办理索赔手续。索赔单证包括：

1) 出险通知书。保险公司提供，保户填写。客户是单位的需加盖单位公章，是个人的需本人签字。

2) 定损单。保险公司提供并填写，4S 店使用后交回保险公司。

3) 维修发票。4S 店提供。

4) 施工单。4S 店提供、填写并加盖公章。

5) 材料单。4S 店提供、填写并加盖公章。

6) 事故证明。客户提供。

7) 赔款结算书。由保险公司提供。客户是单位的需加盖单位公章，是个人的需本人签字。

5. 损失理算

保险公司收到齐备的索赔单证以后进行理算，并确定最终的赔付金额。

6. 赔付

保险公司的财务人员会根据理赔人员理算后的金额，向车主指定的银行账户划拨赔款。

(三) 双方（无人伤亡）事故处理及办理保险索赔程序

1. 报案

1) 事故发生后,保留事故现场,并立即向车辆的投保公司报案。

2) 如第三方损失为道路设施或车辆,需向交警部门报案。

2. 现场处理

1) 保险公司人员到达现场,并出具查勘报告。

2) 交警部门到达现场,并现场出具事故认定书。

需要提醒的是:一般情况下,如果在向保险公司报案,而保险公司要求向交警报案时,保险公司人员无需到现场处理。

3. 第三方修理

1) 如果第三方不是机动车,则最好要求保险公司人员在进行现场处理时直接达成三方(第三方、保险公司、车主)公认的一个核损价格。如果当场不能核定损失,则在进行第三方损失核定的时候或者过程中,要求保险公司给出核损价格。

特别提醒:如果不经过保险公司允许,自行答应第三方有关索赔金额的承诺,这种承诺保险公司是有权推翻重核的,如果重新核定的价格与第三方的要求有差距,则这个差距会由车主自行承担。

2) 如果第三方是机动车,要分以下两种情况:

第一,如果第三方同意与车主一同前往车主选定的修理厂进行修理,则当场不必支付第三方任何现金。

第二,如果第三方要求去自己选定的修理厂进行修理,也就是说第三方将与车主去不同的修理厂进行车辆修理时,则第三方可能要求车主在事故现场先支付一部分修理费用或称押金或定金(因为担心事后找不到车主或者事后车主不认账)。支付押金时切记现场掏钱并立收据;支付一半的修理费用比较适当(因为也有可能发生事后第三方不认账的情况)。

特别提醒:第三方车辆修理完毕后,车主必须先将修理费交付给第三方或其选择的修理厂,然后拿到第三方的修理发票及维修明细才能进行保险索赔。如果事后第三方不提供相关资料或者找不到第三方时,保险公司是不赔付的第三方的维修费用。

4. 车辆定损修理

将受损车辆送抵定损中心并同时通知保险公司,定损;修理厂修车;车主提车。

5. 提交单证进行索赔

收集索赔资料交给保险公司办理索赔手续进行理赔。

6. 损失理算

保险公司收到齐备的索赔单证之后进行理算,确定最终的赔付金额。

7. 赔付

保险公司财务人员根据理赔人员理算得出的金额,向车主的指定账户划拨赔款。

(四)多方肇事(有人伤亡)事故处理及办理保险索赔程序

多方肇事是指涉及人员伤亡的双、多方交通事故。例如驾驶车辆碰撞行人,造成行人受伤或死亡。该类事故因为涉及人员伤亡,所以处理起来比较复杂。其事故处理及办理保险索赔程序如下:

1. 报案

事故发生后,事故各方车辆应停在原地,保护好事故现场,并立即向保险公司和交警部门报案。需要提醒的是，如有人员伤亡，应立即将其送往医院，除非事发地段比较荒凉或无车经过，尽量不挪动事故车。因为如果用事故车将伤者送往医院，将造成事故责任无法认定。

2. 现场处理

交警部门到现场调查取证，并暂扣事故车辆、当事驾驶人的驾驶证和事故车辆的行驶证。一般情况下，交警处理的事故，保险公司查勘人员无需再到现场查勘。

3. 责任认定

交警部门根据事故情况做出责任判断，并向当事各方送达责任认定书；如果当事各方对事故责任认定不服，应在收到责任认定书十五日内向交警部门提出复议或向人民法院提出诉讼。

4. 伤者治疗

（1）伤情诊断　医生对伤者进行检查，出具病历和诊断证明，并做出是否住院治疗的决定。

（2）住院治疗　医生对伤者进行治疗。

（3）出院手续　主治医生认为伤者无需继续住院治疗的，伤者应办理出院手续，《出院证明》需注明出院后的注意事项、休养时间、护理时间及护理人数。主治医生认为伤者无需住院治疗的，如果伤者拒不办理出院手续，赔偿义务人应通知交警部门，从主治医生证明伤者可以出院之日起的费用赔偿义务人可以不负责赔偿，保险公司也不会赔偿。如果伤者出院之后需继续治疗的，医生出具继续治疗费用预估证明，保险公司可以赔付合理的费用。

（4）伤残评定　伤者治疗结束后，可以到相关的鉴定机构进行伤残评定，如达到伤残等级，应取得伤残等级证明。

（5）医疗担保和预付费用　当肇事各方无法承担医疗费用时，可以向保险公司提出申请预付医疗费用，凭医生出具的医疗费用预估证明和已交费用清单可以获得不超过所需费用50%的预付款。

（6）医疗核损　保险公司在伤者治疗期间，会派医疗核损人员到医院及交警大队了解伤者的受伤情况和治疗情况，对治疗费用进行预估和监督。

5. 车辆定损修理

将车辆送抵定损中心，同时通知保险公司及时定损；修理厂修车；车主提车。

6. 赔偿调解

1）伤者治疗结束后，事故各方可到交警大队申请办理赔偿调解手续，也可到法院提起诉讼。法院及交警大队都会根据事故各方提供的证明材料，依据相关赔偿标准和法规条款进行赔偿调解，当事各方不服的可以向上级人民法院提起诉讼。

2）涉及保险赔偿的事故，向法院提起诉讼时，可提请保险公司作为第二被告或第三人。（厦门岛内法院只允许保险公司作为第三人、岛外可以作为被告）

7. 提交单证进行索赔

付清相关费用，收集索赔所需资料，交保险公司办理索赔手续。

8. 损失理算

保险公司收到齐备的索赔单证后，开始进行理算，以确定最终赔付金额。

9. 赔付

保险公司财务人员根据理赔人员理算后的金额，向车主指定账户划拨最终赔款。

（五）整车被盗抢事故处理方案及保险索赔程序

整车被盗抢指整部车辆被盗、被抢。该类事故因为涉及交警大队立案以及必要的侦破时间，所以处理起来周期比较长，事故处理方案及保险索赔程序参考以下流程：

1. 报案

1）24h 内带齐身份证、驾驶证、行驶证原件向案发地派出所报案，并取得加盖派出所公章的报案回执及被盗（抢）车辆报案表。

2）48h 内向保险公司电话报案。

2. 刊登寻车启事

一周内带齐报案回执、被盗（抢）车辆报案表到市一级报纸上刊登寻车启事，并保存好全幅报纸。

3. 开具被盗（抢）车辆侦破结果证明书

如果三个月后（有些公司规定 2 个月）车辆仍未找到，带齐报案回执、被盗（抢）机动车辆报案表到派出所和区公安分局刑警大队办理未侦破证明手续，并由上述两个部门在被盗（抢）车辆侦破结果证明书上盖章确认未破获。

4. 车辆销户

1）到保险公司复印两份被盗（抢）车辆立案表并盖章。

2）办理车辆销户手续。带齐被盗（抢）车辆侦破结果证明书、报案回执、被盗（抢）机动车辆报案表、被盗（抢）机动车辆立案表（一份交车管所留存）、行驶证，填写机动车辆停驶登记申请表，在公安报上刊登销户声明，取得销户证明。

5. 提交单证进行索赔

收集索赔资料交保险公司办理索赔手续。

6. 损失理算

保险公司收到齐备的索赔单证后进行理算，以确定最终的赔付金额。

7. 赔付

保险公司财务人员会根据理赔人员理算后的金额，向车主指定账户划拨赔款。

（六）异地索赔流程

1）报案。投保人可以通过保险公司热线服务报案，这是办理异地车险理赔必走的流程，关系到车主是否可以享受到理赔服务。报案时间的早晚，也会直接影响到理赔时间的快慢。

2）查勘、定损。事故发生地就近的保险公司网点工作人员进行查勘和定损，这是理赔的关键。

3）核价、核损。

4）投保人将理赔资料递交到保险公司网点，由工作人员将资料上传至车险理赔工作管理系统中。

5）理赔人员从接收到材料开始进行审查、理算、核赔。

6）投保人可到就近网点领取赔款或通过转账方式获得理赔款。

索赔注意事项

1）发生事故时不要私了。有些车主在发生交通事故后喜欢私了，怕麻烦，觉得去理赔就是浪费时间，宁愿把这些时间浪费在和对方车主争执上，结果耽搁了理赔时间，往往是两头得不到赔偿，苦水只能往肚子里咽。所以当发生交通事故时，最好不要私了，更不能忍气吞声。

2）小损失理赔不值得。哪怕一点的小剐擦都要去保险公司理赔。这样做既浪费时间，又增加了自己的理赔率，因为保险公司每年根据车主的出险率有一定的折扣。例如太平洋公司规定被保险车辆出险3次后，保险公司将从第4次事故起，每增加一次保险事故，则在条款规定的免赔基础上增加5%免赔率，在一年内该项免赔最高增加15%。由此看来，车主为一点损失去理赔就不值了。

3）一人名下两车互碰拒赔。遵照现行的车险相关规则，同属一人名下的两辆车相撞，无论事故责任如何认定，只涉及交强险和三者险的理赔，保险公司一律不予赔付。车损险的理赔额度可按事故单方责任比例来计算。遵照交强险和三者险的界定，被保险人和他们的家人都不能算作"第三者"，不存在理赔对象，也就无法赔偿。碰到相似状况，投保人应先报案，经有关部门认定事故责任后凭保险凭据能够请求车损险的赔偿。依据实践状况，发生事故的两辆车中，通常其中一辆汽车能够取得保险公司赔偿。

三、事故车保险协赔服务流程

客户车辆出险后，往往心理较为着急，对车辆维修及保险条例均不十分了解，一方面要求得到比较满意的维修服务，另一方面又要求得到周到的保险代理服务。这就需要汽车维修企业能够做好保险协赔及故障车辆的维修服务工作。

事故车辆的维修工作较为复杂，索赔过程中时常伴随着顾客与保险公司的纠纷，因此对事故车辆接待人员的素质要求较高。为方便事故车辆的理赔工作，许多品牌售后服务部都设立事故车维修接待处。同时，聘请熟悉事故车的接待、理赔等各项流程，对事故车的定损、理赔等经验丰富，熟悉代理上牌、续保业务流程，有较强事故车定损业务拓展能力及客源关系较好的服务顾问担任事故车辆的接待及索赔工作，称为"保险协赔员"。

1. 保险协赔员岗位职责

1）负责为客户出险车辆提供定损及理赔服务，直接与保险公司展开相关核赔工作。

2）保险理赔车辆的相关保险索赔资料的审核、记录和提交，整理统计各类保险单据。

3）与保险公司保持良好的业务合作关系，办理与保险公司的结算手续，保证保险款的及时回笼。

4）熟悉新车、事故车辆的保险索赔及定损流程。

2. 保险理赔车辆接待流程

1）保险协赔员对前来报修的客户主动迎接、问候。

2）了解客户车辆事故状况，照相、定损、核实理赔零件并估价。与客户及保险公司三方协议进行事故定损；如果保险公司已估价，与维修店估价出入较大，应与保险公司协商，达到三方一致。

3）请客户提供相应的文件并整理客户索赔相关资料，如身份证（正反面）、银行卡号、保单、驾驶证（正、副页）、行驶证复印件（正、副页）、机动车辆保险索赔申请书（图3-

9，以中国平安为例）等。

图 3-9 机动车辆保险索赔申请书

4）道路上出险的，需客户提供交通管理局事故调解书）；根据事故状况、客户要求及保险公司定损的定损单，制订委托维修派工单。

5）请客户确认修理项目，并在委托维修派工单上签字。

6）根据车间的修理进度，与客户商定取车时间，并在委托维修派工单上注明。

7）将事故车移入车间修理。保险理赔接待流程如图 3-10 所示。

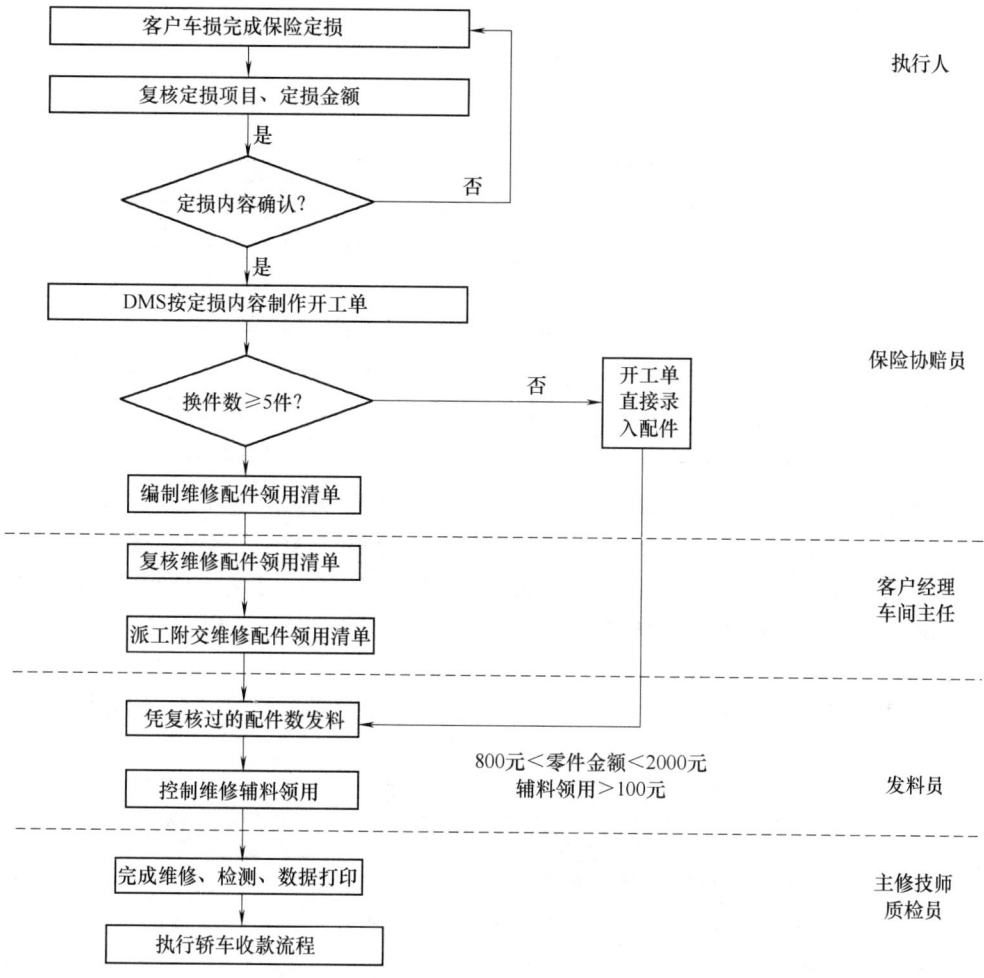

图 3-10　保险理赔接待流程

3. 保险理赔车辆维修过程

1）各工种组长按委托维修派工单登记，登记内容为派工单号、修理内容、维修开始时间、交车时间。

2）维修过程中需增加维修项目的及时与客户（保险公司定损人员）联系，并做详细说明。

3）视车间维修进度及维修项目合理安排任务，在委托维修派工单上注明工位号、主修人，并将客户信息登记在保险车辆协赔进度看板（表 3-13）中，方便跟踪。

4）定损配件核查。修理人员接车后按派工单所列项目施工，在施工过程中应对报修项目的相关部位及部件进行检查；需要拆检的车辆，由维修人员根据车辆损坏情况填写拆检报价单，填写完毕后交配件库进行报价并由配件人员制作报价单（机打）；机打报价单制作完毕后交事故组理赔员，事故组理赔员根据报价单与保险公司定损人员沟通确认定损部位、定损金额，确认后在手写报价单标出要更换的配件和维修工项；维修人员到库房领取配件，将手写报价单（配件联）交配件库；配件库则根据保险理赔人员确认的配件发料，报价单上没有的配件，配件库不予发料。换下备件需交回保险公司的，贴条注明车号及保险公司名称。

表3-13　保险车辆协赔进度看板

责任人：
更新时间：　　年　　日　　　　　　　　　　　　　　　　　　　　店

车牌	客户姓名	联系方式	保险公司	入保日期	对应S/A	案件状态	赔付金额	证件

发现派工单未列的维修项目而确需维修或更换的配件，先通知各车间负责人、各工种组长，并与事故组理赔员联系，事故组理赔员与客户、保险公司联系，事故组理赔员将维修增项的金额和增加的维修时间告知客户，取得同意后，在派工单上注明，交回车间进行维修。

5）保险协赔注意事项。在保险协赔过程中，保险协赔员应与客户沟通，认真了解客户事故造成的车辆损失，了解客户保险方案，一方面能够利用保险理赔的知识解答客户的疑虑；另一方面，应正确维护客户的合法权益，获得客户的尊重与信赖。保险协赔注意事项见表3-14。

表3-14　保险协赔注意事项

序号	保险协赔注意事项	说明
1	了解保险车辆有无购买车损险及不计免赔险	确认险种
2	了解是否已报保险公司现场查勘或直接到维修企业（4S店）再报案	是否报案
3	与保险公司查勘定损员一同确定事故车损失、维修项目、具体金额，必须协商一致	参与定损
4	收集客户证件资料（驾驶证、行驶证、身份证、保单复印件），作为协赔的单据	单证齐全
5	保险车辆维修完毕后，客户直接接车并结算，目前维修金额都不能由维修企业（4S店）代赔	维修结账
6	整理理赔档案，维修企业（4S店）保险人员将驾驶证、行驶证、被保险人身份证、保单复印件、发票原件、事故证明、报案表、赔款单等	理赔档案
7	保险标的在发生保险事故后可回收利用的价值称为残值，通常是指发生保险事故之后，被保险的财产剩下的部分价值，由保险人和被保险人双方协商处理。如归被保险人，保险公司在核定赔款时将残值扣减。如归保险人，则保险公司对被保险人核定赔款后，会委托第三方机构对剩余货物进行处理	残值处理

4．财务结算服务

1）客户报修车辆修理完成后，首先查看派工单是否有质检员签字，如没有退回车间再交车。

2）按委托书实际维修项目输入计算机，并同时输入工位号、主修人。

3）按照约定时间通知客户提车。

4）向客户介绍维修情况，并请客户验车。

5）客户满意后办理提车手续（收回客户提车联），客户自己垫付的，需按结算单上的维修金额交费，由财务人员开具维修发票。

6）检查客户提供的文件是否齐全、正确、有效。

客户索赔档案所需资料

1）结算结果报告。

2）施工单。

3）接车问诊单。

4）估价单。

5）保险事故车辆损失情况确认书。

6）机动车保险事故现场查勘记录（附事故经过描述及车主签字）。

7）被保险人驾驶证、行驶证、身份证复印件等。

四、事故车远程定损操作要点

事故车远程定损是指在具备有关技术条件的合作车辆修理厂、4S店等地点对事故车辆进行拆检和拍照的同时，定损人员在远端的监控中心利用网络视频监控系统，远程对车辆拆检过程和损失部位进行全程实时监控，并通过对摄像头的控制和切换现场定损车辆各个角度的视频画面，确定车辆损失情况。

建立远程可视化保险理赔系统，既提高了定损员和定损评估机构的工作效率，又对定损理赔点实施有效管理，支持跨地域的业务联动，有效提高了汽车保险行业业务管理水平。保险行业已充分意识到远程定损的重要性，因此近几年远程定损已成为保险行业建设热点。

1．远程定损系统简介

远程定损是专门针对保险公司定损人员的日常业务需求，基于WCDMA无线网络及移动增值技术开发的行业应用产品，该系统支持监控设备和手机终端两种模式。图3-11所示为远程定损网络架构示意图，监控设备可安装在汽车4S店、维修厂或远程定损车上，手机终端软件安装在保险公司理赔员的手机中，后台软件部署在保险公司的IT中心。

远程定损系统使用过程是客服人员在接到客户报警电话后立即发出调度指令，定损员从接收指令到行程处理完毕，全程通过系统实时监控。每个任务点的完成情况第一时间反馈至管理系统平台。定损员还可以使用手机终端方便地对报案信息、车辆投保信息及配件价格等进行查询，并将现场照片信息和位置信息通过手机终端进行上传，从而大大提高业务处理能力和工作效率。

通常情况下，远程定损分前端定损与后端定损两个部分。所有定损案件均要求在监控摄像头下完成。一般定损员的定损权限应有所界定，如前端定损员的定损权限是3000元以下案件，如果遇到3000~10000元案件定损前需向后端定损员请示，由后端定损员对案件进行临时授权或安排人员到现场定损。10000元以上案件，需有中级定损资质的定损员参与定损工作。不涉及人伤、车险3000元以下的案件直接在远程定损点进行理算、核赔工作。涉及人伤、车险 3000 元以上案件,应流转回理赔中心理算组进行理算工作。远程点结案案件每周移交理赔中心统一归档;远程点每日提交转账单证至理赔中心,理赔中心汇总后 5 个工作日内批量进行转账工作。

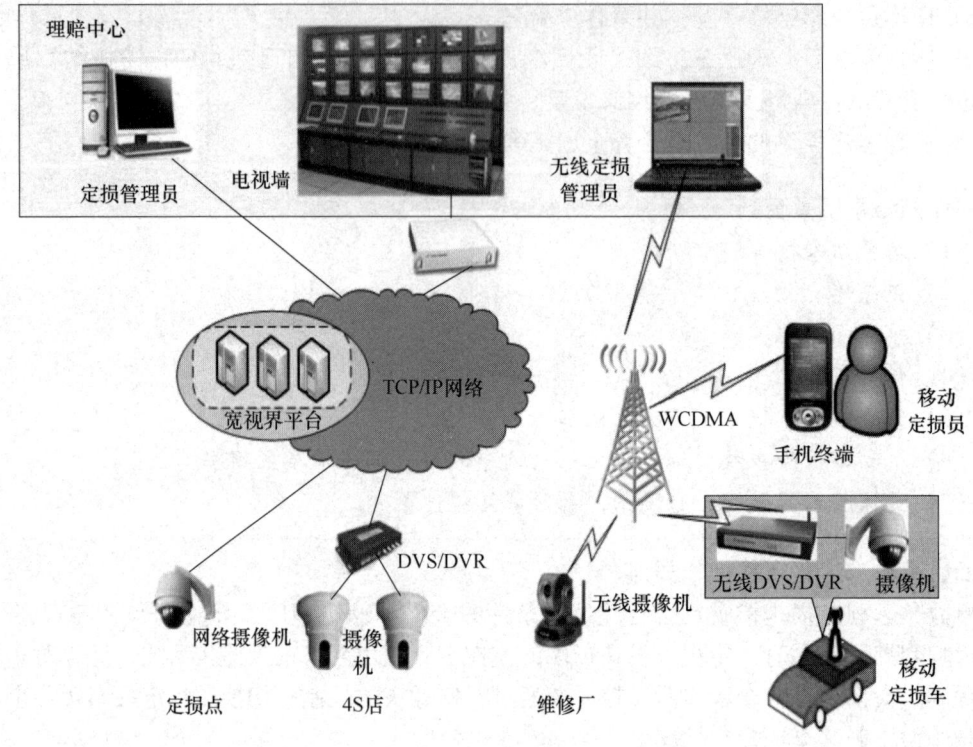

图 3-11 远程定损网络架构示意图

2. 远程定损新旧模式的区别

(1) 旧模式流程 客户报案—联系查勘—定损—修车后开修理发票—代索赔修理厂到理赔中心(支公司)提交索赔材料—材料齐全进行理算—理算完毕—财务进行赔款的支付工作。

(2) 新模式流程 客户报案—联系查勘—到达远程定损点进行定损及材料收集工作—签订领取赔款授权委托书—客户到 4S 店进行车辆维修—理算员向承修 4S 店的保险业务接待员出具定损及赔款通知书—接待员按照保险赔款金额与客户结算修车费用—车辆出厂后开发票向保险公司申请索赔—理算后确认转款。

(3) 新模式区别于旧模式的

1) 新模式定损采取集中定损模式,同时兼顾索赔材料的收集。

2) 新模式下,材料收集均在远程定损点提交,无需再到理赔中心(支公司)往返提交材料。

3) 小额车险定损项目一旦确认,理算员将进行理算结案工作。

4) 车辆维修出厂前,承修 4S 店已经知道保险赔付金额,可以明确结算修车费用。

5) 4S 店接待员凭定损及赔款通知书、领取赔款授权委托书及维修发票三份材料直接向远程定损点资料收集员申请赔款转账工作,免去过去为客户收集材料的工作环节。

6）小额车险赔案提前理算结案，不再等到修理厂提供发票后才进行理算结案工作。

3. 远程定损操作注意事项

1）定损方面。若对定损案件项目存有疑问，及时与定损员沟通。通过友好协商的方式，达成最终的维修方案，避免案件结案不能重开。损失较大案件会等到车辆出厂才进行理算工作。

2）资料收集。材料由客户及时提交远程定损点，对所有专营店承保的业务，如涉及车辆单方、多方、人员伤亡案件均在远程定损点提交索赔材料。部分4S店不代办业务，可引导客户到远程点提交材料。

3）理算发放的定损及赔款通知书是向保险公司申请索赔的重要单证，服务顾问应注意妥善保管。一旦发放定损及赔款通知书，说明该案件已经结案，进入等待赔款转账程序。

4）配合做好旧件回收工作。有些保险公司提供上门回收旧件服务，故应及时联系旧件工作人员，以便安排人员上门回收。回收旧件后在损失确认书上盖章。

5）承修4S店修车完毕后向保险公司申请领取赔款时，必须提供定损及赔款通知书、领取赔款授权委托书及发票，方可办理赔款转账手续。远程定损点的理算工作，按照车险赔案理算核赔工作流程进行处理。

课题三　汽车维修合同与财务结算

一、汽车维修合同介绍

（一）汽车维修合同的定义及作用

1. 汽车维修合同的定义

汽车维修合同是承修、托修双方当事人之间设定、变更、终止民事法律关系的契约，是为了协同汽车维修活动达到规定标准和约定条件的目的而协商签订的相互制约的法律性协定。

2. 汽车维修合同的作用

1）维护汽车维修市场秩序。合同明确了承修、托修双方的权利义务，可以保障当事人的权益。因为依法订立的合同受法律保护，将当事人维修活动行为纳入法制轨道，使合法的维修活动受到法律保护，并防止或制裁不法维修活动，从而维护市场的正常秩序。

2）促进汽车维修企业向专业化、联合化方向发展。使用合同制，使各部门、各环节、各单位通过合同明确相互的权利义务和责任，便于相互监督、相互协作，从而有利于企业发挥各自的优势，实行专业化，促进横向经济联合。

3）有利于汽车维修企业改进经营管理。实行合同制，企业要按照合同要求来组织生产经营活动。企业的生产经营状况与合同的订立和履行情况紧密联系在一起。企业只有改进经营管理，努力提高维修质量，才能保证履行合同；只有这样企业才能有信用，也才能有市场，从而不断改善经营条件，进而获得更好的经济效益和社会效益。

（二）汽车维修合同的主要内容

2007年7月17日~24日，《北京市汽车维修合同》示范文本征求意见稿公开征求社会各界意见。这是北京市推出的首份汽车维修合同，首次明确了因提供假冒伪劣零配件造成维修质量问题的，汽修厂商应承担赔偿责任。下面以《北京市汽车维修合同》示范文本为例说明维修合同的主要内容以及权责的界定，见表3-15。

表 3-15　北京市汽车维修合同

北京市汽车维修合同

甲方（托修方）：　　　　　　联系电话：
乙方（承修方）：　　　　　　联系电话：

1. 托修车辆基本信息

车牌号码	车辆类型	厂牌型号	颜色	发动机号	VIN 代码/车架号	上牌照日期

2. 托修车辆维修项目

维修项目	
附加作业项目	

3. 维修配件提供方式

车辆维修需更换的配件由承修方提供	配件选用：原厂配件□、副厂配件□、修复配件□、其他□
车辆维修需更换的配件由托修方提供	配件选用：原厂配件□、副厂配件□、修复配件□、其他□

承、托修双方混合提供配件应另附清单说明

4. 维修预算金额（概算费用）——承修方可预收 30% 以下的维修费用

维修项目	工时费 = 工费率 × 工时定额	总工时费	材料费	合计

5. 维修期限（交车日期）

竣工交付日		年　月　日	交付地点	

6. 验收方式及验收标准

验收方式	托修方当场验收并签字确认□
验收标准	经竣工检验符合：国家标准□、原厂标准□、地方标准□

7. 质量保证期

质量保证期	二级维护□、总成修理□、整车修理□ 质量保证期为：车辆行驶 千米或者 日

8. 结算方式

人民币现金结算	转账支票结算	其他方式

9. 补充协议

新增维修项目		
新增维修工时费和材料费		延长维修期限（天）

10. 承、托修双方约定的其他条款
11. 本合同正本一式两份，承、托修双方各执一份。本合同经承、托修双方签章后生效。

托修方（签章）： 签约日期：　　　年　月　日	承修方（签章）： 签约日期：　　　年　月　日

（三）承、托修双方权利义务

1. 适用范围

本合同适用于托修方委托承修方进行的二级维护、总成修理、整车修理。

2. 承修方权利义务

1）承修方应按照国家标准、原厂标准或双方约定的其他质量要求维修汽车。

2）承修方不得使用假冒伪劣配件维修汽车，因承修方提供的配件原因造成维修质量问题的，承修方应承担赔偿责任。

3）承修方对维修车辆进行整车修理、总成修理、二级维护时应进行维修前进厂诊断检验、填写诊断检验单，并进行维修过程检验和竣工质量检验。经检验的各项性能指标应符合相关国家标准、行业标准或地方标准的要求。

4）承修方自接收待修汽车至竣工交付托修方前，除为维修或检验目的外，不得动用在修汽车。承修方违反上述约定的，照价赔偿油料等直接损失，造成汽车损坏或报废的，负责修理并赔偿损失。

5）承修方对汽车进行维修竣工质量检验，经检验合格的，由汽车维修质量检验员签发《汽车维修竣工出厂合格证》。未签发《汽车维修竣工出厂合格证》的汽车不得交付使用，托修方有权拒绝交费或接车。

6）承修方在维修中换下的配件、总成，竣工交车时应交给托修方自行处理。但对环保有影响的废弃物品，在征得托修方同意的情况下，由承修方按照有关规定统一处理。

7）承修方向托修方交付修竣车辆时，应向托修方出具正规的结算票据，并附《维修结算清单》，工时费与材料费应分项列明。承修方不出具正规结算票据和《维修结算清单》的，托修方有权拒绝支付费用。

8）在质量保证期内因维修质量原因造成机动车无法正常使用，且在3日内不能或者无法提供因非维修原因而造成机动车无法使用的相关证据的，机动车维修企业应当及时无偿返修，做好车辆返修记录，不得故意拖延或者无理拒绝。

9）在质量保证期内，机动车因同一故障或维修项目经两次修理仍不能正常使用的，机动车维修企业应当负责联系其他机动车维修企业，并承担相应修理费用。

3. 托修方权利义务

1）托修方向承修方交付维修车辆时，应自行取走车内可移动贵重物品及相关证件。固定在汽车上的附件、设备按要求填写诊断检验单，承修方在竣工交车前对此负有保管责任。

2）车辆经检验合格，托修方应在合同约定的时间内结清维修费用并接车。无故逾期支付维修费用或无故延期接车的，承修方有权行使留置权并向承修方所在地人民法院起诉。

3）托修方自备配件的，应当提供配件合格证明；因自备配件原因造成的维修质量问题，托修方应自行承担相应责任。

4）若承修方未签发《机动车维修竣工出厂合格证》，托修方有权拒绝支付维修费用。

5）若承修方未按规定出具正规结算票据、维修结算清单或工时费和材料费填写不清的，托修方有权拒绝支付维修费用。

6）承修方在维修过程中需要托修方提供协助的，托修方应当履行协助义务。

4. 其他条款

1）维修合同签订后，任何一方不得擅自变更或解除。

2）承修方使用无生产厂名、厂址、无产品合格证的零配件、燃料润滑油维修汽车的，托修方有权解除合同。承修方在接到解除合同的通知后二日内，应当退回托修方车辆及托修方已经支付给承修方的款项。因承修方上述行为造成托修方车辆损害的，承修方还应承担赔偿责任。

3）托修方要改变汽车车身颜色，更换发动机、车身和车架的，必须向承修方出示按照有关法律、法规规定办理的相关手续的原件及复印件。

4）结算价格按照承修方公布的汽车维修项目工时费和材料费价目表执行，双方另行议价的，可以按照议价价格执行。

5）承、托修双方在本合同项下发生的纠纷，双方可协商解决或向辖区道路运输管理部门申请调解；协商或调解解决不成的，任何一方均可向当地人民法院提起诉讼或依据另行达成的仲裁条款或仲裁协议申请仲裁。

6）双方约定的违约金为维修预算金额的　　%，可根据双方约定金额确定。

二、一般财务知识

（一）票据

1. 普通发票

普通发票主要由营业税纳税人和增值税小规模纳税人使用，增值税一般纳税人在不能开具专用发票的情况下也可使普通发票。普通发票由行业发票和专用发票组成。前者适用于某个行业和经营业务，如商业零售统一发票、商业批发统一发票、工业企业产品销售统一发票等；后者仅适用于某一经营项目，如广告费用结算发票，商品房销售发票等。普通发票的基本联次为三联；第一联为存根联，开票方留存备查用；第二联的发票联，收执方作为付款或收款原始凭证；第三联为记账联，开票方作为记账原始凭证。个人发票一般泛指普通发票。

2. 增值税票

增值税专用发票（简称增值税票），也是发票的一种，是我国实施新税制的产物，是我国为了推行新的增值税制度而使用的新型发票。

增值税专用发票只有增值税一般纳税人和税务机头为增值税小规模纳税人代开时使用。纳税人要从事正常的生产经营活动，一方面要向收款方索取发票，同时也要向付款方开具发票。特别是增值税制实行凭票抵扣税款制度，发票已不仅仅是商事凭证，也是税款缴纳和抵扣的凭证。具有增值税一般纳税人资格的企业都可以到主管国税部门申请领购增值税发票，并通过防伪税控系统开具，可以凭增值税发票抵扣增值税。

增值税专用发票与日常经营过程中所使用的普通发票相比，有如下区别：

（1）发票的印制要求不同　根据新的《税收征管法》第二十二条规定："增值税专用发票由国务院税务主管部门指定的企业印制；其他发票，按照国务院主管部门的规定，分别由省、自治区、直辖市国家税务局、地方税务局指定企业印制。未经前款规定的税务机关指定，不得印制发票。"

（2）发票使用的主体不同　增值税专用发票一般只能由增值税一般纳税人领购使用，小规模纳税人需要使用的，只能经税务机关批准后由当地的税务机关代开；普通发票则可以由从事经营活动并办理了税务登记的各种纳税人领购使用，未办理税务登记的纳税人也可以向税务机关申请领购使用普通发票。

（3）发票的内容不同　增值税专用发票除了具备购买单位、销售单位、商品或者服务的名称、商品或者劳务的数量和计量单位、单价和价款、开票单位、收款人、开票日期等普通发票所具备的内容外，还包括纳税人税务登记号、不含增值税金额、适用税率、应纳增值税额等内容。

(4) 发票的联次不同　增值税专用发票有四个联次和七个联次两种，第一联为存根联（用于留存备查），第二联为发票联（用于购买记账），第三联为抵扣联（用作购买方和扣税凭证），第四联为记账联（用于销售方记账），七联次的其他三联为备用联，分别作为企业出门证、检查和仓库留存用；普通发票则只有三联，第一联为存根联，第二联为发票联，第三联为记账联。

(5) 发票的作用不同　增值税专用发票不仅是购销双方收付款的凭证，而且可以用作购买方扣除增值税的凭证；而普通发票除运费、收购农副产品、废旧物资的按法定税率作抵扣外，其他的一律不予作抵扣用。

3. 支票

支票是出票人签发的，委托办理支票存款业务的银行在见票时，无条件支付确定金额给收款人或持票人的票据，支票无金额起点，见表3-16。

表3-16　现金支票与转账支票

支票	现金支票：支票上印有"现金"字样的支票，它只能用于支取现金	➢ 填写要求：为了防止涂改支票，必须做到标准化、规范化、要素全、数字正确和字迹清晰。签发支票应使用墨汁或碳素墨水填写。为了防止编造票据的出票日期，必须用中文大写 ➢ 填写日期：填写日期时，月为壹、贰和壹拾的，日为壹至玖和壹拾、贰拾和叁拾的，应在其前加"零"；日为拾壹至拾玖的，应在其前加"壹"。填写日期时填写的位置要规范，不得出现错位、挤压现象，否则就是无效支票 ➢ 金额：大写应用正楷或行书填写。大写填写时应紧接"人民币"字样填写，不得留有空白。数字到"元"为止的，在"元"之后必须加"整"；数字到"角"、"分"为止的，"角"、"分"后不可以加"整"。小写应使用阿拉伯数字填写，均应在小写数字前填写人民币符号"￥"
	转账支票：支票上印有"转账"字样的支票，它只能用于转账，不能支取现金	

4. 银行汇票

银行汇票是指由出票银行签发的，由其在见票时按照实际结算金额无条件付给收款人或者持票人的票据。银行汇票的出票银行为银行汇票的付款人。银行汇票一式四联，第一联为卡片，为承兑行支付票款时作付出传票；第二联为银行汇票，与第三联解讫通知一并由汇款人自带，在兑付行兑付汇票后此联做银行往来账付出传票；第三联解讫通知，在兑付行兑付后随报单基签发行，由签发行做余款收入传票；第四联是多余款通知，并在签发行结清后交汇款人。

银行汇票有使用灵活、票随人到、兑现性强等特点，适用于先收款后发货或钱货两清的商品交易。单位和个人各种款项的结算，均可使用银行汇款。银行汇票可以用于转账，填明"现金"字样的银行汇票也可以用于支承现金。申请人或者收款人为单位的，不得在"银行汇票申请书"上填明"现金"字样。

(二) 税收 (表3-17)

表3-17　税收的内容及说明

相关内容	说　明	其　他
税务登记	税务登记是税务机关依法对纳税人与履行纳税义务有关的生产经营情况及其税源变化情况进行的登记的管理活动	税务登记的范围和时间。凡经国家工商行政管理部门批准，从事生产、经营的纳税人，都属于税务登记的范围，均应按规定向当地税务机关申报，办理税务登记

(续)

相关内容	说　明	其　他
纳税申报	纳税人办理纳税申报时，应当如实填写纳税申报表，并根据不同情况相应报送有关证件和资料	有关证件和资料 ➢ 财务、会计报告表及其说明材料 ➢ 与纳税有关的合同、协议书 ➢ 外出经营活动税收管理证明 ➢ 境内或境外公证机构出具的有关证明文件 ➢ 税务机关规定应当报送的其他有关证件、资料 ➢ 纳税申报的时间和期限
税种	我国现行使用的税种有增值税、消费税、营业税、资源税、外国投资企业和外国企业所得税、固定资产投资方向调节税、城市维护建设税、城镇土地使用税、房地产税、车船使用税、印花税、土地增值税、契税和进出口关税等	
税率	税率是应纳税额与征税对象之间的比例，是计算税额的尺度，反映了征税的深度。在征税对象数额已定的情况下，税率的高低决定了税额的多少 我国税率分为3种，即比例税率、累进税率和定额税率	➢ 比例税率是对同一征税对象，不论数额多少，按照所需税目，都按同一个比例征税。这种税率在税额和征税对象之间的比例是固定的 ➢ 累进税率是按照征税对象的数额大小或比率高低，划分为若干等级，每个等级由低到高规定相应的税率。税率与征税对象数额或比率成正比，征税对象数额越大、比率越高；反之，税率就越低 ➢ 定额税率是按征税对象的一定计量单位直接规定一定数量的税额，而不是征收比例

（三）财务结算（表3-18）

表3-18　财务结算分类及说明

分　类		说　明	支票结算流程
财务结算	按国内转账结算交易双方所处的地理位置分为同城结算与异地结算两种	➢ 同城结算，是指同一城镇内各单位之间发生经济往来而要求办理的转账结算 ➢ 同城结算有支票结算、委托付款结算、托收无承付结算和同城托收承付结算等 ➢ 其中支票结算是最常用的同城结算 ➢ 异地结算，是指异地各单位之间发生经济往来而要求办理的转账结算 ➢ 异地结算的基本方式有异地托收承付结算、信用证结算、委托收款结算、汇兑结算、银行汇票结算、商业汇票结算、银行本票结算和异地限额结算等 ➢ 其中，异地托收承付结算、银行汇票结算、商业汇票结算、银行本票结算和汇兑结算是最常用的异地结算手段	➢ 开立账户办理结算 ➢ 付款人根据商品交易、劳务供应或其他经济往来向收款人签发支票 ➢ 收款人将商品发运给付款人，或向付款人提供劳务服务。有时，根据实际情况，收款人在未接到支票的情况下，也可先提供商品或劳务服务，后收取支票 ➢ 收款人将支票送交开户银行入账 ➢ 收款人开户银行向付款人开户银行提出清算 ➢ 付款人开户银行根据有关规定计划转贷款或劳务服务款 ➢ 收款人开户银行给收款人收妥款项后，通知收款人入账 ➢ 付款人与开户银行定期对账
	货币结算按其支付方式的不同，可分为现金结算和转账结算	➢ 现金结算是发生经济行为的关系人直接使用现金结清应收款的行为 ➢ 转账结算是发生经济行为的关系人使用银行规定的票据和结算凭证，通过银行划账方式，将款项从付款单位账户划到收款单位的账户，以结清债权债务的行为 ➢ 转账结算是货币结算的主要方式 ➢ 转账结算的主要工具有支票、汇兑、委托受款、银行汇票、商业汇票、银行本票和信用卡7种 ➢ 支票结算是最常用的同城结算方式	

三、汽车维修价格

什么是汽车维修价格估算？
➢ 维修价格估算是指汽车维修企业作为承修方与托修方在签订汽车维修合同之前，根据汽车维修前技术状况的鉴定，对所列出的维修项目进行维修费用的大概预算。

（一）汽车维修价格估算

汽车维修价格的估算，是汽车维修价格结算中的前期工作。依据有关法律，托修方在接受维修服务之前有权知道该次维修的价格范围。比较准确地估算汽车维修费用，是汽车维修企业的经营管理水平的具体体现。如果维修价格估算费用严重超过实际维修的费用，托修方就会考虑找别的厂家，维修企业就会失去该项业务，甚至失去客户；如果维修价格预算费用比实际维修的费用少很多，在维修过程中也没有正当的理由去向托修方解释，托修方在维修结算时就会有意见，造成承修和托修双方的价格纠纷。

案例分享　价格估算技巧
一个小孩到商店里买糖，总喜欢找同一个售货员。因为别的售货员都是先抓一大把，拿去称，再把多了的糖一颗一颗拿走。但那个比较可爱的售货员，则每次都抓得不足重量，然后再一颗一颗往上加。虽然最后拿到的糖在数量上并没有什么差别，但小孩就是喜欢后者。
启示：这一"卖糖哲学"告诉人们，生活中同样的付出，仅仅因为方法不同，其效果是不一样的，这一道理同样适用于价格估算。

在实际的工作中，如果不能立即准确估计出维修费用。给出总费用的一个范围，需如实告诉客户总费用要在诊断后给出。在此过程中，不要故意低估费用。

估计的费用要比客户期望的略高些，估计的车辆交付时间比客户期望的略迟些。如果处理得当，维修后，实际费用少于估计值，车辆交付时间早于承诺时间，客户会感到惊喜。

（二）汽车维修价格结算

汽车维修价格结算是在承修车辆维修竣工交付使用时，由承修方对车辆维修作业所发生的全部工时费、材料费、外协加工费及其他各种费用，用统计的方法计算出来，向托修方收取全部费用的结算过程。汽车维修价格结算应遵循以下原则：

1）必须遵循国家有关价格法律法规和行业管理规章，并承担相应的法律责任。
2）要做到明码实价，公开服务项目和收费标准，公平合理收费，不强迫对方接受不合理的价格，不见危加价，不见生欺客，不夸大维修项目，不隐瞒本企业无能力承修的项目，不接受超出经营范围的维修项目，不使用假冒伪劣配件维修机动车。
3）应当建立采购配件登记制度，记录购买日期、供应商名称、地址、产品名称及规格型号等，并查验产品合格证等相关证明。
4）对于换下的配件、总成，应交托修方自行处理，并将原厂配件、副厂配件和修复配件分别标识，明码标价，供用户选择。
5）汽车维修价格结算工作务必做到统计准确，每项收费有凭有据，做到不错收、漏收或重复收费。

汽车维修收费方式经营者制订机动车维修服务价格时可采用综合价格或分类价格的计价方式。综合价格是指经营者在机动车维修服务中，对某项维修作业所需的工时费和材料费（含管理费）等各项费用实行包干计价而形成的价格。实行综合价格计价方式的，经营者不得收取除综合价格以外的任何费用。

分类价格是指经营者在机动车维修服务中，对维修作业的工时费、材料费（含管理费）及其他费用分别计价而形成的价格。按照分类价格收费的汽车维修企业可按机动车维修协会等行业中介组织统一制订的标准执行，也可按经营者报所在地维修行业管理部门备案后的标准执行，也可按机动车生产厂家公布的标准执行。当与上述标准不一致时，优先采用经营者所在地维修行业管理部门备案的标准执行。若无上述所列执行标准，可按照同类企业标准执行，但必须明示，并报所在地维修行业管理部门备案后，方可执行。

（三）汽车维修价格结算的计算方法

> **特别提示：汽车维修工时费、工时单价与工时定额**
>
> 汽车维修工时费是指汽车维修所付出的劳务费用，即完成一定的维修作业项目而消耗的人工作业时间所折算的费用
>
> 工时费 = 工时单价 × 定额工时
>
> 汽车维修工时单价是统一规定的完成某种汽车维修作业项目每小时的收费标准。汽车维修工时单价一般由各省交通行业主管部门和物价管理部门统一制订并向社会公布执行。
>
> 汽车维修工时定额是统一规定的完成某种维修作业项目所需要的工时限额，通常也称为工时定额。汽车维修工时定额是汽车维修业户计算和收取汽车维修工时费的最高限额。维修工时定额标准一般也是由各省交通行业主管部门和物价管理部门统一制订并向社会公布执行。

汽车维修价格结算主要包括工时费、材料费和其他费用的结算。

1. 工时费计算　为了使汽车维修企业能够规范、统一、客观、合理地计算和收取汽车维修工时费，我国规定汽车维修工时费按统一规定的"工时单价"与统一规定的"工时定额"相乘来计算，即汽车维修工时费的计算公式为

工时费 = 工时单价 × 工时定额

根据汽车维修作业项目的不同，可将汽车维修工时单价划分为汽车大修（包括发动机、车架、变速器、前桥、后桥、车身等总成大修）、汽车维护（包括一级维护、二级维护）和专项修理（包括小修）3种，各类维修作业项目规定不同的工时单价标准。汽车维修工时定额根据汽车维修作业项目的不同，规定了不同类别的工时定额标准。一般主要分为以下几类。

1）汽车大修工时定额：一般根据车辆类别和参数，如客车按座位数、货车按吨位、轿车按型号等参数，规定不同的工时定额标准。

2）汽车总成大修工时定额：一般根据车辆类别和参数，如客车按座位数、货车按吨位、轿车按型号等参数，规定其各主要总成的工时定额标准。

3）汽车维护工时定额：一般根据车辆类别、型号和参数等，分别规定一级维护、二级

维护的工时定额标准。各级汽车维护工时定额,是指按国家或当地交通行业主管部门规定的汽车维护作业项目的全部工时限额,一般不包括汽车维护作业范围以外的附加维修作业项目的工时。

4)汽车小修工时定额:一般根据车辆类别、型号和参数等,规定具体的汽车小修作业项目的工时定额标准。

汽车维修工时定额除了用于计算汽车维修工时费以外,在汽车维修企业内部还可用做维修作业派工、维修工作量考核等的依据。

2. 汽车维修材料费 汽车维修材料费是指汽车维修过程中合理消耗的材料的费用,一般分为配件费、辅助材料费和油料费三类,见表3-19。

表3-19 汽车维修材料费说明

汽车维修材料费	配件费	➢ 外购配件费:指使用汽车维修业户购进的汽车配件的费用。按实际购进的价格收费 ➢ 自制配件费:指使用汽车维修业户自己制造加工的汽车配件的费用。属于国家(或省)统一定价的,按统一价格收费;无统一定价的,按实际加工成本价收费;对个别加工成本较高的配件,可与用户协商定价 ➢ 修旧配件费:指由汽车维修业户在加工修复备用旧汽车配件对所需的费用
	辅助材料费	➢ 汽车维修辅助材料费是指汽车维修过程中消耗的棉纱、砂布、锯条、密封纸垫、开口销、通用螺栓、螺母、垫圈、胶带等低值易耗品 ➢ 汽车维修过程中这类材料的消耗不易单独核算费用,因此,交通行业主管部门和物价管理部门一般按汽车维修作业的不同类别和车辆的不同类型规定"汽车维修辅助材料费用定额"作为汽车维修辅助材料费 ➢ 汽车维修业户应依据汽车维修辅助材料费用定额收取汽车维修辅助材料费
	油料费	➢ 油料费是指汽车维修过程中消耗的润滑油、齿轮油、润滑脂、汽油、柴油、制动液和清洗剂等油品的费用 ➢ 对汽车维修过程中各种油料的消耗,交通行业主管部门和物价管理部门一般也按照汽车维修作业的不同类别和车辆的不同类型规定统一的"油料消耗定额" ➢ 各种油料的费用应依据规定的油料消耗定额与油料的现行市场价格进行计算和收取

3. 其他费用 其他费用就是指上述费用以外的、汽车维修过程中按规定允许发生的费用,主要包括材料管理费、外协加工费等。

(1)材料管理费 是指在汽车维修过程中使用维修企业的外购汽车配件时,在其购进价格的基础上加收的部分费用。材料管理费的实质,是对汽车维修企业外购汽车配件过程中所发生的采购费用、运输费用、保管费用及材料损耗等费用的补偿。

材料管理费的计算方法是,以汽车维修过程中所消耗的外购配件费用为基数的材料管理费率,即

材料管理费=汽车维修过程中所消耗的外购配件费用×材料管理费率

国家规定所有的一类资质汽车经销单位都能征收这笔材料管理费。例如,一般的车辆按照5%的标准收取材料管理费,省内车辆按照10%收取,外省车辆和进口车辆收取15%。

材料管理费不能单纯理解为把零件放置在配件库里所产生的费用,这项费用和其他收费

一样，是用来冲抵维修站的成本的。特约维修站因提供优质服务，承担的成本要比社会上普通维修厂（店）高得多，如采购纯正配件、组织人员培训、进行形象建设、开展售后服务关怀等都会产生一定的费用。材料管理费正是一项保证维修站有合理利润的、必要的收费项目。但是，在汽车维修过程使用的辅助材料和油料，以及使用维修业户的自制配件和修旧配件，都不允许加收材料管理费。

（2）外协加工费　外协加工是指在汽车维修过程中，由于承修方的设备与技术条件所限不能进行的加工项目，由承修方组织到厂外进行的加工。

外协加工项目，如果属于客户报修的维修类别规定的作业范围之外的项目，其外协加工费一般由承修方事先垫付，然后向客户照实收取；但如果外协加工项目包含在客户报修的维修类别规定的作业范围之内，承修方应按相应的标准工时定额收取工时费用，不得再向客户加收外协加工费。

4. 汽车维修费用的计算　汽车维修总费用就是工时费、材料费和其他费用三项之和，即

$$维修总费用 = 工时费 + 材料费 + 其他费用$$

按汽车维修行业管理部门的规定，车辆维修竣工后，维修企业必须出具有效发票，其中工时费、材料费、材料管理费和外协加工费等，必须开列清楚，并附有工时清单、材料清单，其中一份交托修方。工时清单应标明维修项目、工时单价、分项工时费和总工时费用。材料清单应标明材料名称、型号、规格、数量、单价和材料总费用。

机动车维修竣工质量检验合格的，维修质量检验人员应当签发《机动车维修竣工出厂合格证》。车辆维修竣工，最后回到业务部门，价格结算员进行工时费计算时，必须提供工时、材料费结算清单。

管理视角　绩效目标管理

1. 目标管理

"目标管理"的概念是管理学家彼得·德鲁克（Peter Drucker）1954年在其名著《管理实践》中最先提出的，之后他又提出"目标管理和自我控制"的主张。

目标管理的主要贡献之一就是它使得我们能用自我控制的管理来代替由别人统治的管理。

德鲁克认为，并不是有了工作才有目标，而是相反，有了目标才能确定每个人的工作。所以"企业的使命和任务，必须转化为目标"，如果一个领域没有目标，这个领域的工作必然被忽视。因此管理者应该通过目标对下级进行管理，当组织最高层管理者确定了组织目标后，必须对其进行有效分解，转变成各个部门以及各个人的分目标，管理者根据分目标的完成情况对下级进行考核、评价和奖惩。

2. 绩效目标管理

绩效目标管理通常是对经理进行评估的最常用的方法。之所以能得以推广，原因在于这种做法是与人们的价值观相一致的。例如，人们都认为"很有必要依每个人所

做的贡献而给予一定的回报、奖励"。目标管理法得以推广的另外一个原因是它能更好地把个人—组织目标有机结合起来，达到一致。至于目标管理法的具体操作，可以分为以下四个步骤。

第一步：建立每位绩效评估者所应达到的目标。在许多组织中，通常是上级评估者与被评估者共同制订一个目标。目标主要指所期望达到的结果，以及为达到这一结果所应采取的方式、方法。

第二步：制订被评估者达到目标的时间框架。即当他们为这一目标努力时，可以合力安排时间，了解自己目前在做什么，已经做了什么和下一步将要做什么。

第三步：将实际达到的目标与预先设定的目标相比较。这样评估者就能够找出为什么未能达到目标，或者为何实际达到的目标远远超出预先设定的目标。这一步骤有助于确定培训的需求，同时也能提醒上级评估者注意到组织环境对下属工作表现可能产生的影响，而这些客观环境是被评估者本人无法控制的。

第四步：制订新的目标以及为达到新的目标而可能采取的新策略。凡是已成功地实现了目标的被评估者都可以被允许参与下一次新目标的设置过程。

3. 关键绩效指标（Key Performance Indicator, KPI）

企业关键绩效指标是通过对组织内部流程的输入端、输出端的关键参数进行设置、取样、计算、分析，衡量流程绩效的一种目标式量化管理指标，是把企业的战略目标分解为可操作的工作目标的工具，是企业绩效管理的基础。

KPI 可以使部门主管明确部门的主要责任，并以此为基础，明确部门人员的业绩衡量指标（图 3-12）。建立明确的切实可行的 KPI 体系，是做好绩效管理的关键。KPI 是用于衡量工作人员工作绩效表现的量化指标，是绩效计划的重要组成部分。确定关键绩效指标有一个重要的"SMART"原则：

S 代表具体（Specific），指绩效考核要切中特定的工作指标，不能笼统。

M 代表可度量（Measurable），指绩效指标是数量化或行为化的，验证这些绩效指标的数据或者信息是可以获得的。

A 代表可实现（Attainable），指绩效指标在付出努力的情况下可以实现，避免设立过高或过低的目标。

R 代表关联性（Relevant），指绩效指标是与上级目标具有明确的关联性，最终与公司目标相结合。

T 代表有时限（Time bound），指注重完成绩效指标的特定期限。

KPI 符合一个重要的管理原理——"二八定律"。在一个企业的价值创造过程中，存在着"20/80"的规律，即 20% 的骨干人员创造企业 80% 的价值；而且在每一位员工身上"二八定律"同样适用，即 20% 的关键行为完成 80% 的工作任务。因此，必须抓住 20% 的关键行为，对之进行分析和衡量，这样就能抓住业绩评价的重心。

4. 关键绩效行动（Key Performance Action, KPA）

关键绩效行动可以简单称为关键行为指标，当一件任务暂时没有找到可衡量的 KPI 或一时难以量化的时候，可以对完成任务关键的几个分解动作进行要求，形成多个目标,对多个目标进行检查,达到考量的结果。

KPA 是做好周计划和日计划的常用工具,通过 KPA 的检查考量统计可以将一个任务的 KPI 梳理出来。

项目	服务人员				服务业务						
					保修			内训	客户投诉		维修回访	维护
	人员到岗率	人员参训率	关键岗位人员流动率	一般岗位人员流动率	保修单录入及时率	PDI完成率	首保完成率	下月内训计划	服务投诉量	投诉解决率	分数	维护规范率
指标要求	100%	100%	0%	≤20%	≥85%	100%	≥90%	每月2堂课以上	0	100%	≥9分	100%
实绩												

项目	服务流程											
	新车交接	招揽预约					接待问诊	估时估价		维修管理		回访	
	执行率	首保招揽率	首保招揽成功率	定保招揽率	定保招揽成功率	预约率	预约成功率	《接车问诊表》填写规范率	估价准确率	估时准确率	内返率	一次修复率	回访实施率	回访成功率
指标要求	100%	100%	≥90%	≥85%	≥85%	≥10%	≥85%	100%	≥85%	≥85%	≤2%	≥90%	≥85%	≥85%
实绩														

图 3-12 某企业售后服务考核管理看板

5. 关键结果领域(Key Result Areas,KRA)

KRA 是指岗位职责说明书中所定义的主要职责,也是对公司经营最有价值的部分。它是为实现企业整体目标、不可或缺的、必须取得满意结果的领域,是企业关键成功要素的聚集地。

6. 平衡计分卡(The Balanced Score Card,BSC)

BSC 是绩效管理中的一种新思路,适用于对部门的团队考核。平衡计分卡的核心就是通过财务、客户、内部流程及学习与发展四个方面的指标之间的相互驱动的因果关系展现组织的战略轨迹,是实现绩效考核—绩效改进以及战略实施—战略修正的战略目标过程(图 3-13)。它把绩效考核的地位上升到组织的战略层面,使之成为组织战略的实施工具。

把 KPA、KPI、KRA、BSC 系统地联系起来,会发现 KPA 是指标量化执行阶段,KPI 是指标量化考核阶段,KRA 是指标必要达成的结构性目标管理阶段,BSC 是指标的战略管理阶段。这四个名词是绩效量化管理不断升级的关键词,也是企业实施绩效量化管理发展的四个阶段。

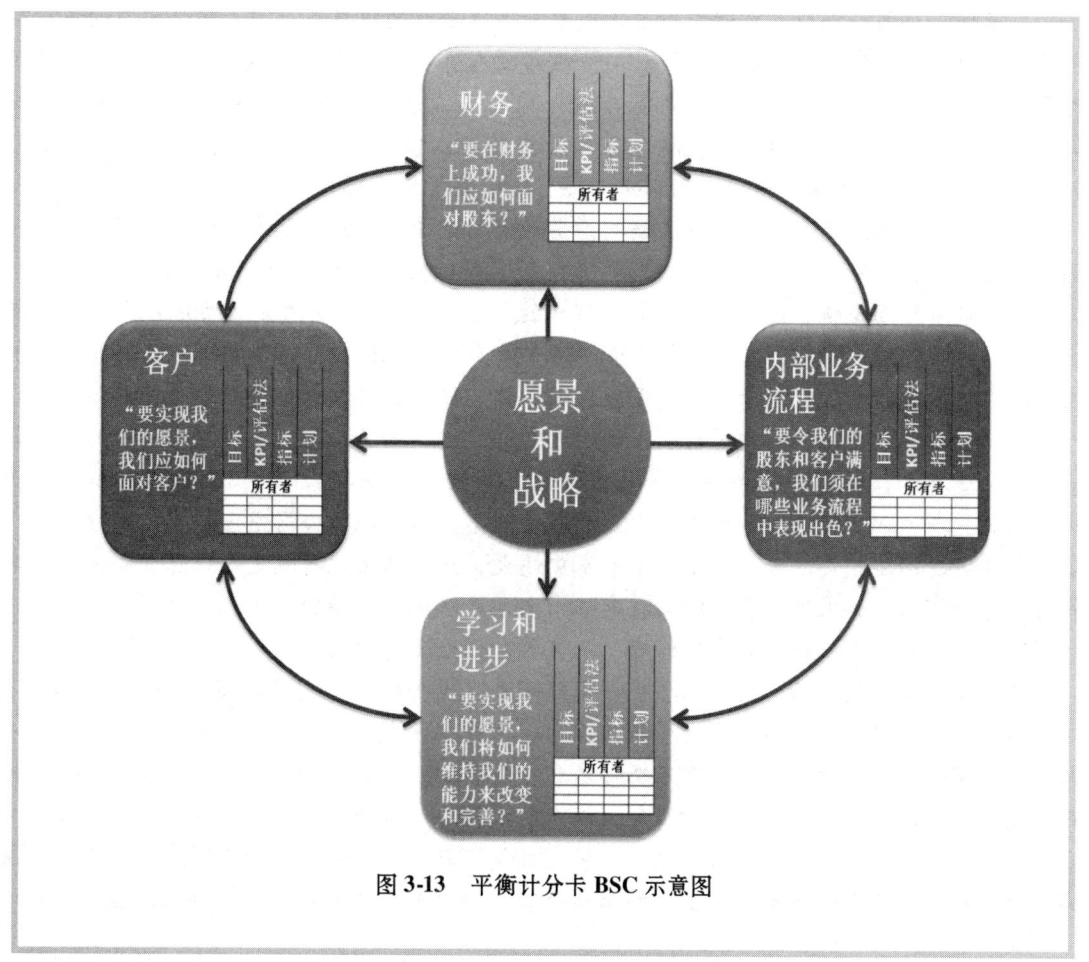

图 3-13 平衡计分卡 BSC 示意图

互动案例 案例解读汽车保险理赔原则

理赔原则一：受损必须发生在暴雨中

安先生打来电话投诉，7月11日早晨他开着自己的别克车出门，路上为躲避对面来车而陷入了前一天暴雨形成的水坑里。车子熄火了，有着多年驾驶经验的安先生没有再起动发动机，而是立即向保险公司报案请求拖车。在随后的检修中发现，别克发动机内还是有一些小部件损坏。保险公司的理赔人员表示，这辆车的损失保险公司不能赔。安先生很不理解，自己并没有在水中起动车，保险公司为什么不赔？

其实，保险公司理赔处的工作人员并没有给安先生解释清楚，拒赔的关键在于出险的时间不对。据了解，目前在各保险公司的车损险条款中，对暴雨、洪水造成的车辆损失都负责赔偿。但是否暴雨天气，需要气象部门的证明——24h内降水超过50mm为暴雨。7月10日由于是全市范围的大面积暴雨，保险公司大多表示不再需要车主去气象部门开证明，都会按照定损情况进行理赔。但发生在第二天的车辆涉水事故，很多保险公司明确表示，该事故已经不属于直接由暴雨造成的损失事故，所以不会进行赔偿。

理赔原则二：水中熄火后，再次起动造成车辆损失不赔一家保险公司的理赔人员透露，这次因暴雨涉水受损的报案车辆中，超过一半的车辆会不同程度地遭到保险公司拒赔。"约有90%的驾驶人在水中熄火后会再次起动车辆。"除了太平洋保险，几乎所有的保险公司都在车险合同的免责条款中规定"保险车辆在淹及排气筒的水中起动或被水淹及后因过失操作不当致使发动机损坏而造成的损失免责。"这正是7月10日暴雨中受损的很多车辆得不到保险公司全额赔偿的原因。

从维修厂和保险定损人员处可了解到，发动机是否受损和损害程度是保险定损人员作出判断的主要依据。有的保险公司定损人员明确表示发动机水中受损的一概不赔。其理由为，只要不在水中起动车辆，造成发动机缸体损坏的可能性不大。"如果是正常地被水淹，一般会造成车内装饰浸水、电线短路、排气管、进气管和发动机泡水生锈等损失。这类损失一般在修理厂需要进行清理、烘干、小范围换件等工作，保险公司都会负责赔偿。但是如果是在水中起动了车，即使当时车能够行驶，但由于起动时水进入了缸体，发动机内压缩的不再只是空气，还有水，那么曲轴和连杆在做功时就容易被严重损坏。"一位资深修理人士如是说。因此，车主一定要注意，水中熄火别再起动汽车。不管保险公司赔偿与否，水中起动车辆容易造成发动机损坏。如果不小心陷入水中熄火，应当马上拨打救援电话或者向保险公司报案，等待拖车。如果能推动，就先把车推出来停在路边或干燥的地方。

理赔原则三：车辆出险后自行修理，不能再向保险公司索赔

王小姐的车辆被撞后，附近正巧有一家修理厂，没等保险公司派人定损就先去修车了。可是后来保险公司并不按照修车的费用来赔付，王小姐很气愤："车险不就是参照修车单据与事故证明书给予理赔吗？为什么不全部赔啊？"因为条款规定，保险车辆因保险事故受损或致使第三者财产损坏，应当尽量修复。修理前被保险人必须会同保险人检验，确定修理项目、方式和费用。否则，保险人有权重新核定或拒绝赔偿。同时，保险车辆发生第三者责任事故时，对被保险人自行承诺或支付的赔偿金额，保险人有权重新核定或拒绝赔偿。

案例启示：_____

_____

_____

实操考核　保险协赔服务流程操作要点

考核任务	保险协赔服务流程操作要点	序号		日期	
学生姓名		学号		班级	
任务要求	能遵循保险理赔程序完成对事故车辆的协赔服务				
任务资讯： 经销商：＊＊大众品牌专营店　客户：王先生 联系方式：××××××　行驶里程：21890km 事故类型：单方责任　双方车损　无人员伤亡 保险到期时间：2014年6月10日（周三）					

（续）

事故分析

王先生在本4S店购车并购买保险，具体险种有交通强制保险、车损险（10万元）、不计免赔险。2014年5月，王先生驾驶该车在市区道路上与一辆小车相撞（图3-14），造成双方车损。后经交警判定王先生负本次事故全责。你作为4S店的保险协赔员怎样向王先生提供协赔服务，并适时完成续保销售流程？要求服务过程中能够正确解决客户问题，体现客户关怀，提升客户满意度。

图3-14　车辆相撞事故

一、任务计划

制订人员分工		制订接待计划
组号		
组长		
组员		

二、实施考核

任务标准	能够做到	有待改进	不能做到
预诊断沟通技巧			
1. 澄清是什么问题			
2. 重述问题			
3. 同感，对给客户造成的不便表示抱歉			
4. 归纳			
售后服务核心过程			
1. 客户车辆到店，迅速出迎并且礼貌地问候客户			
2. 确认客户的姓名并在交谈中使用			
3. 与客户沟通，了解客户车辆出险情况			
4. 核实客户保险情况，询问客户是否报案或定损			
5. 协助定损，确定维修零件清单及报价；必要时运用远程定损拆检定损			
6. 与客户、保险公司三方协商确定损失金额			
7. 整理客户索赔相关资料，如身份证（正反面）、银行卡号、保单、驾驶证（正、副页）、行驶证复印件（正、副页）、索赔申请书等			
8. 确定维修方案，运用维修管理系统软件制作估价单、派工单			
9. 用估价单、定损单说明要完成的工作、估计费用和估计交车时间，请客户在估价单、定损单上签字			
10. 根据需要的修理时间和车间负荷承诺交车时间			
11. 向客户说明，维修过程中如果有特殊情况，将马上与客户取得联系			
12. 质量控制以确保在规定的时间内保质保量地完成维修作业			
13. 交车前检查所有维修项目是否均以完成、检查车辆清洁度、核对费用并制作结算单			

（续）

任务标准	能够做到	有待改进	不能做到
14. 通知客户提车，向客户解释并说明维修的工作内容，必要时验证车辆			
15. 向客户说明维修费用，整理保险理赔资料，并陪同客户结算，并递交维修发票			
16. 旧件残值处理			
17. 真诚地向客户道谢并将客户送上车			
18. 电话回访客户对本次服务的满意程度及建议			
续保技巧			
1. 感恩答谢			
2. 询问客户保险需求			
3. 保险与服务优惠措施讲解			
4. 解释续保指标并邀约客户			

三、任务评估

非常出色（90~100 分）	有待改进（75~89 分）	比较欠缺（60~74 分）	不能做到（60 分以下）

四、改进之处

教师签字：

单元四

汽车美容与装饰服务

Description 课程描述	顾客王先生，40岁左右，私营企业主，2010年购买银灰色帕萨特（上海大众）一辆，希望对自己的爱车进行美容与装饰，使它看起来和用起来更加舒服和舒适。作为汽车售后服务顾问，如何推荐适合的美容装饰项目呢？
Objects 学习目标	1. 理解汽车美容与装饰的概念及作用。 2. 明确汽车美容与装饰在汽车后市场中的重要作用。 3. 掌握常用汽车美容服务项目并进行适当推荐。 4. 正确运用汽车美容产品销售话术。 5. 掌握汽车精品陈列技巧及销售策略。 6. 熟悉新车常用美容装饰项目，能够向客户推荐恰当的美容装饰项目。 7. 了解汽车改装行业发展现状及常见经济型改装项目。
Tasks 学习任务	汽车美容装饰项目推荐技巧。
Implementation 任务实施	对客户车辆进行合适的美容装饰项目推荐。

课题一　汽车美容装饰产品概述

"汽车美容"源于西方发达国家，英文名称为"Car Beauty"或"Car Care"。由于汽车工业的发展、社会消费时尚的流行以及人们对事物有好奇心理，受追求新异思想的影响，新车的款式更新换代速度非常快。人们希望得到新车的同时又不愿旧车贬值，由此在汽车消费与二手车市场之间，汽车美容装饰业应运而生。换句话说，汽车美容是工业经济高速发展、消费观念进步以及汽车文化日益深入人心的必然产物。

随着社会进步及人类文明程度的不断提高，汽车正以大众化消费品的形式进入百姓生活，因而汽车的款式、性能以及汽车的整洁程度，无一不体现出车主的性格、修养、生活观及喜好。因此，许多人想让自己的"座驾"看起来干净漂亮，用起来风光舒适。围绕这一目的进行的一系列工作，就是笼统意义上的"汽车美容"。

汽车美容与装饰的概念

➢汽车美容是指针对汽车各部位不同材质，采用不同性质的汽车美容护理用品及施工工艺，对汽车进行的全新的维护护理。这些美容护理产品是采用高科技手段及优等化工原料制成的，它们不仅能使汽车焕然一新，更能让旧汽车全面翻新，并使其长久保持艳丽的色泽。

▷汽车装饰是通过增加一些附属的物品，以提升汽车表面和内室的美观性，这种行为也称为汽车装潢，所增加的附属物品称为装饰品或装饰件。根据汽车装饰的部位分类，可分为汽车外部装饰和汽车内室装饰。

一、汽车美容的功效及类型

汽车美容新概念，不只是简单的汽车打蜡、除渍、除臭、吸尘及车内外的清洁服务等常规美容护理，还包括利用专业美容系列产品和高科技技术设备，采用特殊的工艺和方法，对漆面增光、打蜡、抛光、镀膜及深浅划痕处理、全车漆面美容、底盘防腐涂胶处理、发动机表面翻新、轮胎更换维修、钣金、车身油漆修补等一系列项目（图4-1），以达到"旧车变新、新车保值、延寿增益"的功效。

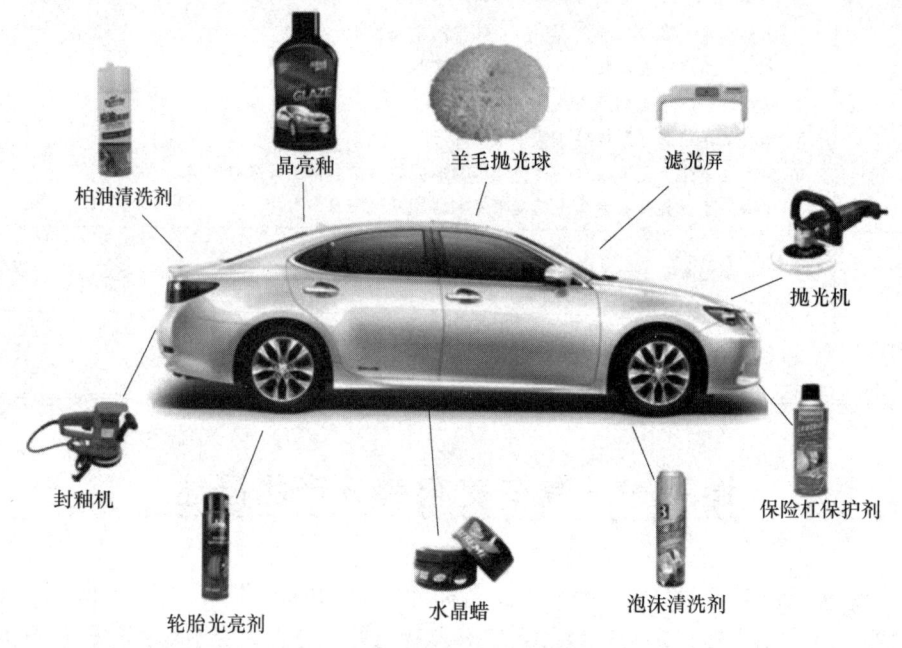

图 4-1 常用汽车美容产品示意图

现代汽车美容服务大体上可分为车身美容、内部美容、漆面处理、汽车防护和汽车精品等几部分。

1. 车身美容

车身美容主要包括高压洗车、除锈、去除沥青、焦油等污物，上蜡增艳与镜面处理，新车开蜡，钢圈、轮胎、保险杠翻新与底盘防腐涂胶处理等项目。经常洗车可以清除车表尘土、酸雨、沥青等污染物，防止漆面及其他车身部件受到腐蚀和损害。适时打蜡不但能给车身带来光彩亮丽的效果，而且高级车蜡可以防紫外线、防酸雨、抗高温及防静电。

2. 内部美容

内部美容主要分为车内美容、发动机美容、行李箱清洁等。其中车内美容包括仪表台、顶棚、地毯、脚垫、座椅、座套、车门衬里的吸尘清洁保护，以及蒸气杀菌、冷暖风口除臭、车内空气净化等项目，如图4-2所示。发动机美容则包括发动机冲洗清洁、喷上光保护剂、翻新处理、三滤燃油滤清器、机油滤清器、空气滤清器）清洁等项目。

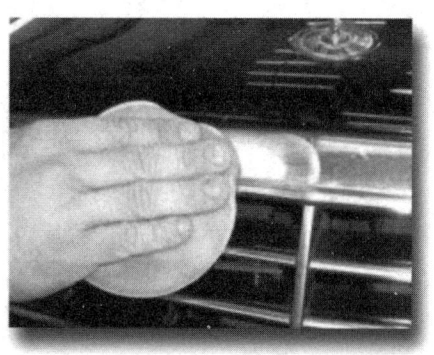

 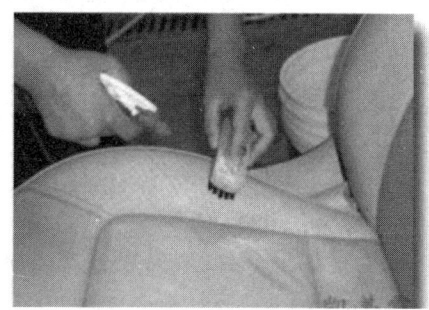

图4-2　汽车美容项目示意图

3. 漆面处理

漆面处理服务项目可分为氧化膜处理、飞漆处理、酸雨处理、漆面划痕处理、漆面破损处理及整车喷漆，如图4-3所示。漆面处理不仅能使爱车永保"青春"，还能复原漆面不慎造成的划痕及破损，更好地保护车身，使汽车保值。

4. 汽车防护

汽车防护项目包括贴防爆太阳膜（图4-4）、安装防盗器、安装静电放电器、安装汽车语音报警装置等。汽车防护虽然对汽车的美观不产生直接影响，但却能很好地呵护爱车。

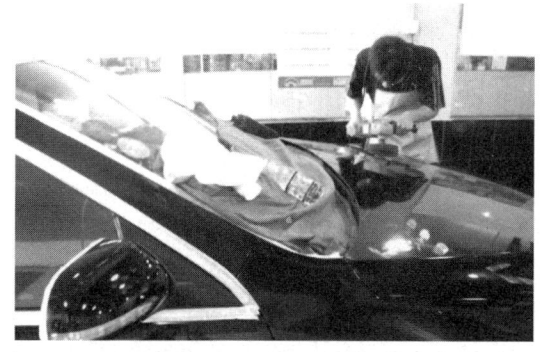 

图4-3　漆面处理示意图　　　　　　　图4-4　贴防爆太阳膜

5. 汽车精品

汽车精品是汽车美容的点睛之处，也是一种汽车生活文化的体现，它致力于把汽车营造成一个流动的生活空间，如车用香水、蜡掸、滤光屏、护目镜、把套、坐垫等。汽车精品带给人们的是一种贴心的关怀。

近几年来随着人们经济水平的提高，汽车市场逐渐成熟，经销商之间的竞争也渐趋白热化，汽车销售逐步进入微利时代。而随着汽车保有量的不断增加，与之配套的汽车美容产业开始飞速发展起来。目前大多数汽车 4S 店美容护理项目单一，主要以提供简易的汽车清洁服务为主；也有一些经销商选择与市场上的专业汽车美容店合作，将店里的汽车美容板块外包给专业公司，但收费相对较贵，客流量较少。

由于目前 4S 店已经不能满足现有的售后服务项目，增加汽车美容项目势必会成为传统汽车 4S 店利润的新增长点。例如某品牌汽车经销商在 4S 店内开设养护中心，汽车品牌以厂商方式推动汽车美容项目，是该品牌重视售后服务的体现，也是大势所趋。汽车经销商增加汽车美容服务，一方面依托品牌 4S 店的专业技术，为客户提供专业汽车美容保障，让客户不需要花费很多时间与精力去鉴别美容护理中心的优劣，为他们带来更大便捷；另一方面，将汽车美容设置进"一条龙"售后服务中，进一步细化售后服务，把它作为品牌优势，开拓销售增长空间。

> **什么是汽车附件？**
> ▶汽车附件是指汽车品牌专营店根据用户的需求，按照汽车零部件设计规范或精品零部件设计规范标准，由备件部主持开发，用于装饰、维护、防护汽车的非维护、维修类的加装总成件、套件、单件（和其他辅件、辅料）。

目前多数 4S 店受厂商所限，所提供的汽车美容装饰项目仅限于"附件销售"（或称"汽车精品销售"）。附件通常可分为装饰性附件、功能型附件、养护性附件及精品等四类，如图 4-5 所示。汽车美容装饰项目有一定的品牌差异性，本课题参考目前汽车品牌专营店的美容装饰项目（或称"附件销售"），选取部分通用项目及常做项目进行简单介绍。

二、汽车美化装饰型产品

汽车美化装饰型产品丰富多样，常用的有座椅套、坐垫、脚垫、按摩腰垫、头枕、地毯、晴雨挡、隔热膜、迎宾踏板、车身饰条、铝合金轮毂、改造排气管方案、牌照框、挡泥板、地胶、车用贴纸、前格栅装饰、扰流板、大包围座套、纸巾盒、手机架、排档锁、转向盘套、仪表装饰板、挂饰、汽车香水等，如图 4-6 所示。各品牌车型配套附件有所不同，客户可以根据自己的个性化需求来选择。

1. 汽车隔热膜

汽车隔热膜俗称"太阳膜"，严格来讲，它属于功能型加装产品。太阳膜对红外辐射有很高的反射率，能将大量的热量反射掉，所以车内温度自然就低得多，照进车内的阳光也不会令人有烧灼感。因此，90% 的客户购买新车时都会选择为车窗覆膜。

车窗覆膜的优点如下。

1）创造最佳美感。车窗覆膜能提升轿车玻璃颜色的美感。

2）提高防爆性能。汽车防爆太阳膜可以在意外发生时提升汽车的安全水平，使汽车玻璃破碎的可能性降到最低，最大限度地避免意外事故对乘员的伤害。

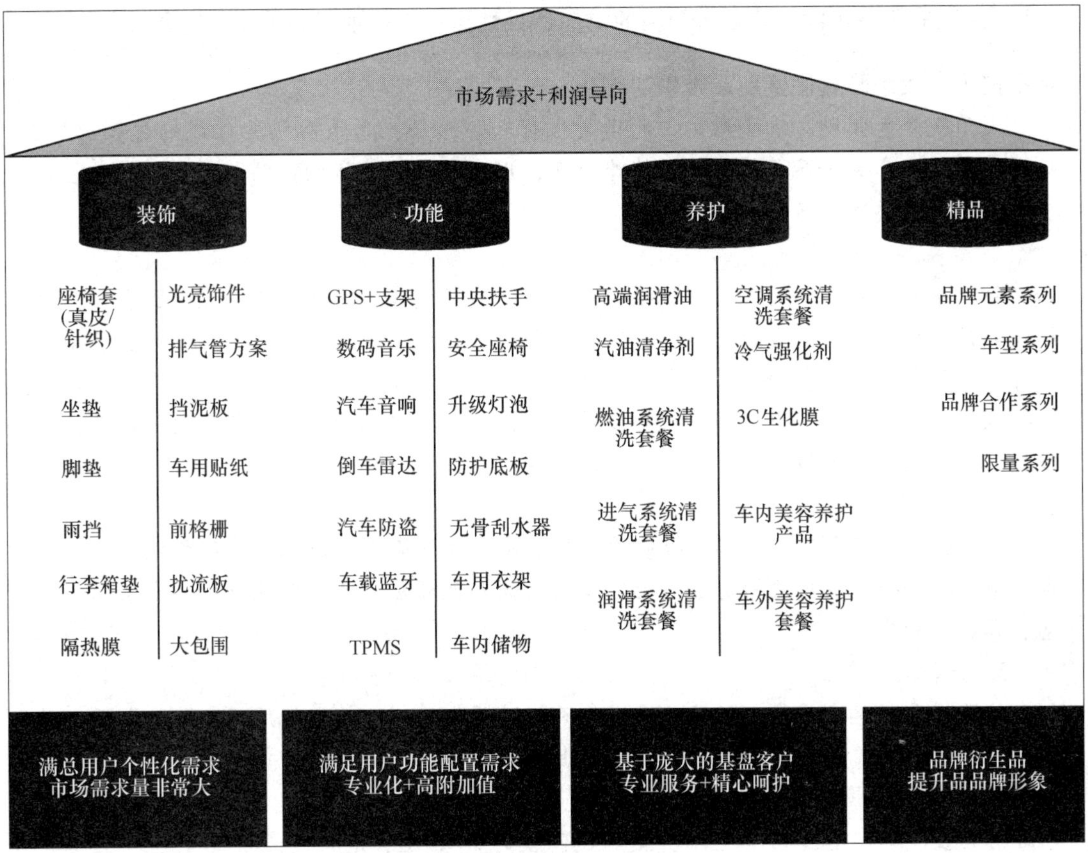
市场需求+利润导向
装饰
功能
养护
精品
座椅套(真皮/针织)
坐垫
脚垫
雨挡
行李箱垫
隔热膜
光亮饰件
排气管方案
挡泥板
车用贴纸
前格栅
扰流板
大包围
GPS+支架
数码音乐
汽车音响
倒车雷达
汽车防盗
车载蓝牙
TPMS
中央扶手
安全座椅
升级灯泡
防护底板
无骨刮水器
车用衣架
车内储物
高端润滑油
汽油清净剂
燃油系统清洗套餐
进气系统清洗套餐
润滑系统清洗套餐
空调系统清洗套餐
冷气强化剂
3C生化膜
车内美容养护产品
车外美容养护套餐
品牌元素系列
车型系列
品牌合作系列
限量系列
满总用户个性化需求
市场需求量非常大
满足用户功能配置需求
专业化+高附加值
基于庞大的基盘客户
专业服务+精心呵护
品牌衍生品
提升品品牌形象

图 4-5 汽车附件分类示意图

行李箱饰条
门边饰条
保险杠角护条
轮胎防盗螺母
ES 250
侧身护条
挡泥板
铝合金轮毂
前保险杠格栅饰条
牌照框

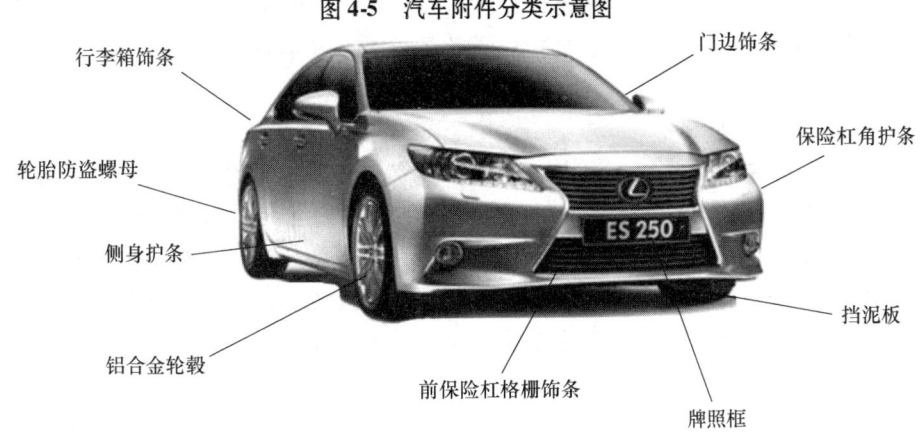

图 4-6 某品牌汽车外部装饰示意图

3）提高空调效能。汽车防爆太阳膜的隔热率可达 50% ~95%，有效地降低了汽车空调的使用率，节省燃油，提高空调效率。

4）抵御有害紫外线。紫外线辐射具有杀菌作用，但对人的肌肤也具有侵害性，对于乘员来说，长时间乘车时，人体基本上处于静止状态，更易受到紫外线伤害，造成皮肤疾病。防晒太阳膜可有效阻挡紫外线，保护乘员的肌肤。

5）保证乘车隐秘性。防晒太阳膜的单向透视性可以很好地保障乘车的隐秘性。

特别提示：太阳膜真假鉴别及维护的技巧

太阳膜分色膜和防爆膜两种。色膜是指有色彩涂层，用来阻隔紫外线的透明薄膜；防爆膜是指有色彩涂层并经过防爆特殊处理，用来阻隔紫外线的透明薄膜。

◇太阳膜鉴别技巧

1. 颜色

防爆膜采用金属溅射工艺，将镍、银、钛等高级金属涂于高张力的天然胶膜上，无论在贴膜过程中还是日后的使用过程中都不会出现掉色、褪色现象。防爆膜的颜色多种多样，再加上自然柔和的金属光泽，令防爆膜可以搭配各种颜色、款式的汽车。普通色膜将颜色直接融在胶膜中，撕掉上层塑料纸后，用力刮粘贴面，会有颜色脱落现象，这种膜一两年就需要更换。

2. 透视性

防爆膜无论颜色深浅，透视性能均良好。在夜间和雨天也能保持良好视线，保证行车安全。而普通色膜采用的是普通染色工艺，靠颜色隔热，所以颜色深，从车里向外看总有雾蒙蒙的感觉。

3. 手感及耐磨性

防爆膜手感厚实平滑，好的防爆膜表面经过硬化处理，长期使用不会划伤表面。普通色膜手感薄而脆，摇动玻璃后，会在膜上留下划痕。

4. 隔热和隔紫外线效果

防爆膜隔热率达到80%左右，是普通色膜的4～5倍，隔紫外线效果可达到85%～99%，可以有效防止车内物品褪色老化，防止皮肤被太阳灼伤。普通色膜隔热率低，坐在车里会有很闷的感觉；同时，它隔紫外线效果很差，起不到保护车内物品及乘车人员的作用。

◇太阳膜维护技巧

一般说来，贴完太阳膜两天以内不要升降车窗。太阳膜牢固地附着在车窗上需要5～7天，在这期间不要清洗或擦拭太阳膜，以免还没有完全黏合的膜移位。贴膜后，尽量不要在车窗上直接粘贴和悬挂东西，以免在将吸盘和粘贴物拔起时将膜拉开空隙。

为了延长太阳膜的使用寿命，保证其透光度，车主还要留意不要用尖锐、粗硬的利器擦刮太阳膜。洗车时，尽量用湿毛巾等柔软布料擦拭膜面，要避免使用腐蚀性强的化学溶剂，以免伤害太阳膜。

2. 汽车座椅套

选择汽车座椅套（图4-7）时，要把握整车风格，达到美观实用的目的。下面介绍几款比较常见的类型及选购理由。

（1）纯棉座套　全棉质地的座套沉稳大方，价格便宜，结实耐用，拆装便利，方便清洗。纯棉座套有不同的风格，可以满足不同人的喜好。例如对于喜爱运动的有车族来说，一款纯棉针织材料的球队服装座套是首选，简约大方又动感十足，显得与众不同。

（2）混纺座套　混纺座套是市面座套中较便宜的一种，有棉料加莱卡或棉料加莱卡和涤纶的混纺，式样各异，好拆易洗，水洗后不易缩水和变形，经久耐用。混纺座套大大增加了座套的艺术性，精细的刺绣工艺、经典格子、素雅印花或可爱的卡通风格，为爱车增添许多情趣。混纺座套适合大多数车型，因样式多样，故而带有车主强烈的个人色彩。

（3）草竹座套（夏季专用） 草竹座套是用草制品和竹制品制成的，也有采用硬塑料做成的，最适合在夏季使用。草竹座套比其他材质的座套更显清凉，且打理方便，易清洁，但是材质较脆，易折断，尤其容易在接口处脱线，因此使用寿命较短，一般的座套用两个夏季就需要更换。

（4）真皮座套 高贵、实用、柔软舒适而显档次，是真皮座套的特点。真皮座套冬暖夏凉，适合四季使用。但好的进口真皮座套价格不菲，一般中、高档车才选择真皮座套。真皮座套不用特别维护，如果表面沾染了污渍，用

图4-7 座椅套

湿抹布擦拭就能去掉。如果是难祛除的油污，则必须使用专门的清洁真皮的清洁剂擦拭，以防损伤皮质。而且在使用过程中，也要防止金属利器划伤座套皮面。

装饰汽车已经成为有车族争相追逐的时尚，而汽车座套又是汽车装饰的重点，体现着整体汽车风格，不仅美观，而且使车座耐脏、抗磨损，因此值得车主多花心思为爱车选择最合适的汽车座套。

3. 地胶与脚垫

一般汽车座椅底下铺设一种地毡似的物品，是原车整体铺制好的，一旦有污垢留在上面，就很难清理。若上面铺上一层防水、易擦洗的物品，则清理起来就很方便，这层保护物就是地胶。它分为手缝地胶和成型地胶两种。板型、手工都好的地胶，能有效防止灰尘和脏污渗入地毡，但防水能力差一些。成型地胶是一次性压制成的，中间无缝，防泄漏性好，但遇凹凸大的车内地面时，铺出的美观性就差一些。一般地胶是用3mm厚的橡胶制品做成的，颜色有灰色、米色、黑色。另外，地胶的铺制水平也是非常重要的，铺得不好，周边容易翘，中间不平整，整体感观很不舒服。由于地胶是橡胶制品，有些气味，颜色又少，一些高档轿车铺上后觉得档次低。现在一些车开始使用家用地毯，感觉也很不错，既显档次又不算太贵。

汽车脚垫的作用如下：

1）安全。一副质量合格的脚垫对安全非常重要。选择脚垫需注意专车专用，尺寸恰如其分，有助于驾驶人安全平稳地驾驶汽车。

2）健康。脚的健康对身体影响非常关键，一副好的脚垫对脚有保健和保护作用。

3）美观。"好马配好鞍"，自己的爱车当然需要适合的脚垫来装饰搭配，才能显得更美观。

4. 挡泥板

挡泥板（图4-8）是安装在车轮外框架后面的板式结构，通常采用优质橡胶材质制造，也有采用工程塑料制造的。

5. 晴雨挡

晴雨挡是指既能在雨天使用，又能在晴天使用的

图4-8 挡泥板

一种汽车用品,为汽车车窗最上沿的一条合成树脂或者工程塑料材质的突出雨搭,如图 4-9 所示。晴雨挡能有效避免雨水或强风直接吹入车内,提高换气效率;在雨中行车开窗,还可以防止车窗起雾。

6. 迎宾踏板

迎宾踏板是一种用于装饰汽车门槛部位,起到保护车体、美化车体作用的汽车配件,属于汽车改装用品里的一种。迎宾踏板主要安装在车门边的防泥垫板上,4 个车门都有。汽车迎宾踏板的外形因车型不同而不同。

优点:装上迎宾踏板最明显的一个优点就是对汽车起到装饰作用,很多迎宾踏板可以接通电路。图 4-10 所示为 LED 迎宾踏板,车门一打开就会亮灯,为上车的人营造一种宾至如归的感觉。另外,迎宾踏板可以避免上下车的时候鞋子刮伤汽车门槛及汽车的漆面。

缺点:迎宾踏板一般都是用强力胶粘上去的,在天冷或天热的时候容易掉落,需要反复粘贴,且一般拆卸后会留下一圈顽固难除的凝固胶印。

图 4-9　晴雨挡

图 4-10　LED 迎宾踏板

特别提示:汽车美容的原则

在给爱车进行汽车内饰改装时,可参照以下 5 条简单的原则来做,这样既可保证装饰效果与原车风格统一,同时又不失时尚与品位。

协调:饰品颜色必须和汽车的颜色相协调,不可盲目追求高品位和高价位,以免弄巧成拙。例如浅色车的汽车内饰改装应尽可能地避免配以深色的座套及红色的地毯等,否则容易给人一种不协调的感觉。

实用:根据车内空间的大小,尽可能地选用一些能充分体现车主个性的小巧、美观、实用的饰物,如茶杯架、香水瓶、储物盒等。

整洁:车内饰品应做到干净、卫生、摆放有序,给人整齐划一、自在清爽的感觉。

安全:车内饰品绝不能妨碍驾驶人的安全行车或乘员的安全,如车顶部饰物不宜过长、过大、过重,后风窗玻璃上的饰物不要影响倒车视线等。

舒适:车内饰品的色彩和质感要符合车主的审美观。车内空间不大,因而香水的味道不宜太浓,最好清新自然一些。

三、功能型汽车加装产品

汽车功能型加装产品品种繁多,各品牌配套加装产品差异较大,如图 4-11 所示的车载蓝牙电话系统、智能后视镜、GPS 卫星导航等。加装功能型产品,能够满足客户的特定需求。

单元四 汽车美容与装饰服务

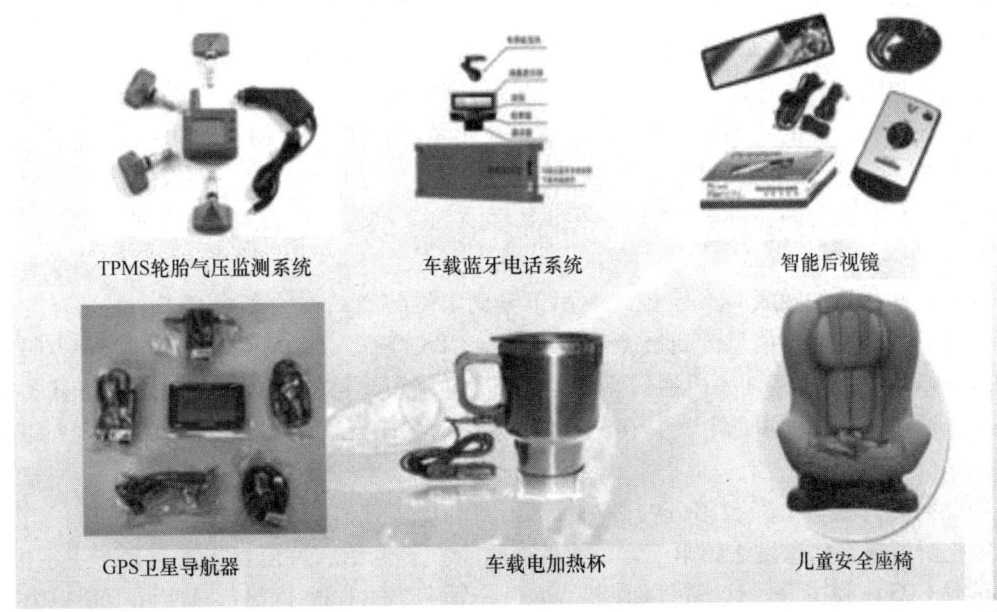

图 4-11 功能型加装产品示意图

1. 倒车雷达

倒车雷达是汽车泊车或倒车时的安全辅助装置，能以声音或更为直观地显示告知驾驶人周围障碍物的情况，解除驾驶人泊车、倒车和起动车辆时前后、左右探视所引起的困扰，并帮助驾驶人扫除视野死角和视线模糊的缺陷，提高驾驶安全性。图 4-12 所示为倒车雷达组件。

现在市场上各种品牌的倒车雷达众多，价格各异，鱼珠混杂，使消费者无所适从，下面介绍倒车雷达的选择方法。

（1）颜色 探头的颜色是否与车颜色相符至关重要，两者颜色差异过大，会使客户的爱车开在街头黯然失色。

（2）款式 倒车雷达的款式关系到能否体现客户爱车的档次。例如，奥迪 A6 配有专门设计的专

图 4-12 倒车雷达组件

用探头，别克公司生产的两款车型：别克和赛欧分别配有专用探头等。一些品牌的倒车雷达仅能提供单一款式的探头，使客户的爱车失去应有的气派。款式的选择不能仅考虑探头是否一定要小，更多要考虑安装后整车的效果，是否显得大气。例如，对于一些后保险杠较宽的车型，安装"安靠泊"倒车雷达时应选择探头较薄、较大型的，安装后整车效果相当美观、协调，显得更加大气。

（3）产品质量 产品质量直接关系到倒车雷达应起的作用，它包括产品的灵敏度、是否存在盲区、产品是否正常工作。一般的倒车雷达设计探测距离应为 1.5～0m。一些品牌的倒车雷达因其敏感度不够，探测距离仅为 0.9～0.2m，会给驾驶人的判断及采取措施带来一定的困难。尤其是如果存在探测盲区，将使倒车雷达失去应有的作用。产品由待机状态转换

203

为工作状态时，有声音提示也比较重要，它可以提示驾驶人倒车雷达是否正常开始工作。

（4）适应性　倒车雷达对周围环境的适应能力，也是选择的因素之一。由于全球环境的转变，夏季温度普遍偏高（室外温度约40℃），冬季温度偏低。某些品牌的倒车雷达适应性较差，在高、低温的状态下，车未起动就产生报警，会使雷达的寿命有明显的缩短。

（5）安装　倒车雷达安装位置的高低、角度及探头分布的距离，根据不同的车型有不同的要求。没有长时间各种车型的安装经验，均无法满足各种车型的安装要求。

2. 车载GPS导航产品

通过硬件和软件做成GPS定位终端用于车辆定位的产品称为车载GPS，但光有定位还不行，还要把这个定位信息传到报警中心或车载GPS持有人那里，即第三方。所以GPS中还包含了GSM网络通信（手机通信），通过GSM网络用短信的方式把卫星定位信息发送到第三方。通过微机解读短信电文，在电子地图上显示车辆位置。这样就实现了车载GPS定位。

与此同时，在车上安装相应的探测传感器，利用车载GPS定位的GSM网络通信功能，同样能把防盗报警信息发送到第三方，或者把这个报警电话、短信直接发送到车主手机上，完成车载GPS防盗报警。这里可以看出，车载GPS定位的GSM网络部分实际上是一个智能手机，可以和第三方互相通信，还可以把车辆被抢和驾驶人被劫、被绑架等信息发送到第三方，所以说车载GPS定位是定位、防盗、防劫的。类似车载GPS终端的还有定位手机、个人定位器等。GPS卫星定位由于要通过第三方定位服务，所以要交纳不等的月/年服务费。

目前所有的GPS定位终端都没有导航功能，这是因为需要另外增加硬件和软件费用，成本提高。目前的车载GPS终端通常由GPS模块、无线通信模块、报警控制模块、语音控制模块、显示模块和车载PC等几个部分组成。

GPS模块：安装到车辆上的小型装置，是GPS车载单元的一部分，用来接收卫星所传递的信息。

无线通信模块：通常采用车载无线电话、电台或移动数据终端（MDT）以完成信息交互功能。

报警控制模块：向监控中心网络发出报警信号，通报车辆异常信息。

语音控制模块：完成声音控制及服务等功能。

显示模块：用来显示位置、路况等视频图像信息，可选用LCD、CRT或TV显示。

车载PC：整合处理各功能模块，配合相应的软件，完成指定功能，如进行数据处理，计算出车辆所在位置的经度、纬度、海拔、速度和时间等。

由于使用环境的特殊性，作为系统核心的车载PC必须体积小、集成度高、功耗低、处理能力强、操作简单便捷。目前车载PC较多使用嵌入式操作系统，如Windows CE和嵌入式Linux等。根据车辆使用的频繁性以及道路的复杂性要求，车载PC必须可靠性要高，且扩展性和兼容性要好。

GPS技术是利用GPS卫星信号接收的，可以24h不间断地接收卫星发送的数据参数，由此计算出接收的三维位置、三维方向以及运动速度和时间信息。GPS车载系统一般分为两大类：车辆跟踪系统和车辆导航系统。它们在功能上截然不同，一种是用于车辆的防盗，另一种则是用于车辆的自主导航。因为"只接收，不发射"信号是GPS接收系统的一大特点，所以用于防盗的GPS要通过支付费用来借助通信网络以及政府配套系统给GPS车载防盗仪来提供跟踪。而车载导航仪是通过接收卫星信号，配合电子地图数据，适时掌握自己的方位与目的地，是自主导航的模式，不收取任何使用费用，用户可以根据自己的需要有选择地购买地图数据。

（1）导航功能　使用者在车载GPS导航上任意标注两点后，导航系统便会自动根据当前的位置，为车主设计最佳路线。另外，它还有修改功能，假如用户因为不小心错过路口，没有走车载GPS导航推荐的最佳线路，车辆位置偏离最佳线路轨迹200m以上时，车载GPS导航就会根据车辆所处的新位置，重新为用户设计一条回到主航线的路线，或者为用户设计一条从新位置到终点的最佳线路。图4-13所示为某款导航仪。

（2）转向语音提示功能　车辆只要遇到前方路口或转弯，车载GPS语音系统就提示用户转向等，以避免走弯路。它能够提供全程语音提示，驾车人无需观察其显示界面就能实现导航的全过程，使得行车更加安全舒适。

图4-13　GPS导航仪

（3）增加兴趣点功能　由于我国大部分城市都处于建设阶段，随时随地都有可能冒出新的建筑物，因此，电子地图的更新成为众多消费者关心的问题。如果遇到一些电子地图上没有的目标点，只要驾驶人感兴趣或认为有必要，可将该点或新路线增加到地图上。这些新增的兴趣点与地图上原有的任何一个点一样，均可套用进电子地图查阅等功能。

（4）定位　GPS通过接收卫星信号，可以准确地定位车辆所在的位置，位置误差小于10m。如果GPS里带地图的话，就可以在地图上相应的位置用一个记号标记出来。同时，GPS还可以取代传统的指南针，显示方向，并且可以取代传统的高度计，显示海拔高度等信息。

（5）测速　通过GPS对卫星信号的接收计算，可以测算出行驶的具体速度，比一般的里程表准确得多。

（6）显示航迹　如果去一个陌生的地方，去的时候有人带路，回来时怎么办？不用担心，GPS带有航迹记录功能，可以记录下用户车辆行驶经过的路线，精度小于10m，甚至能显示两个车道的区别。回来时，用户可以启动它的返程功能，顺着来时的路线顺利返回。

3. 车载蓝牙电话系统

车载蓝牙电话系统是专为行车安全和舒适而设计的，驾乘人不需要线缆或电话托架便可实现与外界通话，如图4-11所示组件。车载蓝牙电话系统由以下模块组成：蓝牙免提控制器、蓝牙手机、蓝牙无线耳机、显示屏。

车载蓝牙电话系统的功能主要是：自动辨识移动电话，不需要电缆或电话托架便可与手机联机；使用者不需要触碰手机（双手保持在转向盘上）便可控制手机，用语音指令控制接听或拨打电话。使用者可以通过车上的音响或蓝牙无线耳机进行通话。若选择通过车上的音响进行通话，则当有来电或需要拨打电话时，车上音响会自动静音，通过音响的扬声器/麦克风以进行语音传输。若选择蓝牙无线耳麦进行通话，只要耳麦处于开机状态，当有来电时按下接听按钮就可以实现通话。车载蓝牙电话系统可以保证良好的通话效果，并支持任何厂家生产的内置蓝牙模块和遵守蓝牙免提协议（符合 SIG v1.2 规范）的手机。此外，车载蓝牙电话系统还可以与全球定位系统（GPS）终端捆绑，降低成本。

4. 智能后视镜

驾驶人在行车前或行车过程中通过后视镜观察车侧和车后情况时，有时需调节镜面以便获得最佳视野。对于镜面与镜框固定的固定式后视镜，驾驶人可用手直接调节镜框，但这样难免会给驾驶人带来不便，甚至导致危险发生。

目前，智能后视镜又称"电动后视镜"，是高档车上普遍使用的调节装置，驾驶人在车内通过按钮（图 4-11）控制转动部件来调节镜面，达到所需的视角，这样的操作轻松、快捷、方便、正确，还解决了拉索后视镜在调节右外后视镜时因驾驶人远离按钮而产生的操作不便的问题。经过不断完善，电动后视镜上可能出现的松动问题、电磁干扰问题已基本解决，并进一步发展为记忆储存式后视镜。此类后视镜的镜面调节设计与驾驶人座椅、转向盘和内视镜构成一个系统，每个驾驶人可根据个人身高与驾驶习惯的不同来调节后视镜的最佳视角，以及座椅和转向盘操作的最佳舒适性，然后进行记忆储存。在其他人驾驶车辆后或他人调整已记忆的视角后，车主可以非常轻松地开启自己的记忆储存，所有内在设施就又会恢复到最佳的设定状态。目前很多轿车上都配有这种后视镜。

5. 无骨刮水器

刮水器是指安装在风窗玻璃前的片式结构，由电动机、减速器、四连杆机构、刮水臂心轴、刮水片总成等组成，主要作用是扫除风窗玻璃上妨碍视线的雨雪和尘土。

普通刮水器是靠骨架来使刮片和玻璃贴合，由于其结构的关系，不可能使刮片和玻璃完美贴合，造成刮不净、刮片易磨损、噪声大等问题。无骨刮水器是靠一整根导力条来分散压力，使得刮片各部分的受力均匀，可以减少水痕、擦痕的产生，达到更好的刮刷效果。无骨刮水器的优点如下：

1）采用无骨架浮动钢片结构，消除运动发抖；寿命长、重量轻，比传统刮水器附着力强。

2）采用一体式空气动力学导流板设计，有效降低风阻；在车辆高速行驶时，刮片不会被气流抬升，确保刮拭更干净。

3）优化的刮水器结构设计，中间条扁宽，具有遮阳防老化的作用。

4）橡胶条及覆盖弹簧片，均采用耐臭氧和抗紫外线能力强的橡胶，能适应不同的气候条件。

5）优美的无支架外观，是功能与外形的完美结合。

6. 汽车儿童安全座椅

汽车儿童安全座椅（图 4-14）是一种专为不同体重（或年龄段）的儿童设计，安装在汽车内，能有效提高儿童乘车安全的座椅。欧洲强制性执行标准 ECE R44/03 对汽车儿童安全座椅的定义是：能够固定到机动车辆上，带有 ISOFIX 接口的安全带组件或柔性部件、调节机构、附件等组成的儿童安全防护系统。儿童安全座椅也可与附加装置如可携式童车、婴儿提篮、辅助性座椅或碰撞防护物等组合而成。在汽车碰撞或突然减速的情况下，这种座椅可以减少对儿童的冲压力

图 4-14 汽车儿童安全座椅

和限制儿童的身体移动,从而减轻对他们造成的伤害。目前儿童座椅的国际检测标准主要参照 ADAC 测试结果。

> **特别提示:为什么要使用儿童安全座椅?**
> 1)车辆内的安全带都是按成人设计的,仅适用于身高 140cm、体重 36kg 以上的儿童。对于身高、体形发育尚未健全的儿童来说,若只使用车上安全带,则当碰撞发生时安全带有可能对儿童造成肋骨骨折、窒息甚至颈骨折断的危险。反而会伤害他们脆弱的颈部,根本起不到安全作用。所以对于 4 岁及 18kg 以上的儿童,仍建议使用汽车儿童安全座椅乘坐。
> 2)根据实际研究,当汽车以时速 50km 发生碰撞时,父母怀抱中的宝宝会以自身体重的 30 倍的冲击力冲出。这种突如其来的冲击力,对父母而言,是无法在一瞬间立即反应处理的,即使是再强壮的手臂,宝宝都有撞上风窗玻璃的危险。根据美国高速公路交通安全局(NHTSA)的统计:使用儿童安全座椅可以将冲撞意外事故中孩子的死亡率降低 71%。
> 3)根据交通事故数据统计,汽车未安装汽车儿童安全座椅的婴童致死率比安装汽车儿童安全座椅的要高出 8 倍,受伤率为 3 倍。
> 4)中国正在成为一个汽车大国,汽车正在逐渐走进家庭,儿童安全座椅必不可少。

7. 胎压监测系统

胎压监测系统(Tire Pressure Monitoring System,TPMS),可以通过记录轮胎转速或安装在轮胎中的电子传感器,对轮胎的各种状况进行实时自动监测,能够为行驶提供有效的安全保障。

胎压监测系统(图 4-11)可分为两种:一种是间接式胎压监测系统,通过轮胎的转速差来判断轮胎是否异常;另一种是直接式胎压监测系统,通过在轮胎里面加装四个胎压监测传感器,在汽车静止或行驶过程中对轮胎气压和温度进行实时自动监测,并对轮胎高压、低压、高温进行及时报警,避免因轮胎故障引发的交通事故,以确保行车安全。

四、汽车养护产品

汽车养护用品是对汽车进行维护的产品。

汽车养护用品按功能可分为清洁类、保护类、促进类、止漏类、修复类等。

1. 清洁类

将图 4-15 所示发动机清洗剂、燃油系统清洗剂、进气系统清洗剂、自动变速器清洗剂、空调系统清洁剂、三元催化清洁剂等用品添加到油液中,可对某一系统(如冷却系、润滑系)或总成(如变速器)进行免拆清洗。

2. 保护类

将散热器保护剂、自动变速器保护剂、动力转向保护剂、排气管保护剂、发动机线路保护剂、制动片耐高温保护剂、塑胶保护剂等用品添加到油液中,可对总成、部件起到保洁、防腐、防锈作用,延长总成、部件的使用寿命。

3. 促进类

将图 4-15 所示燃油促燃剂、新车磨合剂用品添加到燃油中,可改善燃油性能,促进燃油燃烧,提高燃烧效率,节省燃油,增强发动机动力,减少排放污染。

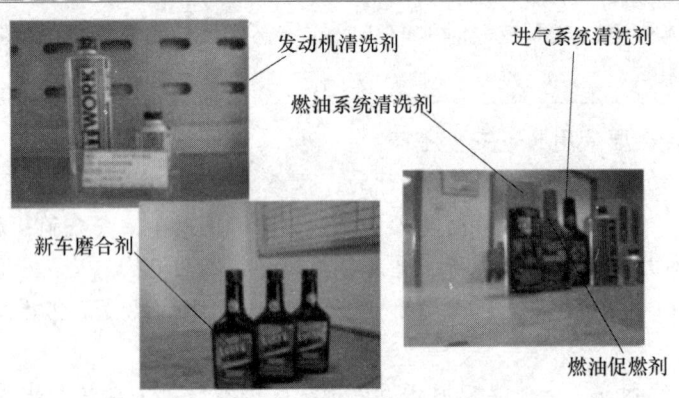

图 4-15　汽车养护用品

4. 止漏类

将止漏类用品添加到冷却系、润滑系或变速器中,可止住冷却系、润滑系及变速器的渗漏。

5. 修复类

将修复类用品添加到润滑油中,可改善润滑油的性能,减少发动机摩擦阻力,延长发动机使用寿命。

课题二　汽车美容装饰销售技巧

一、汽车美容装饰产品销售技巧

汽车美容装饰产品销售在汽车销售过程中占有重要的位置,而随着汽车市场的激烈竞争,汽车美容装饰产品销售越发成为企业盈利的一个手段,同时也是维系企业与客户情感的纽带。如何进行汽车美容装饰产品的销售?在销售过程中要注意哪些细节?销售话术应该怎样使用?本节做简单的介绍。

(一)汽车美容装饰产品销售要点

1. 用"切割"的原理来树立汽车 4S 店的"专业化"定位

通过向客户提供专业的意见及建议这种有效的方法来销售产品。在本书前文提到过,在汽车美容装饰产品的营销过程中,顾客普遍认为汽车 4S 店美容装饰产品的价格相对比较高。那么,汽车 4S 店要怎样做才能令顾客觉得这价格合理呢?首先,若想要让顾客觉得产品贵得有价值,就必须从一个专业化的角度向顾客介绍产品,让顾客切实感到店内的产品有保障,这样即使贵一点他们也能接受。这也是一种"切割"的原理,就是将后市场和汽车 4S 店一刀切割下去,汽车 4S 店是专业的,顾客是非专业的。专业做出来的产品,品质上有保障,顾客大可以放心,这才是汽车 4S 店所要达到的理想状态。

2. 为客户创造更多的"超值感"

"汽车 4S 店的产品贵"是消费者的普遍感觉,所以汽车 4S 店应该努力去平衡消费者的这种感觉,除了前面说的,从专业化角度向顾客介绍产品,给顾客安全保障外,还可以通过强调产品多功能或赠送相关产品及服务,给客户"超值感"。

3. 充分挖掘客户的消费需求

客户对美容装饰产品的消费需求无非是处于两个时间段：新车落地时和新车使用后。新车落地时是装饰及环境美容装饰产品销售的最佳时间，除了将美容装饰产品装进新车与新车打包销售外，汽车4S店也要考虑到客户在拿到新车时也会自主挑选一些美容装饰产品，希望自己的爱车更加完美。这时，防爆膜、大包围、坐垫、座套、头枕、脚垫、香水等装饰及环境类精品最能获得客户的青睐。如果汽车4S店能针对客户这个需求，多搞一些促销活动，或者将客户最需要的几样打包优惠销售，相信很多客户都会接受。

此外，汽车4S店还应关注一些客户回店消费的产品，也就是新车使用后需要的美容装饰产品，而不要单考虑新车的销售。这是因为客户回店消费也是美容装饰产品营销中的一大部分。汽车4S店卖出去的车不计其数，通过开展特色促销活动，能使得一些持续性消费的汽车美容装饰产品经营得有声有色，特别是汽车护理、美容、漆面翻新、真皮翻新等项目。

4. 加强培训，达到全员销售

汽车美容装饰产品销售业绩的攀升，一个原因是产品的性能得到消费者的认可，另外一个原因是汽车4S店员工专业化的服务深得人心。对于美容装饰产品销售业务来说，加强对销售人员的培训是至关重要的。首先，在培训的过程中要有针对性，应根据不同岗位的工作职能进行培训；其次要有计划性，要安排好定期的培训，如以周、月或自定期限为培训周期；再者要注意灵活性，根据销售策略和人员的变化，及时调整培训计划。加强热销产品的培训，提高员工达成交易的能力，最大限度地利用热销产品，有效提高营业额。

（二）产品促销策略

关于美容装饰产品的销售，建议采取以下办法促进产品销售。

1. 活用商品特色、结合车型与季节，实施有特色的促销活动

例如结合车展开展促销活动；进行车辆改装以吸引眼球；针对不同的季节开展特色促销活动，夏季空调免费检测等；制订套餐价格，方便客户选购；利用自驾游活动成功促销。

2. 与销售部或服务部合作，展开促销

促销方式有如下几种。

（1）样品赠送促销　样品赠送是指向预期目标顾客免费赠送产品样品，以鼓励客户试用的促销活动。其优点是最容易获得消费者参与；能充分向顾客展示产品特性；能够有效地培养品牌信赖并能灵活机动地选择推广对象，促进新产品推广试用。

（2）发放优惠券促销　优惠券是指客户享受常驻折价或其他优惠的凭证。其优点是刺激消费者试用；扭转消费偏好；较快地显示出促销的效果；增大顾客购买量；鼓励顾客试用老品牌的新产品。

（3）价格折扣促销　价格折扣是指直接采用降价或折价的方式招揽顾客。价格折扣的实质是把店家的一部分利润转让给消费者。其优点是能直接给消费者带来实惠，与其他促销手段相比，折扣促销冲击力最强。

（4）现场演示促销　现场演示促销是指在销售现场直接向消费者做产品演示。其优点是促进消费者了解新产品，吸引顾客的注意力，能向顾客提供有力的说服证据并减少促销费用。

3. 开发及使用对内、外的促销工具

1）通过电台、报纸等外部媒体进行宣传。

2）通过店内促销海报推广附件，如图 4-16 所示。

3）自主开发宣传工具，如纯正太阳膜与副厂太阳膜的差别解析等。

（三）汽车美容项目销售流程及话术技巧

1. 销售流程

1）寻找客户关心或感兴趣的话题。

2）讲述汽车美容理念。

3）发现客户感兴趣或车辆养护的问题，并针对问题介绍产品及其优点。

4）现场演示，最重要的是做好给客户看。

5）价格说明。

6）实际操作。

7）验证产品优势。

8）客户结算。

9）向客户介绍维护方法。

10）感谢客户的惠顾。

图 4-16　店内促销海报

2. 话术技巧

单元一中曾提到 FAB 话术技巧，本单元介绍 NFABI 话术技巧，如图 4-17 所示。

需求　Need
- 通过沟通了解客户需求
- 充分挖掘客户的消费需求

特性　Feature
- 是指可以客观地观察到的特征或者性能
- 此处用于指有关产品或服务的一般性说明

优点　Advantage
- 是指设计和使用效果，优于其他产品的物理特性
- 此处用于说明维护或维修项目或产品的优势点

好处　Benefit
- 是指"对我的用处"，即人们真正感兴趣的方面
- 从所有感情或形象角度看可通过产品获取的东西
- 此处说明产品或服务给客户带来的价值

冲击　Impact
- 又称为感受证据
- 为客户创造出更多超值感受与体验
- 第三方佐证也是最有效冲击之一

图 4-17　NFABI 话术

话术案例：NFABI 话术（儿童安全座椅）

N—销售人员：刚听您说，孩子坐车安全最重要，对吗？

客户：对啊！

N—销售人员：明白，您孩子真幸福，有您这么好的老爸。我们上海大众为确保小孩子乘车的安全性，现在推出了儿童安全座椅。

F—销售人员：我们的座椅配备了五点式安全带和高密度慢回弹海绵。

B—销售人员：五点式安全带可以牢固地把孩子固定在座椅上，确保孩子在车遇到冲击的时候，不会从座椅上脱落。

A—市面上大多数的儿童座椅，虽然也是五点式安全带，但是它的卡扣的使用次数不能确保达到标准的要求，一般 ECE-R44 标准为 5000 次，我们上海大众的安全带要求达到 10000 次以上。

I—您看看这是我们的检验报告，里面清楚地标注了使用寿命，还有很多其他指标超过了 ECE-R44 标准，如卡扣抗拉强度和调节器寿命等超过了 ECE 标准。

F—销售人员：我们还有最为独特的设计，即使用了高密度慢回弹海绵。

B—它能有效吸收冲击力。

A—是普通海绵吸收冲击力的 4 倍。

F—销售人员：我们产品的所有布料均专门订织订染，采用无毒、阻燃面料！并且完全通过探针测试。

B—确保产品无断裂针头等金属异物，保证孩子安全使用，不会因为断针和其他异物而受伤！

A—其他品牌的安全座椅是没有采用高密度慢回弹海绵的，并且通常为了节约成本，他们所采用的布料是不可能专门订制并经过探针测试的！

A—销售人员：且平安保险对我们全线产品承保产品责任险。最高赔付额可达 50 万元。其他任何品牌产品均没有进行全线产品责任险投保的。

客户：是吗？

二、汽车附件陈列展示技巧

对汽车专营店来讲，商品陈列十分重要。通过陈列样品，可以加深顾客对附件/精品的了解，以便选购。尤其对一些新产品和通用产品，更能通过样品陈列起到极大的宣传作用。

（一）门市橱窗陈列和柜台货架的摆放

1. 商品陈列的方式

商品陈列的方式有橱窗商品陈列、柜台货架商品陈列、架顶陈列、壁挂陈列和平地陈列等。

（1）橱窗商品陈列　橱窗商品陈列是利用商店临街的橱窗专门展示样品，是商业广告的一种主要形式。橱窗陈列商品一要有代表性，体现出企业的特色，如主营汽车轮胎的商店，要将不同规格、不同形状的轮胎巧妙地摆放出来；二要美观大方，引人注目。

（2）柜台、货架商品陈列　柜台、货架商品陈列也称为商品摆布，它有既陈列又销售及更换频繁的特点。柜台和货架陈列是经营人员的经常性工作，也是商店中最主要的陈列。汽车附件中的小件商品，如火花塞、皮碗、修理包、各类油封等适合此类陈列方式,如图4-18所示。

(3) 架顶陈列　架顶陈列是在货架的顶部陈列商品,特点是占用上部空间位置。架顶商品陈列的视野范围较高,顾客容易观看,一般适合相关产品,如润滑油、美容清洗剂等商品的陈列。

(4) 壁挂陈列　壁挂陈列一般是在墙壁上设置悬挂陈列架来陈列商品,适用于质量较轻的附件如挡泥板、无骨刮水器等。

(5) 平地陈列　平地陈列是将一些大而笨重、无法摆上货架或柜台的商品,在营业场地的地面上陈列。

图4-18　汽车精品展示柜

2. 陈列布局的方法

(1) 引导　利用醒目的标识吸引顾客的目光。精品展示柜台前不能有任何障碍物,保证顾客能顺利、方便地选购。封闭柜台和货架要与柜台保持一定通道,原则上不能码放产品。如遇特殊情况需码放产品,则要码放整齐,应以不超过柜台高度为宜。

(2) 方便　柜台内、陈列架内的产品要分层次陈列,全方位展示。店内所有商品的摆放都能让顾客看得见、摸得着,不论高处的或低处的商品,不需要服务人员的协助,顾客可以自如地取放商品。

(3) 吸引　尽量延长顾客在店内的停留时间。顾客在货架前停留的时间越长,购买商品的可能性就会越大。

(4) 舒适　要充分利用有效的空间,尽可能使照明、音响以及装潢布置有机配合,创造一个良好的、有独特个性的购物环境。

(二) 汽车附件陈列的八大原则

1) 最佳的视线范围。

2) 竖式陈列。

3) 品种的陈列顺序及相应的陈列面。

4) 同一品种,不同规格的重要性顺序。

5) 货架的先进先出原则。

6) 适当的售点广告。

7) 产品正面朝向消费者,并有明显的价格标签。

8) 保持产品的清洁及摆放整齐。

(三) 汽车附件的展示途径及展示方法

1. 展示途径

(1) 销售展示区

1) 展车附近的单独展示。汽车附件/精品一般不独立销售,这是因为汽车附件/精品是汽车的附属物,独立销售肯定是做不好的,因此要将汽车附件/精品的销售和所有销售融在一起,这一点至关重要。如图4-19所示,在展车附近展示汽车附件/精品不失为一种好办法。

图 4-19　汽车展厅附件展示架示意图

2）展车和试乘试驾车上的附件展示（图 4-20）。任何一种销售，都要让顾客不断去体验，才能把产品卖好。汽车附件/精品的销售要和整车销售融合在一起，安装样车是最佳方式，因为样车可以让客户切身去体验汽车附件的实际作用与功能。例如，在销售"智能钥匙·一键起动系统"产品时，就是通过安装样车让顾客体验的方式来销售的。这也是很多厂商所要求的。

图 4-20　展车和试乘试驾车上附件展示

（2）售后展示区　在客户休息区，或者在售后前台的重要部位进行展示。

（3）产品推荐区　图 4-21 所示为设立专门的产品推荐区，让客户有所选择。

（4）多媒体展示　设立多媒体展示柜，定时播放厂商推荐的原装附件。

2. 展示方法

1）定位定量摆放。摆放商品要定位定量，不要随便移动，以利于经营人员取放和盘点，提高工作效率。

2）按附件种类展示，如图 4-22 所示。应按商品的品种、系列、质量等级等有规

图 4-21　汽车附件推荐区

律地摆放，以便用户挑选。

3）连带商品摆放，突出商品特性来展示。把使用上有联系的商品摆放在一起，这样能引起顾客的联想，产生销售上的连带效应。

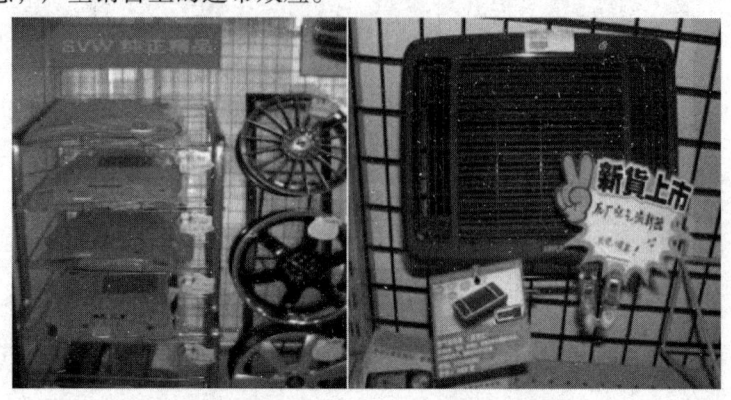

图 4-22 附件展示方法——按附件种类展示

三、汽车美容装饰项目销售话术

本节以话术的形式罗列部分汽车美容的基础知识。服务顾问只有在掌握基础的汽车美容知识和正确的话术之后，才能解决客户疑问，做到有的放矢，从而获得客户信赖。

1. 发动机润滑系统深化维护的作用是什么

答：发动机清洗剂具有快速、彻底清洗发动机内部积炭、油泥、沉积物，降低摩擦阻力，减少发动机机件的磨损，抵抗油泥、积炭的形成，延迟润滑油失效等功效。润滑系统的主要作用就是对汽车发动机的各个部件进行有效的润滑，以防过度磨损。发动机润滑系统的深化维护，就是利用发动机清洗剂有效清洁发动机润滑系统各部件，阻止酸性物质和金属碎屑的危害，充分发挥润滑油的润滑性能，减少新润滑油的二次污染，减少发动机部件的磨损，延长发动机寿命，提高发动机动力。

2. 燃油系统清洗维护（即清洗喷嘴、气门积炭）的作用是什么

答：燃油清洗剂能安全、快速地清洗所有燃油系统部件，疏通喷油嘴，改善雾化效果，提供动力性能，迅速降低燃油消耗，减少尾气排放，消除怠速不稳、爆燃、起动困难等故障。安全快速地清洗节气门体，可强力清除进气门、进气道、气缸壁及活塞环顶端的积炭及杂质，润滑节气门体蝶阀，增加动力，节约燃油。

3. 为什么要进行冷却系统的清洗维护

答：一般情况下，汽车在冬夏换季时应清洗维护一次，正常行驶中每 6 个月至 8 个月清洗维护一次，或者遇冷却液温度过高、漏水、开锅时清洗维护一次，清除导致发动机过热的痕迹和水垢，有效防止有害的腐蚀发生，避免密封件和散热器的渗漏，彻底更换旧的冷却液。

4. 什么是变速器的清洗维护

答：常规情况下，汽车每行驶 20000~25000km 时清洗维护一次，或遇变速器打滑、冷却液温度偏高、换档迟缓、系统渗漏时清洗维护一次。变速器的清洗维护可以安全、有效、彻底清洗自动变速器内的金属碎屑、胶质、油泥等沉积物，100%彻底更换旧的变速器油，

保持动力传递稳定,有效改善自动变速器的抗氧化能力,减少变速器机件磨损,降低噪声,恢复密封垫及O形圈的弹性,保护系统密封性。

5. 动力转向系统的清洗维护有什么作用

答:汽车每行驶40000～45000km需清洗维护一次,或遇转向困难、系统渗漏、更换动力转向机附件/精品后,也需清洗维护一次。可清除系统中有害的油泥、漆膜,清除低温时的转向困难,制止并预防动力转向液的渗漏,清除转向噪声,彻底更换旧的制动转向液。

6. 制动系统清洗维护的作用是什么

答:汽车每行驶50000km清洗维护一次,或遇ABS反应过早、过慢时清洗维护一次。可清除系统中有害的油泥、漆膜,清除超高温或超低温时工作失灵的危险,有效防止制动液变质过期,彻底更换旧的制动液。

7. 空调系统的清洗维护有什么作用

答:迅速彻底地清洗空调系统的蒸发器、出风管路和驾驶室内部部件的污垢,提高热交换率,真正清除蒸发器上的病毒和霉菌,有效改善车内空气质量,提高制冷效果,节约能耗,延长压缩机系统部件的使用寿命。

8. 为什么要进行三元催化器清洗维护

答:三元催化器是安装在汽车排气系统中最重要的机外净化装置,它可将汽车尾气排出的CO、HC和NO_x等有害气体通过氧化和还原作用转变为无害的二氧化碳、水和氮气。当高温的汽车尾气通过净化装置时,三元催化器中的净化剂将增强CO、HC和NO_x三种气体的活性,促使其进行一定的氧化—还原反应。其中CO在高温下氧化成为无色、无毒的二氧化碳气体,HC化合物在高温下氧化成水(H_2O)和二氧化碳,NO_x还原成氮气和氧气。这三种有害气体变成无害气体,使汽车尾气得以净化。

三元催化器清洗维护可以快速消除积留在三元催化器里面的各种化学混合物,解决排气不通畅的问题,恢复三元催化器的活化性能,延长三元催化器的使用寿命。

9. 汽车漆面为什么要上蜡

答:汽车上蜡是车漆保护的基本手段,上蜡的作用有以下两点。

1)在汽车漆表面形成一层保护膜,有效隔离外部环境对车漆的不良影响,如阳光、酸雨、鸟粪、灰尘、工业污染等,为汽车穿上一层隐形保护。

2)增进车漆表面的光泽,在抛光的基础上达到最终的镜面效果。

10. 车蜡的作用有哪些

答:1)防水作用。汽车经常暴露在空气中,免不了风吹雨淋,当水滴存留在车身表面,在天气转晴,强烈阳光照射下,每个小水滴就是一个凸透镜,在它的聚焦作用下,焦点处温度达800～1000°C,造成漆面暗斑,极大影响漆面的质量问题及使用寿命。另外,水滴易使暴露金属表面产生锈蚀。高档的车蜡可使水滴附着减少90%以上,大大降低车身遭受侵蚀的可能性,最大限度地保护漆面。

2)抗高温作用。车蜡的抗高温作用原理是对来自不同方向的入射光产生有效反射,防止入射光使面漆或底漆老化变色。

3)防静电作用。汽车静电的产生主要有两个来源:一是纤维织物,如地毯、座椅、衣物等的摩擦;二是汽车在行驶过程中空气中的尘埃与车身金属表面相互摩擦。无论是哪种原因产生的静电,都会给乘员带来诸多不便,甚至造成伤害。车蜡的防静电作用主要体现在车表面静电防止上，其作用原理是隔断尘埃与车表金属摩擦。由于涂覆蜡层的厚度及车蜡附着能力不同，它的防静电作用有一定的差别，一般防静电车蜡在阻断尘埃与漆面摩擦的能力方面优于普通车蜡。

4）防紫外线作用。其实，车蜡防紫外线作用与它的抗高温作用是并行的，只不过在日光中，由于紫外线的特性决定了紫外光较易于折射进入漆面。防紫外线车蜡充分地考虑了紫外线的特性，使其对车表的侵害得以最大限度地降低。

5）上光作用。上光是车蜡的最基本作用，经过上蜡的车辆，其表面的光亮程度都能得到改善，车身恢复亮丽本色。

11. 漆面划痕怎样处理

答：浅度划痕可先用砂纸打磨，清除其杂质和锈迹，再通过漆面还原、上蜡处理，最后用抛光剂对其进行抛光处理，直到漆膜平整光亮为止。

中、深度划痕是无法用研磨的方法修复的，小面积的凹度不超过5mm，可通过填补腻子找平，再做补漆处理。

如果划痕处金属外露，则要先清洁表面的铁锈和焊渣，打磨平整，再涂抹具有防锈效果的氧化中和剂，喷涂底油，并重复喷漆、晾干和打磨的过程。

变形较严重的则要经过钣金处理。划痕的处理对技师技术的要求是比较高的，必须有先进的工艺，才能使划痕在最短的时间内得以修复。

目前，由于镀膜这种新技术新材料的出现，对漆面划痕处理也有专用研磨剂，也称为还原剂，效果更佳，并且可以自行操作。目前全球顶级产品集中在日本，有八种专用研磨剂。

12. 汽车封釉和汽车镀膜的作用是什么

答：简单地说，镀膜与封釉都是在车漆表面涂上一种化学物质，通过在车漆表面上形成一种高硬度、抗氧化、抗腐蚀的膜，从而对车漆形成保护。要在车漆表面形成一种固态保护层，都需要先打磨掉车漆表面的氧化层，以保证"釉"或"膜"在车漆表面的附着能更加持久。对于新车来讲，由于没有很厚的氧化层，所以不管封釉还是镀膜，都不需要过多地进行打磨。而对于旧车来讲，划痕必须通过打磨除去，如果是伤到底漆的深度划痕，则只能进行补漆。另外，对车漆表面进行打磨，是为了消除车漆表面由于长期磨损形成的细微划痕。如果没有把这些细微划痕打磨掉，不仅达不到光亮如镜面的效果，而且划痕中残留的氧化物还会继续腐蚀车漆，也就失去了封釉、镀膜的意义。所以，鼓励新车使用较好的镀膜产品，而旧车封釉镀膜前最好还是先进行抛光处理。

13. 汽车内室为什么要清洁维护

答：随着汽车业的发展，人们对车室内的装饰要求也越来越高，车室内真皮丝绒座椅、顶棚、仪表板、地毯、脚垫、门板等皮、塑、橡胶、纤维物件，长期使用易藏污纳垢，不但令人生厌，而且还会使细菌滋生而产生霉味，既影响驾乘人员的身心健康，又影响驾驶心境。因此，平时应用专业的汽车内饰清洁剂清洁，定期做全套室内专业护理，如汽车桑拿等。

汽车桑拿是用高温蒸汽机（桑拿机）产生的高温水蒸气，对汽车车内各部位进行清洁，从而达到清洁、软化污垢、杀灭细菌、除去车内异味的效果。

14. 发动机内部为什么要清洗

答：润滑系统是汽车的重要组成部分。当汽车运行时，润滑油工作在高温、高压状态下，系统中不可避免存在灰尘、金属磨粒等杂质。这样，润滑油会逐渐失去保护能力，颜色变黑。经常换润滑油是有益的，但问题仍然存在，因为大部分废润滑油中的油泥和漆状物仍留在系统内。新润滑油加入后，与油泥和漆状物迅速溶合，周而复始，润滑系统将会因为油泥和漆状物的存在而堵塞（尤其是机油泵的滤网）。润滑油流动不连贯，导致发动机发生故障。

为了解决这个问题，延长发动机使用寿命，并且改善机体性能，应定期清洗发动机润滑系统，清洗掉系统内的油泥、漆状物和其他包容物，进而减少新润滑油的污染。

15. 汽车养护用品有哪些品牌

答：美国 JB 汽车养护用品是进入中国时间最长、市场占有率最大、效果最为明显的汽车养护用品。美国威力狮汽车养护用品主要市场在中国南方，市场占有率稍比 JB 差一些。其他品牌还有：3M、跑特快、魔圣、阿拉丁、BOB、MT、金鹰、路邦、安奈驰、特耐磨等。

课题三　汽车改装项目

一、汽车改装的定义及分类

什么是汽车改装？

➢汽车改装（Car Modification）是指根据汽车车主需要，将汽车制造厂家生产的原型车进行外部造型、内部造型及机械性能的改动，主要包括车身改装和动力改装两种。

在汽车主题营销时代，汽车用品在构造主题营销的过程中起非常重要的作用，汽车 4S 店为什么要重视汽车改装用品，如何设置合理的管理与营销模式，如何正确采购，如何量身定制改装用品项目，如何真正将汽车用品做大、创利润等一系列问题值得研讨。作为汽车服务顾问，应整理思路，学习汽车改装用品管理，了解新产品、新项目，切实做好汽车改装用品，产生经济效益。

汽车改装源自汽车运动，汽车赛场是各个汽车制造商体现自身技术实力的地方，为了把对手甩在后面，他们都需要拿出自己的最高技术，这迫使厂商致力研究开发新技术。现时的量产车中，很多技术都是来自赛车，几乎所有的改装方式和改装部件都在赛车运动中通过不断地测试、改进，并经过长时间的试用，在解决了安全、稳定、合理、经济等方面的问题后才向大众推广。当然，在这些改装项目当中，最终真正能与广大消费者"见面"的都是经历了各种考验的、既实用又经济、稳定的经典改装件。

随着汽车工业的发展以及赛车运动的深入人心，汽车改装已成为普通车迷汽车生活的组成部分，并渐渐成为一种时尚。在欧洲大陆、美国乃至亚洲的日本、中国香港、马来西亚等地，汽车改装早已蔚然成风。

根据我国汽车改装现状，汽车改装人群分为以下三种类型。

1. "时尚派"改车族

虽然汽车改装在国内起步较晚，但是从它身上体现出来的一种时尚文化的魅力却让人难以抵挡。于是涌现出一批改车族，他们用改装车来追求时尚、标榜自我，通过改装车来体现自己的品位或反映他们的心态。为追求个性，他们不惜花几千元甚至几万元对车进行改装，从里到外，包括大包围、尾翼、真皮座椅、桃木装饰件、晴雨挡、赛车贴纸等全方位的改装。

2. "实用派"改车族

作为实用派改车族,首先要对整车进行隔音降噪,因为经济型轿车在隔音方面一般做得不是很好,如发动机对驾驶室产生的噪声,轮胎透过底盘传入驾驶室的噪声,都会对车内欣赏音乐有比较大的影响。

3. "安全派"改车族

有些车主对自己爱车的改装下了很大的功夫,但是从外观上看不出来。因为,这些改车族更重视对自己爱车安全驾驶性能的改装,如升级轮胎和改装汽车发动机内部组件。

目前市场上流行的轮胎升级方式有两种:一种是选择与原配轮胎规格相同,但等级较高、性能较好的品牌的轮胎,即品质的升级;另外一种是轮胎尺寸的升级,即规格的升级,简单地说就是将轮胎胎面加宽,或者将轮胎内径加大,或者两者同时进行。

发动机内部组件的改装主要是利用轻量化、高强度的材料制成的高精密度组件,以减少内部动力的损耗,除了达到动力提升的目的,更要兼顾可靠度及平衡性提升。例如气门改装的原则是在不影响强度的情况下尽可能地减轻气门的重量。动作精确的气门是高性能发动机的基本要件,专业改装厂通常会提供不同的气门组合供消费者选择。发动机改装项目越多,气门机构的精确度要求就越严格,所以设定气门时必须要同时考虑与凸轮轴及气门摇臂的配合。

二、国内汽车改装现状

1. 我国汽车改装业处在起步阶段

改装车依旧停留在实用阶段。虽然愿意将自己的车进行改装的人越来越多,但是大部分车所做的改装项目都是比较初级的、有实用性的,真正深层次上的改装还很少。原因是现在人们对汽车改装的认知度不够,还有一个很实际的问题就是经济能力的问题。改装的花费没有一个具体的范围,品牌不同,价位相差较大,花费数倍于车价的改装也属常事,而且汽车改装的花费有无限多的方案。现在,内地以广东、北京、上海等地的汽车改装业发展相对较领先,一定程度上与这些地方的经济发达有很大的关系。我国香港的汽车改装业要比内地领先,主要因为香港是一个国际性的大都会,其汽车改装文化主要受到日本的影响。

现在的汽车改装项目日渐繁多,如大包围、保险杠、尾翼、行李架和进排气等简单改装项目,大部分商家已经可以应付自如。但实际上与其说这是改装,倒不如直接说是更换或加装,因为这种改装都是买现成的产品来替换原厂的部件。但如果要改动汽车重要组件,如发动机、变速器和ECU等,就不是每个改装店都有能力做到的。从事这样改装的店不多,而且愿意改装并且经济上能应付得起的人也不多,因为这种改装项目对技术、经验和理论的要求很高,改得不好会适得其反。目前大多数人对于个性的追求还仅仅局限于贴个另类的车身贴、加个尾翼等。因此,目前许多所谓的改装店实际上不过是美容装饰店。

2. 易进改装误区

许多车主为了追求个性而改装爱车,但由于缺乏相关知识,容易走入以下误区。

(1) 配件越贵越好　一些人在进行汽车改装时一味求贵,认为"便宜无好货"。其实,应根据车的实际情况来选择配件。例如一些人认为汽车音响的辅助设施,如无线遥控、多碟转换器等越多越好。其实不然,音响的主机才是决定音效质量的核心,扬声器、分音放大器、音箱等是音效好的重要条件,其他的辅助设施对实际音效并无多大帮助,因此只要换上好的功能音响音效就行。

（2）一味追求感官享受　有的车主为了外观的好看而加装大口径排气管、安装尾翼等。这样的改装是不科学的，尤其是对于小排量的车来说，不仅会影响车辆性能，严重的甚至会导致汽车的失衡，从而影响行车安全。

（3）追求视觉享受　如拆掉原来有气囊的转向盘，换上赛车转向盘。这是极不可取的，毕竟家用车与赛车不同，赛车有其他的安全设备补救；公路与赛道更不同，赛道的环境更理想。有的人在车上安装很多不必要的装饰品，一旦发生事故时人和车都有可能受到严重伤害。

（4）一味强调隔音效果　一些车主要求将隔音做到极致，甚至不希望听到发动机的声音。但如果驾驶者听不到来自道路和动力系统的声音，就会失去对路况和车况的相关信息判断，影响行车安全。

选择适合自己实际使用需求和车身状况的改装项目很重要，切忌盲目，要理性改装，才能走出误区。

3. 我国汽车改装业现存问题及解决对策

（1）汽车改装面临的瓶颈　改装车潜伏安全隐患。由于改装车多为车主凭自己的喜好或追求时尚而改装，并没有考虑到安全性和稳定性等方面的问题，加上一些改装汽车的车行从业时间较短，改装技术不是很成熟，而且又一味地满足车主的要求，缺少对车辆进行全面的评估和设计，每一辆车改装后也不能做全面测试甚至不做测试，改装后性能是否提升，安全性是否下降都只能凭着车主对改装前后的驾驶感觉来判断，无法通过科学的测试得出客观的结论。因此，就有了将好好的新车改成"危车"的案例，甚至会造成人员伤害。

随着经济发展，私人用车数量快速上升，汽车改装在我国有着非常大的市场，但改装车无法顺利通过年检。新的《道路交通安全法》中明确规定，任何单位或个人不得拼装机动车，或者擅自改变机动车已登记的结构、构造或特征。车辆的结构包括车身颜色、长、宽、高等四个硬性标准以及发动机和相关的技术参数。因此车辆改装是否合法，关键是看车辆是否与行驶证上的照片相符，与车辆出厂技术参数是否相符。不符合的，就不能通过年检。对已领牌照的汽车进行改装时，应向车管所登记申报，其改装技术报告经车管所审查同意后，方可进行改装。改装完毕，还要到车管所办理改装变更手续。据了解，汽车车身颜色、车牌号、发动机号、车架号等都是机动车登记中非常重要的项目，并且要拍照存档。这些项目是车管部门管理机动车、查处交通违法行为、交通事故处理工作中的重要依据和线索。

（2）缺乏专业机构　改装技术是否可靠、经改装后的车是否安全，有时根本无从评定。汽车改装对技术要求很高，如何改才安全，改完之后安全性是否受到影响等，需要由权威而专业的技术部门加以鉴定，才能保证改装市场的规范。

在国外大部分国家，汽车改装都有标准和法规，美国、日本、澳大利亚等国每年都有汽车改装展览会。在欧洲不少国家及日本等，具有规模的改装厂除了有专门的技术研发部门和测试部门外，更重要的是其发动机改装要通过认证与许可，其严谨态度不亚于一般正规的整车厂。正规的改装车厂都要通过相关的资质审核，具有改装资质的改装厂才能进行相关的汽车改装。国外汽车改装厂家一般是和生产厂家结合在一起的，世界各大著名汽车厂商都相继推出了它们的专业改装厂和改装品牌，如奔驰的 AMG、宝马的 AcSchnitzer、三菱的 RALLIART、富士的 STI、日产的 NISMO、本田的无限等。只有改装技术和质量能够达到原厂要求，才能保证改装不会给车辆造成隐患。在我国，由于大部分改装厂家的水平和国外成熟的汽车改装业还有很大的差距,有些改装店拿着自己改装后的效果图让顾客挑选,改装件只要能装上就装,而不是真正关心是否适用。这样的改装厂家存在专业技术人员匮乏、改装件质量无法保证、安全隐患严重等问题。

(3)保险安检不成熟　据某保险公司理赔部的工作人员介绍,目前绝大多数的保险公司对于改装车出险后的赔偿都限于原车部分,而对于改装配件则不予赔付。如果车主在投保时,已与保险公司就改装部分的投保事项进行了特别约定,那么车辆改装部分也是在保险公司理赔范围之内的。车主如果想对车辆进行改动,需要在车管部门进行备案,虽然目前改装的车不少,但真正去备案的车主却很少。对此,理赔人员提醒,改装车的车主最好是在车管部门进行备案,以免出现问题后引起一些不必要的麻烦。

三、常见汽车改装项目介绍

国家交通部门的一次关于汽车文化的调查显示:汽车音响改装以 70.8% 的高提及率位居汽车文化消费榜首,而在进行汽车音响改装的消费者中有 90% 以上的人表示进行汽车音响改装主要是为了在开车时能够更好地享受音乐,让枯燥的驾驶变得更有乐趣。由此可见,汽车音响改装概念已经逐渐被广大车主们所认同和接受,并越来越受到关注。

1. 汽车音响改装

面对市场上琳琅满目、各种品牌的音响,客户很容易不知所措,选购音响可遵循以下一些基本的规则。

(1)主机和扬声器的匹配　汽车音响安装的好坏关键在于主机和扬声器的匹配及安装位置和声场定位。车载音响的主机通常放置在汽车的控制面板上,方便驾驶人触及、操纵。在整个车载音响系统中,主机作为最终信号源,是所有部件当中最基本、重要的一个。想获得理想音质,首先主机要能保证输出高质量的信号。主机应选择质量较好、抗振能力强、音质纯度较高、样式美观的产品,输出功率略大一点为宜。

基本配置:如图 4-23 所示,音响主机最好选择输出功率高和四个声道(即前、后、左、右)输出的,这样才能形成环绕效果。目前,主机输出功率在 $4\times25W \sim 4\times40W$,客户在选择扬声器时应考虑与主机功率相匹配。

图 4-23　汽车音响改装

(2)根据自己的品位和经济能力选择　在高档豪华轿车上一般都有较专业的高级音响,其中以欧美产品为佳,其音质、音色比日本产品更专业。如选用中档音响设备,则非日本产品莫属,它的品牌在专业汽车音响设备中占 2/3。价格和性能之比极高,物有所值,并且从功能的完备性和外观的造型、装潢和工艺精良等方面,又是欧美产品无法与之抗衡的。

(3)要认清品牌　现在市场上经营汽车音响设备的商家特别多,为了避免买回一套假冒伪劣产品,最好要看该商家是否拥有该种品牌音响设备厂家授权的指定代理许可证,有无售后服务能力和质量三包的承诺措施。为解决汽车音响的养护与故障排除问题,在选购音响时要注意所选音响品牌在当地是否有专业认证的售后服务维修站。只有具有完善售后服务的音响品牌,才能保证车的音响在万一出现故障时得到专业、方便的维修服务。

中国汽车音响优秀进口品牌有瑞典 DLS、日本 ALPINE（阿尔派）、日本 PIONEER（先锋)、丹麦 Dynaudio(丹拿)、法国 FOCAL(劲浪)、以色列 Morel(摩雷)、德国 Blaupunkt(蓝宝)、美国 JBL、德国 Siemens VDO(西门子威迪欧)、美国 ROCKFORD FOSGATE(来福)等。

中国汽车音响优秀国产品牌有漫步者、Swans HiVi(惠威)、FORYOU(华阳)、Shinco(新科)、CASKA(好帮手)、BASS WARRIAR(黑剑)、BOSETAR(博士达)、Unicars(优尔卡)、TBS、Hummer(悍马)等。

2. 加装尾翼

通常所说的尾翼,比较专业的叫法为扰流板,多见于运动型轿车和跑车。现在也有一些普通车加装尾翼(扰流板)。尾翼的作用是增加稳定性,这对于大排量汽车比较关键,但较小排量的汽车的动力会受到影响。尾翼属扰流部件,具有在高速行驶时提高下压力和车身动态平衡的特性,但如果调校不好,只会适得其反。一般时速在100km以上时,尾翼效果才比较明显。

3. 加装大包围

大包围源于赛车运动,其主要作用是降低汽车行驶时所产生的逆向气流,同时增加汽车的下压力,使汽车行驶时更加平稳。如图4-24所示,大包围是在外观上最能突出个性化的配件,因此不少车主出于美观要求也会加装大包围。车主在加装大包围时应选用高质量的产品,因为高质量的玻璃钢包围,无论是坚固程度还是表面粗糙度都远远优于一般产品。此外,千万不要选用需要拆掉原车保险杠才能安装的大包围,因为玻璃钢的抗撞击能力非常差,选用将原杠包裹在其中的大

图 4-24　汽车加装大包围效果图

包围不会影响车辆的安全性。如果一定要选用拆杠包围,则可将原杠中的缓冲区移植到玻璃钢包围中,否则安全没有保障。

4. 改进点火系统

对点火系统适当进行改进,可以增强汽车的动力性。点火系统的改进分火花塞、火花能量和点火线的改装。

点火系统与火花塞之间的点火线目前是最受欢迎的改装项目之一,改装此部件的功效是在控制电磁干扰之余改善电阻,减少高压线圈发出的高压电流输送到火花塞过程中的损失,起到增强动力的作用。

5. 轮胎及轮圈的改装

F1赛场上流传着一句话:如果轮胎的性能再提高15%,那么现在赛车的圈速还能再快1s左右。轮圈改装就好比换上跑鞋。一般家用车的原装轮胎是H级,改装后轮胎都换为更高级别的W级,对汽车的操控性来说有不小的提升,并且安全性也会有所增强,可将百公里时速的制动距离缩短3~4m。

汽车改装前,最好能够先到大型的汽车美容店咨询所要改装项目的具体事宜,其中包括是否有技术成熟的改装师傅以及所需改装费用等。另外,不要一味地追求视觉改装,最好选择对操控有帮助且实用性较强、经济实惠的改装项目。

特别提醒

Q：改装轮毂及点火系统，年检能通过吗？

A：经咨询交警大队，更换轮毂不在年检范围内，但如果车主更换了大尺寸的轮胎，年检是不能通过的。而点火线以及火花塞，并不会对车辆安全性造成隐患，因此不受年检限制。

Q：更换了轮毂，又加装了大包围等，出了事故后，这些改装件是否遭遇拒赔？

A：根据部分保险公司规定，在原车基础上换下旧件，更换新件不需要额外投保，只要购车时投保车损险即可。其中，像轮胎等部件由于属于易耗品，本身就不在保险范围内。但需要提醒车主的是，对于一些加装件，如加装音响、大包围、尾翼等原车在出厂时并没有的零部件时，车主在加装这些部件后，必须要投保"新增设备险"险种，一旦出了事故，保险公司会依据此险种进行理赔，车主也可了却后顾之忧。

管理视角　服务营销理念

"服务营销"是一种通过关注顾客，进而提供服务，最终实现有利的交换的营销手段。实施服务营销首先必须明确服务对象，即"谁是顾客"。通过服务，提高顾客满意度和建立顾客忠诚度。

1. 服务营销的作用

1）服务是企业的核心竞争武器与形成差异化的重要手段。

2）良好的服务是降低顾客流失率和赢得更多新顾客的有效途径。

3）提供良好的服务可以促进企业利润持续增长。

4）提供良好的服务有助于使企业获取反馈的信息，指导决策。

2. 服务营销区别于产品市场营销的不同点

基于服务有别于有形商品的上述特点，决定了服务市场营销同产品市场营销有着本质的不同。

1）产品特点不同。如果说有形产品是一个物体或一样东西的话，服务则表现为一种行为、绩效或努力。

2）顾客对生产过程的参与。由于顾客直接参与生产过程，如何管理顾客就成为服务营销管理的一个重要内容。

3）人成为产品的一部分。服务的过程是顾客同服务提供者广泛接触的过程，服务绩效的好坏不仅取决于服务提供者的素质，也与顾客的行为密切相关。

4）质量控制很难像有形产品一样具有统一的质量标准，缺点和不足不易被发现和改进。

5）分销渠道不同。服务企业不能仅通过传统的物流渠道把产品从工厂运送到顾客手中，而是要借助综合的传播渠道将服务传递给顾客。

6）因为服务具有不易存储和时间性的特点，使得服务市场营销需要格外关注服务传递的时效性和通过创造后续顾客满意度来提高服务质量。

为了有效地利用服务营销实现企业竞争的目的，企业应针对自己固有的特点注重服务市场的细分、服务差异化、有形化、标准化以及服务品牌、公关等问题的研究，以制订和实施科学的服务营销战略，保证企业竞争目标的实现。为此，企业在开展服务营销活动、增强其竞争优势时应注意研究以下问题。

1. 服务市场细分

1）任何一种服务市场都有为数众多、分布广泛的服务需求者，由于影响人们需求的因素是多种多样的，所以服务需求具有明显的个性化和多样化特征。

2）任何一个企业，无论其能力多大，都无法全面满足不同市场服务需求，都不可能对所有的服务购买者提供有效的服务。

3）因此，每个企业在实施其服务营销战略时都需要把其服务市场或对象进行细分，在市场细分的基础上选定自己服务的目标市场，有针对性地开展营销组合策略，才能取得良好的营销效益。

2. 服务的差异化

服务差异化是服务企业面对较强的竞争对手而在服务内容、服务渠道和服务形象等方面采取有别于竞争对手而又突出自己特征，以战胜竞争对手，在服务市场立住脚跟的一种做法。目的是要通过服务差异化突出自己的优势，与竞争对手相区别。

3. 服务的有形化

服务有形化是指企业借助服务过程中的各种有形要素，把看不见摸不着的服务产品尽可能地实体化、有形化，让消费者感知到服务产品的存在、提高享用服务产品的利益过程。

4. 服务的标准化

由于服务产品不仅仅是靠服务人员，还往往要借助一定的技术设施和技术条件，因此这为企业服务质量管理和服务的标准化生产提供了条件，企业应尽可能地把这部分技术性的常规工作标准化，以有效地促进企业服务质量的提高。

5. 服务品牌

1）服务品牌是指企业用来区别于其他企业服务产品的名称、符号、象征或设计，它由服务品牌名称和展示品牌的标识语、颜色、图案、符号、制服、设备等可见性要素构成。

2）创服务名牌，是服务企业提高规模经济效益的一项重要措施。

3）因而，企业应注意服务品牌的研究，通过创名牌来树立自己独特的形象，以建立和巩固企业特殊的市场地位，在竞争中保持领先的优势。

6. 服务公关

1）服务公关是指企业为改善与社会公众的联系状况，增进公众对企业的认识、理解和支持，树立良好的企业形象而进行的一系列服务营销活动，其目的是促进服务产品的销售，提高服务企业的市场竞争力。

2) 通过服务公关活动，沟通与消费者的联系，影响消费者对企业服务的预期愿望，尽可能地与企业提供的实际服务相一致，保证企业服务需求的稳定发展。服务营销有利于丰富市场营销的核心——充分满足消费者需要的内涵，有利于增强企业的竞争能力，有利于提高产品的附加价值。

7. 服务营销理念灌输与宣导

1) 首先要让服务顾问知道什么是服务营销，它有什么样的作用和意义，它能给售后服务部门带来什么价值，能给个人带来什么价值。

2) 要让每个人从理念转化为动作要领，如何进行操作，都要事先进行模拟演练和培训，力达每个服务顾问都能掌握营销要领。

3) 只有这样在开展服务营销的同时，服务顾问才能最好、最快地整理好数据资料，提供合理化建议并快速执行和实施营销方案。

8. 服务营销策划关键要素

1) 客户细分与准确定位。

2) 找出客户的期望。根据市场调查与客户期望设定目标。

3) 设定客户的期望。

4) 设定计划、组织实施。确定活动内容之后做出详细计划，并拟出各阶段的工作分工与细致安排，以及第一个时间点、时间段必须完成的工作进程计划。

9. 售后部门服务营销目标

1) 帮助售后服务部门补长木桶上最短的那块板，综合提升售后服务部门效益水平。

2) 通过现场服务弥补先天不足，提升顾客满意度。

3) 强化自己的特色和优势，确保在差异化竞争中取胜。

4) 从客户处得到更多、更精确的一手信息，确认经销店的核心优势。

5) 多方位探知客户感受，为精细化管理优化提供服务指南。

6) 增加客户利益点，提升售后服务部门收入和利润。

互动案例　RAV4"尽情尽兴"改装大赛案例

活动主题：RAV4"尽情尽兴"改装大赛
活动时间：2011年4月15日~5月15日
车　　型：RAV4
活动内容：

1) 活动期间登录官方网站，参与在线改装小游戏，还可转发到您的新浪/搜狐微博中，生成自己心中的RAV4，并接受其他网友投票评选，得票最高的前十名改装达人即可获赠RAV4原厂车模一个。

2) 参与投票的网友可以参加每周一次的抽奖，获奖网友将得到RAV4炫酷共振音箱。

3) 欢迎大家到新浪微博、搜狐微博关注"一汽丰田RAV4"，转发自己的改装作品并参与微博改装话题讨论，还有机会获得RAV4车模和手机充值卡。

单元四 汽车美容与装饰服务

4）车主携改装 RAV4 来店留影参与评选即可获赠精美礼品一份，获得前三名的改装作品可直接参与全国网络评选，赢取单反相机等超值豪礼。

通过以上案例，如果你来策划一个服务营销的话，你会从哪几方面进行考虑呢？

_____

_____

_____

实操考核　汽车美容装饰项目推荐技巧

考核任务	汽车美容装饰项目推荐技巧		序号		日期	
学生姓名			学号		班级	
任务要求	能够根据客户需求对客户车辆进行美容装饰项目推荐					

任务资讯：

经销商：＊＊广汽丰田品牌专营店　　　客户：田先生　　　联系方式：

行驶里程：135km（新车）

车辆类型：200E 自动 经典 精英版 2013 款（厂商指导价：18.28 万元 RMB）

品牌会员：可享受工时 8 折，配件 9 折优惠

客户需求：为了能使自己的新车更舒适、更美观，客户要求对他的新车进行美容与装饰。推荐任务：作为服务顾问，了解客户需求并推荐品牌专用太阳膜、GPS 导航、LED 尾灯、羊毛坐垫及光亮饰条。要求服务过程中能够正确解决客户问题，体现客户关怀，提升客户满意度

一、任务计划

制订人员分工		制订接待计划
组号		
组长		
组员		

225

(续)

二、实施考核			
任务标准	能够做到	有待改进	不能做到
NFABI 销售话术			
1. 需求（Need）——通过沟通，充分挖掘客户的消费需求			
2. 特性（Feature）——指有关产品或服务的一般性说明			
3. 优点（Advantage）——是指设计和使用效果，优于其他产品的物理特性			
4. 好处（Benefit）——此处说明产品或服务给客户带来的价值			
5. 冲击（Impact）——第三方佐证也是最有效的冲击之一			
售后服务核心过程			
1. 快速迎接客户，首次接待递接名片，尊称客户			
2. 询问客户需求，寻找客户关心或感兴趣的话题			
3. 讲述汽车美容理念			
4. 发现客户感兴趣或车辆养护的问题，并针对问题介绍产品及好处（必要时现场演示）			
5. 推荐品牌专用太阳膜，并做详细介绍			
6. 推荐品牌 GPS 导航，并做详细介绍			
7. 推荐品牌 LED 尾灯，并做详细介绍			
8. 推荐品牌羊毛坐垫，并做详细介绍			
9. 推荐品牌光亮饰条，并做详细介绍			
10. 针对客户同意的美容与装饰项目进行详细的价格说明			
11. 取得客户同意并制作估价单、派工单			
12. 送客户到休息室或离店			
13. 车间派工，并进行美容与装饰作业			
14. 验证所有的美容与装饰项目均以完成			
15. 通知客户提车			
16. 再一次向客户解释美容与装饰项目的作业内容，必要时验证车辆			
17. 客户满意后，陪同客户结算			
18. 向客户介绍车辆维护方法与技巧			
19. 感谢客户惠顾，并送别客户			
20. 电话回访顾客对本次服务的满意程度，并提醒维护预约			
三、任务评估			
非常出色（90~100 分）	有待改进（75~89 分）	比较欠缺（60~74 分）	不能做到（60 分以下）

四、改进之处

教师签字：

单元五

客户投诉及补救服务

Description 课程描述	一位客户来到售后前台，抱怨新买的第二辆车油耗太大，百公里油耗达14L，比以前的手动挡车油耗大很多，强烈要求换车。作为服务顾问，如何安抚客户，并通过有效沟通解决客户抱怨？
Objects 学习目标	1. 掌握客户对服务质量满意的评判标准。 2. 掌握客户满意度、忠诚客户的定义及重要性。 3. 分析客户投诉的四种需求，正确进行客户投诉类型分析。 4. 能够正确运用客户投诉处理流程处理客户投诉。 5. 有效运用处理客户异议及投诉的技巧化解客户抱怨。 6. 掌握有媒体介入的投诉处理方式与原则（危机处理）。 7. 理解客户关系管理的概念、内容及相关理念。 8. 了解客户服务信息管理的具体内容。 9. 了解客户满意度调查的方法及注意事项。
Tasks 学习任务	客户投诉处理技巧及客户满意度调查。
Implementation 任务实施	1. 掌握客户关系管理的方式与方法。 2. 运用正确的沟通技巧解决客户的抱怨及投诉。

课题一 客户满意及客户满意度

在调查中发现，许多客户对汽车售后服务的满意度仍然颇有微词，在规模宏大的汽车展销厅、现代化的维修接待区与舒适的客户休息区的背后，却没有稳定与过硬的维修质量，已经成为客户反复抱怨的主题。

汽车售后服务的本质，就是汽车的技术服务，只有服务的理念、服务的热情，却没有完美的服务效果，这是目前汽车售后服务企业面临的主要问题。究其根源，正是服务技能与服务技巧方面的严重不足才致使企业的岗位质量无法得到保障。因此，提高服务技能与服务技巧，提升汽车售后服务企业的服务质量，尽快达到或超越客户的需求底线，应是企业快速提升客户满意度的重要途径。本单元将讨论服务质量与客户满意度提升的手段与方法。

一、服务质量要素与服务质量测定

服务质量的定义

➢服务质量（Service Quality）是指服务能够满足规定和潜在需求的特征和特性的总和，是指服务工作能够满足被服务者需求的程度，是企业为使目标顾客满意而提供的最低服务水平，也是企业保持这一预定服务水平的连贯性程度。

服务质量是一个复杂的话题，可从如下五个方面来定义：可靠性、响应性、保证性、移情性和有形性。服务质量的评估是在服务传递过程中进行的。客户对服务质量的满意可以定义为：将对接受的服务的感知与对服务的期望相比较，当感知超出期望时，服务被认为具有特别好的质量，客户会表示满意；当服务没有达到期望时，服务注定是不被接受的；当客户的期望与感知一致时，服务质量是令人满意的。如图5-1所示，预期服务受口碑、个人需要和过去经验的影响。

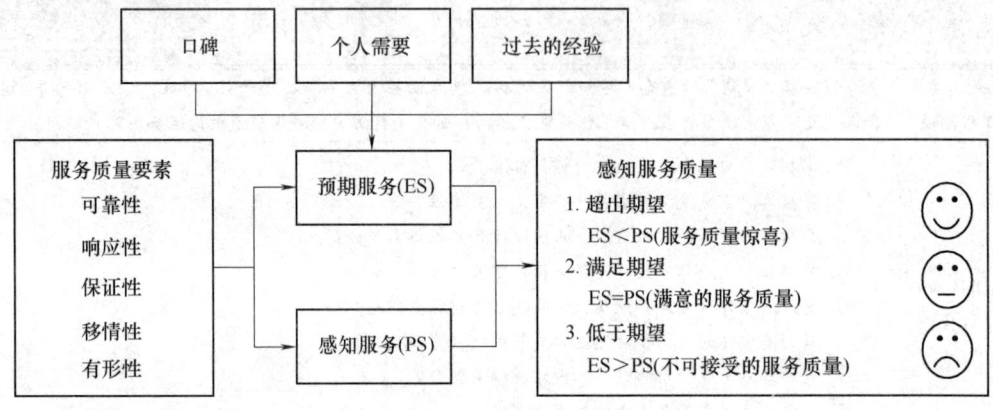

图5-1　服务质量要素示意图

1. 服务质量要素

图5-1所示为服务质量的要素，包括五个方面：可靠性、响应性、保证性、移情性、有形性。

（1）可靠性　可靠性是可靠地、准确地履行服务承诺的能力。可靠的服务行为是客户所期望的，它意味着服务以相同的方式、无差错地准时完成。可靠性实际上是要求企业避免在服务过程中出现差错，因为差错给企业带来的不仅是直接意义上的经济损失，而且可能意味着失去很多潜在的顾客。

（2）响应性　响应性是指帮助顾客并迅速有效提供服务的愿望。让顾客等待，特别是无原因的等待，会对质量感知造成不必要的消极影响。出现服务失败时，迅速解决问题会给质量感知带来积极的影响。对于客户的各种要求，企业能否给予及时的满足将表明企业的服务导向，即是否把客户的利益放在第一位。同时，服务传递的效率还从侧面反映了企业的服务质量。研究表明，在服务传递过程中，客户等候服务的时间是一个关系到客户的感觉、客户印象、服务企业形象及客户满意度的重要因素。因此，尽量缩短客户等候时间，提高服务传递效率，将大大提高企业的服务质量。

（3）保证性　保证性是指员工所具有的知识、礼节及表达出自信和可信的能力。它能增强客户对企业服务质量的信心和安全感。当客户同一位友好、和善并且学识渊博的服务人员打交道时，他会认为自己找对了公司，从而获得信心和安全感。友善的态度和胜任能力两者是缺一不可的。服务人员缺乏友善的态度会使客户感到不快；且如果服务人员的专业知识懂得太少也会令客户失望。保证性包括如下特征：完成服务的能力、对客户的礼貌和尊敬、与客户有效的沟通、将客户最关心的事放在心上的态度。

（4）移情性　移情性是设身处地地为客户着想和对客户给予特别的关注。移情性有以下特点：接近客户的能力、敏感性和有效地理解客户需求。

（5）有形性　有形性是指有形的设施、设备、人员和沟通材料等。有形的环境是服务人员对客户更细致的照顾和关心的有形表现。对这方面的评价可延伸到包括其他正在接受服务的客户的行动。

客户从这五个方面将预期的服务和接受到的服务相比较，最终形成自己对服务质量的判断，期望服务与感知服务之间的差距是服务质量的量度。从满意度看，既可能是正面的，也可能是负面的。对于一位汽车客户同样如此，在将车送到维修企业之前，他将对此次维修的情况会有一些疑问，如故障是否能够解决？企业对待他的态度如何？是否很快消除故障？此次的费用如何？如果在消费过程中，车辆故障很快被消除，其期望基本得到满足，那么他对此次的消费行为就会感到满意；如果企业的服务态度好，而且费用能够被客户接受，则会超过其期望，客户会感到很满意，反之则会产生不满意。如果消费行为与其期望差得很远，则会很不满意甚至抱怨。对于服务企业，要想让客户满意，那么就应该首先了解客户的期望，见表5-1。

表5-1　客户对车辆维修的期望

客户对车辆维修的期望	具 体 体 现
服务顾问对客户车辆维修需求积极地响应	➢ 售后服务中心应迅速确定维修预约 ➢ 客户到达售后服务中心时，能立即得到接待 ➢ 服务顾问表现出了解客户的需要 ➢ 在开始维修工作前，提供精确的维修费用预算 ➢ 在一个合理的时间内，给客户打电话，给予客户所希望的关注 ➢ 愿意随时为客户提供帮助
可靠的车辆修复率	第一次即用正确的方法将车辆修理好
保证在预计时间并以专业化的方式完成车辆维修	➢ 售后服务中心在一个合理的时间内维修好客户的车辆 ➢ 售后服务中心应通知客户有关维修项目的任何变更或额外的必要维护 ➢ 售后服务中心应通知客户有关车辆维修完成时间的任何变更 ➢ 售后服务中心应让客户在较方便的时间取车 ➢ 维修人员在维修过程中，应保持客户车辆的清洁 ➢ 交车时应向客户说明所实施的全部维修项目和费用 ➢ 交车时向客户提供车辆将来所需要的维修维护建议
对出现的问题或客户所关注的事项做出迅速反应	➢ 客户就有关事项与售后服务中心第一次联系时，立即做出答复或解决客户所关注的问题 ➢ 售后服务中心应向客户提供清晰有益的建议 ➢ 售后服务中心应严格履行对客户的承诺
售后服务有形设施展示	➢ 售后服务中心要提供舒适、整洁的休息环境，有配套休闲设施 ➢ 售后服务中心的人员服务品质要符合客户的要求

对于售后服务而言，一次性修复率、良好的维修体验和场地环境、合理的收费等都是满足客户最基本的期望值，但要获得客户更高的期望值，还需要提供丰富多彩的活动平台、形式多样的沟通渠道，以友好的情感纽带来维系广大的客户群体，才能够使客户满意。

2. 服务质量差距

测量服务期望与服务感知之间的差距是服务企业了解客户反馈的经常性过程。图 5-2 所示为一个服务质量差距模型。在图中，客户的服务期望与服务感知间的差距被定义为差距 5，它倚赖于与服务传递过程相关的其他 4 个差距的大小和方向。

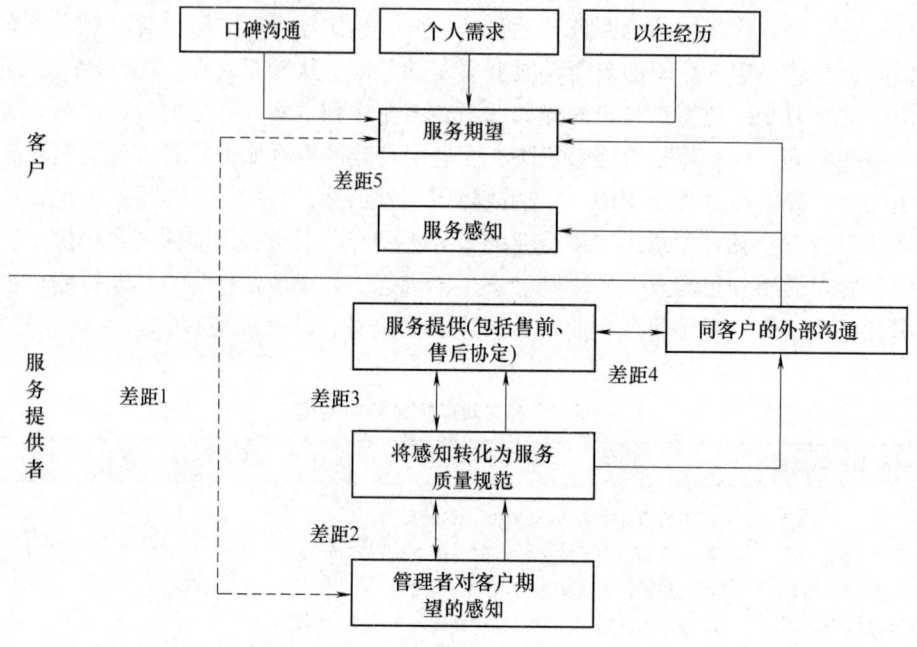

图 5-2　服务质量差距模型

差距 1 是客户期望与管理者对这些期望的感知之间的差距。导致这一差距的原因是管理者对客户如何形成他们的期望缺乏了解。客户期望的形成来源于广告、过去的经历、个人需要和朋友介绍。缩小这一差距的战略包括改进市场调查、增进管理者和员工间的交流，减少管理层次，缩短与客户的距离。

差距 2 是指管理者没有构造一个能满足顾客期望的服务质量目标并将这些目标转换成切实可行的标准。差距 2 由下面原因造成：缺乏管理者对服务质量的支持，认为满足顾客期望是不可实现的。因此，设定目标和将服务传递工作标准化可弥补这一差距。

差距 3 是指服务绩效的差距，因为实际服务过程不一定能达到管理者制订的要求。许多原因会引起这一差距，如缺乏团队合作、员工招聘问题、训练不足和不合理的工作设计等。

差距 4 是实际传递的服务和对外沟通间的差距。这是因为对外沟通中可能提出过度的承诺，而又没有与一线的服务人员很好地沟通。

3. 服务质量的测定

服务质量的测定是服务企业对顾客感知服务质量的调研、测算和认定。从管理角度出发，优质服务必须符合以下标准：

（1）规范化和技能化　客户相信服务供应方、职员营销体系和资源有必要的知识和技能，能够规范作业，解决客户的疑难问题（有关产出标准）。

（2）态度和行为　客户感到服务人员（一线员工）用友好的方式主动关心照顾自己，

并以实际行动为自己排忧解难（有关过程标准）。

（3）可亲近性和灵活性　客户认为服务供应者的地理位置、营业时间、职员和营运系统的设计和操作便于服务，并能灵活地根据客户要求随时加以调整（有关过程标准）。

（4）可靠性和忠诚感　客户确信，无论发生什么情况，他们能够依赖服务供应者、职员和营运系统。服务供应者能够遵守承诺，尽心竭力满足客户的最大利益（有关过程标准）。

（5）自我修复　客户知道，无论何时出现意外，服务供应者将迅速有效地采取行动，控制局势，寻找新的可行的补救措施（有关过程标准）。

（6）名誉和可信性　客户相信服务供应者的经营活动可以依赖，物有所值；相信它的优良业绩和超凡价值，可以与客户共同分享（有关形象标准）。

在上述六个标准中，规范化和技能化与技术质量有关，名誉和可信性与形象有关，它可充当过滤器的作用。而其余四项标准，即态度和行为、可亲近性和灵活性、可靠性和忠诚感、自我修复显然都与过程有关，代表了职能质量。

与服务感知质量相关的服务监督是可感知控制的。如果客户对消费毫无控制能力，他们就会感到不满足。例如，如果厂商剥夺了客户的监督控制权力，那么在其他情况下可以忍受的拥挤和等待也会引起"火山爆发"。客户期望对服务交易有一定的控制能力，不要总是受厂商摆布。如果这种需求得以满足，将大大提高满意程度。因此，管理者应该认真考虑建立监督控制机制。

可感知的控制和自我修复之间的关系是显而易见的。

服务质量测定一般采取评分量化的方式进行，其具体程序如下：

第一步，测定客户的预期服务质量。第二步，测定客户的感知服务质量。第三步，确定服务质量，即

$$服务质量(差距) = 预期服务质量 - 感知服务质量$$

对服务质量评分量化方法的大致步骤如下。

第一步，选取服务质量的评价标准。

第二步，根据各条标准在所调查的服务行业的地位确定权数。

第三步，对每条标准设计 4~5 道具体问题。

第四步，制作问卷。

第五步，发放问卷，请客户逐条评分。

第六步，对问卷进行综合统计。

第七步，采用第三单元所介绍的消费者期望值模型，分别测算出预期质量和感知质量。

第八步，根据上述公式求得差距值。差距值越大，表明感知质量离预期质量差距越大，服务质量越差；相反，则服务质量越好。

二、客户满意与客户忠诚

内部客户与外部客户的界定

➢客户是指企业产品或服务的使用者或接受者，有内部客户与外部客户之分。内部客户是指企业的员工；而外部客户则不仅指产品或服务的最终消费者，也包括产品流通过程中的客户，甚至相关的社会团体。

（一）客户满意和客户满意度

1. 客户满意

客户满意（Customer Satisfaction，CS），是指一件产品的绩效（Perceived Performance）满足客户期望（Expectations）的程度。客户抱怨是一种满意程度低的最常见的表达方式，但没有抱怨并不一定表明客户很满意。即使规定的客户要求符合客户的愿望并得到满足，也不一定能确保客户很满意。

菲利普·科特勒认为，客户满意"是指一个人通过对一个产品的可感知效果与他的期望值相比较后，所形成的愉悦或失望的感觉状态"。亨利·阿塞尔也认为，当商品的实际消费效果达到消费者的预期时，就导致了满意；否则，则会导致客户不满意。

从上面的定义可以看出，满意水平是可感知效果和期望值之间的差异函数。如果效果低于期望，客户就会不满意；如果可感知效果与期望相匹配，客户就满意；如果可感知效果超过期望，客户就会高度满意、高兴或欣喜。

2. 客户满意度

客户满意度是对客户满意的定量描述。可简要定义为：客户对企业产品和服务的实际感受与其期望值比较的程度。客户满意理念，即企业的全部经营活动都要从满足客户的需求出发，以提供满足客户需要的产品或服务作为企业的责任和义务，以满足客户需要，使客户满意作为企业的经营目的。

客户满意理念是对以"消费者为中心"理念的发展，它要求企业把客户的现实需求与潜在需求作为企业开发产品和服务项目的源头，在市场营销全过程及其各个环节中都要尽最大可能满足客户需求，并且要及时跟踪研究客户的满意度，据此设立改进项目和目标，调查企业的经营环节，以此稳住老客户，发展新客户。

3. 赢得客户满意的方法和途径

要想满足客户的各种需求，就必须熟悉客户，了解客户，即要调查他们现实和潜在的要求，分析他们购买的动机和行为、能力及水平，研究他们的消费传统和习惯、兴趣和爱好。只有这样，企业才能科学地顺应客户的需求走向，确定产品的开发方向。热情、真诚为客户着想的服务能带来客户的满意，以便利客户为原则，用产品具有的魅力和一切为客户着想的体贴去感动客户，如维修企业围绕车辆维修工作，开展代办车辆年审、提供紧急救援服务等。

现代企业实施客户满意战略必须建立一套客户满意分析处理系统，用科学的方法和手段检测客户对企业产品和服务的满意程度，及时反馈给企业管理层，使企业不断改进工作，从而真正地为满足客户的需要服务。实施客户满意的服务战略，要在客户满意的服务调查和客户消费心理分析的基础上，建立企业的服务理念满意系统、行为满意系统、视听满意系统、产品满意系统和服务满意系统等5个子系统。

在客户满意的服务理念中，为建立客户满意系统而进行的客户满意调查，以及检验客户满意系统的运作及其结果，需要通过客户满意度和客户满意指标来进行测量和评价。客户满意度是客户在消费了企业的产品或服务后所产生的满足状态的等级。因此，汽车维修服务企业必须确认自己真实的服务水平，并想办法保持与客户的联系。

案例分享　满意的服务

美国有一家维修中心，经营汽车维修已经很多年了，做得很成功。有一次，一位客户在飞机场旁边把车钥匙锁到了车里面，进不了车里，就打电话给他们。维修中心马上派了一辆工程车和一位技工过去，工程车上有制作钥匙的设备。因为现在的车都是有代码的，只要顾客把密码告诉技术人员，就可以按照密码制作出钥匙。所以，技工当场就重新制作了钥匙，为客户打开了车门。同时，技工还跟客户说："服务是免费的，我们谢谢你在遇到困难的时候想到我们。"

问题解决以后，老板的朋友表示不理解，他说："这样做太蠢了，你知道免费的服务要花掉多少钱吗？"老板回答说："是的，我计算过了，这次的举动我用掉了25美金。但是你别忘了，繁忙时段在收音机做广告，一分钟是700美金。这一分钟过后，没有什么人能够认识我，可是如果我把700除以25的话，至少会有28个客户认识我。"

维修厂或经销店经常会在报纸上做广告。一段小的广告一天可能要好几千元，但往往没人注意去看。

这个案例说明：有时候要对客户做一些额外的工作。当然，如果是维修发电机、更换电池，都要收一些费用。但是如果是客户上班时发现车轮胎瘪了，需要过去帮忙换个轮胎，这时如果能够做一些免费的工作，就会给客户留下非常深刻的印象。

（二）客户忠诚和客户忠诚度

1. 客户忠诚

客户忠诚（Customer Loyalty，CL）是指客户对企业的产品或服务的依恋或爱慕的感情，它主要通过客户的情感忠诚、行为忠诚和意识忠诚表现出来。其中情感忠诚表现为客户对企业的理念、行为和视觉形象的高度认同和满意；行为忠诚表现为客户再次消费时对企业的产品和服务的重复购买行为；意识忠诚则表现为客户具有的对企业的产品和服务的未来消费意向。

在营销实践中，客户忠诚定义为客户购买行为的连续性，是指客户对企业产品或服务的依赖和认可、坚持长期购买和使用该企业产品或服务所表现出的在思想和情感上的一种高度信任和忠诚的程度，是客户对企业产品在长期竞争中所表现出的优势的综合评价。

2. 客户忠诚度

客户忠诚度指客户忠诚的程度，是一个量化概念，指由于质量、价格、服务等诸多因素的影响，使客户对某一企业的产品或服务产生感情，形成偏爱并长期重复购买该企业产品或服务的程度。

（三）提升客户忠诚度的策略

1. 建立客户数据库

为提升客户忠诚度而建立的数据库应具备以下特征：

1）一个动态的、整合的客户管理和查询系统。
2）一个忠诚客户识别系统。
3）一个客户流失显示系统。
4）一个客户购买行为参考系统。

企业运用客户数据库，可以使每一个服务人员在为客户提供产品和服务的时候，了解客户的偏好和习惯购买行为，从而提供更具针对性的个性化服务。

建立和管理客户数据库本身只是一种手段，而不是目的。企业的目的是将客户资料转变为有效的营销决策支持信息和客户知识，进而转化为竞争优势。企业的实践证明，企业利润的80%来自于其20%的顾客。只有与核心客户建立关系，企业稀缺的营销资源才会得到最有效的配置和利用，从而明显地提高企业的获利能力。

2. 识别核心客户

识别核心客户最实用的方法是回答三个互相交叠的问题。

1）哪部分客户最有利可图，最忠诚？注意那些价格不敏感、付款较迅速、服务要求少、偏好稳定、经常购买的客户。

2）哪些客户将最大购买份额放在企业所提供的产品或服务上？

3）哪些客户对企业比企业的竞争对手更有价值？

通过对这三个问题的回答可以得到一个清晰的核心客户名单，而这些核心客户就是企业实行客户忠诚营销的重点管理对象。

3. 超越客户期望，提高客户满意度

客户的期望是指客户希望企业提供的产品和服务能满足其需要的水平，达到了这一期望，客户会感到满意；否则，客户就会不满。所谓超越客户期望，是指企业不仅能够达到客户的期望，而且还能提供更完美、更关心客户的产品和服务，超过客户预期的要求，使其得到意想不到的、甚至感到惊喜的服务和好处，获得更高层次上的满足，从而对企业产生一种情感上的满意，发展成为稳定的忠诚客户群。

4. 正确对待客户投诉

要与客户建立长期的相互信任的伙伴关系，就要善于处理客户抱怨。有些企业的员工在面对客户投诉时常常表现出不耐烦、不欢迎，甚至流露出一种反感，其实这是一种非常危险的做法，往往会使企业丧失宝贵的客户资源。

5. 提高客户转换成本

一般来说，客户转换品牌或转换卖主会面临一系列有形或无形的转换成本。对单个客户而言，转换购买对象需要花费时间和精力重新寻找、了解和接触新产品，放弃原产品所能享受的折扣优惠，改变使用习惯，同时还可能面临一些经济、社会或精神上的风险；对机构购买者，更换使用另一种产品设备则意味着人员再培训和产品重置成本。提高转换成本就是要研究客户的转换成本，并采取有效措施人为增加其转换成本，以减少客户退出，保证客户对本企业产品或服务的重复购买。

6. 提高内部服务质量，重视员工忠诚的培养

哈佛商学院的教授认为，客户保持率与员工保持率是相互促进的。这是因为企业为客户提供的产品和服务都是由内部员工完成的，他们的行为及行为结果是客户评价服务质量的直接来源。一个忠诚的员工会主动关心客户，热心为客户提供服务，并为客户问题得到解决感到高兴。因此，企业在培养客户忠诚的过程中，除了做好外部市场营销工作外，还要重视内部员工的管理，努力提高员工的满意度和忠诚度。

7. 加强退出管理，减少客户流失

退出指客户不再购买企业的产品或服务，终止与企业的业务关系。正确的做法是及时

做好客户的退出管理工作，认真分析客户退出的原因，总结经验教训，利用这些信息改进产品和服务，最终与这些客户重新建立起正常的业务关系。分析客户退出的原因，是一项非常复杂的工作。客户退出可能是单一因素引起的，也可能是多种因素共同作用的结果。

三、客户满意服务理念

1）获得一个新客户比留住一个已有的客户花费更大。企业在拓展市场、扩大市场份额的时候，往往会把更多精力放在发展新客户上，但事实上发展新的客户和保留已有的客户相比花费更大。此外，根据国外调查资料显示，新客户的期望值普遍高于老客户，这使发展新客户的成功率大受影响。不可否认，新客户代表新的市场，不能忽视，但必须找到一个平衡点，而这个平衡点需要每家企业不断地摸索。

2）除非能很快弥补损失，否则失去的客户将永远失去。每个企业对于各自的客户群都有这样那样的划分，各客户因而享受不同的客户政策。但企业必须清楚地认识到一点，即每个客户都是企业的衣食父母，不管他们为公司所做的贡献是大或小，企业应该避免出现客户歧视政策，所以不要轻言放弃客户，任其退出市场。

3）不满意的客户比满意的客户拥有更多的"朋友"。竞争对手会利用企业客户的不满情绪，逐步蚕食其忠诚度，同时在客户群中扩大不良影响。这就是为什么不满意的客户比满意的客户拥有更多的"朋友"。

4）畅通沟通渠道，欢迎投诉。有投诉才对工作改进的动力，及时处理投诉能提高客户的满意度，避免客户忠诚度的下降。畅通沟通渠道，便于企业收集各方反馈信息，有利于市场营销工作的开展。

5）客户不总是对的，但怎样告诉他们是错的会产生不同的结果。客户不总是对的。但是，"客户永远是对的"是留给客户的，而不是企业的。企业必须及时发现并清楚了解客户与自身所处立场有差异的原因，告知并和引导他们。当然这要求一定的营销艺术和技巧，不同的方法会产生不同的结果。

6）客户有充分的选择权力。不论什么行业和什么产品，即使是专卖，也不能忽略客户的选择权。市场是需求的体现，客户是需求的源泉。

7）必须倾听客户的意见，以了解他们的需求。为客户服务不能是盲目的，要有针对性。企业必须倾听客户意见，了解他们的需求，并在此基础上为客户服务，这样才能做到事半功倍，提高客户忠诚度。

8）如果企业都不愿意相信，怎么能希望客户愿意相信？企业在向客户推荐新产品或是要求客户配合进行一项合作时，必须站在客户的角度，设身处地考虑。如果企业觉得不合理，就绝对不要轻易尝试。企业的强迫永远和客户的抵触在一起。

9）如果不去照顾自己的客户，那么竞争对手就会去"照顾"。市场竞争是激烈的，竞争对手对彼此的客户都时刻关注。企业必须和自己的客户定期沟通了解，解决客户提出的问题。忽视自己的顾客等于拱手将其送给竞争对手。

以上九点都是简单的原则，如果企业能遵循上述原则，将会产生事半功倍的效果。当然，没有不变和永恒的真理。随着市场的变化及工作经验的不断积累，相信更多精辟、实用的"客户关注"法则会应运而生，"客户关注"工作也将推向更新的高度。

课题二 客户投诉及服务补救

一、客户投诉及服务补救的含义

> **如何理解客户抱怨与投诉**
> ➢客户投诉是指客户因对企业产品质量或服务上的不满意,从而提出的书面或口头上的异议、抗议、索赔和要求解决问题等的行为。
> ➢抱怨是投诉的前端,抱怨和投诉是客户表达不满过程的不同阶段,抱怨的解决主要通过安抚平息,投诉的解决则常常需要物质或精神补偿。

客户投诉是每一个企业都会遇到的问题,它是客户对企业管理和服务不满的表达方式,也是企业有价值的信息来源,它为企业创造了许多机会。因此,如何利用处理客户投诉的机会而赢得客户的信任,把客户的不满转化为客户的满意,锁定他们对企业和产品的忠诚,获得竞争优势,已成为企业营销实践的重要内容之一。

(一)客户投诉原因分析

1. 企业自身的原因

(1)产品质量无法满足客户　良好的产品质量是获得客户满意度的直接因素,对于服务这种无形产品也是这样。对服务的质量评估不但贯穿客户从进入服务系统到走出服务系统的全部过程,还延伸到客户对服务所产生的物质实际的使用过程中。例如一个客户在超市选购商品,一方面,能不能在超市中以合适的价格顺利地买到质量合格的商品是决定客户是否满意的主要判断标准;另一方面,即使商品的质量没有问题,但如果在使用的过程中,客户发现该商品的效果并不是像他自己想象的那样,他也会对整个超市的服务产生不满,进而产生抱怨,提起投诉。

(2)服务无法达到客户的要求　服务是一种经历,在服务系统中的客户满意与不满意,往往取决于某一接触的瞬间。例如服务人员对客户的询问不理会或回答语气不耐烦、敷衍、出言不逊;结算错误;让客户等待时间过长;公共环境卫生状态不佳;安全管理不当;店内音响声音过大;对服务制度如营业时间、商品退调、售后服务及各种惩罚规则等不满,这都是产生投诉的原因。

(3)对客户期望值管理失误　服务企业对客户期望值管理失误导致客户对于产品或服务的期望值过高,如图5-3所示。在一般情况下,当客户的期望值越大时,其购买商品的欲望相对就越大。但是,当客户的期望值过高时,客户满意度就可能越小;客户的期望值越低时,客户的满意度相对就越大。因此,企业应该适度地管理客户的期望。当发生期望管理失误时,就容易导致客户产生投诉。

2. 客户的原因

(1)弥补损失　客户往往出于两种动机提出投诉:一是为了获得经济赔偿,如退款或免费再次获得该商品及服务作为补偿;另一种是挽回自尊,特别是当客户遭遇不满意产品、服务时,不仅遭受经济损失,还经常伴随不公平对待的遭遇,自尊心、自信心受到伤害。

(2)性格的差异　不同类型客户对待"不满意"的态度不尽相同。理智型的客户遇到不满意的事,不吵不闹,但会据理相争,寸步不让;急躁型的客户遇到不满意的事必会投诉,而且大吵大闹,不怕把事情搞大,最难对付;忧郁型的客户遇到不顺心的事,可能无声离去,虽不投诉,但可能不会再来。

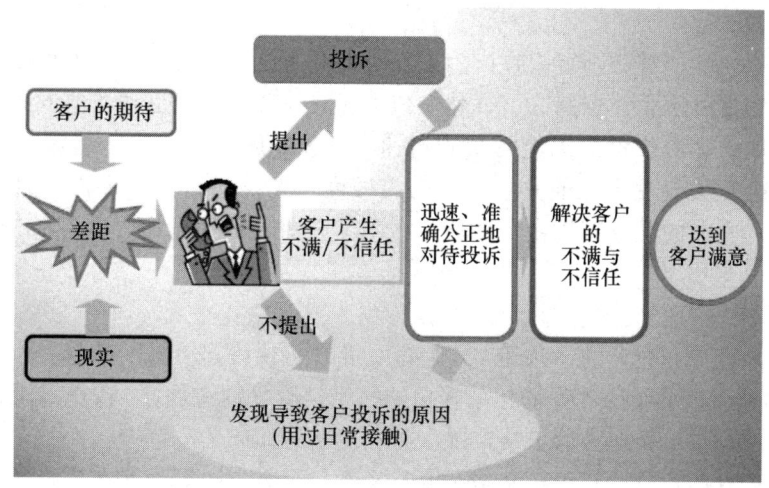

图 5-3　投诉产生的原因

3. 环境因素

环境因素是指客户与企业所不能控制的、在短期内难以改变的因素,涉及经济、政治法律、社会文化、科学技术等方面。

（1）文化背景　在不同的文化背景下,人们的思维方式、做事风格不同,因此客户投诉行为也存在差异。在集体主义文化中,人们的行为遵从社会规范,追求集体成员间的和谐,按照"我们"的方式思考,因此,客户更倾向于私下抱怨;而在个人主义文化中,人们追求独立和自足,用"我"的方式思考,因此,客户更倾向于投诉。由此可见,文化背景对投诉行为是通过影响客户的观念,如对投诉的态度来产生影响的。

（2）其他环境因素　除了文化背景和行业特征之外,一个国家或地区的生活水平和市场体系的有效性、政府管制、消费者援助等都会影响客户的投诉行为。

（二）成功处理客户投诉的必要性

1. 阻止客户流失

现代市场竞争的实质就是一场争夺客户资源的竞争,但由于种种原因,企业提供的产品或服务会不可避免地低于客户期望,造成客户不满意,因此客户投诉是不可避免的。向企业投诉的客户,一方面要寻求公平的解决方案,另一方面说明他们并没有对企业绝望,希望再给企业一次机会。美国运通公司的一位前执行总裁认为：一位不满意的客户是一次机遇。

相关研究进一步发现,50%~70%的投诉客户,如果投诉得到解决,他们还会再次与公司做生意;如果投诉得到快速解决,这一比例上升到92%。因此,客户投诉为企业提供恢复客户满意的最直接的补救机会,鼓励不满客户投诉并妥善处理,能够阻止客户流失。

2. 减少负面影响

不满意的客户不但会终止购买企业的产品或服务而转向企业的竞争对手,而且还会向他人诉说自己的不满,给企业带来非常不利的口碑传播。据研究发现,一个不满意的客户会把他的经历告诉其他至少9名客户,其中13%的不满客户会告诉另外的20多个人。研究还表明，公开的攻击会比不公开的攻击获得更多的满足。一位客户在互联网宣泄自己的不满时写到"只需要5分钟，我就向数以千计的顾客讲述了自己的遭遇，这就是对厂家最好的报复……"

但是，如果企业能够鼓励客户在产生不满时向企业投诉，为客户提供直接宣泄机会，使客户的不满和宣泄处于企业控制之下，就能减少客户找替代性满足和向他人诉说的机会。许多投诉案例表明，客户投诉如果能够得到迅速、圆满的解决，客户的满意度就会大幅度提高，客户大都会比失误发生之前具有更高的忠诚度，不仅如此。这些获得满意反应的投诉者，有的会成为企业的义务宣传者，即通过这些客户良好的口碑鼓动其他客户也购买企业产品。

3. 免费的市场信息

投诉是联系客户和企业的一条纽带，它能为企业提供许多有益的信息。丹麦的一家咨询公司的主席Claus Moller说："我们相信客户的抱怨是珍贵的礼物。"客户不厌其烦地提出抱怨、投诉，实质是告诉企业在服务或产品上存在的疏忽。

如果企业把这些意见和建议汇总成一套行动纲领，就能更好地满足客户的需求。研究表明，大量工业品的新产品构思来源于用户需要。客户投诉一方面有利于纠正企业营销过程中的问题与失误，另一方面还可能反映企业产品和服务所不能满足的客户需要，仔细研究这些需要，可以帮助企业开拓新市场。

从这个意义上，客户投诉实际上是常常被企业忽视的一个非常有价值且免费的市场研究信息来源。客户的投诉往往比客户的赞美对企业的帮助更大，因为投诉表明企业还能够比现在做得更好。

4. 预警危机

一些研究表明，客户在每4次购买中会有1次不满意，而只有5%以下的不满意的客户会投诉。因此，如将不满意的客户比喻为一座冰山的话，投诉的客户则仅是冰山一角，如图5-4所示。不满意的客户这个"冰山"的体积和形状隐藏在表面上看起来平静的"海面"之下，只有当企业这艘大船撞上"冰山"后才会显露出来，如果在碰撞之后企业才想到补救，往往为时已晚。因此，企业要珍惜客户的投诉，正是这些投诉为企业发现自身问题提供了可能。

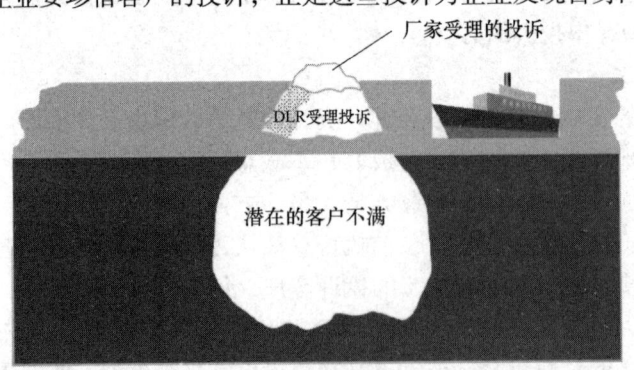

图5-4 受理的客户投诉只是"冰山一角"

例如，从收到的投诉中发现产品的严重质量问题，收回产品的行为表面看来损害了企业的短期效益，但是从长期来看，避免了产品可能给客户带来的重大伤害以及随之而来的严重的企业—客户纠纷。事实上,很多的企业正是从投诉中提前发现严重的问题,然后进行改善,从而避免了更大的危机。

接到客户投诉或抱怨是加强和扩大客户队伍和增加销售赢利的绝好机会。

(三)服务补救

1. 服务补救的定义

> **服务补救的定义**
>
> ➤服务补救(Service Recovery),是指服务性企业在对客户提供服务出现失败和错误的情况下,对客户的不满和抱怨当即做出的补救性反应。其目的是通过这种反应,重新建立客户满意和忠诚。

"服务补救"这一概念最早由 Hart 等人于 1990 年提出。不同的学者对服务补救的概念有不同的表述。Tax 和 Brown 将服务补救定义为:服务补救是一种管理过程,它首先要发现服务失误,分析失误原因,然后在定量分析的基础上,对服务失误会进行评估并采取恰当的管理措施予以解决。而有的学者则认为,服务补救是服务性企业在对客户提供服务出现失败和错误的情况下,对客户的不满和抱怨当即做出的补救性反应,其目的是通过这种反应重新建立客户满意和顾客忠诚。

在提供服务的过程中,即使最优秀的企业也不可避免地会出现服务的失败和错误。由于客户对企业提供的服务具有较高期望值,因此他们对服务的失误会产生不满和抱怨;虽然客户可能将不满归咎于企业或自己,但企业必须抱有"客户始终正确"的观念,对客户的不满和抱怨当即做出反应——服务补救。"当即"是指服务补救具有现场性和快速性。其中,现场性指企业必须在服务失误出现的现场,就地进行服务补救;快速性指企业要尽可能快地进行服务补救,避免由服务失误造成的不良影响扩散和升级。

服务补救也可定义为在第一次服务失误后,企业为留住客户而立即做出的带有补救性质的第二次服务。第二次服务可以与第一次服务同质,即第二次服务是第一次服务的重复;当然也可与第一次服务异质,即第二次服务是第一次服务的延伸或转变,如零售企业无条件地为对产品质量表示不满的顾客所做出的换货服务(同质服务)或退货服务(异质服务)。

2. 服务补救策略

(1)跟踪并预期补救良机　企业需要建立一个跟踪并识别服务失误的系统,使其成为挽救和保持客户与企业关系的良好工具。制订有效的服务补救策略,需要企业通过听取客户意见来确定企业服务失误之所在,即企业不仅被动地听取客户的抱怨,还要主动查找那些潜在的服务失误。市场调查正是一种有效的方法,如收集客户批评意见,倾听顾客抱怨。此外,还可以开通投诉热线以听取客户投诉。有效的服务担保和意见箱也可以使企业发觉系统中不易觉察的问题。

(2)重视客户问题　客户认为,最有效的服务补救就是企业一线服务员工能主动出现在现场,承认问题的存在,向客户道歉(在恰当的时候可加以解释),并当面解决问题。解决的方法很多,可以退款,也可以服务升级,例如某客户在租用已预订的别克车时发现该车已被租出,租车公司将本公司的劳斯莱斯车以别克车的租价租给该客户。

(3)尽快解决问题　一旦发现服务失误,服务人员必须在失误发生的同时迅速解决失误。否则,没有得到妥善解决的服务失误会很快扩大并升级。在某些情形下,还需要员工能在问题出现之前预见到问题即将发生而予以杜绝。

(4) 员工的权力　一线员工需要特别的服务补救训练，如服务补救的技巧、权力和随机应变的能力。有效的服务补救技巧包括认真倾听客户抱怨、确定解决办法、灵活变通的能力。员工必须被授予使用补救技巧的权力，当然这种权力的使用是受限制的，在一定的允许范围内，可用于解决各种意外情况。一线员工不应因采取补救行动而受到处罚，相反，企业应鼓励员工们大胆使用服务补救的权力。

(5) 从补救中汲取经验教训　服务补救不只是弥补服务裂缝、增强与顾客联系的良机，它还是一种极有价值但常被忽略或未被充分利用的、具有诊断性的、能够帮助企业提高服务质量的信息资源。通过对服务补救整个过程的跟踪，管理者可发现服务系统中一系列亟待解决的问题，并及时修正服务系统中的某些环节，进而使"服务补救"现象不再发生。

正确的客户抱怨及投诉处理措施对企业收入和利润增长的影响是巨大的和长期的，服务补救的投资回报率在不同的行业中可达到30%～150%。令人遗憾的是，许多汽车服务企业有意或无意地忽视了服务补救策略的制订和运用，原因有以下两大类。

一种是认为服务补救会增加成本，影响了短期利润的实现。有些汽车维修企业认为，如果为客户提供补救性服务，往往需中断正常的服务程序，降低劳动生产率和盈利率，同样也会影响到企业短期利润的实现。因此，不少企业管理人员在管理过程中会不自觉地忽略补救性服务的重要性，不愿尽力解决服务质量问题，而是消极地应付客户的投诉，使不满的客户更加失望。这样做的结果确实可以降低短期内公司的营运成本，提高利润率，但其负面影响是造成企业与这些客户之间的关系彻底破裂。

另一种是有些企业认为，本行业客户流通性强、流量大，不需要特别在意客户的忠诚度，而且即使部分客户流失，对企业的影响也不大。其实，服务差错发生之后，客户会更加重视服务质量。根据社会心理学家的研究，在正常的服务过程中，当客户的经历完全符合自己的期望时，他们通常会处于"无意识状态"。但是，服务差错使客户从无意识状态中清醒过来，迫使客户开始注意服务工作情况。这种情况下，服务性公司如何纠正差错呢？要及时采取补救性服务措施，补救得越快，补救的成本越低，补救的效果越好；在补救的同时要及时与客户沟通，向客户表明服务企业高度重视服务质量和客户的满意度，有效地提升客户对服务性企业的看法。与满意的客户打交道是比较容易的，困难的是要将不满的客户转变为企业的忠诚客户。一般而言，与可靠的服务相比较，服务性企业更难提供优质的补救性服务。

(四) 服务补救与客户投诉管理的区别

第一，服务补救具有实时性特点。这是服务补救与客户投诉管理一个非常重要的区别。客户投诉管理一般必须要等到一个服务过程结束之后，而服务补救则必须是在服务失误出现的现场。如果等到一个服务过程结束，服务补救的成本会急剧上升，补救的效果也会大打折扣。

第二，服务补救具有主动性特点。客户投诉管理有一个非常明显的特点，即只有当客户投诉时，企业才会采取相应的措施，安抚客户，使客户满意地离去。华盛顿一家名为TRAP的调查机构所进行的一项调查显示，有问题的客户中，只有4%向公司有关部门进行抱怨或投诉，而另外96%的客户不会投诉，但他们会向9～10人倾诉自己的不满（坏口碑）。客户投诉管理"不投诉不处理"的原则，会严重影响客户感知服务质量和客户满意，从而影响客户忠诚，使企业在竞争中处于不利的境界。但服务补救则不同，它要求服务提供者主动地去发现服务失误并及时地采取措施解决失误，这种前瞻性的管理模式，无疑更有利于提高客户满意度和忠诚度。

第三，服务补救是一项全过程的、全员性质的管理工作。而客户投诉管理则是由专门的部门来进行的、阶段性的管理工作。一般来说，服务补救具有鲜明的现场性，服务企业授权一线员工在服务失误发生的现场及时采取补救措施，而不是等专门的人员来处理客户的投诉。

二、客户投诉处理

（一）客户投诉的类型分析

客户的抱怨和投诉，大概可以分为四种情况，见表5-2。

表5-2 客户抱怨/投诉类型分析

抱怨/投诉类型	相关内容
产品质量抱怨/投诉	➢ 车辆性能或故障 ➢ 客户对产品不了解 ➢ 未按操作规范使用 ➢ 销售时遗留的问题（销售员对产品解释得不清楚）
维修服务抱怨/投诉	➢ 首次确定的问题不正确 ➢ 同一问题多次出现 ➢ 问题长时间没有解决 ➢ 未对客户车辆进行防护 ➢ 出厂时车辆清洗不干净 ➢ 保修范围的判定有误 ➢ 未按约定时间交车 ➢ 结算金额超出预期 ➢ 未使用正品配件 ➢ 未按客户要求作业
对服务态度的抱怨/投诉	➢ 服务顾问的态度 ➢ 其他工作人员的态度
由于客户自身原因而引起的抱怨/投诉	➢ 希望产品不出问题 ➢ 对维修时间要求较高 ➢ 节省费用 ➢ 故意刁难、侥幸心理 ➢ 寻求平衡心理（如买贵了） ➢ 对保修条款不能正确理解 ➢ 服务产品的说明

在处理客户投诉时，要能换位思考，仔细聆听客户的不满，并且为客户投诉提供便利条件。

（1）制订明确的产品和服务标准及补偿措施　企业通过制订产品和服务标准，可以使客户明确自己购买的产品、接受的服务是否符合标准，是否可以投诉以及投诉后所得到的补偿。企业执行上述标准的过程中，还能在客户投诉之前对产品和服务的缺陷采取相应补偿措施。

（2）引导客户怎样投诉　企业应在有关宣传资料上详细说明客户投诉的方法。它包括投诉的步骤、向谁投诉、如何提出意见和要求等，以鼓励和引导客户向企业投诉。

（3）方便顾客投诉　企业应尽可能降低客户投诉的成本，减少其花在投诉上的时间、精力、货币与心理成本，使客户投诉变得容易、方便和简捷；投诉系统不能向客户要求过多的文件证据和额外的努力。企业还要了解客户更乐意用什么方式投诉，是邮寄、电话、电子邮件、传真还是面对面投诉，然后提供给客户乐于接受的投诉渠道，告知客户投诉的程序，更方便客户投诉。

案例分享　客户投诉处理

案例一：某个周末，客户在到达服务站时费了很大的气力才找到停车位，停车区根本无人引导，客户走进接待大厅时脸色很难看。

客户心理分析及应对：

客户把不高兴写在脸上，是希望能有人注意到。这时，应马上询问，让客户把不满发泄出来。

——"先生，您好。是不是刚才遇到什么不高兴的事了？还是路上有点堵呀？我看您好像不太愉快。您能跟我说说吗？"

客户认为，一家4S店有较宽裕的停车位是最起码的要求。这时，服务顾问应马上道歉。

——"您找了半天才把车停下？哎呀，真对不起，今天来的客户比较多，停车是有点困难。"

因为停车，客户已经耽误了一些时间，他希望接下来的手续能办得快一些。

——"对不起，是我们的人员没有照顾到您停车难，这样，我先帮您办修车的手续，等一下我向经理反映停车的问题，您看行吗？"

点评：

- 马上让用户发泄出来。
- 马上行动（在后续服务过程中小心避免让用户再次不满）。
- 自己无法处理的问题及时向领导反映。

案例分享　客户投诉处理

案例二：客户反映制动软，服务顾问说"这车就这样"，客户当即表示不满。

客户心理分析及应对：

客户认为在他看来是十分严重的问题，却没有得到服务顾问应有的重视，因此应向客户表明自己与他一样，对车辆安全非常重视。

——"制动灵不灵是关系安全的大事，我们也特别重视用户的安全问题的。"

客户认为，如果服务顾问根本不重视他的问题，就不会有所行动。因此，应马上采取行动。

——"我们一定会帮您仔细地检查一下制动系统。这样吧,咱们先做一个路试,然后进车间再用仪器检测一下,好吗?"

点评:
- 今后应尽量避免说类似的话。
- 具有敏感性(同理心)。
- 马上行动。

案例三:服务顾问和某位很熟悉的老客户交谈时有说有笑,甚至还拍了拍客户的肩膀,旁边一位新客户有点看不惯。

客户心理分析及应对:

客户认为,服务顾问应对所有客户一视同仁。这时,应马上热情地接待他,适当转移其注意力。

——"对不起,让您久等了。"

客户认为,自己是新客户,和服务顾问不熟悉,服务顾问对他的车不会尽心尽力。这时应对客户表示自己会很负责地为他服务。

——"噢,您来做首保的对吗?我给您介绍一下首保的检测项目吧。"

——"这是我的名片,我的手机24小时都开着,您遇到问题随时打电话给我。"

点评:
- 以后,应尽量避免对老客户过分热情,在公共场合,应与客户保持合适的距离。
- 马上行动。
- 以专业周到的服务让客户放心。

(二)客户投诉处理过程与技巧

1. 处理投诉的基本程序

客户投诉处理的基本程序如图 5-5 所示。

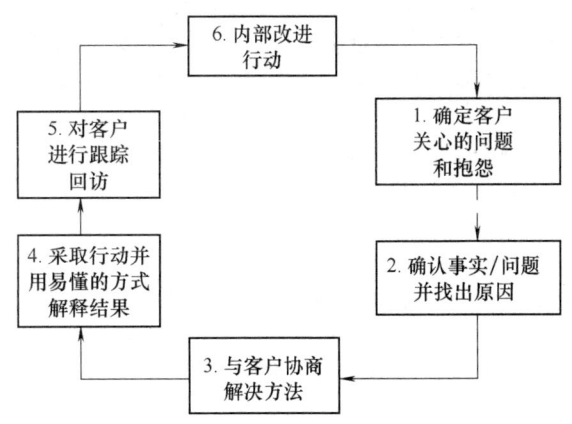

图 5-5 客户投诉处理流程

对投诉处理所定的目标要超出客户的预料,具体操作见表 5-3。

表 5-3 客户投诉处理要点

步　骤	具体内容	话术及操作要点
1. 确定客户关心的问题和抱怨	➢ 对给客户带来的不便，表示道歉 ➢ 谈话时保持冷静，让生气的客户平静下来 ➢ 减少让客户与经销商必须联系的次数 ➢ 用开放式提问来确定和记下问题，力求找到客户真正的目的或使他生气的真正原因 ➢ 用封闭式提问，确定客户关心的问题，请客户重述自己没理解的要点 ➢ 用你自己的语言总结抱怨的内容，并验证对问题真正理解的正确性	➢ "对给您带来的不便，我很抱歉。" ➢ 充满感情地倾听客户抱怨 ➢ 在没说完前，不要打断客户 ➢ 保持合作，不要有抵触心理 ➢ 避免指出客户的错误或谴责客户 ➢ 如遇到严重的抱怨，请与售后经理联系 ➢ 如果需要，可到安静的地方详谈，不仅显示对客户的重视，而且不必担心干扰其他客户
2. 确认事实/问题并找出原因	➢ 确认车辆上出现的症状 ➢ 认真检查车辆，查阅过去的维修记录，或与客户一起再次路试，找出问题所在，判定责任是维修厂的还是客户造成的 ➢ 对事件做出评估，并向客户解释	➢ 给予客户足够的重视和关注 ➢ 不让客户等待太久 ➢ 注意对事件全过程进行仔细询问，语速不宜过快，要做详细的投诉记录 ➢ 立即采取行动，协调有关部门解决
3. 与客户协商解决方法	➢ 向客户解释车辆故障原因，以及将采取的措施及时间，征求客户同意 ➢ 如果是维修厂的过失，不要辩解，为错误向客户道歉 ➢ 若是客户的过失，以委婉而有礼貌的态度告诉客户故障发生的原因，建议防止这类故障再发生的办法 ➢ 估计客户的接受程度，直接询问客户如何修改解决办法，以保证客户满意	➢ 不得与客户争辩或一味寻找借口 ➢ 注意解释语言的语调，不得让客户有受轻视、冷漠或不耐烦的感觉 ➢ 换位思维、易地而处，从客户的角度出发，做合理的解释或澄清 ➢ 不得试图推卸责任，不得在客户面前评论公司、其他部门或同事的不是
4. 采取行动并用易懂的方式解释结果	➢ 根据投诉类别和情况，立即采取措施，如果是简单维修，尽可能请客户在场 ➢ 向客户解释已经采取的补救措施 ➢ 感谢客户使你注意到这些问题，从而可以改进工作 ➢ 离开接待室前，确信客户对结果满意	➢ 在没有彻底了解清楚客户所投诉的问题时，不得马上将问题转交其他同事或相关部门 ➢ 注意关注客户的期望，限时提出解决问题的方法
5. 对客户进行跟踪回访	➢ 按时限及时将需要后台处理的投诉记录传递给相关部门处理 ➢ 在两天内进行电话回访，了解客户对投诉是否满意 ➢ 如果不满意，则应回到适当的步骤，重新处理	➢ 遵循电话礼仪拨打电话 ➢ 关心询问客户对处理结果的满意程度
6. 内部改进行动	➢ 追踪和分析问题的根源，确保完成行动计划，以防问题再次发生	➢ 避免寻找替罪羊 ➢ 用"跟踪记录"、"返修记录"来记载此事件，用于以后工作的参考

2. 投诉处理技巧

可参考单元一中的异议处理技巧，即"澄清-转述-解决（CPR）"的技巧，与投诉客户进行沟通与交流。

服务人员面对客户投诉应把握好一些沟通处理技巧。

(1) 安抚和道歉　不管客户的心情如何不好，不管客户在投诉时的态度如何，也不管是谁的过错，要做的第一件事就应该是平息客户的情绪，缓解他们的不快，并向客户表示歉意，还可以告诉他们公司将完全负责处理客户的投诉。

(2) 快速反应　用自己的话把客户的抱怨复述一遍，确认你已经理解了顾客抱怨之所在，而且对此已与客户达成一致。如果可能，告诉客户愿意想尽一切办法来解决他们提出的问题。

(3) 移情　当与客户的交流达到一定境界时，你会自然而然理解他们提出的问题，并且会欣赏他们的处事方式。你应当强调他们的问题引起了你的注意，并给了你改正这一问题的机会，对此感到很高兴。

(4) 补偿　对投诉客户进行必要的且合适的补偿，包括心理补偿和物质补偿。心理补偿是指服务人员承认确实存在问题，也确实造成了伤害，并向客户道歉。物质补偿是指一种"让我们现在就作些实际的事情解决这个问题"的承诺，如经济赔偿、调换产品或对产品进行修理等，尽己所能满足客户。在解决了客户的抱怨后，还可以送给他一些其他东西，如优惠券、免费礼物，或者同意他或她低价购买其他物品。

(5) 跟踪　客户离开前，看客户是否已经满足，然后在解决了投诉一周内，打电话或写封信给客户，了解其是否依然满意。写信的时候，可以在信中夹入优惠券。一定要与顾客保持联系，将投诉转化为销售业绩，客户投诉得到了令人满意的解决之时，就是销售的最佳时机。

(三) 某汽车经销店投诉处理流程

1. 投诉处理流程

投诉处理流程如图 5-6 所示。

1) 任何人在接到客户意见后，应第一时间向客户道歉并记录投诉内容，以及记录相关内容，如时间、地点、人员、事情经过、结果如何等问题，了解投诉事件的基本信息，并初步判断客户的投诉性质，在 1h 内上报客户经理或客户服务中心，由客户经理或客户服务中心立即填写顾客抱怨（投诉）处理单，见表 1-17。

2) 客户服务中心立即给该顾客抱怨（投诉）处理单进行编号，并且简单记录基本信息，如车牌号、填单人姓名、内容概要。

3) 对于明显能确定责任的质量问题、服务态度、文明生产、工期延误的投诉，处理流程如下的所述。

①客户经理在 24h 内协同被反馈部门完成责任认定并对责任人做出处理意见后，完成与客户的沟通（如有必要），并将"顾客抱怨（投诉）处理单"转给管理部。对于 24h 内没有联系上的客户，客户经理应在 48h 内完成上述工作。

②管理部在接到"顾客抱怨（投诉）处理单"后，在 4h 内根据公司文件对处理意见进行复核，对认可的处理出具过失处理意见；对有异议的，召集客户经理和相关部门进行协商并签署协商意见。在 4h 内，将处理结果上报主管总经理，同时将主管总经理的处理意见反

馈给客户经理和相关部门执行。

③管理部在 8h 内根据最终处理意见实施责任追究，进行过失沟通，完成最终的"顾客抱怨（投诉）处理单"，并于当日转至客户服务中心。

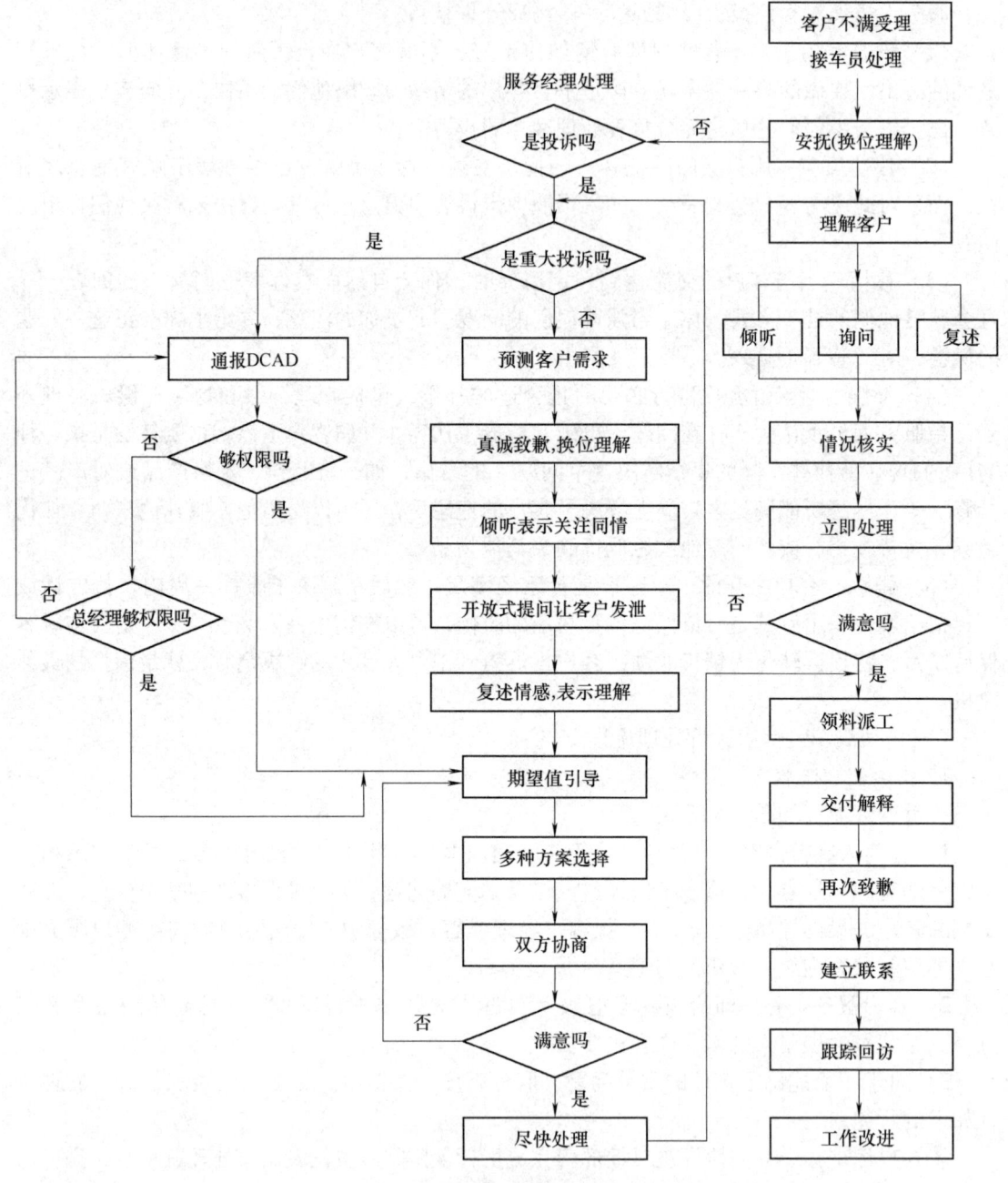

图 5-6 投诉处理流程

注：图中 DCAD 指品牌管理系统

4）对于当时无法确定责任的质量问题、配件延时、客户不在场、客户没有时间的投诉，处理流程如下所述。

①客户经理告知客户在其方便时直接找客户经理解决，报主管总经理认可后，按未了事宜进行处理。

②如客户投诉属于重大投诉，客户经理应请示主管总经理后上门拜访客户。

③未了事宜由客户经理和客户服务中心分别在各自的"未了事宜台账"上进行记录，并在维修接待电脑系统中明确标注。

④客户经理每月定期完成上个月未了事宜的客户沟通提醒，及时回厂处理并及时掌握未了事宜的变化情况。

5）回访流程。客户服务中心对处理完毕的"顾客抱怨（投诉）处理单"，并有客户经理明确标明需要回访的客户，在24h内进行回访；对正在处理中的"顾客抱怨（投诉）处理单"暂停回访，直至处理完毕后再进行回访。

2. 客户投诉处理流程的监督考核

1）客户服务中心对收到的"顾客抱怨（投诉）处理单"进行及时性和处理尺度的考核。发现有问题的"顾客抱怨（投诉）处理单"，应将其返回管理部，由管理部与相关责任人进行过失认定后将"顾客抱怨（投诉）处理单"交客户服务中心存档。

2）客户服务中心每周和每月定期将"顾客抱怨（投诉）处理单"汇总报主管总经理和管理部。

3）每月管理部定期将"顾客抱怨（投诉）处理单"汇总中的奖罚情况报主管总经理和财务部。

4）除责任人外，每个环节涉及的部门都应安排主要责任人和次要责任人，不得由于人员休息延误"顾客抱怨（投诉）处理单"的处理时效性。

5）当事人不得直接参与客户投诉处理。

（四）解决客户投诉问题的对策

解决客户投诉可以从以下几个方面进行：一是客户未投诉时，企业应加强自身产品和服务的质量管理，以及企业内部文化和机制的建设，确保客户满意，减少投诉的产生；二是投诉产生的时候，企业应积极处理客户投诉，尽最大可能让客户满意；三是投诉发生后，企业在处理投诉时应注意些问题。

1. 销售优良的商品，提供良好的服务，从而减少客户投诉

提供优良而安全的商品给客户，这是预防客户投诉的基本条件，主要包括：

1）在经过充分市场调研的基础上，订购、制造优良而且能反应客户需求的商品。

2）确实掌握商品的材料及保存方法，以便在销售中能为客户提供更多的相关知识。

3）如果商品发生缺陷，一定要更新，杜绝不良商品流到客户手中，造成客户不满，引起投诉。服务人员素质的高低、技能和态度的好坏，是影响企业服务水准的最重要因素。因此，提供优良的服务首先应从服务人员抓起。

①搞好上岗培训，培训可采取"KAS"（Knowledge Ability Skill）培训法，即有关服务的知识、能力和技巧的培训。

②举办各种业务竞赛活动，促进服务人员整体服务水平的提高。

③注意安全。如果客户在服务场所发生意外并受伤，不管怎样，企业负有无法推卸的责任，所以要注意服务场所的安全工作。

2. 加强投诉处理的培训

企业服务人员处理客户投诉的能力与投诉事件是否得以有效解决有非常大的关系。

首先,应在企业员工中树立客户完全满意的观念,对员工进行培训,让他们积极了解企业的运转、企业的业务使命、战略整体目标,明确个人对客户的态度直接影响企业的形象和最终的利润。

其次,员工要掌握工作技术技能和沟通技能,熟练的技术技能是为客户提供满意的产品和服务的前提,如果直接与客户接触的员工技术不过硬,举止笨拙,就会影响客户所感知到的产品和服务的质量,降低客户的满意度。客户投诉管理工作也需要员工经常与客户直接打交道,企业内部也需要不同部门的人员共同协作,所以掌握一定的沟通技巧对员工也是非常重要的。企业应有计划地对一部分员工,特别是经常与客户接触的一线员工进行培训,使之掌握一定的沟通技能。

最后,应树立"内部客户"的观念,企业各部门之间,员工之间要相互协作,上一道工序应把下一道工序当成"内部客户",一线员工只有得到企业其他人员及部门的支持,才能为最终的外部客户提供优良的产品和服务。

3. 围绕"客户完全满意"建设新的企业文化

客户投诉管理作为企业内部一项活动,它的有效进行通常需要企业内部几乎所有部门的参与,所以强调重视客户需求,以客户满意为目标的价值取向必须得到企业所有员工的认同,而这种认同必须建立在"以客户满意为中心"的企业文化基础上。

4. 构建客户投诉管理系统

客户投诉管理系统由客户投诉预警系统、投诉行为响应系统、投诉信息分析系统、客户投诉增值服务系统、内部投诉信息传递系统、人力资源系统及服务绩效监督系统共同构成。

(1) 客户投诉预警系统 企业不仅要通过客户的抱怨和投诉来确定企业产品质量或服务的问题所在,更要主动地查找潜在的失误,即在问题出现前能够预见问题,从而避免发生。

(2) 投诉行为响应系统 一个良好的投诉行为管理系统应该能够提供快速的、个性化的响应。为了达到快速响应目的,企业可以对一线员工进行授权,这是因为一系列的审批程序会放慢反应速度,加大客户的对立情绪。除了授予员工行动的权利外,企业还必须为员工提供各种指标和参数,以协助员工制订决策。

(3) 投诉信息分析系统 企业不仅要掌握产品和服务质量的变化趋势,及时采取补救和预防措施,防止投诉的再次发生,还必须通过对投诉信息的分析了解客户需求变化,挖掘客户的潜在需求。

(4) 投诉增值服务系统 假设客户第一次购买的产品或服务的实际价值为 V_1,投诉成本为 C,那么企业第二次满足客户需求的产品或服务的价值 V_2 应当大于(至少等于)$V_1 + C$,这样才能赢得客户的满意和信赖。可以说,客户投诉增值服务系统输入的是客户投诉,输出的是客户满意,该系统通过一系列的活动或流程,将客户的不满意转化为满意。

(5) 内部投诉信息传递系统 客户投诉信息应该在企业内部通过适当的方式沟通,以使投诉处理过程能够得到充分理解和有效执行。

三、危机处理及媒体应对技巧

> **危机处理的概念**
> ➢危机处理是公共关系活动中日益引起重视的管理思想和生存策略,特别是在全球化加剧的今天,企业或组织一个小小的意外或事故就会扩大到全国、甚至更大的范围内,产生快速的恶化后果。因此在新时代,企业或组织更应该建立起完备的危机紧急处理机制,并懂得如何运用新技术全方位地有效传播和收集信息,使损失降低至最低限度。

（一）有媒体介入的投诉处理

在处理客户投诉案例的过程中,当发现可能会有媒体介入的情况时,按照以下程序及时向公司通报有关情况:

1) 为更好地处理媒体可能介入的客户投诉案例,当各经销商工作人员直接或间接了解到客户有向媒体曝光倾向时,应尽力了解具体情况,如媒体的名称、栏目名称等,并向售后服务部通报情况。

2) 各经销商工作人员在接到媒体针对投诉案的问讯时,应详细了解媒体名称、栏目名称、记者姓名、报道倾向、要求的回复、预计报道时间及记者联系方式,在媒体报道前,第一时间通知售后服务部。

3) 各经销商要认真填写"顾客投诉记录表"并邮寄到售后服务部备案,以便售后服务部与品牌汽车公关部妥善应对媒体的有关问讯。

（二）危机处理原则

处理危机事件、实施危机管理时,绝对不能随心所欲,必须按照一定的原则,妥善地加以处理,用稳妥的方法赢得公众的谅解和信任,尽快恢复组织的信誉和形象。应当遵循的基本原则有下面几项:

(1) 积极性原则　遇到危机的出现,要以负责的、积极的态度投入到调查、了解、分析、判断、决策的工作中去,寻求最佳的解决方案,争取专家的帮助和公众的支持与谅解,这是危机公关的基本原则。

(2) 主动性原则　组织内部的人员要挺身而出,勇于承担责任,寻找解决问题的契机,变被动为主动,使不利因素变为有利因素。

(3) 及时性原则　危机公关的目的在于尽最大可能地控制事态的恶化和蔓延,把因危机造成的损失减小到最低程度。事件发生后,公关人员要迅速做出反应,果断进行处理,赢得时间就等于赢得形象。

(4) 冷静性原则　要沉着、冷静、富于理性,不能急躁随意,信口开河,应稳定而积极地处理危机。

(5) 真实性原则　种种猜疑误解,会产生许多谣言。本着实事求是的态度,公布事实真相,让事实说话,才能防止流言蔓延。

(6) 责任性原则　要勇于承担责任,做到不推卸、不埋怨、不寻找客观理由。这样才能获得社会的谅解和好感。

(7) 善后性原则　做好危机事件的善后工作,包括对公众损失的补偿、对社会的歉意、对自身问题的检讨等。

(8) 灵活性原则　进行有针对性、灵活性的处理。由于危机多属于突发性的，不可能有既成的措施和手段。因此，根据实际情况，灵活处理是关键。

(9) 其他原则　其他原则还有快捷性、诚意性、统一性、全员性、创新性等。

案例分享　危机公关——大众7速DSG事件

汽车行业每年都会发生一些公关危机事件。"东窗事发"也不是企业愿意看到的，毕竟面临公众质疑谴责、股价下跌甚至法律惩戒的后果很严重。在暴露出问题之后，担当起应有的社会/法律责任更能体现企业的良心。下面回顾一下大众7速DSG事件。

爆发时间：2012年3月中旬。

早在2009年就有车主投诉大众DSG变速器故障，而直到2013年3月，因国家质检总局正式约谈了大众汽车相关代表，才让这一问题正式爆发，当时大众DSG事件甚至被猜测会"亮相"年度3·15晚会。

大众在国内一直是德系汽车严谨可靠的代名词，DSG双离合变速器更是大众动力总成驰骋国内车市的利器之一。此次变速器故障问题主要表现为异响、抖动、顿挫等症状。然而大众汽车相关代表在被约谈之后，仍称该问题不涉及车辆安全，因此没有对相关产品进行召回，而是选择了所谓的服务升级。

在对7速DSG升级实测的体验来看，升级过后变速器保护显著增强，过热情况得到抑制，然而这种靠软件升级的方式是否真的能彻底解决问题，还有待大众自身重视以及相关部门给出权威鉴定。

点评：大众在应对DSG变速器事件时，避重就轻地选择了服务升级，而不是产品召回。这或许是大众基于召回成本的考虑，或其他原因。

（三）危机处理的对策

危机处理的对策包括总对策和具体对策。总对策指重视事实，迅速调查，妥善处理，做好善后工作，再造组织形象。根据不同的公众对象，应分别采取不同的对策。

(1) 对上级有关部门　对上级有关部门，应及时请示汇报，及时报告事态的发展，求得上级部门的指导。对外回答敏感问题之前，须向上级部门请示报告，严格按照统一的口径对外发布信息。

(2) 对企业内部员工　对企业内部员工，应迅速而准确地把事件的发生和将采取的对策告知员工，大家齐心协力，共渡难关。

(3) 对受害者　对待受害者应认真了解受损情况，实事求是地承担责任，并诚恳道歉。冷静地倾听受害者的意见，对受害者的要求给予重视。给受害人以同情和安慰，避免出现自我辩护的言行，保持与受害者的联系。

(4) 对新闻媒体　主动与新闻媒体取得联系，向新闻媒体提供事实真相和相关的信息，并表明自己的态度，争取新闻媒体的合作。公开宣布发布新闻的时间，并按照规定的时间发布新闻，在部分事实结果没有明朗之前，不信口开河，不盲目加以评论。充分利用新闻媒体与公众沟通，引导和控制舆论局势。如果有关危机的新闻报道与事实不符，应及时予以指出并要求更正。但应保持冷静和理性的态度。应及时对新闻媒体的合作表示感谢。

课题三　客户关系管理

一、客户关系管理概述

什么是客户关系管理？

➢ 客户关系管理（Customer Relationship Management，CRM）是通过管理企业与客户之间的关系来改善客户的体验，从而提高和保持客户满意度与忠诚度；同时通过流程优化、信息共享和业务协同来增加企业收益。

世界范围内的各个企业都在经历一场企业在未来怎样与现有的客户及潜在客户进行交流和互动的深刻变革。客户关系管理作为网络技术和商业运作的成功结合，显示出良好的发展前景和市场潜力。

1. 客户关系管理的概念

什么是客户关系管理？简而言之，客户关系管理是一个获取、保持和增加可获利客户的过程。客户关系管理是一套先进的管理思想及技术手段，它通过将人力资源、业务流程与专业技术进行有效的整合，最终为企业涉及客户或消费者的各个领域提供完美的集成，使得企业可以更低成本、更高效率地满足客户的需求，并与客户建立起基于学习型关系基础上的一对一营销模式，可以最大程度地提高客户满意度及忠诚度，挽回失去的客户，保留现有的客户，不断发展新的客户，发掘并牢牢地把握住能给企业带来最大价值的客户群。

客户关系管理的核心内容主要是通过不断地改善与管理企业销售、营销、客户服务和售后支持等与客户关系有关的业务流程，提高各个环节的自动化程度，从而缩短销售周期、降低销售成本、扩大销售量、增加收入与盈利、抢占更多市场份额、寻求新的市场机会和销售渠道，最终从根本上提升企业的核心竞争力，使企业在当前激烈的竞争环境中立于不败之地。

对于汽车维修企业，客户关系管理的核心是企业将"以客户为中心"的理念体现在企业运营的每一个环节，处处为客户着想，为客户提供满意的服务，将企业的客户转变成为企业的忠诚客户。汽车维修企业为客户服务，就是要提供高质量的维修服务，这包括亲切地与客户沟通、第一次便迅速完好地完成维修工作、遵循电话礼仪接待客户等，使企业的每一次服务对客户来说是将一件不愉快的事（汽车维修是因为车辆故障，是客户所不希望发生的事情）变为一件愉快的事的过程。无论是汽车修理厂的老板、经理，还是普通员工，都应该为客户提供优质的服务。

经营理念和认识上的落后是实施客户关系管理的最大障碍。我国汽车维修企业应冲破传统经营管理思想的羁绊，从公司发展战略的高度认识实施客户关系管理的重要性。要用先进的理念教育员工，使公司上至决策层，下至一线员工都深刻认识到客户资源是企业最重要的资源，客户是企业生存和发展的基础，自觉地将"以客户为中心"的经营理念贯彻到工作的每个环节中，真正做到想为客户所想、急为客户所急，把客户视为衣食父母。

2. 客户关系管理理念

客户关系管理是获取、保持和增加可获利客户的过程，是"以客户为中心"的管理理念的应用过程，是改善企业经营管理的思想方法。有效地管理客户是企业有利、有序、有度发展的保障。

企业发展客户关系管理的过程中，可以把企业和客户的关系发展过程简化为：建立关系—增进关系—维持关系。用另一种表述方式为：吸引客户—留住客户—升级客户，如图5-7所示。

（1）让客户更方便（Convenient） 要让客户方便获得企业的服务，就要如同家门口的便利店，随时想要都可以去取。在信息时代，让客户自己选择用电话、网站、传真、电子邮件还是面对面等不同的沟通方式，与企业接触取得产品或服务信息。对于汽车维修服务企业来说，为客户提供便利的服务，可做的内容很多，如企业的选址点要交通方便、24小时营业、提供急救服务、提供代用汽车等。

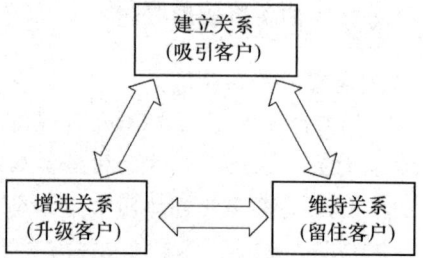

图5-7 企业和客户的关系发展过程

（2）对客户更亲切（Care） 人性化、直接的沟通才能体现亲切，使客户在与企业的每一次接触中都能得到亲切的服务，留下愉快的记忆。当企业和客户之间的关系纯粹是"给钱、交货"时，客户对企业的选择也只有"价格"，只要有更便宜的供应来源，客户就会流失，因此客户对企业毫无忠诚度可言。许多特约汽车维修企业都会遇到这种情况，客户在车辆过了质量保证期后，再也不会到原来的维修厂。出现这种情况，除了价格因素外，维修企业应该自我检讨，很可能是没有做到对客户亲切。

（3）个性化（Personalized） 企业要把每一位客户当作一个永恒的宝藏，而不仅是一次交易对象。所以必须了解每一位客户的喜好和习惯，并适时提出建议。对于汽车维修企业来说，了解客户的生日并送上祝福，根据客户车辆的估计行驶里程来提醒客户安排定期维护等，这些个性化的服务是最能够打动和留住客户的。

（4）立即反应（Real time） 企业对于客户的行为，必须通过每次接触不断地了解，并且很敏感地立即响应。对客户需求的快速反应体现了企业的工作效率和管理的规范化水平。任何客户都不应该被怠慢，立即反应是对客户很好的尊重，也能为企业带来更高的利润。

二、客户关系管理实施内容

目前多数汽车售后服务企业通过售后服务管理软件进行客户关系管理，具体包括客户档案管理、会员管理、跟踪回访管理、短信群发管理及紧急救援管理等，见表5-4。客户关系管理系统不仅提供对车辆档案、客户档案、供应商档案、会员档案的详细记录，而且还实现了对新增客户、流失客户、新增车辆进厂率、流失率较强的分析。另外，在会员管理方面更加专业清晰。对车辆档案中的车辆进行年审提醒、新车维护提醒、定期维护提醒、维修追踪、大修追踪、生日提醒祝贺、驾证年审提醒、会员卡到期提醒、三包提醒、保险到期提醒等全方位提醒。

表5-4 客户关系管理实施内容

项 目	具体实施内容
客户档案管理	客户档案管理是汽车维修的基础管理工作，也是企业生产、技术管理的基础工作 1）客户进厂后业务接待人员当日要为其建立业务档案。包括客户信息、车辆信息、车辆维修历史等 2）客户档案由业务部门负责收集、整理和保管。应保持整齐、完整，便于查询

（续）

项　　目	具体实施内容
会员管理	制订一套完善的会员制度是留住老客户的常用办法之一，也是客户关系管理的一种有效手段 1）会员折扣就是为客户建立会员档案，然后为会员客户提供比普通客户优惠的消费折扣 2）会员积分制度则是让会员通过消费积累积分，享受长远的优惠待遇。其方法是为会员建立消费积分制度，当积分累积到一定程度的时候，可以把积分用于交换礼品，或者获得某种折扣优惠等。会员积分制度与会员折扣制度相辅相成，成为汽修厂最常用的会员优惠方法
跟踪回访管理	客户服务部门应该妥善处理跟踪回访和投诉解决，建立良好的客户服务关系，这对修理厂获得客户忠诚度是十分重要的 维修跟踪包括跟踪记录、投诉记录、客户维修满意度统计和投诉处理满意度统计 1）跟踪记录是修理厂在客户维修结束后的一周内，主动联系客户，询问客户的评价、意见与建议。同时，对客户提出的问题进行解决，反馈给客户并记录处理结果 2）投诉记录是指对客户投诉的各种问题，进行投诉记录，然后与相关部门讨论，找到问题原因并解决 3）客户维修满意度统计是指在某时间段内，对维修跟踪过程中的客户总体评价进行打分，然后根据分数值进行的统计 4）投诉处理满意度统计是指在某时间段内，对客户投诉处理过程中的反馈结果进行打分，然后根据分数值进行的统计
短信群发管理	手机短信群发，是近年来客户关系管理的常用手段，也是 CRM 采用计算机管理系统的重要功能 1）如果管理软件系统能够自动预测出车辆的下次维护时间，可以用短信通知客户来店维护，为客户带来温馨的服务提醒，同时为管理者带来持久的利润 2）手机短信群发提醒客户进行续保、年审等业务 3）预防客户流失。通过计算机系统定期查询可能流失的客户，然后使用手机短信群发进行联系 4）节日祝福。逢年过节、客户生日、购车的周年日等特殊的日子，也可以通过短信给客户祝福，增进与客户的感情
紧急救援管理	良好运转的紧急救援服务对提高客户满意度和客户忠诚度、增加企业收入，具有巨大的作用。企业实行良好的紧急救援要具有以下条件： 1）成立紧急救援小组 2）建立 24h 值班制度 3）设立救援电话，并让客户知道救援电话 4）设立紧急救援车辆

三、客户信息管理工作要点

客户信息管理是通过对客户详细资料的深入分析，来提高客户满意程度，从而提高企业竞争力的一种手段，及时充分地把握客户信息并对其进行有效的管理，让服务部门能够更准确地把握市场动态，能够更好地了解客户、服务客户。

1. 制订客户信息管理制度，保存和利用各类有价值的客户信息资料

售后服务部门应制订客户信息管理制度，并合理利用客户信息资料。建立客户档案和客户分类的目的在于及时与客户联系，了解客户的要求，并对客户的要求作出答复。应经常查

阅最近的客户档案，了解客户汽车的使用情况及存在的问题。与客户进行联系时应遵循以下准则：

1) 了解客户的需求。应了解客户的汽车在使用中有什么问题，或者客户近期的需求。

2) 专心听取客户的要求并做出答复。

3) 多提问题，确保完全理解客户的要求。

4) 总结客户的要求。在完全理解客户的要求以后进行归纳，填写"客户满意度调查表"。

2. 提高收集、整理和处理各类信息的能力，科学规范客户信息分析和处理流程

了解不同类型的客户需求，了解哪些是售后服务部门最有价值的客户，如何对不同的客户进行有限资源的优化应用，使售后服务部门所拥有的高价值客户资源显性化，并能够就相应的客户关系对售后服务部门未来盈利的影响进行量化分析，为售后服务部门的决策提供依据。在进行客户细分前应对客户的外在属性、内在属性及客户消费行为进行分析。

（1）客户外在属性　如客户的地域、车辆类型、客户的组织归属（企业用户、个人用户、政府用户等）。通常，这种分类最简单、直观，也很容易获有用得数据。但这种分类比较粗放，按这种方法分类后依然不知道在每一个客户层面，谁是"好"客户，谁是"差"客户，能知道的只是某一类客户（如大企业客户）较之另一类客户（如政府客户）可能消费能力更强。

（2）客户内在属性　内在属性是客户的内在因素所决定的属性，如性别、年龄、信仰、爱好、收入、家庭成员数、信用度、性格、价值取向等。

（3）消费行为分类　包括最近消费、消费频率与消费额，这些指标都需要在账务系统中得到。在建立客户档案，并对客户进行调查分析的基础上，遵循ABC分类法对客户进行分类。

> **特别提示：ABC 客户分类法**
>
> 1) A 类客户：资信状况好、经营作风好、经济实力强、长期往来成交次数多、成交额较大、关系比较牢固的基本往来户。
>
> 2) B 类客户：资信状况好、经济实力不太强，但也能进行一般的交易，完成一定购买额的一般往来户。
>
> 3) C 类客户：资信状况一般、业务成交量较少，可作为普通联系户。
>
> 对于不同类别的客户，要采取不同的经营策略，优先与 A 类客户成交，在资源分配和定价上适当优惠；对 B 类客户要保持和培养；对 C 类客户则应积极争取，加强联系。例如对于 A、B 两类客户，可定期或不定期召开用户座谈会或邀请他们参加本企业的一些庆典或文化娱乐活动，加深企业与他们之间的感情。

3. 建立和健全客户档案立档、保管使用和保密制度

客户档案管理是对客户的有关材料及其他技术资料收集、整理、保管和对变动情况进行记载的一项专门工作。建立客户档案直接关系到售后服务的正确组织和实施。档案管理必须做到以下几点：

1) 档案内容必须完整、准确。

2) 档案内容的变动必须及时。

3）档案的查阅、改动必须遵循有关规章制度。

4）要确保某些档案及资料的保密性。

客户档案可采用卡片的形式，主要内容包括客户名称、详细地址、邮政编码、联系电话、法定代表人姓名、注册资金、生产经营范围、经营状况、信用状况、供销联系人、银行账号、何时与其建立交易关系、历年交易记录、联系记录、配件消耗、配件来源情况等。

四、客户俱乐部建立与服务

客户俱乐部为非营利性的社团组织，以会员制形式向会员提供优质服务，根据客户车型或活动特点分别进行会员分类管理。俱乐部本着立足自身实际情况，通过整合资源组建俱乐部平台，建立符合自身宗旨和理念的管理模式来服务会员，以提高经销店品牌形象，满足会员需求为目的来开展工作。通过俱乐部为广大客户搭建一个信息沟通、技术指导及休闲娱乐的平台，为会员提供丰富多彩的假日活动和更方便、快捷、高品质的配套服务，体现企业经营理念，弘扬企业文化。

客户俱乐部成立的目的和作用虽然各不相同，但俱乐部应该旗帜鲜明，打出自己的旗号，提出自己的主张，表达自己的理念和宗旨，以便吸引和留住客户。

1. 客户俱乐部的建立

（1）制订俱乐部章程　通过制订俱乐部章程，来明确俱乐部与会员间的权利、责任、义务（图5-8），以此来建立诚信关系，更好地发展壮大俱乐部。俱乐部章程起草后，经会员审阅、经销店服务经理、总经理、董事长审批，一致通过后，作为活动指导原则。

（2）建立客户俱乐部会刊与网站　俱乐部会刊及会员网站是俱乐部与会员互动的活跃平台，俱乐部通过其与客户开展良好的沟通与互动。

（3）客户俱乐部的组织框架　通过对俱乐部会员进行归类比较，根据其共同属性划分单元组进行管理，并在单元组内选举单元组队长。俱乐部管理人员与单元组队长共同组织协调各自的活动。

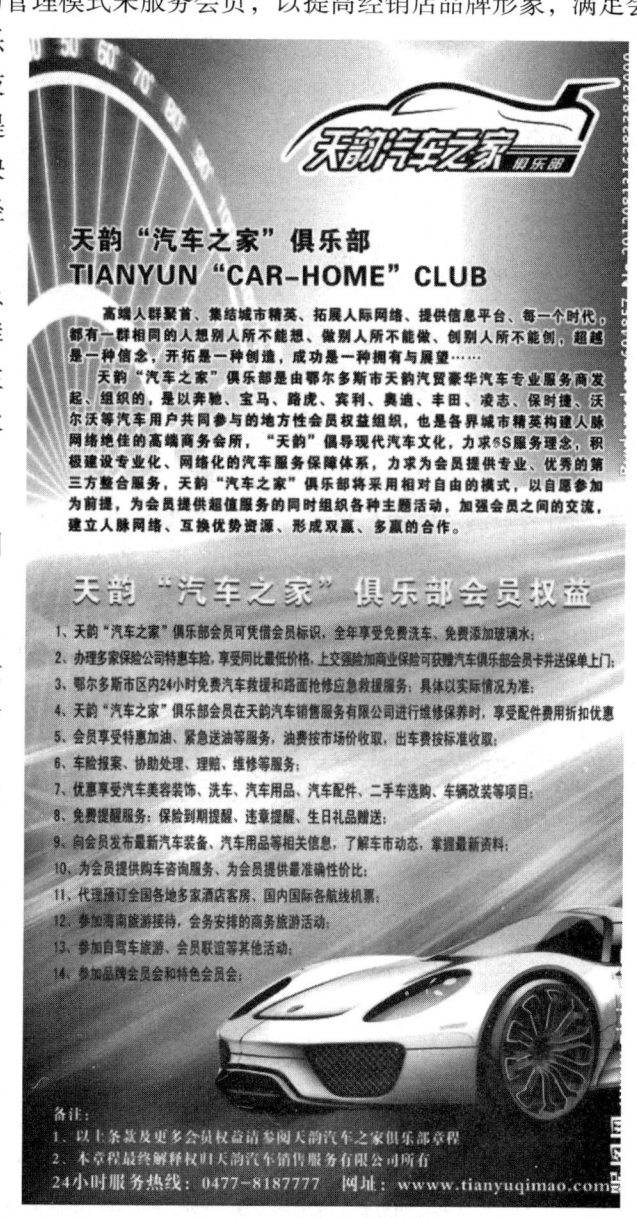

图5-8　汽车俱乐部宣传海报

2. 客户俱乐部的主要服务项目

（1）汽车救援　汽车救援只是客户俱乐部的一个服务项目，针对俱乐部会员。由于它收费低（基本采取年费制），反应速度快，救援质量好，容易得到会员的好评。汽车救援保证在承诺时间内准时到达，做到小故障立刻处理，大故障免费拖至特约维修站，并为客户提供备用车、备用油。如果客户因发生交通事故而要求救援，俱乐部还应协助车主报警。

（2）车辆保险　俱乐部会员可享受车辆保险续保优惠活动。

（3）维修维护　俱乐部会员在维修维护上可享受一定程度的打折优惠，并享受免费洗车业务。

（4）汽车旅游　一些客户俱乐部创造性地提出"自驾游"的新概念，为汽车旅行提供条件。总之，汽车俱乐部的服务项目里包含着会员的汽车从"生"到"死"的全过程服务，甚至包括准车主们学习开车。会员车辆的更新手续、年检、维护、装饰、维修、救援、理赔及为会员提供应急车辆均是俱乐部的基本服务项目。

课题四　客户满意度调查与分析

一、客户满意级度及满意度衡量

1. 客户满意级度

客户满意级度指客户在消费相应的产品或获得服务之后，所产生的满足状态等次。如前所述，客户满意度是一种心理状态，是一种自我体验。对这种心理状态也要进行界定，否则就无法对客户满意度进行评价。心理学家认为，情感体验可以按梯级理论划分成若干层次，相应地，可以把客户满意程度分成七个级度或五个级度。

七个级度为很不满意、不满意、不太满意、一般、较满意、满意和很满意。

五个级度为很不满意、不满意、一般、满意和很满意。

管理专家根据心理学的梯级理论对七个级度分别给出了其状态特征及表现，见表5-5。

表5-5　客户满意级度

客户满意程度	状 态 特 征	具 体 表 现
很不满意	➢ 愤慨 ➢ 恼怒 ➢ 投诉 ➢ 反面宣传	很不满意状态是指客户在购买了某种商品或消费某种服务之后感到愤慨、恼羞成怒、难以容忍，不仅试图找机会投诉，而且还会利用一切机会进行反面宣传以发泄心中的不满
不满意	➢ 气愤 ➢ 烦恼	不满意状态是指客户在购买或消费某种商品或服务后所产生的气愤、烦恼状态。在这种状态下，客户尚可勉强忍受，但希望通过一定方式获得弥补，在适当的时候也会进行反面宣传，提醒自己的亲朋不要去购买同样的商品或服务
不太满意	➢ 抱怨 ➢ 遗憾	不太满意状态是指客户在购买或消费某种商品或服务后所产生的抱怨、遗憾状态。在这种状态下，客户虽然心存不满，但想到现实如此，也不再要求更高
一般	➢ 无明显正负面情绪	一般状态是指客户在购买或消费某种商品或服务过程中所形成的没有明显情绪的状态。也就是对此既说不上好，也说不上差，还算过得去

（续）

客户满意程度	状态特征	具体表现
较满意	➢ 好感 ➢ 肯定 ➢ 赞许	较满意状态是指客户在购买或消费某种商品或服务时所形成的好感、肯定和赞许状态。在这种状态下，客户内心还算满意，但按更高要求还差之甚远，而与一些更差的情况相比，又令人安慰
满意	➢ 称心 ➢ 赞扬 ➢ 愉快	满意状态是指客户在购买或消费了某种商品或服务时产生的称心、赞扬和愉快状态。在这种状态下，客户不仅对自己的选择予以肯定，还会乐于向亲朋推荐，自己的期望与现实基本相符，找不出大的遗憾所在
很满意	➢ 激动 ➢ 满足 ➢ 感谢	很满意状态是指客户在购买消费某种商品或服务之后形成的激动、满足、感谢状态。在这种状态下，客户的期望不仅完全达到，没有任何遗憾，而且可能还大大超出了自己的期望。这时客户不仅为自己的选择而自豪，还会利用一切机会向亲朋宣传、介绍推荐，希望他人都来消费之

五个级度的参考指标类同，客户满意级度的界定是相对的，因为满意虽有层次之分，但毕竟界限模糊，从一个层次到另一个层次并没有明显的界限。之所以进行客户满意级度的划分，目的是供企业进行客户满意程度的评价使用。

2. 衡量客户满意度对企业的好处

衡量客户满意度对企业来说至少有以下几方面的好处：

1）有利于测定企业过去与目前经营质量水平，并有利于分析竞争对手与本企业之间的差距。

2）了解客户的想法，发现客户的潜在要求，明确客户的需要、需求和期望。

3）检查企业的期望，以达到客户满意和提高客户满意度，有利于制订新的质量改进和经营发展战略与目标。

4）增强企业的盈利能力。

5）明确为达到客户满意企业在今后应该做什么，是否应该转变经营战略或经营方向。

6）通过客户满意度衡量，把握商业机会，因为未来的需求或期望是最大的商业机会。

进行客户满意度衡量的关键是通过衡量满意度，并提升企业客户满意度，从而使客户成为忠实客户。

3. 衡量客户满意度的方法

衡量客户满意度的方法很多，但在服务业中，最常用的方法是分析客户满意度指数。所谓客户满意度指数（参见概述 J. D. Power CSI 调研介绍），就是从总体、综合的角度，将顾客满意度的衡量指数化，即消费者对企业、行业、甚至国家在满足客户需求方面进行评价，主要是从客户角度衡量产出的质量。目前，客户满意度指数是国内外质量领域和经济领域一个非常热门而又前沿的话题，它成为许多国家使用的一种新的经济指标。瑞典、美国、欧洲等国家和地区已经进行了客户满意度模型指数研究，并建立了比较成熟的测评体系。在我国，客户满意度指数测评体系还处于创立阶段。

要处理收集到的所有有关客户服务、质量和满意度的数据，并形成一份客户满意度报告是一项比较难的工作。美国在客户满意度的研究方面具有一定的权威性，其建立的客户满意度指数（CSI）模型也为较多的学者所引用，并被其他国家借鉴。美国对客户满意理论的研究也较为深入和持久，满意理论的目的是发现和确定对客户满意度指数的影响因素，以及客户满意度指数和这些因素之间的作用机制。满意理论既是构建客户满意度指数模型的基础，同时又是对客户满意度指数测定结果进行分析评价的基础。客户满意理论认为，客户满意度与有关产品或服务的售前预期及售后表现有关；并且客户的满意程度会导致两个基本结果：客户抱怨和客户忠诚。用函数关系表示为

$$客户满意度 = f(售前预期，售后表现)$$

目前国内最常用的方法是形成客户满意度指数（CSI），在设计了一个客户满意度指数后，这项工作就会容易些。这个指数通常是把所有的得分汇编成一个数字或百分比。例如，可以让客户对有关满意方面的50个条目或因素打分，然后把所有这些积分加总平均，把这个平均数作为指数。或者，可以对这些答案按照重要性分配权重，然后将加权平均数作为指数。中国售后服务客户满意度指数（CSI）研究的主要评价因子包括服务质量、服务后交车、服务启动、服务顾问及服务设施等五项，以测评车主在购车的12～24个月期间，对品牌售后服务部门所提供维护和维修服务的满意度进行评价。

什么是"神秘客户"调研？

> 神秘客户调研（Mystery Customer Research）是客户满意度调查的重要方法之一。其做法是：由对被调查行业有较深了解的调查者，以普通客户的身份亲历被调查企业的服务及产品，在真实的消费环境中以专业的视角感知企业与客户接触的每一个真实时刻（Moment of Truth），并将其消费经历、感受、评价等以"顾客经历报告"的形式反馈给被委托人。

神秘客户调研的调查者不仅是服务质量的测量者，而且是以真实客户的身份去亲历服务，这使得调查者体验到的服务更接近其真实的质量水平。同时，调查者以其自身的个性需求、经历、兴趣偏好、主观感受等在真实的服务场景中与服务的提供者产生双向互动，从而使观察到的结果更接近于质量的本质，即质量更多的是体现为一种满足顾客需要的能力，而非既定的程序、标准。

神秘客户不同于一般性调查的访问员，较高的综合素质和理解能力、良好的心理状态、端正的工作态度、敏锐的观察力、分辨力是其调查质量的有力保证。神秘客户要始终坚持公平、公正、中立、保密的工作原则，具备议价能力，有相当的记忆能力。神秘客户分为两种，一种为即时神秘客户（随机抽取那些正在消费、服务的客户，对其进行即时调查监测），一种为长期神秘客户（经相关培训的专门人员，对服务专业型较强的公司、单位进行长期监测）。具有了行为学、心理学基础知识的神秘客户在调查过程中，表现更自然、不易暴露，更容易了解服务人员的心理，易于发现服务管理中存在的问题。

特别提醒：中国汽车售后服务客户满意度调查（CAACS，简称卡思调查）

卡思调查，全称为中国汽车售后服务客户满意度（China Automobile After-sales Customer Satisfaction，CAACS），是由中国汽车维修行业协会受中国交通运输部委托，在国内50个主要城市进行的汽车4S体系售后服务客户满意度调查研究活动，由中国汽车维修行业协会下属机构中国汽车维修行业协会汽车制造企业售后服务工作委员会（简称"售后工委"）具体执行。

卡思调查主要针对品牌汽车生产企业4S体系，覆盖目前市场上所有主流汽车品牌与车型。调研样本共计3万余份，调研方式全部采用一对一面访，是目前国内汽车服务满意度研究取样最细致、样本规模最大的一种普查性调查。首届卡思调查数据结果的公正性、客观性和公平性得到了广大汽车制造企业的充分认可。

卡思调查主要从以下六方面来考核汽车品牌4S店的售后服务。

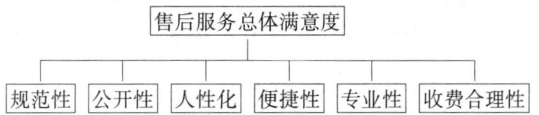

规范性：考核品牌4S店遵守行业管理部门规定的情况。

公开性：考核品牌4S店在价格、项目及维修维护过程中对消费者公开的程度。

人性化：考核品牌4S店在服务态度及给消费者提供服务上的人性化程度。

便捷性：考核品牌4S店在客户在到店交通及维修等待时间上的便利程度。

专业性：考核品牌4S店在人员技能及维修质量上的专业情况。

收费合理性：考核品牌4S店在工时计费及配件价格等方面的客户满意度情况。

二、客户满意度调查方法

1. 问卷调查法

大多数客户满意度衡量工作都是通过调查进行的。调查可以是书面或口头的问卷、电话或面对面的访谈，以及专题小组和拦截衡量。调查法是最普遍的数据收集方法，通常包含很多问题或陈述，需要被调查者根据预设的表格选择问题后面的相应答案。有些调查法允许被调查者以开放的方式回答，从而能够更详细地说明他们的想法。这两种方法都很管用，能够提供关于客户满意水平的有价值的信息。调查法使客户从自身利益出发来评估企业的服务质量、客户服务工作和客户满意水平。

（1）调查问卷形式　调查问卷可以使用多种形式和设计方案进行调查，关键是使接受调查的人觉得轻松、友好并容易理解和回答。同时调查时间不宜设计得太长，因为人们在宽泛的调查中会失去兴趣，尤其当你"拦截"他们获取答复时。如果采用邮寄式调查，那么这将比个人拦截更有机会使被调查者填完篇幅较长的问卷。人们发现在家或在办公室里更有时间，如果他们对这家企业感兴趣，就肯花时间协助完成调查。

（2）问题设计　成功调查的关键之一是问题设计做到问所必问。另外，问题应该只包含一个观点或属性。在设计问题时，要考虑的最重要的因素是：保证问题简单，每个问题只限于一个主题。然后，设置足够多的问题，以获得希望从客户那里得到的所有信息，以评估客户对企业服务满意度的真实水平。

（3）调查问题回答　对于问题的回答可以是开放式的，也可以是封闭式的。后者往往是某种量化表，即看到一个调查问卷，从问题或陈述的开头就可以说出答案。对封闭式问题的每一个答案都要规定一个刻度或权重，并且无论何时何地，在同一个调查中应使用同样的等级刻度或权重。

2. 电话调查

售后服务核心过程中的跟踪服务环节多采用电话调查。成功地进行电话调查，需要遵循以下五点基本原则：

（1）问题简洁明了　在电话调查中，被调查者都是在听问题或陈述，因此一定要保证问题和答案通俗易懂。

（2）准备一个话术规范　向所有电话调查员提供同一个话术规范。这个话术规范包括的内容有：调查员在客户拿起电话后应该如何自我介绍，如何提出问题，如何响应客户的回答，当客户跑题时应该如何将客户引回正题，如何使客户配合以完成调查，以及如何感谢客户提供的帮助。必须确保该话术为所有调查员所遵循，它不是电话营销话术规范，而是客户调查话术规范。唯其如此，才能确保数据的客观性。

（3）易操作性　调查员必须能够迅速记下客户对问题的回答，并能够紧接着进入下一个问题的调查。答案的形式必须有利于记录，这样调查员就不至于把答案放错位置，或者当作另一个问题的答案。应对调查员进行适当的培训，确保调查的顺利进行。

（4）感谢客户　在调查之初当客户同意接受调查时，调查进行中以及调查结束时，都应该对客户表示感谢。

3. 专题小组

专题小组在市场调查中得到广泛应用，但是必须记住，专题小组的价值受制于特定小组的特定参加者。因此，为了使专题小组获得的资料更有效、信息更充分，专题小组应纳入从全国各地不同区域选出的各种不同的客户，他们有不同的购买习惯，对服务质量的看法和满意水平也不尽相同。

4. 面访（包括入户访问、拦截式访问）

入户访问的要求比较高，要求知道所有客户的住址；另外，入户访问成本是最高的。拦截法指当客户进入或离开一个专营店时，调查者拦住客户并开始询问问题。客户是被"拦截"的对象。拦截法可以是书面的调查或口头访谈，或两者兼而有之。拦截法成本较低且可以控制。

5. 其他方法

包括座谈会、深访、顾客投诉文件分析等定性分析法。

三、顾客满意度调查注意事项

客户满意度研究就是通过对影响客户满意度的因素与满意指数分析，深入研究影响客户满意度的因素、客户满意度指数及客户消费行为三者的关系，从而通过最优化成本，有效地提升影响客户满意度的关键因素，以达到改变消费者行为，建立和提升客户忠诚度，减少客户抱怨和客户流失，增加重复性购买行为的目的，从而提升企业的竞争能力与盈利能力。

尽管客户满意度在某些企业已经被提升到战略地位，但在大多数中国企业中还仅仅是点缀。这不仅是因为众多的企业还没有开始"以客户为中心"的转变，也是因为那些有心转变的企业还无力执行，缺乏了解客户，实施客户调查的能力与经验。以下几点也许可以作为准备进行或改进客户满意度调查的企业参考。

（1）设计专业的问卷　目前很多调查问卷的设计是不科学的，调查题的遣词用语带有很强的情绪性与暗示性，内容分类不清楚，甚至带有多重解释，常常使用生僻用语或特定词汇。使用这些拙劣的调查问卷，调查结果通常不理想。满意度测定内容应该与时俱进，设计问卷应专业化。

（2）影响客户满意度之因素的权重各不相同　测定客户满意度的目的是改善产品与服

务提供及客户体验。一个企业的资源有限，不可能将任何影响客户满意度的问题全部马上解决，通常应当分出轻重缓急，在一段时间内重点解决那些影响重大的问题。

企业为提升客户满意度，首先要解决的是客户服务问题。进一步的研究发现，即使确定了客户服务的重要意义，对客户服务的改进也同样要分轻重缓急。

（3）满意度高不一定表明忠诚度也高　满意的客户并不一定是忠诚客户。只有对自己购买和使用的产品和服务满意，愿意一直使用或再次购买，而且推荐给自己的朋友等，才是忠诚客户的标志。客户忠诚与否还与行业的竞争强度有关。一般情况下，电信业就是一个低满意度而高忠诚度的领域，而计算机、汽车行业就是相对高满意度而低忠诚度的领域。当企业调查的目的是了解或预测客户忠诚度时，不要轻易地从满意度指标推导。

（4）期望值影响客户的满意度　一般来说，期望值的高低影响客户对产品与服务的评价，而客户的期望值提升容易却降低难。有的时候某些客户表现出比较满意，并不一定是因为企业的表现优异，而是客户没有经历过优质服务，没有比较。由于中国各地的经济发展水平的差距，在一个全国性统一产品与服务的企业常常看到落后地区的客户满意度较高也就不足为奇了。随着经济的发展与信息的流通，各地的客户期望值都会不断上升。

（5）处理好客户满意度与员工满意度的关系　测量客户满意度应该与衡量员工满意度结合起来。员工也是经理们的"客户"如果管理者不知道怎么让员工满意，员工也不一定学得会如何让客户满意。测定员工满意度也同样需要深入了解细节，给出其足够选择，迅速做出反馈。

（6）满意度调查后应当有后续感谢及改进行动　设计客户满意度调查不应到分析报告出炉为止，除了企业内部需要制订改进举措外，应当给被调查者足够的反馈，至少对其参与表示感谢。对于汽车售后服务企业来说，通过客户满意度调查显示的结果，集中讨论分析客户不满意的关键点所在，通过讨论总结服务中存在的问题，提出整改方案，更好地满足客户的需求，提升服务品质，这才是最终提升客户满意度的关键所在。

管理视角　员工满意度与员工激励

员工满意度是指员工接受企业的实际感受与其期望值比较的程度，即员工满意度=实际感受/期望值。员工满意度又称雇员满意度，是企业的幸福指数，是企业管理的"晴雨表"，是团队精神的一种参考。

1. 提高员工满意度的意义

（1）员工满意是企业用户满意的保证　定期了解员工的需要和其对公司环境（包括硬环境与软环境）的满意程度，从而建立有助于员工为公司目标尽力的氛围，是公司的决策者在制订用户满意目标时必须要考虑的问题。

（2）员工满意度调查是内部管理改善的过程　一年一度的员工满意度调查，使公司管理层倾听到员工的真实心声，是公司检查目标的实现情况、上下沟通、了解员工需求、找出管理上的问题并加以改进的过程。公司向员工公布满意度调查结果，针对员工不满意或有抱怨的问题，共同进行根源分析，制订改进行动计划并采取有效措施，不断提高员工对公司的满意度和信任度。

（3）员工满意度调查使员工成为企业的主人　员工的满意度是指员工对公司各方面的满意程度和归属感，体现在员工对企业的忠诚度、凝聚力和工作态度等方面。通过满意度调查后的改进措施可以激励员工，增强其对企业的归属感。

通过满意度调查的问卷内容、调查结果和改进措施，可以使员工感到他们的需求正在逐步得到满足，可以使员工明确公司的目标和个人在完成目标过程中的责任，从而更积极地接受任务并兑现自己对公司的承诺。满意度调查的实质是员工对公司管理工作的监督，体现企业文化中员工参与（Employee Involvement）的思想，促进公司内部管理的改善，使员工感到该公司是值得选择和推荐的公司。

2. 提高员工满意度的措施

提高员工满意度是一项系统工程，同时也是组织企业的中心任务和关键目标之一，企业只有综合运用多种措施和手段，才能使其成为员工满意企业。

（1）要制订和实施公平、合理的薪酬制度和绩效评估体系　薪酬不仅是推动人们行为的动因，也是满足人们需要的物质基础。员工的薪酬一般分为两类，一类为经济性报酬，另一类为非经济性报酬。前者如各种工资、奖金、福利等，后者包括工作内容（如工作的趣味性、挑战性等）和工作环境（如温度、照明、色彩、文化氛围、人际关系）等方面。因此，企业应当从各个不同的角度和层面来满足员工的需要。另外，值得关注的是薪酬发放的公平性问题。

著名心理学家亚当斯认为，薪酬的公平性比薪酬的种类和数量更能激发员工的工作动机和行为。他提出的公平理论认为，员工判断是否公平的依据是自己得到的报酬与投入比率与别人得到的报酬与投入比率的比较。如果两个比率相等，员工会感到公平，而且会继续保持以前的贡献水平；如果不相等，员工会采取积极或消极的行动以减少不公平。员工不仅关注结果的公平，而且注重过程是否公平，注重对其工作绩效是否有公平合理的评估标准。因此，要针对全体员工制订并贯彻实施公平、合理的薪酬制度和绩效评估体系，不断激发员工的工作热情，不断提高员工满意度。

（2）应当对员工工作实施再设计　工作内容本身也是提高员工满意度的重要因素，而现实的工作对员工来说往往是单调乏味的，由此就会引起员工对自己工作的厌恶感，其工作积极性和劳动生产率就会随着下降，所以有必要对员工工作实施再设计。工作再设计是指重新设计员工的工作职责、内容、方法，以此提高其工作绩效，实现员工满意。其主要方法有：

1）工作轮换。让员工从执行一项任务转向执行另一项任务，从而克服工作的单调感，并提升员工的综合工作技能。

2）工作扩展。指员工工作的扩大化和丰富化，它又分为纵向扩展和横向扩展。横向工作扩展要求员工完成更多种类的工作任务，它改变了员工的工作内容和职责。纵向工作扩展要求员工参与计划、组织和监控自己的工作，它改变了员工完成任务的方式，从本质上来说，这种工作扩展是一种分权。

3）弹性工时。允许员工自由选择工作时间的工作日程安排，除了每天的核心工作任务必须完成以外，员工可以自由决定上、下班的时间。研究表明，弹性工时制既可以提高10%左右的工作效率，又可以提高员工的满意水平。

企业的活力源于每位员工的积极性、创造性。由于人的需求多样性、多层次性、动机的繁复性，调动人的积极性也应有多种方法。

综合运用各种动机激发手段使全体员工的积极性、创造性、企业的综合活力，达到最佳状态。

3. 员工激励策略

激励员工从结果均等转移到机会均等，并努力创造公平竞争环境。

（1）激励要把握最佳时机

1）需在目标任务下达前激励的，要提前激励。

2）员工遇到困难、有强烈要求愿望时，给予关怀，及时激励。

（2）激励要有足够力度

1）对有突出贡献的予以重奖。

2）对造成巨大损失的予以重罚。

3）通过各种有效的激励技巧，达到以小博大的激励效果。

（3）激励要公平准确、奖罚分明

1）健全、完善绩效考核制度，做到考核尺度相宜、公平合理。

2）克服有亲有疏的人情风。

3）在提薪、晋级、评奖、评优等涉及员工切身利益的热点问题上务求做到公平。

（4）物质奖励与精神奖励相结合，奖励与惩罚相结合 注重感化教育，西方管理中"胡萝卜加大棒"的做法值得借鉴。

（5）推行职工持股计划 员工以劳动者和投资者的双重身份，更加具有关心和改善企业经营成果的积极性。

（6）构造员工分配格局的合理落差 适当拉开分配距离，鼓励一部分员工先富起来，使员工在反差对比中建立持久的追求动力。

互动案例 客户关系管理的成功典范

泰国的东方饭店堪称亚洲饭店之最，几乎天天客满，不提前一个月预定是很难有入住机会的，而且客人大都来自西方发达国家。泰国在亚洲算不上特别发达，但为什么会有如此诱人的饭店呢？大家往往会以为泰国是一个旅游国家，而且又有世界上独有的表演，是不是他们在这方面下了功夫。错了，他们靠的是真功夫，是非同寻常的客户服务，也就是现在经常提到的客户关系管理。

他们的客户服务到底好到什么程度呢？不妨通过一个客户关系管理实例来看一下。

一位朋友因公务经常出差泰国并下榻东方饭店，第一次入住时良好的饭店环境和服务就给他留下了深刻的印象，当他第二次入住时几个细节更使他对饭店的好感迅速升级。那天早上，在他走出房门准备去餐厅的时候，楼层服务生恭敬地问道："于先生是要用早餐吗？"朋友很奇怪，反问："你怎么知道我姓于？"服务生说："我们饭店规定，晚上要背熟所有客人的姓名。"这令朋友大吃一惊，因为他频繁往返于世界各地，入住过无数高级酒店，但这种情况还是第一次碰到。

朋友高兴地乘电梯下到餐厅所在的楼层，刚刚走出电梯门，餐厅的服务生就说："于先生，里面请"。朋友更加疑惑，因为服务生并没有看到他的房卡，就问："你知道我姓于?"服务生答："上面的电话刚刚下来，说您已经下楼了。"如此高的效率让朋友再次大吃一惊。

朋友刚走进餐厅，服务小姐微笑着问："于先生还要老位子吗?"朋友的惊讶再次升级，心想"尽管我不是第一次在这里吃饭，但最近的一次也有一年多了，难道这里的服务小姐记忆力那么好?"看到朋友惊讶的目光，服务小姐主动解释说："我刚刚查过电脑记录，您在去年的6月8日在靠近第二个窗口的位子上用过早餐"。朋友听后兴奋地说："老位子！老位子！"服务小姐接着问："老菜单? 一个三明治，一杯咖啡，一个鸡蛋?"现在朋友已经不再惊讶了："老菜单，就要老菜单!"朋友已经兴奋到了极点。上餐时餐厅赠送了朋友一碟小菜，由于是第一次看到，朋友就问："这是什么?"服务生后退两步说："这是我们特有的××小菜。"服务生为什么要先后退两步呢，他是怕自己说话时口水不小心落在客人的食品上，这种细致的服务不要说在一般的酒店，就是在美国最好的饭店里朋友都没有见过。这一次早餐给朋友留下了终生难忘的印象。

后来，由于业务调整的原因，朋友有三年的时间没有再到泰国去，有一年朋友生日的时候突然收到了一封东方饭店发来的生日贺卡，里面还附了一封短信，内容是"亲爱的于先生，您已经有三年没有来过我们这里了，我们全体人员都非常想念您，希望能再次见到您。今天是您的生日，祝您生日愉快。"朋友当时激动得热泪盈眶，发誓如果再去泰国，绝对不会到任何其他的饭店，一定要住在东方饭店，而且要说服所有的朋友也像他一样选择。朋友看了一下信封，上面贴着一枚六元的邮票。六元钱就这样买到了一颗心，这就是客户关系管理的魔力。

东方饭店非常重视培养忠实的客户，并且建立了一套完善的客户关系管理体系，使客户入住后可以得到无微不至的人性化服务，迄今为止，世界各国约20万人曾经入住过那里，用他们的话说，只要每年有十分之一的老顾客光顾饭店就会永远客满。这就是东方饭店成功的秘诀。

现在客户关系管理的观念已经被普遍接受，而且相当一部分企业都已经建立起了自己的客户关系管理系统，但真正能做到东方饭店这样的还并不多见，关键是很多企业还只是处在初始阶段，仅仅是应用一套软件系统，并没有在内心深处去思考如何去贯彻执行，所以大都浮于表面，难见实效。客户关系管理并非只是一套软件系统，而是以全员服务意识为核心贯穿于所有经营环节的一整套全面完善的服务理念和服务体系，是一种企业文化。在这方面，泰国东方饭店的做法值得很多企业去认真地学习和借鉴。

案例启示：

实操考核　客户投诉处理技巧

考核任务	客户投诉处理		序号		日期	
学生姓名			学号		班级	
任务要求	能遵循投诉处理流程，正确处理客户抱怨及投诉					

任务资讯：

经销商：＊＊丰田品牌专营店　　服务热线电话：

客户：刘教授　　　联系方式：　　　车型：锐志（高配置）　里程：34800kW

客户投诉：

客户认为是新车就出现故障，并且是发动机"电脑"（车辆核心）故障，拒绝经销店修理，要求退车。

事件分析：

客户是某传媒大学教授，在新闻传媒界有较大影响力，其于2013年购买一台高配置锐志轿车，两周后车辆出现熄火现象，联系经销店进行检查修理。经销店检查车辆后判断为发动机"电脑"（ECU）内部接触不良，导致车辆熄火。建议更换ECU。

一、任务计划

制订人员分工		制订接待计划
组号		
组长		
组员		

二、实施考核

任务标准	能够做到	有待改进	不能做到
CPR 话术			
1. 澄清（Clarify）使用开放式问题，确认客户真实意图，并表现对客户的任何疑虑很重视			
2. 转述（Paraphrase）—用自己的话及封闭式的问题复述客户的疑虑，并作确认			
3. 解决（Resolve）—站在客户的角度考虑问题，尝试理解他的想法，提出解决方案			
投诉处理流程			
1. 确认客户关心的问题和抱怨			
2. 确认事实/问题和找出原因			
3. 与客户协商解决问题的方法			
4. 采取行动和用易懂的方式解释结果			
5. 对客户进行跟踪			
6. 改进行动			

三、任务评估

非常出色（90～100分）	有待改进（75～89分）	比较欠缺（60～74分）	不能做到（60分以下）

（续）

四、改进之处
教师签字：

参 考 文 献

[1] 克里斯托弗·洛夫洛克. 服务营销 [M]. 北京：中国人民大学出版社，2010.
[2] 斯蒂芬 P 罗宾斯. 管理学 [M]. 北京：中国人民大学出版社，2006.
[3] 贾逵均，莫远. 如何做好汽车维修业务接待 [M]. 北京：机械工业出版社，2006.
[4] 周贺来，陈国栋. 客户关系管理实用教程 [M]. 北京：机械工业出版社，2014.
[5] 松井顺一. 丰田可视化管理方式：丰田现场管理与改善技术 [M]. 北京：东方出版社，2007.
[6] 曾鑫. 汽车维修业务接待 [M]. 北京：机械工业出版社，2013.
[7] 丁卓. 汽车售后服务管理 [M]. 北京：机械工业出版社，2005.
[8] 杨建良. 汽车维修企业管理 [M]. 北京：人民交通出版社，2005.
[9] 朱军，屈光洪. 汽车商务与服务管理实务 [M]. 北京：机械工业出版社，2008.
[10] 鲁植雄. 汽车美容 [M]. 北京：人民交通出版社，2006.
[11] 周燕. 汽车美容与装饰 [M]. 3 版. 北京：机械工业出版社，2013.
[12] 戚叔林. 汽车综合服务管理 [M]. 重庆：重庆大学出版社，2007.
[13] 游四海. 汽车服务工程 [M]. 重庆：重庆大学出版社，2005.
[14] 郭晓汾，王国林. 交通运输工程学 [M]. 北京：人民交通出版社，2006.
[15] 金加龙. 汽车维修业务接待 [M]. 北京：电子工业出版社，2004.
[16] 大野耐一. 丰田生产方式 [M]. 北京：中国铁道出版社，2006.
[17] 詹姆斯·沃麦克，丹尼尔·琼斯. 丰田精益生产方式 [M]. 北京：中信出版社，2008.
[18] 冉广仁. 汽车维修企业设计与管理 [M]. 北京：人民交通出版社，2007.
[19] 隗海林，李仲兴. 汽车保险与理赔 [M]. 北京：人民交通出版社，2006.
[20] 李仲兴. 汽车装饰与美容 [M]. 北京：北京大学出版社，2006.
[21] 张开旺. 汽车技术法规与法律服务 [M]. 北京：机械工业出版社，2006.
[22] 刘振楼，李莉. 汽车及配件营销 [M]. 北京：人民交通出版社，2007.
[23] 汤姆森学习公司. 发动机高级诊断专家技能训练 [M]. 北京：机械工业出版社，2005.
[24] 吴敬静. 如何做好汽车售后服务 [M]. 北京：机械工业出版社，2009.
[25] 胡建军. 汽车维修企业创新管理 [M]. 北京：机械工业出版社，2005.
[26] 桑普尔. 卓越领导的思维方式 [M]. 北京：机械工业出版社，2004.
[27] 劳伦斯·彼德，等. 金科玉律 [M]. 北京：机械工业出版社，2004.